Das Ladenschlussgesetz vom 28. November 1956

Rechtshistorische Reihe

Band 281

Peter Lang
Frankfurt am Main · Berlin · Bern · Bruxelles · New York · Oxford · Wien

Michael Rühling

Das Ladenschlussgesetz vom 28. November 1956

Vorgeschichte, Entstehung des Gesetzes und weitere Entwicklung

Peter Lang
Europäischer Verlag der Wissenschaften

Bibliografische Information Der Deutschen Bibliothek
Die Deutsche Bibliothek verzeichnet diese Publikation in der Deutschen Nationalbibliografie; detaillierte bibliografische Daten sind im Internet über <http://dnb.ddb.de> abrufbar.

Zugl.: Kiel, Univ., Diss., 2003

Die vorliegende Arbeit wurde von Prof. Schubert
zur Aufnahme in die Reihe empfohlen.

D 8
ISSN 0344-290X
ISBN 3-631-51501-4

www.peterlang.de

Für Martina
und
meinen Vater

Inhaltsverzeichnis

Einführung

Der Ladenschluss an sich ist so alt, wie der Laden selbst. Die Motive für einen Ladenschluss haben sich jedoch im Laufe der Jahrhunderte immer wieder gewandelt. Im Mittelalter hatte die Religion einen starken Einfluss auf die Menschen und die Politik. Der Ladenschluss verfolgte daher das Ziel, eine ungestörte Gottesdienstfeier zu gewährleisten. Aus diesem Grunde wurde der Sonntagsladenschluss in den Städten eingeführt. Seit dem 19. Jahrhundert hat die Kirche mehr und mehr an Einfluss eingebüßt. Im Vordergrund stand jetzt der Mensch selbst. Der Ladenschluss diente nun dazu, die Arbeitnehmer vor einer übermäßigen Inanspruchnahme durch ihre Arbeitgeber zu schützen. In dieser Zeit existierte die Überzeugung, dass Ladenzeit und Arbeitszeit eine Einheit bildeten. So wurde versucht, den Schutz der Arbeitnehmer durch eine Verkürzung der Ladenzeiten zu erreichen. In diesem Zusammenhang wurde aber auch auf die Schwierigkeiten hingewiesen, die durch eine Verkürzung eintreten könnten. Seitdem spielte z.B. der Gesichtspunkt der Bedarfsdeckung sowie der Ausgleich zwischen den Interessen des Einzelhandels, der Beschäftigten des Einzelhandels und der Verbraucher in den Diskussionen eine wichtige Rolle. Auch ging es darum, trotz der Verkürzung der Ladenzeiten eine Ballung der Käuferströme in den Abendstunden zu vermeiden.

Heutzutage dienen die Verkaufsstellen nicht mehr nur zur Bedarfsdeckung allein. Der Einzelhandel hat sich als ein bedeutender Wirtschaftszweig entwickelt, der eigene Anforderungen an die Gesetzgebung stellt. Gerade in der Arbeitszeit der Angestellten hat, bedingt durch den Trend zu flexibleren Arbeitszeiten und zur Teilzeitarbeit, ein wesentlicher Wandel stattgefunden, der dazu führte, dass Ladenzeiten und Arbeitszeiten nicht mehr als Einheit angesehen werden können. Die vorletzte Reform des Ladenschlussgesetzes durch das „Gesetz zur Änderung des Gesetzes über den Ladenschluss und zur Neuregelung der Arbeitszeiten in Bäckereien und Konditoreien“[1] brachte eine zulässige wöchentliche Öffnungszeit von 80 Stunden. Die heute gültige Ladenzeitregelung ist das Ergebnis einer über Jahrzehnte andauernden Diskussion, die mit dem Ladenschlussgesetz vom 28. November 1956 seinen vorläufigen Höhepunkt erreicht hatte. Aufgrund der lebhaften Diskussionen, die im Vorfeld dieses Gesetzes von zahlreichen Interessenvertretern lebhaft geführt wurden, konnte das erste Ladenschlussgesetz nichts anderes sein als ein Kompromiss. So forderten die Länder und die beteiligten Wirtschafts- und Interessenverbände sofort nach dem Inkrafttreten des Gesetzes eine umfangreiche Novellierung. Das erste Änderungsgesetz erfolgte mit allerdings weit weniger Neuerungen als gefordert bereits am 17. Juli 1957. Mittlerweile ist das Gesetz wiederholte Male geändert worden, ein Ende der Diskussionen aber ist noch immer nicht abzusehen. Wellenförmig scheinen die Diskussionen von Zeit zu Zeit immer wieder

1 BGBl. 1996 I, S. 1186.

anzuschwellen. Gerade in jüngster Zeit ist das Thema Ladenschluss wieder verstärkt in den Medien. Die Bundesregierung reagierte Anfang 2003 mit einem Reformvorschlag, der eine Öffnungszeit von Montag bis Samstag von 6 bis 20 Uhr vorsah[2]. Auch dieser Vorschlag wird keine Beendigung der Diskussionen bringen. Der Bundesrat antwortete auf diesen Vorschlag mit einer eigenen Initiative, die die Aufhebung des Ladenschlussgesetzes beabsichtigte[3]. Auch wenn sich die Bundesregierung letztlich mit dem "Gesetz zur Verlängerung der Ladenöffnungszeiten am Samstag"[4] durchsetzen konnte, ist doch über all die Jahre die Tatsache geblieben, dass die Ladenzeitregelung jeweils ein Kompromiss zwischen den verschiedenen Interessenvertretern war. Gerade dieser Kompromiss ist es, der das Ladenschlussgesetz stets neuen Angriffen aussetzt. Dabei wurden auch bereits bekannte Argumente immer wieder gegen das Ladenschlussgesetz vorgebracht, Argumente, die schon zur Jahrhundertwende widerlegt werden konnten. Beispielsweise wurde wiederholt angeführt, eine Verkürzung der Ladenzeiten würde zu einem Rückgang der Umsätze im Einzelhandel führen. Es darf aber als erwiesen angesehen werden, dass durch die Einführung der Sonntagsruhe 1891, des 21-Uhr-Ladenschlusses 1900, des 19-Uhr-Ladenschlusses und der 48-Stunden-Woche 1918 sowohl das Verteilungssystem als auch die Wirtschaft in Deutschland überhaupt keinen Schaden erlitten haben. Es seht fest, dass für den Warenumsatz ausschließlich der Inhalt der Geldbörse entscheidend ist[5].
Die historische Entwicklung der Ladenzeiten hat freilich eine Vielzahl weiterer Argumente für und gegen eine bundeseinheitliche Ladenzeitregelung hervorgebracht, deren Bedeutung sich im Zuge der gesellschaftlichen Entwicklung geändert hat. Es wird daher auch zukünftig ein Ende der Diskussion nicht zu erwarten sein.
Diese Untersuchung fasst die Entwicklung des Ladenschlussgesetzes zusammen und zeigt die wesentlichen Argumente der widerstreitenden Parteien auf. Die Schwerpunkte bilden dabei die Entstehung des Ladenschlussgesetzes vom 28. November 1956 und die Änderungsgesetze bis 1969. Als Quellen wurden vor allem die Materialien der Gesetzesentstehung aus dem Bundesarchiv in Koblenz und aus dem Parlamentsarchiv in Bonn ausgewertet. Nicht im vollen Umfang konnten dabei die mentalitäts-, sozial- oder wirtschaftshistorischen Aspekte der Thematik berücksichtigt werden, die Gegenstand einer nicht spezifisch rechtshistorischen Arbeit sein müssten.

---

2 BT-Drucks. 15/369 vom 3.2.2003.

3 BR-Drucks. 21/4/03 vom 13.2.2003.

4 BGBl. 2003 I, S. 658

5 DAG, Schreiben We/Loe. vom 18.10.1954 an Bundeskanzler Adenauer betreffend Gesetzesentwurf über den Ladenschluss, S. 2, PA II 314 B2.

1. Teil: Die Entwicklung der Ladenzeiten bis 1945

I. Von der Sonntagsruhe bis zum Ladenschluss

Die Geschichte des Ladenschlusses beginnt genau genommen erst in jenem Zeitpunkt, als der mittelalterliche Markt seine Bedeutung verloren hat. Zu dieser Zeit gingen die Krämer dazu über, ihre Waren von einem geschlossenen Laden mit einem festen Standpunkt aus, zumeist das eigene Wohnhaus, zu verkaufen. Dieser Übergang von den Ständen der Märkte zum feststehenden Laden wurde erst durch die Abschaffung des Marktzwanges möglich, der gegen Ende des 13. Jahrhunderts einsetzte und etwa Mitte des 15. Jahrhunderts beendet war[6]. Ladenzeitenregelungen vor diesem Wandel sind nicht bekannt. Es gab lediglich Bestimmungen über die Sonntagsruhe, die unter anderem auch indirekt die Marktzeiten regelten, indem sie Vorschriften enthielten, die vorsahen, wann ein Krämer seine Waren nicht zum Verkauf auslegen durfte. Diese Sonntagsruhebestimmungen dienten dem Zweck, den Sonntag für die Gottesdienstfeiern zu heiligen.

Dass die Christen den Sonntag als heiligen Tag für den Gottesdienst nutzten, geht bis in biblische Zeiten zurück. Zwar enthält das Neue Testament keine Stelle, die direkt auf den Sonntag verweist, jedoch wird die Feier des Sonntages in dem Brief des Barnabas (Apost. 15) und in dem Brief des Plinius an Kaiser Trojan als allgemeine christliche Sitte vorausgesetzt[7].

Die ersten Sonntagsruhebestimmungen stammen aus der Zeit der römischen Kaiser. Das erste Gesetz wurde von Kaiser Konstantin am 7. März 321 erlassen und von Kaiser Justinian unter C. 3, tit. 12, L. 2 (3) in dessen Codex übernommen, worin ein erstes Arbeitsverbot an Sonntagen für Richter, die Bevölkerung in den Städten und für Gewerbetreibende enthalten war.

Im sechsten Jahrhundert wurde damit begonnen, die alttestamentarische Anschauung über den Sabbat, die im frühen Christentum abgelegt worden war, auf den christlichen Sonntag zu übertragen[8]. Dies war der Beginn für eine strengere Fassung der Sonntagsruhebestimmungen. Im zweiten Konzil von Macon aus dem Jahre 585 wurde z.B. eine Strafe für jeden festgesetzt, der am Sonntag eine andere Arbeit vornahm, als eine solche, die zur Befriedigung des dringendsten Lebensbedürfnisses erforderlich war[9]. Diese strenge Handhabung der Sonntagsruhe setzte sich im frühen Mittelalter fort. Hierzu sind Gesetze der Merowinger und Karolinger, insbesondere Karls des Großen, überliefert worden[10], die die Bestimmungen über die Sonntagsruhe noch verschärften. Dies

---

6 Köhler, S. 105 ff..
7 Butehuth, S. 11.
8 Lexikon des Mittelalters, Stichwort „Sonntag".
9 Butenuth, S. 13.
10 Schoneweg, S. 2.

muss vor dem Hintergrund gesehen werden, dass viele Untertanen auch nach der Einführung des Christentums als Staatsreligion innerlich noch Heiden waren. Die strenge Gesetzgebung über die Einhaltung der Sonntagsruhe diente dem Zweck, die Menschen zur Heiligung des Sonntages zu zwingen[11].
Die ersten Regelungen über eine Ladenzeit stammen aus der Zeit, als der Marktstand durch einen geschlossenen Laden abgelöst wurde[12]. Vor Einführung von Wochen- oder Jahrmärkten, war der Tagesmarkt die einzige Möglichkeit, um die täglichen Bedürfnisse der Bevölkerung zu decken. Zur Sicherung dieser Bedarfsdeckung verfügten viele Städte über einen allgemeinen Marktzwang[13]. Dieser Marktzwang, der bei allen älteren Marktanlagen angeordnet wurde, war sowohl die Folge der Banngewalt des Marktherren, als auch des Rechtsschutzes, den die Verkäufer auf dem Marktplatz genossen[14].
Im 13. und 14. Jahrhundert machte sich allmählich eine Lockerung des Marktzwanges bemerkbar und dürfte im 15. Jahrhundert seinen Abschluss gefunden haben[15]. Es wurde das Streben der Handelsleute bemerkbar, die Geschäfts- und die Wohnstätte miteinander zu verbinden. Stralsund verfügte bereits in den siebziger Jahren des 13. Jahrhunderts über Krämerbuden, die an verschiedenen Orten der Stadt aufgestellt wurden[16]. Damit wurde der Marktplatz als zentrales Handelszentrum aufgegeben.
In Lübeck sind Krämer mit Grundstücken außerhalb des Marktplatzes schon um 1290 nachweisbar[17]. Im Köln des 13. Jahrhunderts fand der Kleinverkauf auch außerhalb des eigentlichen Marktplatzes in sogenannten Kramhäusern statt. So wird im Jahre 1339 ein weitläufig gebautes Kramhaus erwähnt, das an ein modernes Warenhaus erinnert[18]. Auch in Ulm war es Mitte des 14. Jahrhunderts einigen Kaufleuten erlaubt, ihre Läden in den eigenen Häusern zu eröffnen; die Mehrzahl hingegen musste weiterhin auf dem Marktplatz verkaufen[19].
In Danzig wurde die Bindung der Krämer an den Marktplatz 1416 gelockert und 1436 gänzlich aufgegeben. In der Krämerrolle von 1436 hieß es, dass die Krämer ihre Waren in ihrem Hause, das sie eigentümlich besitzen müssten, entweder in dem offenen Keller oder in der „Windlage" des bedeckten Vorbaues im Untergeschoss zum Verkauf ausstellen[20]. Auch in Osnabrück gaben die Krämer ihre Stände im 15. Jahrhundert auf, die bis dahin gassenweise

---

11 Butenuth, S. 14.
12 Schoneweg, S. 1.
13 Köhler, S. 103.
14 Rörig, S. 72.
15 Köhler, S. 105.
16 Fabritius, Ält. Stralsunder Stadtbuch, zit. nach Köhler, S. 105.
17 Rörig, S. 71.
18 Keussen, S. 120.
19 Nübling, S. 248.
20 Köhler, S. 106.

auf dem heutigen Marktplatz angeordnet waren, und verlagerten sie in die eigene Wohnung[21].
Hieraus lässt sich entnehmen, dass der Wandel vom Markt zum feststehenden Laden etwa Mitte des 15. Jahrhunderts abgeschlossen war. Der Marktplatz hatte seine vorherrschende Stellung als Handelszentrum verloren. Durch den täglichen Verkauf aus den Läden der Wohnstätten war der Tagesmarkt überflüssig geworden und musste dem Wochen- oder Jahrmarkt weichen.
Mit diesem Umbruch vom Marktstand zu den feststehenden Läden wurde es erforderlich, neue Regelungen über die Öffnungszeiten zu schaffen. Die bisherigen Regelungen über die Marktzeiten reichten nun nicht mehr aus.
Die früheste nachweisbare Regelung stammt aus Goslar. In der Goslarer Krämerordnung von 1281 wurde zwar der sonntägliche Warenverkauf nicht vollständig verboten, sie schrieb jedoch vor, dass „die Waren nicht aus dem Fenster", sondern vielmehr nur „aus der hintersten Tür" verkauft werden durften[22]. Der erste vollständige Ladenschluss an Sonntagen wurde 1318 in der Brieger Krämerordnung verfügt; die Krämer „sullen virin an heyligin tagin"[23]. Nicht so streng wurde die Sonntagsruhe in Lüneburg gehandhabt. Hier schrieb das Krämerbuch von 1350 vor, dass das Auslegen von Waren an den gewöhnlichen Feiertagen nur bis zum Rande des Fenstergesimses gestattet war und lediglich an Weihnachten, Ostern, Pfingsten, Fronleichnam und Marientag ganz zu unterbleiben hatte[24]. Lübeck hingegen entschied sich 1353 für ein gänzliches Verkaufsverbot an Feiertagen; die Krämer sollen „ere kremerie nicht vtleggen noch yp don to vorkopende des virdaghes"[25]. Hamburg verfügte ein Sonn- und Feiertagsverbot nur für Krämer, Badstübler, Bäcker, Glaser, Maler, Schuhmacher und Goldschmiede; die übrigen 14 Gewerbe werden in der „settinge der cremere" von 1375 von diesem Verbot ausgenommen[26]. In Freiburg wurde ein Verkaufsverbot bereits 1402 an „allen hochgeziten, sonnentagen und gebannenen firetagen" erlassen und in der Krämerordnung von 1454 beibehalten[27]. Ende des 16. Jahrhunderts wurde dieses Verbot insofern eingeschränkt, als der Verkauf nur noch während des Gottesdienstes untersagt wurde[28].
Die Krämerordnung der Stadt Ulm von 1549 ging noch einen Schritt weiter: Zum ersten Mal wurde das Verkaufsverbot mit Sanktionen belegt. „Niemand darf an einem Sonntag oder an anderen Feiertagen arbeiten, seinen Laden aufschließen oder seine Waren auslegen. Will einer etwas bei ihm kaufen, so soll

---

21 Philippi, S. 12.
22 Köhler, S. 107.
23 Cod. Diplom. Silesiae, VIII, Nr. 8, zit. nach Köhler, S. 107.
24 Schunder, S. 2.
25 Köhler, S. 107.
26 Butenuth, S. 15.
27 Birkenmaier, S. 127f..
28 Köhler, S. 108.

es ihm unbenommen sein, an solchen Tagen diese aus seinem Laden in seine Behausung zu tragen und dasselbe dort zu verkaufen, sich mit den Schlüsseln vor den Laden zu setzen. Verfehlungen gegen diese Punkte werden mit 5 Sch. Hlr. bestraft“[29].

Aus dieser Darstellung geht hervor, dass sich die Krämerordnungen des Mittelalters mit der Sonntagsruhe befasst haben. Dies lässt sich mit dem sehr starken Einfluss der Kirche begründen. Auf keinen Fall sollten die Menschen durch die geöffneten Läden in den Gewissenskonflikt gebracht werden, ob sie den Gottesdienst besuchen oder für den täglichen Bedarf sorgen sollten. Durch das Sonntagsverkaufsverbot sollte sich die Bevölkerung voll und ganz auf Gott konzentrieren können.

Die Sonntagsruhebestimmungen waren demnach ein Kompromiss zwischen den Interessen der Kaufleute und denen der Kirche. Es waren folglich zunächst ausschließlich religiöse Gründe, die bei der Aufstellung der Krämerordnungen vorherrschten[30].

Gegen Ausgang des Mittelalters bereits begann sich der Zustand einer strikten Sonntagsruhe zu relativieren. Die Sonntagsruhevorschriften der Krämerordnungen änderten sich dahingehend, dass die Läden lediglich zu den Zeiten des Gottesdienstes geschlossen zu halten waren[31]. Die geänderten Anforderungen des täglichen Lebens, sowie die Vermehrung der religiösen Feiertage führten dazu, die strenge Handhabung der Sonntagsruhe aufzugeben[32]. Die Kirche war gezwungen, etwas von ihrem starken Einfluss aufzugeben und den weltlichen Herrschern Zugeständnisse zu machen. Es wurden jetzt vermehrt lediglich solche Beschäftigungen verboten, die unmittelbar störend auf den Gottesdienst wirkten[33]. So wurde beispielsweise die bereits erwähnte Krämerordnung von Freiburg im 16. Jahrhundert insofern eingeschränkt, als sie den Verkauf nur noch während des Gottesdienstes untersagte[34]. In einer Polizeiverordnung verfügte der Abt Matheus von Zinna 1540 für Luckenwalde, dass den Krämern der Warenverkauf vor dem Ende der Predigt untersagt wurde, „damit nicht die Leute durch solchen ihren Jahrmarkt vom Göttlichen abgezogen werden“[35]. Diese Lockerung der Sonntagsruhebestimmungen setzte sich jedoch nicht ausnahmslos durch. So besagte die Lübecker Krämerordnung noch 1573, dass ein Amtsgenosse an den allgemeinen christlichen Feiertagen oder während der Bittmesse seine Fenster öffnen durfte[36]. In der schon erwähnten

29 Ramsauer, S. 9.
30 Reichert, S. 4.
31 Köhler, S. 116.
32 Butenuth, S. 14.
33 Butenuth, S. 14.
34 Birkenmaier, S.128.
35 Weider, S. 411.
36 Weider, S. 412.

Ulmer Krämerordnung von 1549 hingegen wurden zwar das erste Mal Sanktionen für einen Verstoß gegen die Sonntagsruhe angedroht, doch wird auch hier deutlich, dass der Verkauf nicht gänzlich verboten, sondern nur eine störende Einwirkung auf den Gottesdienst verhindert werden sollte[37]. Hieraus kann der Schluss gezogen werden, dass die Sonntagsruhebestimmungen im Zuge einer sich wandelnden Lebensauffassung im ausgehenden Mittelalter immer weiter aufgelockert worden sind. Gegen die Bestrebungen der Kirche, die auf eine strikte Beibehaltung der Sonntagsruhe drängte, aber nicht den notwendigen weltlichen Rückhalt finden konnte, setzte sich langsam eine liberalere Handhabung des Sonntages durch[38].

Neben den Bestimmungen über die Sonntagsruhe waren in einzelnen Krämerordnungen auch Vorschriften über den Verkauf an bestimmten Wochentagen enthalten. Diese Regelungen betrafen allerdings lediglich den Markthandel. In der Brieger Ordnung von 1318 hieß es, dass der Krämer „sal sten in der wochin uf dem marcte montag, mithewech und dem vritac“[39]. Die Leipziger Krämerordnung von 1484 bestimmte Dienstag, Freitag und Sonnabend als Marktverkaufstage[40].

Über die täglichen Geschäftszeiten sind kaum Aufzeichnungen überliefert. Wahrscheinlich wurde der tägliche Ladenschluss weitgehend der Privatinitiative der Verkäufer überlassen. Doch ist selbst bei den wenigen bekannten Vorschriften der Einfluss der Kirche zu erkennen. In Goslar bestimmte die schon erwähnte Ordnung von 1281, dass niemand „dat venster vor vrömisse opdut“, womit die Frühmesse gemeint war[41]. In der bereits erwähnten Ulmer Krämerordnung von 1549 entschied man sich nur für die Tage vor den Sonn- und Feiertagen für einen verbindlichen Ladenschluss. Danach müssten „alle, welche offene Läden haben, diese am Samstag sowie an den Feierabenden, das heißt, an den Abenden vor den Festtagen, in der Zeit von Ostern bis Michaelis um 5 Uhr und in der Zeit von Michaelis bis Ostern um 4 Uhr schließen und dürfen nach dieser Zeit in ihren Läden nicht mehr feil haben“[42]. Man verzichtete demnach zunächst noch auf eine Trennung von Ladenschluss und Verkaufsverbot. Nach der Ulmer Krämerordnung von 1549 blieb es dem Krämer unbenommen, auch an Sonn- und Feiertagen oder nach Ladenschluss am Samstag zu verkaufen. Es blieb ihm lediglich verwehrt, in seinem Laden Geschäfte abzuschließen. Die Verlagerung des Verkaufsaktes in seine Wohnung bereitete dem Krämer allerdings keine großen Umstände, da sich die Wohnung im 16. Jahrhundert unter demselben Dach wie der Laden befunden hat. Es ist lediglich

---

37 Nübling, S. 248 ff..
38 Ramsauer, S. 9.
39 Cod. Diplom. Silesiae, VIII, Nr. 8 und 77, zit. nach Köhler, S. 109.
40 Köhler, S. 109.
41 Köhler, S. 109.
42 Nübling, S. 248 ff..

anzunehmen, dass sich aufgrund des starken Einflusses der Kirche der tägliche Gottesdienst auf die Verkaufszeiten auswirkte[43]. In diesem Zusammenhang ist wohl auch die Züricher Ratsordnung von 1575 zu sehen, die für den Dienstag eine bestimmte Ladenschlusszeit anordnete und diese mit der Empfehlung verband, wegen der schlechten Zeiten doch lieber in die Kirche zu gehen[44].

Die Reformation ist auch an der Geschäftszeitenregelung nicht spurlos vorbeigegangen. Zwar wurde die Sonntagsruhe nicht aufgegeben, aber doch wesentlich gelockert. Dies ist z.B. an der erwähnten Ulmer Krämerordnung von 1549 deutlich zu erkennen, da hier nicht von einem absoluten Verkaufsverbot, sondern lediglich von einem Ladenschluss gesprochen wird. Dennoch ist es grundsätzlich bei der territorial unterschiedlichen Regelung geblieben.

Zum ersten Mal wurde allerdings, neben der traditionellen religiösen Begründung, soziales Gedankengut als Motiv für die Sonntagsruhe angeführt. Es wurde darauf hingewiesen, dass genauso, wie die Sonntagsfeier für das seelische Wohl der Menschen notwendig sei, die Sonntagsruhe für das leibliche Wohl der Menschen unerlässlich sei[45]. Es war Luther, der in seinem „catechismus major" zuerst darauf hinwies, dass die Sonntagsruhe für die Entspannung der zahlreichen Knechte und Mägde von der harten wöchentlichen Arbeit dringend erforderlich sei[46].

Dennoch stellte auch die Reformation die traditionelle religiöse Begründung nicht entscheidend in Frage. Es setzte sich lediglich von protestantischer Seite her eine mildere Auffassung der Sonn- und Feiertagsruhe durch[47].

Erst gegen Mitte des 16. Jahrhunderts wurden, sowohl von kirchlicher als auch von staatlicher Seite, wieder strengere Vorschriften über die Heiligung des Sonntages erlassen. Vermutlich lässt sich dieses Phänomen auf den 30-jährigen Krieg zurückführen. Dieser hatte neben Hunger, Not und Verwüstung weiter Landstriche auch eine Verwilderung der Sitten mit sich gebracht. Mit den nun strengeren Bestimmungen über die Sonntagsruhe sollte dieser Verwahrlosung der Gebräuche entgegengewirkt werden[48]. Vor allem Brandenburg, Bayern und Württemberg taten sich im Erlass derartiger Vorschriften hervor. In Brandenburg hatten, nach der Polizeiverordnung des Markgrafen von Küstrin, die Tore der Stadt während des Gottesdienstes geschlossen zu bleiben und es durfte auf dem Markt nichts feilgehalten werden; weiterhin durfte nicht gebraut, nicht ausgeschenkt, kein Holz oder Wasser geholt und keine Feldarbeit verrichtet werden[49]. Der Erfolg solcher Vorschriften freilich war nicht sehr groß, es

43 Schoneweg, S. 3.
44 Köhler, S. 108.
45 Butenuth, S. 16.
46 Butenuth, S. 16.
47 Butenuth, S. 17.
48 Butenuth, S. 17.
49 Butenuth, S. 17.

machte sich vielmehr eine Gegenstimmung bemerkbar. Dies beklagte schon der Große Kurfürst Friedrich III. bei seinem Amtsantritt. Mit der Verschärfung der Sonntagsruhe ging es ihm in erster Linie darum, die Schändung des Sonntages durch das Vergnügen zu verhindern, da seiner Ansicht nach der Sonntag fast zu einem Sündentag geworden war[50].
Im 18. Jahrhundert kam es zu einer weiteren Verdrängung der religiösen Motive für das Verbot der Sonntagsarbeit. Friedrich der Große stellte den Grundsatz der Gewissensfreiheit auf[51], der später ins ALR übernommen wurde: „Die Begriffe der Einwohner des Staates von Gott und den göttlichen Dingen, der Glaube und der innere Gottesdienst können kein Gegenstand von Zwangsgesetzen sein." Hiermit wurde zweierlei erreicht: Zum einen wurde eine Brücke zu den anderen Konfessionen geschlagen, da es dem Staat lediglich oblag, das religiöse Gefühl der Untertanen zu schützen. Zum anderen ließ sich aus der Norm schließen, dass die Sonntagsarbeit nicht grundsätzlich verboten, sondern der Entscheidung des einzelnen überlassen war. Denn es hätte der Gewissensfreiheit des einzelnen widersprochen, ihn einerseits nicht zwingen zu dürfen, die Kirche zu besuchen, andererseits ihm aber die Sonntagsarbeit gänzlich zu untersagen. Der Staat hatte nach diesem Grundsatz lediglich dafür Sorge zu tragen, dass diejenigen, die ihre Religion ausüben wollten, nicht gestört wurden. Deshalb wurden lediglich den Gottesdienst störende Beschäftigungen untersagt[52]. Das ALR drängte den Einfluss der Kirche schließlich noch weiter in den Hintergrund, indem es in § 35 Teil 2, Titel 11 festlegte: „Inwiefern die bereits angeordneten Kirchenfeste mit Einstellung aller Handarbeiten erfolgen sollen, kann nur der Staat bestimmen." Damit hatte der Staat das alleinige Recht, über die Sonntagsruhe zu bestimmen, an sich gezogen.
Die unterschiedlichen Motive und die Vielzahl der deutschen Staaten im 18. Jahrhundert führten zu einer Unzahl landesgesetzlicher und polizeilicher Bestimmungen und Verordnungen.
Die Auswirkungen auf den Handel sind als eher bescheiden zu charakterisieren. Verbote und Beschränkungen bezogen sich zumeist darauf, Störungen des Gottesdienstes zu vermeiden und hatten daher auch nur für diese Zeit Geltung[53]. Eine soziale Begründung der Sonntagsruhe zum Schutz spielte im Zeitalter des Absolutismus keine Rolle, lediglich im damaligen Gebiet des Kurfürstentums Hessen, des Bistums Fulda, Hessen-Homburg, Frankfurt a.M. und in der Stadt Kassel war die Arbeit während des gesamten Sonntages verboten[54].

---

50 Butenuth, S. 18.
51 Butenuth, S. 19.
52 Butenuth, S. 19.
53 Schoneweg, S. 4.
54 Butenuth, S. 22.

Um 1850 war die Frage des Ladenschlusses am Sonntag eng verbunden mit der Frage eines Arbeitsverbotes an Sonntagen. Vor allem der von *Wichern* gegründete Ausschuss für innere Mission (Wittenberg, September 1848) sah die Sonntagsruhe als wichtigsten Punkt in seinem Programm vor[55]. Diese Forderung bekam auch von anderer Seite Unterstützung. So wies der Gewerberat der Stadt Stuttgart 1848 darauf hin, dass trotz der Sonntagsruhe die Arbeiter in den verbliebenen sechs Tagen genau soviel leisteten, wie sonst in sieben[56]. Dieser Druck auf die Behörden sorgte dafür, dass in machen Gemeinden die bestehenden Sonntagsruheverordnungen verschärft wurden. Selbst vor der internen Struktur der Behörden machte dieser Trend nicht halt. Baden verschaffte seinen Kanzleibeamten als erster deutscher Staat einen freien Sonntag[57]. Kurz darauf erhielten auch die Postbeamten einen erleichterten Sonntagsdienst. Andere Staaten, unter ihnen Preußen, folgten diesem Beispiel. Allerdings konnte alsbald eine Gegenstimmung beobachtet werden, die vor allem von den Kleinstaaten angeführt wurde.

II. Die Gesetzgebung des Norddeutschen Bundes und des Deutschen Reiches zur Sonntagsarbeit und zum Ladenschluss

1. Die Regelung der Gewerbeordnung von 1869

Abgesehen von einem Beschäftigungsverbot Jugendlicher brachte die Gewerbeordnung für den Norddeutschen Bund von 1869 (seit 1871 Reichsgewerbeordnung) kein allgemeines Sonntagsarbeitsverbot, so dass, soweit nicht landesrechtliche Vorschriften bestanden, die Beschäftigung von Ladenangestellten an Sonntagen möglich war. Nach § 105 GewO war allerdings niemand zum Arbeiten an Sonntagen verpflichtet[58]. Die Neufassung des § 105 GewO von 1878[59] brachte in dieser Beziehung keine durchgreifende Änderung. Zwar wurde die Ausnahme „vorbehaltlich anderweitiger Vereinbarungen" heraus-

55 Butenuth, S. 23.

56 Butenuth, S. 23.

57 Butenuth, S. 24.

58 § 105 GewO von 1869 lautete:
„Die Festsetzung der Verhältnisse zwischen den selbständigen Gewerbetreibenden und ihren Gesellen, Gehülfen und Lehrlingen ist Gegenstand freier Übereinkunft. Zum arbeiten an Sonn- und Festtagen ist, vorbehaltlich anderweitiger Vereinbarungen in Dringlichkeitsfällen, niemand verpflichtet." (BGBl. 1869, S. 245 (269)).

59 § 105 GewO von 1878 lautete:
„Zum Arbeiten an Sonn- und Festtagen können die Gewerbetreibenden die Arbeiter nicht verpflichten. Arbeiten, welche nach der Natur des Gewerbebetriebes einen Aufschub oder eine Unterbrechung nicht gestatten, fallen unter die vorstehende Bestimmung nicht." (RGBl. 1878, S. 199)

gelassen. Im Ergebnis bedeutete dies, dass juristisch gesehen die Verträge, die den Arbeiter verpflichteten, auch sonntags zu arbeiten, unwirksam waren. Jedoch war der Arbeiter zumeist auf seine Arbeit angewiesen und stellte sich kaum der Sonntagsarbeit entgegen, wollte er nicht riskieren, seinen Arbeitsplatz zu verlieren.

2. Die Regelung der Gewerbeordnung des Deutschen Reiches bis 1918

Die Enquete *Bismarcks* über die Beschäftigung gewerblicher Arbeiter an Sonn- und Feiertagen von 1885 ergab erstmals einen detaillierten Überblick über das Ausmaß der Sonntagsarbeit. Mit dieser Erhebung konnten 500.156 Betriebe und 1.582.591 Arbeiter erfasst werden[60]:

Sonntagsarbeit kommt vor:		Sonntagsarbeit kommt nicht vor:	
Betriebe	Arbeiter	Betriebe	Arbeiter
288.939	668.027	211.217	919.564
57,75 %	42,25 %	42,25 %	57,75 %

Aus dieser Aufstellung geht hervor, dass die Zahl der am Sonntag beschäftigten Arbeiter im umgekehrten Verhältnis steht zu der Zahl der Betriebe, in denen Sonntagsarbeit zu leisten ist. Dies bedeutet, dass die Betriebe am Sonntag mit einer Mindestzahl an Arbeitern auskommen mussten.

Als Gründe für die Sonntagsarbeit im Handel wurden in der Erhebung genannt, dass gerade der Sonntag für viele Betriebe der Tag wäre, an dem am meisten verdient würde. Hier sei nicht nur die Zeit, sondern auch die Lust am Kaufen am größten. Letztlich würde auch die Bewältigung des Weihnachtsgeschäftes ohne Zuhilfenahme des Sonntages nicht möglich sein[61]. Gleichzeitig zeigte aber die Studie den Wunsch vieler Geschäftsinhaber aller Zweige, an Sonntagen den Verkauf ruhen zu lassen. Sie würden einzig und allein durch den Konkurrenzkampf genötigt werden, ihre Läden zu öffnen[62]. In wirtschaftlicher Hinsicht wurde zum Teil geäußert, dass ein allgemeines Verbot der Sonntagsarbeit keine negativen Folgen nach sich ziehen werde. Die Umsatzeinbuße am Sonntage

---

60 Generalbericht betreffend die Ergebnisse der Erhebung über die Beschäftigung gewerblicher Arbeiter an Sonn- und Festtagen in: Stenographische Berichte über die Verhandlungen des Reichstages, 1887/88 Anlageband I, Drucks. Nr. 4, Tabelle: S. 4.

61 Stenographische Berichte über die Verhandlungen des Reichstages, 1887/88 Anlageband I, Drucks. Nr. 4, S. 68.

62 Stenographische Berichte über die Verhandlungen des Reichstages, 1887/88 Anlageband I, Drucks. Nr. 4, S. 68.

würde sich auf die anderen Wochentage verteilen[63]. Es wurde aber auch die gegenteilige Ansicht vertreten. Gerade an Sonntagen würden Luxusgüter und ähnliches gekauft werden. Durch den Wegfall des Sonntages befürchteten manche Ladenbesitzer eine Beschränkung des Konsums. Zahlreiche Kunden würden sich dem Hausierhandel zuwenden[64].
Es kann aber festgestellt werden, dass überwiegend eine Sonntagsruhe von Arbeitgebern wie Arbeitnehmern als durchführbar und willkommen gehalten wurde. Dies lässt sich durch die folgende Tabelle belegen[65]:

	Von diesen Betrieben halten ein Verbot der Sonntagsarbeit für		
	ohne Einschränkungen durchführbar	mit Einschränkungen durchführbar	undurchführbar
Äußerungen von: Arbeitgebern	2594	1698	2013
Arbeitnehmern	2874	887	1081

Als Ergebnis dieser Enquete beschloss der Reichstag auf Antrag des Zentrums 1888 folgende §§ 105a und 105b GewO[66]:

§ 105 a GewO

Zum Arbeiten an Sonn- und Feiertagen können die Gewerbetreibenden den Arbeiter nicht verpflichten.
Welche Tage als Feststage gelten, bestimmen unter Berücksichtigung der örtlichen und konfessionellen Verhältnisse die Landesregierungen.

§ 105 b GewO

Im Betriebe von Bergwerken, Salinen, Aufbereitungsanstalten, Brüchen und Gruben, von Hüttenwerken, Fabriken und Werkstätten, von Werften und Bauten aller Art, dürfen Arbeiter an Sonn- und Festtagen nicht beschäftigt werden.

---

63 Stenographische Berichte über die Verhandlungen des Reichstages, 1887/88 Anlageband I, Drucks. Nr. 4, S. 69.

64 Stenographische Berichte über die Verhandlungen des Reichstages, 1887/88 Anlageband I, Drucks. Nr. 4, S. 69.

65 Stenographische Berichte über die Verhandlungen des Reichstages, 1887/88 Anlageband I, Drucks. Nr. 4, S. 73.

66 Stenographische Berichte über die Verhandlungen des Reichstages, 55. Sitzung vom 7.3.1888, S. 1347-1347, der Antrag wurde gestellt nach der RT-Drucks. 188 vom 3.3.1888 von den Abg. *Dr. Lieber und Hitze (beide Zentrum)*.

Im Handelsgewerbe dürfen Gehilfen, Lehrlinge und Arbeiter an Sonn- und Festtagen nicht länger als 5 Stunden beschäftigt werden. Die Stunden, während welcher die Beschäftigung stattfinden darf, werden von der Ortspolizeibehörde festgesetzt. Die Festsetzung kann für verschiedene Zweige des Handelsgewerbes verschieden erfolgen. Die Ortspolizei kann mit Genehmigung der höheren Verwaltungsbehörde gewisse, die Dauer von vier Wochen nicht übersteigende Zeiten, eine Vermehrung der Stunden, während welcher die Beschäftigung stattfinden darf, zulassen.

Jedoch war diese Einigung, die ohne Zweifel einen gewissen Fortschritt bedeutet hätte, nicht unter der Mitwirkung der verbündeten Regierungen zustande gekommen. An der Plenarsitzung des Reichstages hatten überhaupt keine Bundeskommissare teilgenommen[67]. So kam es dann auch, dass der Entwurf der Kommission im Bundesrat abgelehnt wurde[68].
Das Ringen um eine Sonntagsruhe wurde mit dieser Niederlage keineswegs aufgegeben. Bereits im November 1888 brachte wiederum die Zentrumspartei die vom Bundesrat abgelehnten Beschlüsse erneut in den Reichstag ein und ersuchte den Reichskanzler *Bismarck*, „bei den verbündeten Regierungen eine Revision der in ihren Gebieten geltenden Vorschriften in Anregung zu bringen“[69], dies jedoch ohne Erfolg. Weder *Bismarck* noch der Bundesrat sahen die Notwendigkeit einer Sonntagsregelung. So verliefen die Initiativen der Zentrumspartei im Sande. Doch zumindest hatte das Zentrum bewirkt, dass der Druck auf die gesetzgebende Gewalt nun größer wurde und eine Neuregelung auf kurze Sicht nicht mehr zu verhindern war. Am 23. Oktober 1889 brachte das Zentrum erneut denselben Antrag im Reichstag ein[70], der in erster Beratung in der 22. Sitzung am 25. November 1889 behandelt wurde. Freilich wurden auch diese Beratungen abgebrochen, da der Reichstag zwischenzeitlich aufgrund einer Militärvorlage aufgelöst und neu gewählt wurde. Die entscheidende Wende in der Frage der Sonntagsruhe schließlich kam mit der Ablösung *Bismarcks* durch *Caprivi* als Reichskanzler.

---

67 Stenographische Berichte über die Verhandlungen des Reichstages, 55. Sitzung vom 7.3.1888, S. 1347 ff..

68 Verhandlungen des Bundesrates 1888 unter § 570 (Sitzung ohne Datum und Abdruck, vgl. 31. Sitzung des Reichstages vom 31.1.1889, S 703 Stenographische Berichte über die Verhandlungen des Reichstages, *Dr. Lieber*).

69 Butenuth, S. 63.

70 Stenographische Berichte über die Verhandlungen des Reichstages, 1889/90, Anlageband Drucks. Nr. 29.

Im Mai 1890 wurde wiederum eine Vorlage in den Reichstag eingebracht[71], die von der Regierung stammte und vom Reichskanzler *Caprivi* unterzeichnet war. Die Vorlage wurde zunächst an eine 28-köpfige Kommission zur weiteren Beratung verwiesen. Jedoch konnte die Kommission ihre Arbeit nicht zügig durchführen, da sich der Reichstag im Sommer 1890 vertagte und erst gegen Ende des Jahres seine Arbeit wieder aufnahm. Während dieser Sommerpause erreichten zahlreiche Änderungsvorschläge die Kommission. Sie sah sich aus diesem Grunde gezwungen, an der Regierungsvorlage Änderungen vorzunehmen. Diese geänderte Vorlage wurde schließlich vom Reichstag am 8. Mai 1891 angenommen[72], am 1. Juni 1891 als Änderung der Gewerbeordnung im Reichsgesetzblatt veröffentlicht[73] und als Arbeiterschutzgesetz bezeichnet[74]. Änderungen wurden in den §§ 41a, 55a und 105a bis 105i GewO vorgenommen.

§ 41a

Soweit nach den Bestimmungen der §§ 105b bis 105h Gehülfen, Lehrlinge und Arbeiter im Handelsgewerbe an Sonn- und Festtagen nicht beschäftigt werden dürfen, darf in offenen Verkaufsstellen ein Gewerbebetrieb an diesen Tagen nicht stattfinden.

Weitergehenden landesgesetzlichen Beschränkungen des Gewerbebetriebes an Sonn- und Festtagen steht diese Bestimmung nicht entgegen.

§ 55a

An Sonn- und Festtagen (§ 105a Abs. 2) ist der Gewerbebetrieb im Umherziehen, soweit er unter § 55 Abs. 1 Ziffer 1 bis 3 fällt, sowie der Gewerbebetrieb der im § 42b bezeichneten Personen verboten.

Ausnahmen können von der unteren Verwaltungsbehörde zugelassen werden. Der Bundesrat ist ermächtigt, über die Voraussetzungen und Bedingungen, unter denen Ausnahmen zugelassen werden dürfen, Bestimmungen zu erlassen.

§105a

Zum Arbeiten an Sonn- und Festtagen können die Gewerbetreibenden die Arbeiter nicht verpflichten. Arbeiten, welche nach den Bestimmungen dieses Gesetzes auch an Sonn- und Festtagen vorge-

---

71 Stenographische Berichte über die Verhandlungen des Reichstages, 1890/91, Anlageband I, Drucks. Nr. 4 vom 6.5.1890

72 Stenographische Berichte über die Verhandlungen des Reichstages, 1890/91, 117. Sitzung vom 8.5.1891, S. 2813.

73 RGBl. 1891, Nr. 18, S. 261.

74 Ramsauer, S. 22.

nommen werden dürfen, fallen unter die vorstehende Bestimmung nicht.

Welche Tage als Festtage gelten, bestimmen unter Berücksichtigung der örtlichen und konfessionellen Verhältnisse die Landesregierungen.

§ 105b

(Abs. 2) Im Handelsgewerbe dürfen Gehülfen, Lehrlinge und Arbeiter am ersten Weihnachts-, Oster- und Pfingsttage überhaupt nicht, im Übrigen an Sonn- und Festtagen nicht länger als fünf Stunden beschäftigt werden. Durch statuarische Bestimmung einer Gemeinde oder eines weiteren Kommunalverbandes (§ 142) kann diese Beschäftigung für alle oder einzelne Zweige des Handelsgewerbes auf kürzere Zeit eingeschränkt oder ganz untersagt werden. (...)

Das Gesetz baute die ursprünglichen Beschlüsse des Reichstages, die noch unter *Bismarck* vom Bundesrat abgelehnt worden waren, weiter aus. § 105b GewO enthielt in Abs. 2 ein Verbot der Beschäftigung von Gehilfen, Lehrlingen und Arbeitern im Handelsgewerbe am ersten Weihnachts-, Oster- und Pfingsttage[75]. An den übrigen Feiertagen und an Sonntagen durften die Arbeitnehmer zu gewissen, behördlich oder statuarisch festgelegten Zeiten und grundsätzlich nicht länger als fünf Stunden beschäftigt werden. Es wurde den Gemeinden oder weiteren Kommunalverbänden überlassen, die zulässige Arbeitszeit von fünf Stunden für einzelne Zweige weiter einzuschränken.
Damit enthielt die Bestimmung eine Begünstigung von Verkaufsstellen, in denen keine Angestellten beschäftigt wurden. Deren Inhaber waren nämlich rechtlich in der Lage, bis in die Nacht geöffnet zu halten. In größeren Geschäften hingegen war es aus der Natur der Sache heraus nicht möglich, das Geschäft offen zu halten, wenn nicht gleichzeitig Angestellte beschäftigt wurden. Diese Verschiebung des Wettbewerbes zugunsten der kleinen Geschäftsstellen wurde als unbillig empfunden. So enthielt das Gesetz in § 41a GewO ein Regularium, das mit der eigentlichen Intention des Gesetzes als Arbeiterschutzgesetz in keinem direkten Zusammenhang stand. Hier wurde bestimmt, dass in öffentlichen Verkaufsstellen während der Stunden, in denen Angestellte nicht beschäftigt werden durften, überhaupt ein Gewerbebetrieb nicht stattfinden durfte. Weiter wurde mit § 55a GewO erlassen, dass auch ein umherziehendes Gewerbe -vorbehaltlich der von den Behörden zugelassenen Ausnahmen- während dieser Zeit verboten sei. Damit wurde die Sicherstellung der Ruhezeit der Beschäftigten des Handelsgewerbes abgerundet.

---

75 Hierunter fielen alle Beschäftigten des Handelsgewerbes; vgl. Landmann-Rohmer, Anm. 7 zu § 105 b GewO, S. 228.

In der Folgezeit zeigte sich, dass die Länder von den ihnen eingeräumten Befugnissen, die Sonn- und Feiertagsarbeitszeiten näher auszugestalten, regen und außerordentlich unterschiedlichen Gebrauch machten. Dies war auf Reichsebene zwar bemerkt worden, es wurden aber keine Maßnahmen zur Vereinheitlichung ergriffen. Erst die Novelle zur Gewerbeordnung vom 26. Juli 1900 brachte zumindest für einige Betriebe eine Vereinheitlichung. Hier wurde in § 105e GewO ein Absatz 2 angefügt, der bestimmte, dass der Bundesrat die Voraussetzungen und Bedingungen für die Zulassung von Ausnahmen trifft[76]. Freilich konnte hierdurch keine generelle Vereinheitlichung der Sonntagsarbeit geschaffen werden. Die Bestrebungen nach einer umfassenden Sonntagsruhe gingen nach der Novelle ausschließlich auf kommunaler Ebene weiter. Trotz zahlreicher Petitionen an die Gesetzgebung des Reiches reagierte diese bis zum Jahr 1918 nicht mehr.
In den Kommunen und Gemeinden hingegen waren es die Berufsverbände, insbesondere der *Deutschnationale Handlungsgehilfenverband*, die den Druck für eine Sonntagsruhe ausübten[77]. Dabei stellten sich weitestgehend Erfolge ein. Es kam in vielen Städten und Gemeinden zu Ortsbestimmungen, die zulässige Arbeitszeit von fünf Stunden weiter einzuschränken. Jedoch waren einheitliche Bestimmungen nicht zu erreichen. So zeigte sich vor dem ersten Weltkrieg ein buntes Bild an unterschiedlichen Sonntagsregelungen. Die zugelassene Arbeitszeit schwankte zwischen einer und vier Stunden. München führte als erste Stadt 1904 für die Monate Juni und Juli eine vollständige Sonntagsruhe ein. Weitere Ausnahmen auch für andere Handelszweige wurden ebenfalls sehr unterschiedlich gehandhabt[78].
Während des ersten Weltkrieges kam es immer mehr zu eigenmächtigem Vorgehen der Ladeninhaber oder auch zu Einigungen von Unternehmern und Unternehmerverbänden, eine vollständige Sonntagsruhe durchzuführen. Dies konnten sie sich infolge der Warenknappheit erlauben und vor allem deswegen, da Kundenlisten angefertigt wurden, die die Konsumenten an die jeweiligen Geschäfte banden und so ein Abwandern der Kundschaft nicht zu befürchten war[79].

Neben dem Arbeiterschutzgesetz von 1891, das nur eine Arbeitszeitregelung für Sonn- und Feiertage enthielt, war ein weiteres Gesetz auf dem Weg zu einer Ladenzeitregelung von wesentlicher Bedeutung: Das Gesetz „betreffend die

---

76 RGBl. 1900, S. 871 (939).
§ 105e Abs. 2 GewO lautete: "Der Bundesrat trifft über die Voraussetzungen und Bedingungen der Zulassung von Ausnahmen nähere Bestimmungen; dieselben sind dem Reichstage bei seinem nächsten Zusammentritte zur Kenntnisnahme mitzuteilen."

77 Butenuth, S. 75.

78 vgl. dazu die ausführliche Aufstellung bei Butenuth, S. 79-83.

79 Butenuth, S. 84.

Abänderung der Gewerbeordnung vom 30. Juni 1900"[80]. Hier wurde neben der Bestimmung einer zusammenhängenden Ruhezeit von mindestens zehn Stunden erstmals ein Ladenschluss für die Verkaufsstellen eingeführt.
Bis zum Ende des 19. Jahrhunderts hatten keine reichseinheitlichen Vorschriften bestanden, die die werktägliche Verkaufszeit des Ladenhandels regelten. Es wurde die freie zeitliche Disposition als ein Bestandteil der unternehmerischen Initiative betrachtet[81]. Jedem Kaufmann war es selbst überlassen, sein Geschäft zu öffnen und zu schließen, wann er es für richtig hielt.
Da Ladenzeiten und Arbeitszeiten weitestgehend als Einheit angesehen wurden, kam es in Folge des Fehlens von Arbeitsschutzbestimmungen zu einer Überbeanspruchung der Angestellten. Dies wurde wiederholt von Arbeitnehmerverbänden bemängelt. Der Reichstag begann im Jahre 1899 auf diese Klagen hin, sich mit dem Thema zu beschäftigen[82] und setzte eine Kommission[83] ein, um zu untersuchen,

a) inwieweit die übliche Arbeitszeit in den Handelsbetrieben als übermäßig anzusehen sei,
b) ob und wie eine Kürzung der Arbeitszeit ohne Schädigung berechtigter Interessen des Kaufmannstandes und des Publikums möglich wäre.

Als Ergebnis der umfangreichen Untersuchung konnte die Kommission einen Bericht vorlegen[84], in dem sie sich auf folgende Zahlen der Kommission für Arbeiterstatistik bezog[85]:

Dauer der durchschnittlichen Ladenzeiten im Jahre 1892 im Reichsgebiet
Von 8235 untersuchten Betrieben hatten eine Ladenzeit mit Einschluss der Pausen

bis 12 Std.	12-13 Std.	13-14 Std.	14-15 Std.	15-16 Std.	über 16 Std.
14, 9 %	22,0 %	17,6 %	18,0 %	21,0 %	6,5 %

Aus dieser Tabelle geht hervor, dass 45,5 %, also beinahe die Hälfte aller untersuchten Betriebe eine Öffnungszeit von über 14 Stunden täglich hatte. 85,1 %

---

80 RGBl. 1900, Nr. 25, S. 321.
81 Schoneweg, S. 8.
82 Stenographische Berichte über die Verhandlungen des Reichstages, 1898/1900, Anlageband II, Drucks. Nr. 165, Entwurf einer Novelle zur Gewerbeordnung.
83 Stenographische Berichte über die Verhandlungen des Reichstages, 1898/1900, 69. Sitzung vom 19.4.1899, S. 1851 und 70. Sitzung vom 20.4.1899, S. 1875.
84 Bericht der 16. Kommission, Stenographische Berichte über die Verhandlungen des Reichstages, 1898/1900, Anlageband, Drucks. Nr. 393 vom 31.6.1899, S. 2465 (2480).
85 Drucksachen der Kommission für Arbeiterstatistik, Nr. 2 (Teil 1 der Erhebung über das Handelsgewerbe), S. 32/33.

der befragten Betriebe hatte eine Öffnungszeit von über 12 Stunden. Ein ähnliches Bild ergab sich hinsichtlich der Arbeitszeiten der Angestellten.

Dauer der durchschnittlichen Arbeitszeit im Jahre 1892 im Reichsgebiet[86]
In folgender Anzahl von Betrieben

waren beschäftigt	haben eine Arbeitszeit mit Pausen von				
	bis 12 Std.	12-13 Std.	13-14 Std.	14-15 Std.	15 und mehr Std.
männl. Gehilfen 4636	18,6 %	21,1 %	15,6 %	15,7 %	28,9 %
weibl. Gehilfen 4103	29,0 %	26,4 %	17,7 %	14,4 %	12,4 %
männl. Lehrlinge 3086	14,2 %	20,3 %	15,5 %	16,0 %	33,9 %
weibl. Lehrlinge 1216	35,3 %	31,5 %	15,6 %	10,5 %	7,0 %

Beachtlich ist hier, dass die häufigsten Arbeitszeiten der männlichen Beschäftigten bei 15 Stunden und mehr lag. 33,9 % der männlichen Lehrlinge und 28,9 % der männlichen Gehilfen fielen in diese Gruppe.

Als Ergebnis der Untersuchung sah der Reichstag die Klagen der Arbeitnehmer als begründet an und erkannte ebenso das Bedürfnis nach einer Kürzung der Arbeitszeiten an[87]. Problematisch gestaltete sich allerdings die Frage nach der Umsetzung. Grundsätzlich standen zwei mögliche Lösungswege zur Debatte[88]:

a) die Beschränkung der Arbeitszeit mit gleichzeitigem Eingriff in die Ladenzeiten,
b) die Beschränkung der Arbeitszeit ohne gleichzeitige Festsetzung der Ladenzeiten.

Der überwiegende Teil der Befragten befürwortete den ersten Weg[89]. Er war der Auffassung, dass Arbeitszeiten und Ladenzeiten nicht voneinander zu trennen wären. Die meisten Geschäfte, die mit Hilfspersonal arbeiten würden, hätten

86 Drucksachen der Kommission für Arbeiterstatistik, Nr. 2 (Teil 1 der Erhebung über das Handelsgewerbe), S. 79.
87 vgl. die folgenden Sitzungen des Reichstages 107-111 und 113, 114 i.d.Z. vom 23.11-1.12.1899.
88 vgl. Schoneweg, S. 10.
89 Drucksachen der Kommission für Arbeiterstatistik, Nr. 5 (Teil 2 der Erhebung über das Handelsgewerbe), S. 62.

nicht mehr Angestellte, als sie während der gesamten Geschäftszeit brauchen würden. Eine vorzeitige Beendigung der Arbeit würde daher eine empfindliche Störung im Betriebsablauf bedeuten. Weiter seien die Hilfskräfte am wenigsten zu Beginn und am Schluss der Ladenzeit zu entbehren[90]. Ferner wiesen die Arbeitnehmerverbände auf die Schwierigkeit hin, die Einhaltung der Arbeitszeiten zu überwachen, wenn der nach außen sichtbare Ladenschluss fehle[91].

Die zweite Lösungsmöglichkeit sah eine Trennung von Laden- und Arbeitszeit vor. Dies entsprach dem sog. roulierenden System, das auch später in der Diskussion um das Ladenschlussgesetz von 1956 eine erhebliche Rolle spielen sollte. Eine solche Lösung aber konnte nach Ansicht des historischen Gesetzgebers vom Gesichtspunkt der Schaffung gleicher Konkurrenzbedingungen nur dann vertreten werden, wenn in allen Betrieben und Betriebsgrößen, in denen die gesetzlich vorgeschriebene maximale Arbeitszeit geringer war als die Ladenzeit, eine Ablösung des Personals organisatorisch möglich war. Besondere Schwierigkeiten bereiteten dabei die Lebensmittelgeschäfte und diejenigen des täglichen Bedarfs. Die Erhebung hatte ergeben, dass gerade diese Geschäftszweige besonders ausgedehnte Arbeitszeiten aufwiesen und im allgemeinen mit kleineren Betriebsgrößen arbeiteten. Die Vertreter dieses Lösungsweges wollten aber auch dieses Problem lösen und erarbeiteten Ablösungsmodelle für Betriebe mit einer unterschiedlichen Anzahl von Mitarbeitern, die eine Verkürzung der Arbeitszeit auf ca. 11 Stunden bei gleichzeitiger Anwesenheit aller Angestellten zu den Hauptgeschäftszeiten ermöglichen sollten[92]. Einige dieser Systeme waren in Gaststätten bereits erfolgreich durchgeführt worden.

Der Gesetzgeber aber entschied sich dennoch für den ersten Lösungsweg. Diese Entscheidung war im wesentlichen auf zwei Argumente zurückzuführen: Zum einen neigte er dazu, die Ausdehnung der Öffnungszeiten weniger als Ausdruck eines tatsächlich bestehenden Kaufbedürfnisses des Publikums zu verstehen, sondern mehr als Anzeichen einer „ungesunden Konkurrenz", unter der nicht nur die Gehilfen, sondern auch die Inhaber der zahlenmäßig überwiegenden Betriebe ohne Angestellte litten. An dieser Stelle sei auf die Enquete *Bismarcks* von 1885 hingewiesen. Auch hier hatten zahlreiche Geschäftsinhaber geäußert, den Sonntagsverkauf nur aus Konkurrenzgründen vorzunehmen und gern auf diesen verzichten zu wollen. Einbußen durch diese Maßnahmen erwarteten sie

---

90 Drucksachen der Kommission für Arbeiterstatistik, Nr. 5 (Teil 2 der Erhebung über das Handelsgewerbe), S. 63.

91 Schoneweg, S. 10.

92 vgl. hierzu Schoneweg, S. 11.

nicht. Jedoch sei eine gesetzliche Regelung notwendig, da Absprachen unter den Geschäftsleuten gescheitert seien[93].
Als zweites Argument wurde genannt, dass die Kontrolle der Arbeitszeiten ohne eine gleichzeitige Regelung der Ladenzeiten nicht möglich sei[94].
Für die Ausgestaltung der Ladenzeiten wurden verschiedene Lösungsansätze diskutiert. Darunter auch eine Festlegung der Ladenzeiten nach Branchen. Dem stand das große Problem der Einteilung und Überwachung entgegen. Hinzu kam, dass in den in großer Zahl vorhandenen Gemischtwarenläden Artikel verschiedener Branchen geführt wurden[95]. Diese Argumentation der branchenübergreifenden Produktpaletten in den Geschäften wurde bei der Debatte über das Ladenschlussgesetz im Bundestag in ähnlicher Form erneut angeführt. Freilich ohne zu anderen Ergebnissen zu kommen als schon die Reichsgesetzgebung. Der Reichstag entschied sich im Gesetz „betreffend die Abänderung der Gewerbeordnung" vom 30. Juni 1900[96] für einen eigenen Weg:
Zunächst sah der neu eingeführte § 139c GewO[97] als zwingendes Recht vor, dass den Angestellten nach Beendigung der Arbeit eine ununterbrochene Ruhezeit von mindestens 10 Stunden, in Gemeinden mit über 20.000 Einwohnern und Betrieben mit 2 oder mehr Angestellten eine Ruhezeit von 11 Stunden zu gewähren war. Ausnahmen von dieser Regelung dürften nur in den in § 139d GewO vorgesehenen Fällen zugelassen werden[98]. Zusätzlich zu § 139c GewO

93 Erhebung über die Beschäftigung gewerblicher Arbeiter an Sonn- und Feiertagen, Stenographische Berichte über die Verhandlungen des Reichstages, 1887/88, Anlageband I, Drucks. Nr. 4, S. 68 f..

94 vgl. Schoneweg, S. 12.

95 vgl. Schoneweg, S. 12 f..

96 RGBl. 1900 Nr. 25, S. 321 ff..

97 § 139c GewO lautete:

(1) In offenen Verkaufsstellen und den dazu gehörenden Schreibstuben (Kontore) und Lagerräumen ist den Gehülfen, Lehrlingen und Arbeitern nach Beendigung der täglichen Arbeitszeit eine ununterbrochene Ruhezeit von mindestens zehn Stunden zu gewähren.

(2) In Gemeinden, welche nach der jeweilig letzten Volkszählung mehr als zwanzigtausend Einwohner haben, muss die Ruhezeit in offenen Verkaufsstellen, in denen zwei oder mehr Gehülfen und Lehrlinge beschäftigt werden, für diese mindestens elf Stunden betragen; für kleinere Ortschaften kann diese Ruhezeit durch Ortsstatuten vorgeschrieben werden.

(3) Innerhalb der Arbeitszeit muss den Gehülfen, Lehrlingen und Arbeitern eine angemessene Mittagspause gewährt werden. Für Gehülfen, Lehrlinge und Arbeiter, die ihre Hauptmahlzeit außerhalb des die Verkaufsstelle enthaltenden Gebäudes einnehmen, muss diese Pause mindestens ein und eine halbe Stunde betragen.

98 § 139d GewO lautete:

Die Bestimmung des § 139c findet keine Anwendung

1. auf Arbeiten, die zur Verhütung des Verderbens von Waren unverzüglich vorgenommen werden müssen,

ordnete der Gesetzgeber in § 139e GewO[99] einen Ladenschluss von 21 Uhr bis 5 Uhr an, um die Geschäftsinhaber selbst gegen die willkürliche und übertriebene Ausdehnung der Geschäftszeiten durch die Konkurrenz zu schützen[100]. Es wurde also zweierlei eingeführt, zum einen wurde durch die Ruhezeitregelung eine Beschränkung der maximalen Arbeitszeit für Angestellte festgelegt, zum anderen wurde eine Ladenzeitregelung vorgenommen, die nur in bestimmten, in § 139e GewO aufgeführten Ausnahmefällen durchbrochen werden durfte. Darüber hinaus wurde noch ein Drittes beschlossen, um dem Wunsch vor allem des kleinen Handels Rechnung zu tragen: Es wurde den Gemeinden mit § 139f GewO[101] die Möglichkeit gegeben, den Ladenschluss auf

---

2. für die Aufnahme der gesetzlich vorgeschriebenen Inventur sowie bei Neueinrichtungen und Umzügen,
3. außerdem an jährlich höchstens dreißig von der Ortspolizeibehörde allgemein oder für einzelne Gewerbezweige zu bestimmenden Tagen.

99 § 139e GewO hatte folgenden Wortlaut:
(1) Von neun Uhr Abends bis fünf Uhr Morgens müssen offenen Verkaufsstellen für den geschäftlichen Verkehr geschlossen sein. Die beim Ladenschluss im Laden schon anwesenden Kunden dürfen noch bedient werden.
(2) Über neun Uhr Abends dürfen Verkaufsstellen für den geschäftlichen Verkehr geöffnet sein
1. für unvorhergesehene Notfälle,
2. an höchstens vierzig von der Polizeibehörde zu bestimmenden Tagen, jedoch bis spätestens zehn Uhr Abends,
3. nach näheren Bestimmungen der höheren Verwaltungsbehörde in Städten, welche nach der jeweilig letzten Volkszählung weniger als zweitausend Einwohner haben, sowie in ländlichen Gemeinden, sofern in denselben der Geschäftsverkehr sich vornehmlich auf einzelne Tage der Woche oder auf einzelne Stunden des Tages beschränkt.
(3) (...)
(4) Während der Zeit, wo die Verkaufsstellen geschlossen sein müssen, ist das Feilbieten von Waren auf öffentlichen Wegen, Straßen, Plätzen oder an anderen öffentlichen Orten oder ohne vorherige Bestellung von Haus zu Haus im stehenden Gewerbebetrieb (§ 42b Abs. 1 Ziff. 1) sowie im Gewerbebetrieb im Umherziehen (§ 55 Abs. 1 Ziff. 1) verboten. Ausnahmen können von der Ortspolizeibehörde zugelassen werden. (...)

100 Hübner, S. 11.

101 § 139f GewO lautete:
(1) Auf Antrag von mindestens zwei Dritteln der beteiligten Geschäftsinhaber kann für eine Gemeinde oder mehrere örtlich unmittelbar zusammenhängenden Gemeinden durch Anordnung der höheren Verwaltungsbehörde nach Anhörung der Gemeindebehörden für alle oder einzelne Geschäftszweige angeordnet werden, dass die offenen Verkaufsstellen während bestimmter Zeiträume oder während des ganzen Jahres auch in der Zeit zwischen acht und neun Uhr Abends und zwischen fünf und sieben Uhr Morgens für den geschäftlichen Verkehr geschlossen sein müssen. (...)
(2) – (3) enthielten Verfahrensvorschriften für die Abstimmung nach (1)

20 Uhr vorzuverlegen bzw. die Öffnungszeit von 5 Uhr auf spätestens 7 Uhr zurückzuverlegen. Hierfür war eine Abstimmung unter den beteiligten Geschäftsinhabern erforderlich, in der sich zwei Drittel für die Maßnahme entscheiden mussten (sog. fakultativer Ladenschluss). Die Rechtsfolge war allerdings nicht zwingend, sondern als Ermessens- (Kann-) Entscheidung der höheren Verwaltungsbehörde ausgestaltet.
Zunächst wurde von der Möglichkeit des § 139f GewO in steigendem Maße Gebrauch gemacht[102]. Bis 1916 hatten bereits 1500 Gemeinden den 20-Uhr-Ladenschluss eingeführt[103]. Jedoch zeigten sich in den betreffenden Gemeinden sehr bald Probleme vor allem mit Gütern des täglichen Bedarfs, für die ein Einkaufsbedürfnis auch noch nach 20 Uhr festgestellt wurde. So wurde von der Möglichkeit des § 139f GewO vor allem für solche Bereiche Gebrauch gemacht, für die die Verkaufszeiten nach 20 Uhr keine Bedeutung hatte, z.B. Eisen-, Stahl- und Messingwaren, Uhren, Gold- und Silberwaren, Woll-, Weiß-, Galanterie- und Kurzwaren[104].
Aber auch von den Ausnahmemöglichkeiten des § 139e wurde Gebrauch gemacht. Die Hansestadt Lübeck legte die Tage, an denen die Geschäfte abends eine Stunde länger geöffnet sein durften, vorwiegend in den Monat Dezember und ordnete gleichzeitig eine Ausnahme von der Vorschrift des § 139c GewO für diese Tage an[105].

---

(4) enthielt das Verbot für das umherziehende Gewerbe entsprechend § 139e Abs. 4 GewO.

102 so bestimmte beispielsweise der Senatsausschuss für Gewerbe- und Versicherungswesen der Hansestadt Lübeck mit Bekanntmachung vom 23. April 1901:
Auf Grund des § 139f, Absatz 1 der Gewerbeordnung wird hierdurch Nachstehendes angeordnet:
(1) Vom 1. Mai d. Js. an müssen die offenen Verkaufsstellen in der Stadt Lübeck und deren Vorstädten an den Wochentagen mit Ausnahme des Sonnabends auch in der Zeit zwischen acht und neun Uhr Abends und zwischen fünf und sieben Uhr Morgens, Sonnabends in der Zeit zwischen fünf und sieben Uhr Morgens für den geschäftlichen Verkehr geschlossen sein.
(2) Ausgenommen von dieser Beschränkung bleiben bis auf Weiteres die Verkaufsstellen der Bäcker, Konditoren, Schlachter, Fleischwarenhändler, Fisch- und Fischwarenhändler, der Milch-, Butter-, Margarine- und Käsehändler, der Brot-, Obst-, Gemüse- und Kartoffelhändler, sowie der Barbier und Friseur.
(3) Verkaufsstellen, in denen vorzugsweise Zigaretten und Tabak feilgehalten werden (s.g. Zigaretten-Spezialgeschäfte), sind in der Zeit zwischen fünf und sieben Uhr Morgens zu schließen, dürfen aber bis auf Weiteres zwischen acht und neun Uhr Abends für den geschäftlichen Verkehr geöffnet sein.
(Sammlung der Lübeckischen Gesetze und Verordnungen, 68. Band 1901).

103 Schoneweg, S. 14.

104 Schoneweg, S. 15.

105 Bekanntmachung des Polizeiamtes Lübeck vom 2. März 1901:

III. Die Ladenzeitregelungen während der Weimarer Republik

Was sich schon während des Krieges infolge geringeren Konkurrenzdruckes aufgrund von Warenknappheit und Kundenbindungen durch Kundenlisten abgezeichnet hatte, wurde nun fortgeführt. Schon am 23. November 1918 erließ die neue Regierung eine Verordnung über die Arbeitszeit in Bäckereien und Konditoreien. Hierin wurde bestimmt, dass an Sonn- und Feiertagen im allgemeinen nicht gearbeitet werden durfte[106]. Mit dieser Verordnung aber stieg der Druck, auch für andere Gewerbezweige eine einheitliche Regelung zu erlassen. Die meisten Stadtgemeinden gingen dazu über, aufgrund des § 105b Abs. 2 GewO Ortsstatuten mit einer Sonn- und Feiertagsregelung zu erlassen. Am 5. Februar 1919 erließ der Gesetzgeber eine am 1. April 1919 in Kraft getretene Verordnung über die Sonntagsruhe im Handelsgewerbe und in Apotheken[107]. Diese Verordnung ersetzte § 105b Abs. 2 GewO durch folgenden Wortlaut:

> „Im Handelsgewerbe dürfen Gehilfen, Lehrlinge und Arbeiter an Sonn- und Festtagen nicht beschäftigt werden. Die Polizeibehörde kann für 6 Sonn- und Festtage, die höhere Verwaltungsbehörde für 4 weitere Sonn- und Festtage im Jahre, an denen besondere Verhältnisse einen erweiterten Geschäftsverkehr erforderlich machen, für alle oder einzelne Geschäftszweige eine Beschäftigung bis zu 8 Stunden, jedoch nicht über 6 Uhr abends hinaus, zulassen und die Beschäftigungsstunden unter Berücksichtigung der für den öffentlichen Gottesdienst bestimmten Zeit fortsetzen. (...)"

Mit dem Inkrafttreten dieser Verordnung traten gleichzeitig alle Sonder- und Ausnahmebestimmungen, die aufgrund des § 105b Abs. 2 und 3 GewO erlassen

---

Auf Grund der §§ 139d und 139f der Reichsgewerbeordnung in der Fassung vom 26. Juli 1900 wird hierdurch für das Jahr 1901 bestimmt:

(1) Die offenen Verkaufsstellen dürfen am 6. April, 15. und 25. Mai, 13. Juli, 19. November, 13., 14., 16., 17., 18., 19., 20., 21., 23., 24., 27., 28., 30. und 31. Dezember bis 10 Uhr Abends für den geschäftlichen Verkehr geöffnet sein. Für diese Tage finden zugleich die Bestimmungen des § 139c, nach welchen den Gehülfen, Lehrlingen und Arbeitern in offenen Verkaufsstellen und den dazugehörigen Schreibstuben (Comptoiren) und Lagerräumen eine ununterbrochene Ruhezeit von mindestens 10 beziehungsweise 11 Stunden, sowie Mittagspausen von bestimmter Dauer zu gewähren sind, keine Anwendung.

(2) Während der Zeit, während der die Verkaufsstellen geschlossen sein müssen, ist das Feilbieten von Waren auf öffentlichen Wegen, Straßen und Plätzen oder an anderen öffentlichen Orten oder ohne vorherige Bestellung von Haus zu Haus im stehenden Gewerbebetriebe sowie im Gewerbebetriebe im Umherziehen verboten.

(Sammlung der Lübeckischen Gesetze und Verordnungen, 68. Band 1901).

106 RGBl. 1981, S. 1329, hier § 6.

107 RGBl. 1919, S. 176.

worden waren, außer Kraft. Damit waren auf dem Gebiet der Sonntagsruhe weitestgehend reichseinheitliche Zustände hergestellt worden. Da der § 41a GewO nicht geändert worden war, ergab sich im Zusammenhang mit dem neuen § 105b GewO eine vollständige Sonntagsruhe im Handelsgewerbe. Dieser Zustand währte jedoch nicht lange. Schon vor dem Inkrafttreten der Verordnung wurde in der Nationalversammlung darauf hingewiesen, dass Ausnahmen von der Sonntagsruhe notwendig seien[108]. Z.B. müsse ein Verkauf von Milch, Zeitungen und Eis auch an Sonntagen gestattet seien. Infolge dessen kam es schon sehr bald zu Ausnahmeregelungen durch die Polizeibehörden oder die höheren Verwaltungsbehörden. Damit war der Zustand der vollständigen Sonntagruhe bereits gegen Ende des Jahres 1919 wieder durchbrochen. Dennoch wurden für die Sonntagsruhe bis zum Inkrafttreten des Ladenschlussgesetzes vom 28. November 1956 keine weiteren Regelungen mehr erlassen.

Die Normierung des werktäglichen Ladenschlusses erfuhr sehr bald nach dem ersten Weltkrieg eine erhebliche Änderung. Am 18. März 1919 wurde die sog. Demobilmachungsverordnung[109] erlassen. Durch § 1 dieser Verordnung wurde für die Angestellten der 8-Stunden-Tag eingeführt. Zur Sicherung der Durchführung dieser Vorschrift wurde in § 9 gleichzeitig die Schließung der Läden von 19 bis 7 Uhr angeordnet. Damit folgte der Gesetzgeber der Praxis, nach der aus Gründen des Warenmangels und der während der Kriegsjahre geringen Konkurrenz die Geschäfte ab 19 Uhr geschlossen hielten[110]. Die §§ 139e und f GewO waren infolge der Verordnung vorerst gegenstandslos geworden[111]. Damit betrug die zulässige Öffnungszeit der Geschäfte 12 Stunden, was in Bezug auf den Arbeitsschutz als Fortschritt zu bezeichnen war. Die Ladenzeiten standen aber immer noch nicht im Einklang mit der zulässigen Arbeitszeit der Angestellten von acht Stunden. Infolge von politischen Wirren lief die Geltungsdauer der Demobilmachungsverordnung am 17. November 1923 aus, ohne dass rechtzeitig eine neue Regelung erlassen worden war[112]. Damit trat der Rechtszustand wieder ein, der vor dem Erlass der Demobilmachungsverordnung bestanden hatte. Der Gesetzgeber reagierte jedoch recht schnell auf diese unklaren rechtlichen Verhältnisse. Aufgrund des Ermächtigungsgesetzes vom 8. Dezember 1923[113] wurde die Verordnung über die Arbeitszeit vom

108 Abg. *Schneider (Sachsen) (DDP)*, Verhandlungen der verfassungsgebenden Deutschen Nationalversammlung, 18. Sitzung vom 1.3.1919, Bd. 326, S. 419 (D).

109 Verordnung des Reichsministeriums für wirtschaftliche Demobilmachung über die Regelung der Arbeitszeit der Angestellten während der Zeit der wirtschaftlichen Demobilmachung, RGBl. 1919 I, S. 315.

110 Schoneweg, S. 15.

111 vgl. § 19 DemobilmachungsVO.

112 Schunder, S. 11.

113 RGBl. 1923 I, S. 1179.

21. Dezember 1923[114] erlassen. Diese Verordnung setzte den in § 9 der Demobilmachungsverordnung niedergelegten Rechtszustand wieder in Kraft, so dass der 8-Stunden-Tag beibehalten wurde. Allerdings enthielt die Arbeitszeitverordnung weitergehende Ausnahmen als die bisherige Regelung. Die wichtigste Ausnahme bestand in der Möglichkeit, eine Verlängerung der Arbeitszeit durch Tarifvertrag oder durch Genehmigung des Gewerbeaufsichtsamtes herbeizuführen. Gleichzeitig wurde die Duldung oder Ausnahme freiwilliger Mehrarbeit nicht mehr unter Strafandrohung gestellt. Dadurch wurde in der Praxis statt des 8- jetzt der 10-Stunden-Tag die Regel[115]. Infolge des Anstiegs der Arbeitslosigkeit wurde eine Einschränkung der Mehrarbeit erforderlich. Der Gesetzgeber reagierte darauf, indem er das Gesetz zur Abänderung der Arbeitszeitverordnung vom 14. April 1927[116] änderte. Es wurde die Duldung der Mehrarbeit beseitigt und die Zahlung eines Zuschlags von 25 % für jede über acht Stunden hinausgehende Arbeitsstunde vorgeschrieben. Dieser Zustand hatte bis zum Ende der Weimarer Republik Bestand.
Als letzte Regelung der Ladenzeiten erging das „Gesetz über den Ladenschluss am 24. Dezember" vom 13. Dezember 1929[117]. Hierin wurde der Ladenschluss am Heiligabend für 17 Uhr festgelegt, für Verkaufsstellen, die ausschließlich oder überwiegend Lebensmittel, Genussmittel oder Blumen verkauften, auf 18 Uhr. Ausgenommen waren Apotheken, der Marktverkehr und der Handel mit Weihnachtsbäumen.

IV. Die Ladenzeitregelungen während des Nationalsozialismus

Die Ladenzeitregelungen in der Zeit des Nationalsozialismus lassen sich in zwei Abschnitte unterteilen. In der ersten Phase, bis zum Beginn des zweiten Weltkrieges, wurden die Ladenzeitregelungen zusammengefasst und neu geordnet. Wesentliche Neuregelungen kamen nicht hinzu. Diese ergingen vielmehr erst während des Krieges, um die Ladenzeiten den veränderten Kriegsbedingungen anzupassen. Zunächst erfuhr die Arbeitszeitverordnung vom 21. Dezember 1923[118] eine Änderung durch das aufgrund des Ermächtigungsgesetzes vom 24. April 1933[119] erlassene Gesetz zur Neuordnung der nationalen Arbeit vom 23. Januar 1934[120]. Hierin wurde das Verbot der Mehrarbeit teilweise wieder abgeschafft[121] und vereinbarte Mehrarbeit zugelassen. Weiter enthielt dieses

114 RGBl. 1923 I, S. 1249.
115 Reichert, S. 14.
116 RGBl. 1927 I, S. 109.
117 RGBl. 1929 I, S. 219.
118 in der Fassung des Arbeitszeitgesetzes vom 14.4.1927.
119 RGBl. 1933 I, S. 141.
120 RGBl. 1934 I, S. 45 ff..
121 § 68 des Gesetzes zur Neuordnung der nationalen Arbeit.

Gesetz in § 64 Abs. 2 eine Ermächtigungsgrundlage, aufgrund derer der Reichsarbeitsminister die Arbeitszeitordnung vom 26. Juli 1934[122] erließ. Diese Verordnung brachte eine Zusammenfassung der Vorschriften über den Ladenschluss und über die Arbeitszeit, die zuvor noch in der alten Arbeitszeitverordnung und der Gewerbeordnung verstreut waren. Ein Zeichen dafür, wie eng man den Zusammenhang zwischen Arbeits- und Ladenzeiten gesehen hatte. Jedoch enthielten die §§ 24 und 25 dieser Arbeitszeitordnung lediglich Vorschriften über den Ladenschluss an Werktagen. Sonn- und Feiertage wurden weiterhin durch die §§ 41a und 105b GewO im Rahmen der Sonn- und Feiertagsarbeit geregelt. Auch das Gesetz über den Ladenschluss am 24. Dezember behielt vorerst seine Gültigkeit. Dies änderte sich erst im Jahre 1938 im Rahmen der Neufassung der Arbeitszeitordnung[123]. Materiell brachte die Novelle keine Änderungen. Die §§ 24 und 25 AZO a.F. wurden als §§ 22 und 23 AZO n.F. übernommen. Das „Gesetz über den Ladenschluss am 24. Dezember" vom 13. Dezember 1929 wurde als § 22 Abs. 2 AZO n.F. integriert. Damit waren die Ladenzeiten reichseinheitlich für alle Tage in der Arbeitszeitordnung und der Gewerbeordnung geregelt. Den örtlichen Polizeibehörden war es lediglich gestattet, Ausnahmen in Form einer Verlängerung der Ladenzeiten innerhalb eines bestimmten Rahmens zu gestatten[124]. Im Grundsatz bestimmte § 22 Abs. 1 AZO, dass Verkaufsstellen aller Art, mit Ausnahme der Apotheken, von 19 bis 7 Uhr für den geschäftlichen Verkehr geschlossen sein müssen. Ob ein Geschäft aber von 7 bis 19 Uhr geöffnet war, blieb allein den Inhabern der Verkaufsstellen überlassen. Eine Verpflichtung enthielt die Vorschrift nicht. Eigentlich entspricht dies einer Selbstverständlichkeit, die nicht weiter erwähnt zu werden bräuchte, wenn nicht bedingt durch die Kriegsverhältnisse später anderslautende Regelungen erlassen worden wären.
Bereits am 11. September 1939 erging ein Erlass des Reichsarbeitsministeriums über Ausnahmen vom Arbeitsschutz[125]. Hierin wurden die höheren Verwaltungsbehörden zur Verlängerung der Öffnungszeiten bei gleichzeitiger Einführung eines Mittagsladenschlusses ermächtigt. Diese Regelung aber war nicht ausreichend, um den geänderten Verhältnissen angemessen Rechnung zu tragen. Notwendig war eine elastischere Regelung. Aufgrund der Kriegswirtschaftsverordnung vom 4. September 1939[126] (hier §§ 20 und 29) erließ der Reichsarbeitsminister deshalb die Verordnung über den Ladenschluss vom

122 RGBl. 1934 I, S. 803.
123 Novelle zur Arbeitszeitordnung vom 30.4.1938, RGBl. 1938 I, 447.
124 Die Steuerung der Ausnahmen von der Sonn- und Feiertagesregelung des § 105 b GewO erfolgte durch Erlasse, z.B. Richtlinie für Ausnahmen von der Sonntagsruhe in den Bedürfnisgewerben vom 6.12.1934, RArbBl. 1934 I, Nr. 36, S. 282 ff.; Verkaufssonntage vor Weihnachten 1937 vom 6.7.1934, RArbBl. 1937, S. 187.
125 RArbBl. 1939 III, Nr. 26, S. 293 (294 unter Nr. 7).
126 RGBl. 1939 I, S. 1609.

21. Dezember 1939[127], die der reichseinheitlichen Regelung ein Ende setzte. § 1 dieser Verordnung gab die Festlegung der Ladenzeiten insgesamt in die Hände der Verwaltungsbehörden. Ferner hielt mit § 2 ein Novum in der deutschen Ladenzeitregelung Einzug. Hier wurden die Ladeninhaber verpflichtet, ihre Geschäfte während der von den Verwaltungsbehörden festgelegten Zeiten geöffnet zu halten. Insgesamt brachte diese Verordnung, die mit der Verordnung zur Änderung über den Ladenschluss vom 9. Januar 1942[128] eine geringe, sich auf die Ladenzeiten nicht auswirkende Ergänzung erfuhr, eine weitgehenden Ausschaltung der festen Ladenzeiten[129]. In der Praxis ist von diesen Ermächtigungen im weiten Umfang Gebrauch gemacht worden[130] und dies führte zu einer aufgrund des Warenmangels und der beabsichtigten Einsparung von Strom, Gas und Heizungsmaterialien bedingten Verkürzung der Ladenzeiten[131].

---

127 RGBl. 1939 I, S. 2471.
128 RGBl. 1942 I, S. 24.
129 Dudel, S. 12.
130 Denecke, LadSchlG, S. 9.
131 Die Ermächtigung hierzu erhielten die höheren Verwaltungsbehörden u.a. durch Erlass des Reichsarbeitsministeriums vom 21.12.1939, RArbBl. 1940 I, S. 8.

2. Teil: Das Ladenschlussgesetz vom 28. November 1956

I. Die Ladenzeitregelungen unmittelbar nach dem Krieg

Nach dem Ende des zweiten Weltkrieges herrschten in Deutschland verwirrende Verhältnisse. Das ehemalige Reichsgebiet war in Besatzungszonen aufgeteilt, aus denen die Bundesländer hervorgingen. Auch hinsichtlich der Ladenzeiten war keine einheitliche Regelung gegeben. Der werktägliche Ladenschluss war letztmalig in der Arbeitszeitordnung in der Fassung vom 30. April 1938[132] einheitlich geregelt worden. Durch die Verordnung über den Ladenschluss vom 21. Dezember 1939 in der Fassung vom 9. Januar 1942[133] waren die einheitlichen Ladenschlusszeiten in den Zuständigkeitsbereich der höheren Verwaltungsbehörden gelegt worden, die die Ladenzeiten den kriegsbedingten Zuständen angepasst hatten. Der Ladenschluss an Sonn- und Feiertagen war, ausgestaltet durch Richtlinien des Reichsarbeitsministeriums, in den §§ 41a und 105b GewO geregelt. Nach dem Wegfall des Kriegszustandes begannen einzelne Länder, sich aufgrund unterschiedlicher Ermächtigungsgrundlagen selbst Ladenzeitregelungen oder zumindest einen Rahmen durch Erlasse zu geben. Die gesetzliche Regelungsform wählten die Länder Württemberg-Hohenzollern[134], Hamburg[135], Bremen[136], Baden[137] und Berlin[138]. Das Land Nordrhein-Westfalen regelte die Ladenzeiten durch einen Erlass vom 13. Juni 1949[139]. Hierin wurde festgelegt, dass die Verordnung des Reichsarbeitsministers vom 21. Dezember 1939 in der Fassung vom 9. Januar 1942 keine Geltung mehr habe und ausschließlich die Arbeitszeitordnung von 1938 anzuwenden sei, eine Entscheidung, die später gerichtlich bestätigt wurde[140]. In Schleswig-Holstein wurden die Ladenzeiten durch die Kreise und kreisfreien

---

132 RGBl. 1938 I, S. 447.

133 RGBl. 1939 I, S. 2471 und RGBl. 1942 I, S. 24.

134 Ladenschlussverordnung vom 22.09.1948, Regierungsblatt Württemberg-Hohenzollern 1948, S. 126.

135 Verordnung über den werktäglichen Ladenschluss vom 21.02.1950, Hamburgisches Gesetzes- und Verordnungsblatt 1950, S. 79.

136 Gesetz über die Ladenverkaufszeiten vom 18.7.1950, Gesetzblatt der Freien Hansestadt Bremen 1950, S. 87.

137 Landesgesetz über den Ladenschluss vom 28.3.1951, Badisches Gesetz- und Verordnungsblatt 1951, S. 67.

138 Gesetz über den werktäglichen Ladenschluss vom 8.11.1951, Gesetz- und Verordnungsblatt für Berlin 1951, S. 1085.

139 Arbeit- und Sozialpolitik 1949, Nr. 13, S. 11.

140 Hamburgisches OVG, Urteil vom 27.10.1950, RdA (Recht der Arbeit) 1951, S. 35 ff.; BVerfGE 1, 283.

Städte festgelegt. Durch Erlass vom 8. Januar 1949 wurde ein Rahmen für die Verkaufszeiten gegeben[141].

Bei ihren Regelungen wandten die Länder unterschiedliche Techniken an. Bremen, Nordrhein-Westfalen und Württemberg-Hohenzollern hielten teilweise die Pflicht zur Öffnung der Verkaufstellen bei. Württemberg-Hohenzollern legte die Verkaufszeiten auf 8 bis 18 Uhr (im Sommer) und 9 bis 17 Uhr (im Winter) an Werktagen und bis 17 Uhr an Samstagen fest. Der Zwang zur Offenhaltung bezog sich hier auf die gesamte Verkaufszeit. Einzige Ausnahme war der Mittwoch, an dem die Geschäftsinhaber „berechtigt" waren, geschlossen zu halten. In Nordrhein-Westfalen waren die Verkaufszeiten weitestgehend in die Hände des Einzelhandels gelegt. Der Öffnungszwang bezog sich nur auf den Samstag, an dem nicht früher als an den Werktagen geschlossen werden durfte. Darüber hinaus waren die Geschäftsleute nur noch durch die §§ 22 und 23 AZO an den Werktagen und durch die §§ 41a und 105b GewO an Sonn- und Feiertagen beschränkt.

In Bremen bezog sich der Öffnungszwang auf die Milchgeschäfte, die an Sonn- und Feiertagen in der Zeit von 8 bis 10 Uhr Milch zum Verkauf bereitzustellen hatten.

Weitere Unterschiede in der Ladenzeitregelung zeigten sich im Umgang mit dem freien Halbtag. Württemberg-Hohenzollern verzichtete ebenso wie Nordrhein-Westfalen auf die Einführung eines freien Halbtages. Die Geschäftsinhaber aber waren „berechtigt", ab 12.30 Uhr während einer zweistündigen Mittagspause die Geschäfte geschlossen zu halten. Baden entschied sich für einen Mittwochs-Frühschluss ab 13 Uhr. Im übrigen wurden die Ladenzeiten der AZO übernommen. Berlin führte eine allgemeine Geschäftszeit werktags von 8 bis 19 Uhr und an den Samstagen von 8 bis 17 Uhr ein. Weiter waren hier bereits mannigfaltige Ausnahmen für verschiedene Gewerbebereiche vorgesehen, unter anderem der Blumenhandel, das Friseurgewerbe und der Tabakwarenhandel (§ 3), Zeitungen oder Zeitschriften (§ 3 Abs. 3) und die Abgabe von Frischmilch und Backwaren (§ 3 Abs. 2). Aber auch eine Sondervorschrift für Warenautomaten war enthalten, die regelte, dass diese außerhalb der allgemeinen Ladenzeiten nur vom Inhaber oder dessen Familienangehörigen beschickt werden durften (§ 5). Die drei Nordländer Bremen, Hamburg und Schleswig-Holstein führten den Samstag als freien Halbtag ein, freilich mit unterschiedlichen Ausprägungen. Hamburg und Bremen gaben sich allgemeine Verkaufszeiten von montags bis donnerstags bis 18 Uhr und freitags bis 19 Uhr. Bremen legte den Verkaufsbeginn an allgemeinen Verkaufstagen auf 8.30 Uhr, gestattete aber auch eine Öffnung ab 7 Uhr. Schleswig-Holstein legte die Verkaufszeiten an Werktagen in die Zeit von 8 bis 18 Uhr für Lebensmittel-

141 Runderlass des Ministeriums für Arbeit, Wirtschaft und Verkehr vom 8.1.1949, Amtsblatt für Schleswig-Holstein 1949, Nr. 6, S. 65.

geschäfte und 9 bis 18 Uhr für alle übrigen Geschäfte. Für den Samstag ordnete Hamburg einen Ladenschluss ab 16 Uhr für Lebensmittelgeschäfte und ab 15 Uhr für alle anderen Verkaufsstellen an. Bremen und Schleswig-Holstein hingegen legten den Samstags-Ladenschluss auf 14 Uhr, wobei in Schleswig-Holstein die Verkaufszeit um 8 Uhr für Lebensmittelgeschäfte und um 9 Uhr für alle anderen Geschäfte begann. Darüber hinaus ordnete Bremen montags, dienstags, donnerstags und freitags eine Mittagsruhe von 13 bis 15 Uhr für alle Verkaufsstellen des Lebensmitteleinzelhandels an[142]. Den übrigen Geschäftsstellen war es freigestellt, diese Mittagspause ebenfalls einzuhalten.
Schleswig-Holstein ermächtigte die Kreise und kreisfreien Städte, eine zweistündige Mittagspause in der Zeitspanne zwischen 12 und 15 Uhr zu erlassen. Ersatzweise konnte auch der Donnerstagnachmittag ab 13 Uhr zum verkaufsfreien Nachmittag erklärt werden.
Die Ermächtigungsgrundlage für ihre Regelungen sahen einige Länder, insbesondere Hamburg, Bremen und Schleswig-Holstein, in der Verordnung über den Ladenschluss vom 21. Dezember 1939 in der Fassung vom 9. Januar 1942, die sie damit für noch geltendes Recht hielten. Deshalb kam es zu einem Streit darüber, ob diese Verordnung noch geltendes Recht war und weiter, ob die Länder nach dem Inkrafttreten des Grundgesetzes zur Regelung der Ladenzeiten nicht mehr berechtigt waren, sondern dies eine Materie war, die der Gesetzgebungskompetenz des Bundes angehörte. Weiterhin war nicht geklärt, ob die auf die Kriegsverhältnisse zugeschnittene Verordnung über den Ladenschluss nach der Normalisierung der Verhältnisse in Folge der Währungsreform noch Geltung hatte.
In Nordrhein-Westfalen[143] war die Rechtslage in dem Erlass vom 13. Juni 1949 zutreffend beschrieben worden. Man sah die Verordnung über den Ladenschluss als überholt an, setzte diese außer Kraft und richtete sich nach den Regelungen der Arbeitszeitordnung und der Gewerbeordnung. Im März 1950 schließlich wurde der Erlass vom 13. Juni 1949 aufgehoben[144].
In Hamburg wurde die Verordnung über den werktäglichen Ladenschluss durch eine Entscheidung des Hamburgischen Oberverwaltungsgerichtes für nichtig erklärt[145]. Hierin erklärte das Gericht zum einen die Verordnung über den Ladenschluss vom 21. Dezember 1939 als ausschließlich auf die Kriegsverhältnisse zugeschnitten. Sie enthalte daher keine taugliche Ermächtigungsgrundlage mehr. Die Verordnung sei aus ihrer Entstehungsgeschichte heraus nicht als Ablösung des § 22 AZO gedacht gewesen, sondern verdränge diesen

142 durch Gesetz vom 17.10.1950 entfiel der Öffnungszwang und es wurde den Geschäftsleuten freigestellt, ihre Geschäfte zu schließen, GesBl. 1950, S. 111.
143 Erlass vom 13.6.1949, Arbeit- und Sozialpolitik 1949, Nr. 13, S.11.
144 Schoneweg, S. 16; Dudel, S. 15.
145 Hamburgisches Oberverwaltungsgericht, Urteil vom 27.10.1950, RdA 1951, S. 35 ff..

lediglich für die Dauer des Kriegszustandes. Sie sollte für diese Zeit die notwendigen elastischen Ladenzeitregelungen ermöglichen. Nach dem Wegfall der Kriegszustände, spätestens mit der Währungsreform, hätte die Verordnung ihr zeitliches Ende gefunden, ohne dass es notwendig gewesen wäre, sie aufzuheben. Somit sei es zu einer uneingeschränkten Geltung der §§ 22 und 23 AZO gekommen. Darüber hinaus sah das Gericht gewichtige Gründe, dass die Regelung der Verkaufszeiten zum Gegenstand der Bundeskompetenz gehöre, ohne die Frage jedoch letztlich zu beantworten. Die Ladenzeitregelungen wären dann gemäß Art. 74 Ziff. 11 und Art. 72 GG Gegenstand der konkurrierenden Gesetzgebung. Da aber § 22 AZO gemäß Art. 125 Ziff. 1 GG Bundesrecht geworden war, hatte der Bund von seiner Kompetenz insoweit Gebrauch gemacht und die Landeskompetenz war gesperrt[146].
Im Urteil vom 20. Mai 1950 hatte sich auch das Bundesverfassungsgericht mit der Frage der Gültigkeit der Ladenschlussregelungen durch die Länder zu befassen. Aufgrund einer Vorlage gemäß Art. 100 GG durch das Verwaltungsgericht Freiburg/ i.Br. und des Verwaltungsgerichtshofes Bremen erklärte das Bundesverfassungsgericht die Ladenzeitregelungen der Länder Baden und Bremen für nichtig[147] und schloss sich in den wesentlichen Punkten dem Urteil des OVG Hamburg vom 27. Oktober 1950 an. Auch das Bundesverfassungsgericht sah die Reichsverordnung über den Ladenschluss von 1939/42 als auf die Kriegsverhältnisse zugeschnitten und damit obsolet geworden an. Es stellte heraus, dass § 22 AZO aufgrund des Art. 125 GG geltendes Bundesrecht geworden war. Entgegen der Auffassung der Länder Baden und Bremen, die in § 22 AZO eine abschließende Regelung nur für die Zeit von 19 bis 7 Uhr, nicht aber für die Zeit von 7 bis 19 Uhr sahen, entschied das Bundesverfassungsgericht, § 22 AZO enthalte insgesamt eine abschließende Regelung der Ladenzeiten, die die Länderkompetenz verdränge. „Die Ladenschlussregelung in der Arbeitszeitordnung hat zunächst den Arbeitsschutz der Ladenangestellten, dann aber auch die Schaffung gesunder Wettbewerbsverhältnisse zwischen Ladeninhabern insofern zum Ziel, als eine übermäßige Konkurrenz durch willkürliche Ladenöffnungszeiten gesteuert werden sollte. (...) Gerade das wettbewerbliche Motiv ist aber, (...), nach dem Ausbau der allgemeinen Arbeitsschutzgesetzgebung in zunehmenden Maße für die Regelung in § 22 AZO bestimmend geworden. (...) Vielmehr nötigt umgekehrt das Vorwiegen des wettbewerblichen Motivs zu dem Schluss, dass der Reichsgesetzgeber auch die Frage, wann Läden am Tage geöffnet sein können, in § 22 AZO stillschweigend dahin mitgeregelt hat, dass Geschäftsinhaber ihre Läden in der Zeit von 7 bis 19 Uhr offen zu halten berechtigt sind.“[148].

---

146 vgl. Ipsen, Wochenend' und Grundgesetz, DVBl. 1950, 385 (389).
147 BVerfGE 1, 283, Urteil vom 20.5.1952.
148 BVerfGE 1, 283 (297).

Nachdem mithin das Land Nordrhein-Westfalen seinen die Ladenzeiten regelnden Erlass vom 13. Juni 1949 zurückgenommen hatte und die Regelungen in den Ländern Hamburg, Bremen und Baden gerichtlich für nichtig erklärt worden waren, bestanden formal nur noch die Neuregelungen in Berlin und Württemberg-Hohenzollern. Diese blieben in Kraft, bis sie formal durch § 31 Abs. 2 Nr. 9 und 10 LadSchlG vom 28. November 1956 aufgehoben wurden. Das Urteil des Bundesverfassungsgerichtes legte fest, dass die Ladenzeiten des § 22 AZO einheitlich für das gesamte Bundesgebiet galten, also Ladenzeitverkürzungen deshalb nicht selbständig durch die Länder, sondern lediglich durch freiwillige Vereinbarungen bzw. durch die Tarifpartner vorgenommen werden konnten. Versuche von freiwilligen Ladenzeitverkürzungen scheiterten in der Folgezeit immer wieder, da einzelne Ladeninhaber glaubten, sich durch längere Ladenzeiten Vorteile verschaffen zu können. *Ipsen*[149] stellte 1950 in einem Aufsatz die Notwendigkeit einer Ladenzeitverkürzung nicht in Frage. Er unterschied zwischen Gründen, die zu der Regelung des § 22 AZO geführt haben und den rechtlichen Gesichtspunkten. Auch wenn in so weiten Kreisen der Allgemeinheit eine Vorverlegung des Samstagsschlusses gefordert würde, dass § 22 AZO kaum noch einmal erlassen werden würde, sei dies rechtlich nicht erheblich. Es kam also darauf an, verfassungsrechtlich einwandfrei eine neue Ladenzeitregelung zu schaffen, welche den gegenwärtigen Anforderungen gerecht wurde und das Durcheinander der unterschiedlichen Regelungen beseitigte.

II. Der Gesetzesentwurf über den werktäglichen Ladenschluss (BT-Drucks. 1879/51)

1. Die Initiative aus dem Bundestag für eine Ladenzeitregelung (BT-Drucks. 603/50)

Durch die unklare Situation nach dem Kriege und die Alleingänge einiger Länder wurde der Gesetzgeber veranlasst, über eine endgültige bundeseinheitliche Neuregelung der Ladenzeiten zu beraten. Insbesondere gingen zahlreiche Anregungen von Arbeitern und Angestellten, vor allem von Hausfrauen im Bundestag ein, das Durcheinander der Ladenöffnungszeiten zu beseitigen[150]. So wurde aus der Mitte des Bundestages von den Abgeordneten *Huth (CDU), Mensing (CDU), Hagge (CDU), Glüsing (CDU), Dr. von Brentano (CDU)* und der *CDU/CSU-Fraktion* am 23. Februar 1950 der Antrag eingebracht, „die Bundesregierung zu ersuchen, eine bundeseinheitliche Regelung für die Offen-

149 Wochenend' und Grundgesetz, DVBl. 1950, 385 ff..

150 *Huth (CDU),* Stenographische Berichte des Bundestages, 118 Sitzung vom 15.2.1951, S. 4523.

haltung der Einzelhandelsgeschäfte unter Berücksichtigung der ländermäßig bedingten Abweichungen umgehend zu treffen"[151]. Diese BT-Drucks. Nr. 603/50 sollte dann zur weiteren Beratung an die Ausschüsse überwiesen werden. Jedoch bestand zunächst keine einheitliche Auffassung, welcher Ausschuss mit der Angelegenheit betraut werden sollte. So wurde zunächst am 3. März 1950 ein interfraktioneller Antrag gestellt, die BT-Drucks. Nr. 603/50 allein dem Ausschuss für Angelegenheiten der inneren Verwaltung zu überweisen[152]. Von Seiten der Wirtschaftsvertreter wurde der Antrag unterstützt. Der Ausschuss stimmte der Vorlage bereits kurz nach der Überweisung zu, so dass bei einer Annahme durch das Plenum der Regierung alle Möglichkeiten für eine Neuregelung offengestanden hätten[153].

Doch schon am 14. März 1950 wurde dieser Antrag dahingehend abgeändert, dass der Ausschuss für Angelegenheiten der inneren Verwaltung die Federführung erhalten solle und die Ausschüsse für Wirtschaftspolitik und Arbeit an der Beratung beteiligt werden sollten[154]. Dieser Antrag wurde vom Bundestag in seiner 47. Sitzung vom 16. März 1950 angenommen[155].

Kurz darauf erfolgte eine Anregung des Arbeitsministeriums, die BT-Drucks. Nr. 603 nicht dem Ausschuss für Angelegenheiten der inneren Verwaltung, sondern dem Ausschuss für Arbeit (federführend) und dem Ausschuss für Wirtschaftspolitik zu überweisen. Im Wirtschaftsministerium stand man dieser Anregung skeptisch gegenüber; man befürchtete, dass im Arbeitsausschuss eine lebhafte Diskussion des Antrags stattfinden würde, an deren Ende ein unvorhersehbares Ergebnis stand. Man wollte aus diesem Grunde versuchen, schnell eine Stellungnahme und eine Zustimmung zur BT-Drucks. Nr. 603 herbeizuführen, um der Bundesregierung bei der Gestaltung der Neuregelung möglichst wenig Vorgaben zu setzen[156].

Jedoch war der Ältestenrat dem Vorhaben zuvor gekommen und befasste sich bereits in seiner Sitzung vom 20. April 1950 mit dieser Angelegenheit, so dass eine beschleunigte Annahme der BT-Drucks. Nr. 603 nicht mehr herbeigeführt werden konnte. Er kam zu der Entscheidung, der Anregung des Arbeitsministeriums zu folgen und den Ausschuss für Angelegenheiten der inneren Verwaltung nicht mit der Sache zu betrauen[157].

---

151 BT-Drucks. Nr. 603 vom 23.2.1950.
152 BT-Drucks. 655 vom 3.3.1950.
153 Notiz für den Abgeordneten *Etzel* vom 24.4.1950, PA I 1014 B 1, lfd. Nr. 1.
154 BT-Drucks. 655 neu vom 14.3.1950.
155 Stenographische Berichte des Bundestages, 1. WP 1949, 47. Sitzung, S. 1635.
156 Notiz für den Abgeordneten *Etzel* (*CDU*) vom 24.4.1950, PA I 1014 B 1, lfd. Nr. 1.
157 Bundestagspräsident *Ehlers* an die Ausschüsse für Arbeit, Wirtschaft und Verkehr vom 20.4.1950, PA I 1014 A, lfd. Nr. 4.

2. Die Behandlung in den BT-Ausschüssen

a) Der Entwurf des Ausschusses für Arbeit (BT-Drucks. Nr. 1386 vom 28. September 1950)

aa) Die Entstehung des Entwurfs

Nachdem der Antrag der Abgeordneten *Huth* und Genossen dem Ausschuss für Arbeit unter dem Vorsitz des CDU-Abgeordneten *Sabel* federführend überwiesen worden war, beschloss dieser in seiner Sitzung vom 2. Mai 1950 nach einer längeren Aussprache, zunächst Sachverständige aus Kreisen der Gewerkschaften, der Verbrauchergenossenschaften, der Arbeitgeberorganisationen und des Handwerks zu hören[158]. Die Anhörung der Sachverständigen erfolgte am 1. Juni 1950.

In dieser Sitzung des Ausschusses für Arbeit trafen die verschiedenen Ansichten zu dem in Frage stehenden Thema aufeinander[159]. Insbesondere wurde über die Problematik gesprochen, wann die Schließung der Verkaufsstellen am Samstag zu erfolgen hatte. Zur Debatte stand zum einen die Möglichkeit eines Frühschlusses um 14 Uhr, zum anderen, auch am Samstag zu den Zeiten zu schließen, die für die Werktage galten.

Erwartungsgemäß sprachen sich vorwiegend die Verbraucherkreise und ein Teil der Arbeitgeber dafür aus, keinen Samstags-Frühschluss einzuführen, während die Angestelltengewerkschaften mit Rücksicht auf die Angestellten des Einzelhandels im Interesse des Arbeitnehmerschutzes die Einführung auf Bundesebene befürworteten.

So deutete der Sprecher der Vereinigung der Arbeitgeberverbände *Kettner*[160] auf die unterschiedlichen Verhältnisse der einzelnen Regionen hin, die sich aus den jeweiligen besonderen Gegebenheiten ergeben würden. Z.B. seien die Anforderungen zwischen den Städten und den ländlichen Gebieten unterschiedlich zu beurteilen. Wieder andere Aspekte würden in Kur- und Fremdenverkehrsorten gelten, die gerade am Wochenende einen starken Zustrom erführen. Darüber hinaus herrschten unterschiedliche Verhältnisse unter den verschiedenen Berufsgruppen, so dass darauf geachtet werden müsse, nicht der einen oder anderen Berufsgruppe die einzige Möglichkeit abzuschneiden, Einkäufe zu tätigen. Gerade diese Unterschiede könnten in einer bundeseinheitlichen Regelung allerdings nicht berücksichtigt werden, so dass es sich anbieten würde, lediglich ein Rahmengesetz zu schaffen. Hierin solle die

---

158 Kurzprotokoll der 19. Sitzung des Ausschusses für Arbeit vom 2.5.1950, PA I 1014 A, lfd. Nr. 9.

159 dargestellt nach Kurzprotokoll der 21. Sitzung des Ausschusses für Arbeit vom 1.6.1950, PA I 1014 A, lfd. Nr. 10.

160 Ausführungen des Sprechers der Vereinigung der Arbeitgeberverbände, PA I 1014 A, Anlage zu lfd. Nr. 10.

Kompetenz auf die unteren Verwaltungsbehörden übertragen werden, die die jeweiligen Besonderheiten bei der Ladenzeitregelung angemessen berücksichtigen können.
In diese Richtung argumentierte ebenfalls der Redner der *Hauptgemeinschaft des Einzelhandels, Nitza.* Dieser gab zu bedenken, dass der Samstags-Frühschluss zu Einbußen besonders beim Tabakhandel führen würde. Hier würden sich die Umsätze zugunsten des ambulanten und des Bahnhofshandels verschieben, die dem Frühschluss nicht unterworfen würden. Dem widersprach der Vertreter der *Gewerkschaft Handel, Banken und Versicherung, Fuchs.* Er hielt das Ausmaß des ambulanten Handels für nicht so groß. Stattdessen sei ein Samstags-Frühschluss für das Personal und die Inhaber der Einzelhandelsgeschäfte notwendig.
Von Seiten des *Bauernverbandes* befürchtete man durch einen Frühschluss Einbußen bei der Produktion der Landwirtschaft. Die reguläre Arbeit müsse unterbrochen werden, um Einkäufe zu tätigen. Des weiteren sei auch unter den Tarifpartnern die Notwendigkeit gesehen worden, auch am Samstag zu arbeiten.
Die Sprecherin des *Deutschen Hausfrauenverbandes, Pfannes*, machte insbesondere auf die Situation der berufstätigen Frau aufmerksam, die häufig nur am Samstagnachmittag die Möglichkeit zum Einkaufen habe. Lediglich im Lebensmittelhandel seien genügend Alternativen vorhanden, so dass hier ein Frühschluss eingeführt werden könne.
Innerhalb der Kreise der Industrie konnte man sich noch nicht auf eine einheitliche Meinung verständigen. Der Vertreter des *Deutschen Industrie- und Handelstages, von der Decken*, gab zu bedenken, dass der Einzelhandel als ein dienender Zweig der Industrie Opfer bringen müsse. Eine bundeseinheitliche Regelung könne er nicht empfehlen.
Der *Zentralverband der deutschen Konsumgenossenschaften* hatte eine Umfrage unter 300 Genossenschaften durchgeführt, die von 210 Genossenschaften beantwortet wurde.
Nach dieser Umfrage hätten sich 137 Genossenschaften mit 507.000 Mitgliedern für und 73 Genossenschaften mit 454.000 Mitgliedern gegen die Offenhaltung am Samstagnachmittag ausgesprochen. Bei dieser Umfrage sei jedoch auffallend gewesen, so der Redner *Dr. Koch*, dass in Großstädten durchweg gegen die Offenhaltung gestimmt worden sei, während man sich in kleineren Städten und auf dem Lande für eine Offenhaltung aussprach. In diesem Zusammenhang wies er darauf hin, dass im Falle eines bundeseinheitlichen Frühschlusses strikt auf die Einhaltung geachtet werden müsse. Als Folge werde dann eine baldige Gewöhnung der Verbraucher zu beobachten sein. Ausnahmen seien mit Rücksicht auf das Nachtbackverbot und den Absatz der Backwaren für Lebensmittelgeschäfte erforderlich.

In dieser Ansicht wurde er unterstützt vom *Zentralverband des deutschen Handwerks*. Dessen Vertreter *Dr. Graßhoff* forderte Ausnahmen für das Bäckereihandwerk sowie für Friseurbetriebe.
Auch die Vertreter des *DGB* sprachen sich für den Samstags-Frühschluss aus. Sie waren der Auffassung, dass eine Umgewöhnung der Verbraucher schnell erfolgen würde. Dennoch wurde auch hier eine Ausnahme für Lebensmittelgeschäfte gefordert, da Hausfrauen dazu neigen würden, leicht verderbliche Waren kurz vor dem Verzehr zu kaufen. Weiter erfolgte der Hinweis, dass auch unter den Sozialpartnern (den in dieser Frage in erster Linie interessierten Organisationen) der Vorschlag unterbreitet wurde, lediglich den ersten Samstag des Monats geöffnet zu halten und die Freizeit entsprechend an anderen Tagen auszugleichen.
Auch die *DAG* argumentierte in diese Richtung. Um Schwierigkeiten gerade in Grenzgebieten zu vermeiden und die Arbeitszeiten überwachen zu können, sei eine bundeseinheitliche Regelung unbedingt erforderlich. Zudem sprach sich der Vertreter *Wachsner* für die Einführung eines 18.00-Uhr-Ladenschlusses an Werktagen aus. Der *DAG*-Sprecher *Mittel* sah sogar eine Gefahr für kleinere Läden auf dem Lande, da erhebliche Käuferschichten im Falle einer Offenhaltung am Samstagnachmittag in die Städte abwandern würden.

Schon aus diesen Stellungnahmen der Sachverständigen, die Vertreter großer und einflussreicher Organisationen waren, wird das Spektrum der verschiedenen Ansichten nur über diesen einen Punkt deutlich. Die Organisationen vertraten jeweils einen großen Kreis von Mitgliedern, für die sie eine möglichst günstige Regelung zu erreichen suchten. So lässt sich leicht begreifen, vor welcher Schwierigkeit der Ausschuss für Arbeit stand.
Eine zusätzliche Schwierigkeit brachte das Thema Ladenzeiten mit sich. Kaum eine andere Materie greift so spürbar in das tägliche Leben ein wie die Regelung der Ladenzeiten. Damals wie heute nahm die Öffentlichkeit regen Anteil an der Diskussion, die dementsprechend breit geführt werden musste. Im einzelnen standen die Ausschüsse vor folgender Situation: Die Verhältnisse im Einzelhandel änderten sich aufgrund des zunehmenden Wirtschaftswachstums und der Währungsreform grundlegend. Der Konkurrenzdruck für die einzelnen Unternehmen stieg.
Aus diesem Grunde wurden die Ladenöffnungszeiten, die noch in den Kriegszeiten Geltung hatten, zunehmend aufgeweicht und langsam auf die gesamte gesetzlich zugelassene Länge von täglich 12 Stunden ausgedehnt.
Zunächst wurde versucht aufgrund freier Vereinbarungen unter den beteiligten Interessenkreisen, dem sich abzeichnenden Trend entgegenzuwirken, jedoch mit äußerst mäßigem Erfolg, da sich die Beteiligten wenig kompromissbereit zeigten. Auch Absprachen unter den Geschäftsleuten brachten keine Annäherung an das gewünschten Ziel. Es bedurfte nur dem Ausscheren eines einzigen

Partners, der glaubte, seine geschäftliche Situation durch eine Verlängerung seiner Ladenöffnungszeiten verbessern zu können, um die Absprache zu durchbrechen. Da dieses Mittel keine Sanktionsmöglichkeiten vorsah, zeigte sich der Weg als nicht gangbar.
Die gem. § 22 AZO zulässige Gesamtöffnungszeit lag bei 72 Stunden pro Woche. Die gem. § 3 AZO zulässige Arbeitszeit der Angestellten hingegen lag bei lediglich 48 Stunden pro Woche. Durch die zunehmende Ausnutzung der gesamten zulässigen Spanne drohte die Differenz der zulässigen Arbeitszeit zur tatsächlichen Beschäftigung der Angestellten immer größer zu werden, was auf Dauer zu untragbaren Verhältnissen führen musste.
Die Überwachung der tatsächlichen Arbeitszeit im Einzelhandel konnte wegen des Personalmangels in den Behörden nicht effektiv durchgeführt werden[161]. Dies war den Betreibern der Geschäfte durchaus nicht unbekannt. Aufgrund einer Untersuchung des Arbeitsministeriums von Württemberg-Baden[162] aus dem Jahre 1950 ergab sich folgende Situation für die Arbeitszeiten und die damit verbundene Überschreitung der gesetzlich zugelassenen Arbeitszeit:
In 25 % der im nichtländlichen Raum kontrollierten Geschäfte wurde eine Überschreitung der gesetzlichen Höchstarbeitszeit und in 35 % der Geschäfte ein Verstoß gegen die gesetzlichen und tariflichen Bestimmungen festgestellt. Hierbei ging das Ministerium jedoch davon aus, dass die Dunkelziffer erheblich höher lag, da im Einzelhandel die gem. § 24 Abs. 1 Nr. 3 AZO und § 23 JSchG geforderten Nachweise über die Arbeitszeit nicht geführt wurden und sich sowohl die Geschäftsinhaber als auch die Beschäftigten nur sehr zurückhaltend geäußert hatten.
In ländlichen Gebieten wurden weit ungünstigere Verhältnisse festgestellt. Hier wurden die Ladenschlusszeiten im allgemeinen kaum eingehalten.
Für die Ladenöffnungszeiten im Lande Württemberg-Baden stellten die Behörden fest, dass 70 % aller Geschäfte um 8 Uhr öffneten. Ca. 15 % öffneten bereits vor 8 Uhr, wobei es sich überwiegend um Lebensmittelgeschäfte handelte. Die übrigen 15 % der Geschäfte öffneten zwischen 8 und 9 Uhr ihre Türen, wobei es sich überwiegend um Läden ohne Lebensmittel handelte. Auch bei einer weiteren Unterteilung ergab sich kein anderes Bild. 80 % der Lebensmittelgeschäfte und 60 % der übrigen Geschäfte öffneten um 8 Uhr. Die verbleibenden 20 % der Lebensmittelgeschäfte gaben den Weg für das Publikum bereits vor 8 Uhr frei, während 40 % der übrigen Geschäfte erst nach 8 Uhr öffneten.

---

161 Stellungnahme des Arbeitsministeriums Württemberg-Baden an die Mitglieder des Bundestages vom 27.9.1950, S. 3, PA I 1014 B 1, lfd. Nr. 10.

162 Entschließung auf Versammlung des Lebensmitteleinzelhandelsverbandes Niedersachsens in Hannover vom 22.4.1952, PA I 1014 B 2, lfd. Nr. 10.

Der allgemeine Ladenschluss fand von Montag bis Freitag um 18 Uhr statt. 80 % aller Geschäfte schlossen zu dieser Stunde. Unter den Lebensmittelgeschäften waren dies 75 %, 25 % schlossen nach 18 Uhr. 85 % der übrigen Geschäfte schlossen um 18 Uhr die Verkaufsräume, der Rest bis 18.30 Uhr. Zudem blieben in zahlreichen Städten und Gemeinden die Geschäfte am Mittwochnachmittag geschlossen.

Am Samstag überwog der 17-Uhr-Ladenschluss. 30 % der Geschäfte schlossen ihre Türen schon vor 17 Uhr, während lediglich 20 % bis 18 Uhr geöffnet waren.

Hieraus ergibt sich eine Öffnungszeit der meisten Geschäfte von 54 Stunden pro Woche. Zu dieser Stundenzahl kamen noch Vor- und Nacharbeiten der Angestellten hinzu.

Ähnliche Situationen waren auch in den anderen Bundesländern und in Berlin vorherrschend. Auch hier wurden zahlreiche Verstöße gegen die gesetzlich vorgeschriebene 48-Stunden-Woche festgestellt, wobei auf die mangelnden Möglichkeiten einer Überprüfung der tatsächlichen Ladenzeiten hingewiesen wurde. Die tatsächliche Arbeitszeit der Angestellten wurde auf bis zu 60-65 Stunden pro Woche geschätzt[163].

Aufgrund dieser Situation, die für die Angestellten noch schlechter zu werden drohte, bot sich an, die Ladenzeiten mit den gesetzlichen Arbeitszeiten gleichzusetzen. Aus dieser Überlegung heraus sind auch die Positionen der einzelnen Parteien verständlich.

Um die Beschäftigungszeit der Angestellten in etwa den gesetzlich zulässigen 48 Stunden anzupassen, war es unerlässlich und unter den Parteien im wesentlichen unumstritten, einen freien Halbtag einzuführen. Auch war man sich im Grundsatz darüber einig, den Angestellten Gelegenheit zur Besorgung eigener Angelegenheiten zu geben. Bei der Frage, welcher Tag hierfür zu wählen sei, gingen die Ansichten weit auseinander. Es waren vor allem die Bedürfnisse der Angestellten des Einzelhandels, der Geschäftsbetreiber, der Wirtschaft und der Verbraucher zu berücksichtigen.

Im Kern standen folgende Regelungsmöglichkeiten zur Diskussion:

1. Samstags-Frühschluss um 13 oder 14 Uhr;
2. Langer Samstag am ersten Samstag im Monat;
3. freier Mittwochnachmittag;
4. freier Montagvormittag;
5. roulierendes System (turnusmäßige Freigabe eines halben Wochentages).

163 Jahresbericht der Gewerbeaufsichts-Beamten BRD und Berlin 1950, abgedruckt in Denkschrift der *DAG* zum Ladenschluss, Sonnabendfrühschluss und Sonntagsruhe im Einzelhandel, PA I 1014 B 2, lfd. Nr. 6.

Die einzelnen Standpunkte und Begründungen hierzu werden im folgenden noch einer genaueren Betrachtung unterzogen werden. Grundsätzlich waren sich die Argumente allerdings recht ähnlich.
Am leidenschaftlichsten wurde die Diskussion um den *freien Samstagnachmittag* geführt.
Dieser wurde bereits im Jahre 1949 von der *Deutschen Angestellten Gewerkschaft* gefordert[164]. Begründet wurde diese Forderung mit der Notwendigkeit, auch den Angestellten des Einzelhandels ein verlängertes Wochenende zu gewähren, um ihnen Erholung und Entspannung zu ermöglichen, was letztlich der Erhaltung ihrer Arbeitskraft diene. Die Wahl eines anderen Wochentages wurde als nicht gleichwertig angesehen, da das Wochenende für das Familienleben einen wichtigen Status habe. Es würde vorwiegend für Unternehmungen genutzt, wie Wanderungen oder den Besuch kultureller oder sportlicher Veranstaltungen. Zudem wurde eine durchgehende Ruhezeit von ca. 40 Stunden gefordert, die nicht durch die Freigabe eines anderen Halbtages zu erreichen war[165].
Des weiteren befürchteten die Befürworter dieser Regelung ein Nachwuchsproblem für den Einzelhandel. So würden junge Arbeitskräfte eher versuchen, in anderen Zweigen unterzukommen, da dort ein freies Wochenende die Regel war[166]. Weiterhin wurde geschätzt, dass sich ab ca. 1955 der Geburtenrückgang der Kriegsjahre bemerkbar machen würde und sich damit die Zuwachsziffern auf ein Viertel bis ein Drittel reduzieren würden. Die Jugendlichen hätten dann die Wahl zwischen mehreren Lehrstellen und würden sich für einen Beruf entscheiden, der ihnen ein freies Wochenende bieten konnte[167].
Hiergegen wurde eingewandt, dass die Zahl der Schulabsolventen jährlich im Steigen begriffen war und es dadurch ohnehin schon schwierig war, alle Schulentlassenen mit Lehr- oder Arbeitsstellen zu versorgen[168]. Aus diesem Grunde werde es, und sei es auch aufgrund einer negativen Auslese[169], bei Schaffung sicherer Arbeitsplätze und Verdienstmöglichkeiten immer ausreichend Nachwuchskräfte geben[170].
Ein weiteres schwerwiegendes Argument war die wirtschaftliche Seite. Am Samstagnachmittag wurden die größten Umsätze in der Woche erzielt[171].

164 Entwurf eines Gesetzes über den Ladenschluss vom 17.12.1949, S. 3, PA I 1014 B 2, lfd. Nr. 7.
165 *DAG* an den Ausschuss für Arbeit vom 14.1.1953, S. 3, PA I 1014 B 2, lfd. Nr. 7.
166 *DAG* an den Ausschuss für Arbeit vom 14.1.1953, S. 5, PA I 1014 B 2, lfd. Nr. 7.
167 *DAG* an den Ausschuss für Arbeit vom 14.1.1953, S. 5, PA I 1014 B 2, lfd. Nr. 7.
168 *Hans Soergel* an Abg. *Etzel* vom 18.4.1950, S. 3, PA I 1014 B 1, Anlage zu lfd. Nr. 1.
169 *Konsumgenossenschaft Köln* an Abg. *Sabel* vom 11.6.1952, PA I 1014 B 2, lfd. Nr. 31.
170 *Hans Soergel* an Abg. *Etzel* vom 18.4.1950, S. 3, PA I 1014 B 1, Anlagen zu lfd. Nr. 1.
171 „Ein freier Nachmittag" in Rheinische Post vom 11.4.1950, S. 2.

Des weiteren wurde darauf hingewiesen, dass die Zeit des Warenmangels und des Geldüberflusses vorbei sei, die eine Zusammendrängung der Verkaufszeiten nötig werden ließ. Die augenblickliche Situation des vergrößerten Warenangebotes und der Geldknappheit hingegen erfordere eine Aufgabe der behördlichen Beschränkungen, um den Wettbewerb zu steigern und die Durchsichtigkeit des Marktes zu erhöhen[172]. Hierdurch erst sei die Möglichkeit gegeben, dem Verbraucher ein möglichst breites Angebot zu präsentieren, da er nur dann die notwendige Zeit bekäme, in Ruhe die ausgestellten Waren in Augenschein zu nehmen und, sei es auch nach einer eingehenden Beratung im Kreise der Familie, seine Auswahl zu treffen. Gleichzeitig würden auf diese Weise neue Kaufwünsche geweckt werden, die den Anreiz bringen würden, durch Mehrarbeit das Einkommen zu steigern[173].
Jedoch wurde von den Befürwortern eingewandt, dass der Umsatz durch die neue Regelung nicht gänzlich wegfallen, sondern sich auf die anderen Tage verteilen würde. Der Umsatz sei nicht von der Länge der Öffnungszeiten, sondern allein von der Kaufkraft der Verbraucher abhängig[174].
Als weiterer Gesichtspunkt wurde der Wille der Bevölkerung genannt. Nach einer Umfrage des Institutes für Marktforschung und Marktbeobachtung *„EMNID"* für die Bekleidungsbranche sprachen sich 67,9 % der Befragten gegen einen freien Samstagnachmittag aus[175].
Weiterhin wurde angeführt, dass gerade Hausfrauen dazu neigen würden, leicht verderbliche Waren erst kurz vor dem Verzehr zu kaufen. Anders gäbe es vorwiegend im Sommer Schwierigkeiten bei der Aufbewahrung, da noch nicht jede Küche über einen Kühl- oder Eisschrank verfügte[176].
Ferner war zu bedenken, dass der freie Nachmittag den Angestellten auch dazu dienen sollte, Besorgungen und Behördengänge zu tätigen. Mit der Einführung eines generellen freien Nachmittags allerdings konnte dieses Ziel nicht erreicht werden, da hier alle Geschäfte geschlossen wären[177]. Mit diesem Argument wurde versucht, die bisherige gesetzliche Regelung beizubehalten und lediglich die Arbeitszeit der Angestellten zu verkürzen. Durch die Einführung des sogenannten roulierenden Systems, nach dem die Angestellten im turnusmäßigen Wechsel einen freien Halbtag erhalten sollten, war die Möglichkeit

---

172 Eingabe von *Hans Soergel* an *Etzel* vom 18.4.1950, S. 2, PA I 1014 B 1, Anlage zu lfd. Nr. 1.

173 Eingabe von *Hans Soergel* an *Etzel* vom 18.4.1950, S. 2, PA I 1014 B 1, Anlage zu lfd. Nr. 1.

174 *DAG*-Entwurf eines Gesetzes über den Ladenschluss vom 17.12.1949, PA I 1014 B 2, lfd. Nr. 7.

175 *EMNID*-Umfrage vom April 1950, S. 12, PA I 1014 B 2, lfd. Nr. 35.

176 „Ein freier Nachmittag" in Rheinische Post vom 11.4.1950, S. 2.

177 *Etzel* an die CDU/CSU-Fraktion des Bundestages vom 26.6.1950, S. 7, PA I 1014 B 1, lfd. Nr. 2.

komplex stattfinden solle, sondern man gleich den Vorschlag der Sozialpartner beraten wolle[183].
In drei Sitzungen am 4., 12. und 25. Juli 1950 wurde der Gesetzesentwurf beraten und verändert.

Einigkeit herrschte darüber, die Verordnung über den Ladenschluss vom 21. Dezember 1939 in der Fassung vom 9. Januar 1942 außer Kraft zu setzen.
Bezüglich der Notwendigkeit einer bundeseinheitlichen Regelung bestand im Ausschuss weitestgehend Einigkeit, nicht nur ein Rahmengesetz zu erlassen. Lediglich die Vertreter der *FDP* hielten eine Regelung auf Bundesebene für nicht erforderlich.
Umstritten war die Frage, inwieweit man den Ländern eine Vollmacht erteilen sollte, Ausnahmen von einer einheitlichen Regelung zuzulassen, ohne den Charakter der Bundeseinheitlichkeit zu verlieren.
Der *SPD*-Abgeordnete *Böhm* vertrat die Forderung, den Ländern die Möglichkeit für Sonderregelungen zuzusprechen[184]. Er begründete seine Ansicht damit, dass nur so eine Reaktion auf unterschiedliche Gegebenheiten vor allem in kleineren Städten und auf dem Lande möglich sei. Dem wurde von den *CDU*-Abgeordneten *Schmitz* und *Naegel* widersprochen, die sich gerade für eine bundeseinheitliche Regelung aussprachen, um das gegenwärtige Wirrwarr an unterschiedlichen Vorschriften zu beseitigen. Es sollten Differenzen zwischen den einzelnen Ländern vermieden werden, die in Grenzgebieten zu Streitigkeiten führen würden[185].
Der Ausschuss kam in diesen Sitzungen überein, dass die Länder nur in Ausnahmefällen die Möglichkeit zum Erlass abweichender Bestimmungen erhalten sollen. Nach der Auffassung des Vorsitzenden *Sabel* mussten die Beteiligten zu Konzessionen bereit sein, wenn eine Lösung gefunden werden sollte, die allen beteiligten Kreisen Rechnung trüge[186].
Daraufhin wurde in der 2. Sitzung vom 12. Juli 1950 folgender Abs. 1 des § 22 AZO beschlossen:

> Offene Verkaufsstellen jeder Art, mit Ausnahme der Apotheken und Tankstellen, müssen von neunzehn bis sieben Uhr für den geschäft-

---

183 Kurzprotokoll der 1. Sitzung des Koordinierungsausschusses vom 4.7.1950, PA I 1014 A, lfd. Nr. 12.

184 Kurzprotokoll der 2. Sitzung des Koordinierungsausschusses vom 12.7.1950, PA I 1014 A, lfd. Nr. 13.

185 Kurzprotokoll der 2. Sitzung des Koordinierungsausschusses vom 12.7.1950, PA I 1014 A, lfd. Nr. 13.

186 Kurzprotokoll der 2. Sitzung des Koordinierungsausschusses vom 12.7.1950, PA I 1014 A, lfd. Nr. 13.

lichen Verkehr geschlossen sein. Die beim Ladenschluss anwesenden Kunden dürfen noch bedient werden.

Bei der Diskussion über die *Öffnungszeiten am Samstag* zeigten sich die unterschiedlichen Auffassungen der Mitglieder des Ausschusses für Wirtschaftspolitik und derer des Ausschusses für Arbeit. So sprach sich der Vorsitzende des Ausschusses für Wirtschaftspolitik, der *CDU*-Abgeordnete *Etzel*, gegen die Idee des Samstags-Frühschlusses aus. Stattdessen befürwortete er, die für die Arbeitnehmer notwendige Freizeit nicht an einem bestimmten Tag zu gewähren, sondern in einer fluktuierenden Weise, im sog. roulierenden System. Als Alternative bot er den freien Montagvormittag an[187]. Dies wurde damit begründet, dass ein Bedürfnis nach einem offenen Samstagnachmittag bestehe, da große Bevölkerungsteile nur hier die Möglichkeit zum Einkaufen hätten. Zu diesem Ergebnis sei auch eine Umfrage in Verbraucherkreisen gekommen. Zudem verwies *Etzel* auf die Abhängigkeit des Gastwirtsgewerbes von der Offenhaltung der Einzelhandelsgeschäfte am Samstagnachmittag.
In dieser rein wirtschaftlichen Betrachtungsweise wurde er von dem *CDU*-Abgeordneten und Mitglied des Ausschusses für Wirtschaftspolitik *Naegel* unterstützt, der ergänzend ausführte, dass bei einem Samstags-Frühschluss ein Großteil der Bevölkerung bei den Arbeitgebern um zusätzliche Freizeit bitten müsse, was zu Lohneinbußen und Produktionsausfällen führen würde[188]. Weiterhin stellte der *FDP*-Abgeordnete und ebenfalls Angehörige des Ausschusses für Wirtschaftspolitik, *Stegner*, fest, dass die Ladenzeiten nicht identisch seien mit den Arbeitszeiten der Angestellten, da noch einige Nacharbeiten zu erledigen seien. Eine Folge des offenen Samstagnachmittages sei demzufolge eine zusätzliche Einstellung von kaufmännischen Angestellten[189].
Der Koordinierungsausschuss wollte dieser Argumentation in seiner Mehrheit jedoch nicht folgen. Vielmehr würden die in der Anfangsphase auftretenden Schwierigkeiten nach einer Eingewöhnung schnell beseitigt sein. Auch die berufstätige Hausfrau, so die *CDU*-Abgeordnete *Rehling*, sei in der Lage, sich nach kurzer Zeit ohne Probleme auf die veränderte Situation einzustellen[190]. Zudem wurde von dem *DP*-Abgeordneten *Walter* auf die schon jetzt in

---

187 Kurzprotokoll der 1. Sitzung des Koordinierungsausschusses vom 4.7.1950, PA I 1014 A, lfd. Nr. 12.

188 Kurzprotokoll der 1. Sitzung des Koordinierungsausschusses vom 4.7.1950, PA I 1014 A, lfd. Nr. 12.

189 Kurzprotokoll der 1. Sitzung des Koordinierungsausschusses vom 4.7.1950, PA I 1014 A, lfd. Nr. 12.

190 Kurzprotokoll der 2. Sitzung des Koordinierungsausschusses vom 12.7.1950, PA I 1014 A, lfd. Nr.13.

Hamburg geltende Regelung hingewiesen, nach der die Einzelhandelsgeschäfte um 15 Uhr und die Lebensmittelgeschäfte um 16 Uhr schließen würden[191].
In der folgenden Einzelberatung konnte sich der Vorschlag des *SPD*-Abgeordneten *Böhm* durchsetzen, der einen Samstags-Frühschluss für das gesamte Bundesgebiet um 16 Uhr beinhaltete, so dass § 22 Abs. 2 AZO folgende Fassung erhalten sollte:

> An Samstagen und am 24. Dezember müssen offene Verkaufsstellen, abweichend von der Vorschrift des Abs. 1, Satz 1, bereits ab sechzehn Uhr für den geschäftlichen Verkehr geschlossen sein.
> Ausgenommen sind Apotheken, Tankstellen und am 24. Dezember der Handel mit Weihnachtsbäumen.

Als eine logische Folge dieses Beschlusses sprach sich der Ausschuss für eine Streichung des Abs. 2, Satz 2 aus, in dem den Ländern die Kompetenz gegeben wurde, den freien Halbtag selbst festzulegen.

Einen weiteren Diskussionsschwerpunkt stellte die Ladenzeitregelung für *Verkaufsstellen auf dem Bahngelände und für den Marktverkehr* dar.
Nach der damals geltenden Rechtsprechung waren Verkaufsstellen auf Eisenbahngeländen als Nebenbetriebe der Bundesbahn anzusehen. Hierunter fielen auch solche Betriebe, die von Pächtern auf eigene Rechnung auf dem Eisenbahngelände betrieben wurden.
Der Ausschuss beschloss, zunächst eine Stellungnahme des Bundesverkehrsministeriums abzuwarten, ob überschneidende Vorschriften des Reichsbahngesetzes vorliegen würden. In seinem Bericht auf der 3. Sitzung des Koordinierungsausschusses vom 25. Juli 1950 stellte der Vertreter des Bundesverkehrsministeriums, Min. Dirig. *Büttner*, dar[192], dass für die Bundesbahn noch immer das Reichsbahngesetz vom 4. Juli 1939[193] Geltung habe. In § 16 Abs. 1 Reichsbahngesetz sei festgelegt, dass die Reichsbahn kein Gewerbebetrieb sei. Entsprechend fanden gem. § 16 Abs. 2 Reichsbahngesetz weder die Gewerbeordnung noch das Gaststättengesetz auf die Reichsbahnbetriebe oder Nebenbetriebe der Reichsbahn Anwendung. Die Behandlung der Bahnhofsverkaufsstellen wurde nach einer Richtlinie vorgenommen, die im Jahre 1927 vom Ministerium für Handel und vom Ministerium des Inneren aufgestellt wurde und auch im Jahre 1950 noch beachtet wurde.

---

191 Kurzprotokoll der 2. Sitzung des Koordinierungsausschusses vom 12.7.1950, PA I 1014 A, lfd. Nr. 13.

192 dargestellt nach Kurzprotokoll der 3. Sitzung des Koordinierungsausschusses vom 25.7.1950, PA I 1014 A, lfd. Nr. 14.

193 RGBl. 1939 I, Bd. II, S. 1208.

Diese Richtlinie hatte für alle Betriebe innerhalb des Bahnhofsgebäudes Geltung, gleich ob sie sich vor oder hinter den Bahnsteigsperren befanden[194]. Sie legte fest, dass die örtlichen Ladenschlusszeiten grundsätzlich einzuhalten waren. Ausnahmen wurden nur in engen Maßen und orientiert an den Bedürfnissen des Reisebedarfs, insbesondere der Zuglage, zugelassen[195]. Diese Rechtslage hatte nach Auskunft des Min. Dirig. *Büttner* noch immer Bestand. Er fügte hinzu, dass der bereits vorliegende Entwurf eines Bundesbahngesetzes die Regelungen des Reichsbahngesetzes wiederhole, dass jedoch eine Bestimmung hinzugefügt wurde, nach der Einzelheiten durch eine Verwaltungsanordnung festgelegt werden, die der Bundesminister für Verkehr in Zusammenarbeit mit den Bundesministern für Arbeit und für Wirtschaftspolitik erlasse.
Der Ausschuss kam demgegenüber zu dem Ergebnis, keine Ausnahmeregelung für die Verkaufsstellen auf Bahngelände zu erlassen, sondern die Materie über den Geltungsbereich des Gesetzes zu regeln. So wurde die entsprechende Bestimmung aus § 22 Abs. 2 AZO gestrichen und ein fünfter Absatz mit folgendem Wortlaut eingefügt:

> Zu den offenen Verkaufsstellen im Sinne der vorstehenden Vorschriften gehören auch, soweit nicht die Eisenbahndirektion im Einvernehmen mit dem für den Arbeitsschutz zuständigen Landesminister etwas anderes anordnet, Bahnhofsverkaufsstellen, soweit sie eine Verkaufstätigkeit außerhalb der Bahnsteigsperren ausüben.

Bezüglich des ebenfalls im § 22 Absatz 2, S. 3 erwähnten Marktverkehrs folgte der Ausschuss dem Vorschlag des Vertreters des Wirtschaftsministeriums *Dr. Rother*, lediglich den Einzelhandel auf Wochenmärkten und in Markthallen mit in die AZO einzubeziehen und es im übrigen bei der Regelung der Gewerbeordnung zu belassen. Demzufolge wurde der Marktverkehr aus dem Abs. 2, S. 3 gestrichen und ein neuer Abs. 7 mit folgendem Wortlaut eingefügt:

> Die Vorschriften der Absätze 1 bis 4 und 6 gelten auch für den Einzelhandel auf Wochenmärkten und in den Markthallen.

Weiterhin einigte man sich, die Absätze 4, 5 und 6 des § 22 AZO sinngemäß mit einigen redaktionellen Änderungen zu übernehmen. Lediglich Absatz 3, der die Ausnahmen vom werktäglichen Ladenschluss regelte, erfuhr einige Ergänzungen, so dass der Koordinierungsausschuss am Ende der dritten Sitzung am 12. Juli 1950 den Ausschüssen für Arbeit und für Wirtschaftspolitik folgenden

194 Ministerialblatt der Handels- und Gewerbeverwaltung 1927, S. 86.
195 Ministerialblatt der Handels- und Gewerbeverwaltung 1927, S. 85.

Gesetzesentwurf zur Neuregelung der Ladenschlusszeiten in § 22 AZO zur weiteren Beratung übersenden konnte:

(3) Nach neunzehn Uhr, jedoch bis spätestens einundzwanzig Uhr, dürfen Verkaufsstellen an jährlich höchstens zwanzig von der Ortspolizeibehörde zu bestimmenden Tagen für den geschäftlichen Verkehr geöffnet sein. Im Rahmen dieser Ausnahmeregelung kann eine verlängerte Verkaufszeit an Samstagen erfolgen mit der Einschränkung, dass nicht mehr als vier Samstagnachmittage für den Verkauf freigegeben werden und die Ladenschlusszeit an diesen Tagen um neunzehn Uhr endet.

(4) Vor sieben Uhr, jedoch nicht vor fünf Uhr, dürfen Lebensmittelgeschäfte nach näherer Bestimmung der Ortspolizeibehörde geöffnet sein.

(6) Die Ortspolizeibehörden haben vor der Genehmigung der Ausnahmen die Äußerung des Gewerbeaufsichtsamtes einzuholen und ihm die erteilte Ausnahmegenehmigung in Abschrift mitzuteilen. Hält das Gewerbeaufsichtsamt die Ausnahmegenehmigung für nicht vereinbar mit dem Schutz der Arbeitnehmer, so hat es unverzüglich die Entscheidung des für den Arbeitsschutz zuständigen Landesministers herbeizuführen.

(8) Die Vorschriften der Absätze 1 bis 6 finden keine Anwendung auf den Verkauf von Waren aus selbsttätigen Verkaufseinrichtungen (Warenautomaten), die von dem Inhaber einer zum dauernden Betrieb eingerichteten offenen Verkaufsstelle in räumlichen Zusammenhang mit dieser aufgestellt und in denen nur Waren feilgeboten werden, die auch in der offenen Verkaufsstelle selbst geführt werden. Die Wartung der Warenautomaten darf nur innerhalb der nach den Absätzen 1 bis 6 für den Verkauf aus offenen Verkaufsstellen an Werktagen allgemein zulässigen Zeiten erfolgen. Der Bundesminister für Arbeit wird ermächtigt, im Einvernehmen mit dem Bundesminister für Wirtschaft und mit Zustimmung des Bundesrates Rechtsverordnungen zur Durchführung der Sätze 1 und 2 zu erlassen, die den Verkauf aus Warenautomaten während der Ladenschlusszeiten näher regeln; sie können insbesondere bestimmte Arten von Verkaufsstellen oder Waren von dem Verkauf aus Warenautomaten ausschließen.

Noch während dieser dritten Sitzung, jedoch nach Abschluss der Beratungen äußerte der Bundesarbeitsminister durch den Min. Dirig. *Herschel* Bedenken gegen den Samstags-Frühschluss. Damit sei weder den Interessen der im Einzelhandel tätigen Angestellten noch den Käufern gedient. Weiterhin sei es nur eine Frage der Zeit, dass die Angestellten im Einzelhandel einen weiteren freien Nachmittag fordern würden. Hierzu bemerkte der Vorsitzende *Sabel*, die Arbeiten im Koordinierungsausschuss seien beendet und verwies auf die nun anstehenden Verhandlungen in den beauftragten Ausschüssen[196].

In den folgenden Beratungen zeigte sich der Ausschuss für Arbeit mit dem vorgelegten Entwurf einverstanden. Zur Diskussion standen lediglich noch zwei Themen:
Zum einen wurde erneut über die Regelung des freien Samstagnachmittag debattiert, zum anderen wurde ein Missbrauch der vorgeschlagenen Bestimmung über Bahnhofsverkaufsstellen befürchtet.
Darüber hinaus wurden vereinzelt Bedenken gegen eine bundeseinheitliche Regelung erhoben, die von dem Vorsitzenden schnell mit der Übereinkunft des Koordinierungsausschusses zurückgewiesen wurden; dieser Übereinkunft lagen schließlich die Stellungnahmen der Sachverständigen zugrunde.
In der Frage des *Frühschlusses an Samstagen* hingegen kam es noch einmal zu einem Austausch der verschiedenen Meinungen und Argumente. Am 28. September 1950 in der 32. Sitzung des Ausschusses für Arbeit standen schließlich folgende drei Möglichkeiten zur Wahl[197]:

1. Vorschlag des Koordinierungsausschusses:
   an allen Samstagen um 16 Uhr die Verkaufsstellen zu schließen;

2. Vorschlag des Abgeordneten *Richter (SPD):*
   am ersten Samstag im Monat um 19 Uhr, an den übrigen Samstagen um 14 Uhr die Verkaufsstellen zu schließen;

3. Vorschlag des Abg. *Leonhard (CDU/CSU):*
   an zwei Samstagen im Monat die Verkaufsstellen bis 19 Uhr geöffnet zu halten.

Die anschließende Abstimmung ergab folgendes Ergebnis:
1 Stimme für den Vorschlag des Abg. *Leonhard,*

---

196 Kurzprotokoll der 3. Sitzung des Koordinierungsausschusses vom 25.7.1950, PA I 1014 A, lfd. Nr. 14.

197 Kurzprotokoll der 32. Sitzung des Ausschusses für Arbeit am 28.9.1950, S. 3, PA I 1014 A, lfd. Nr. 17.

3 Stimmen für den Vorschlag des Koordinierungsausschusses und
10 Stimmen für den Vorschlag des Abg. *Richter*.
Anzumerken ist in diesem Zusammenhang, dass die Vertreter der *FDP*, die eine bundeseinheitliche Regelung als wenig zweckmäßig erachteten, sich geschlossen der Stimme enthielten.

In Bezug auf die *Bahnhofsverkaufsstellen* bestand im Ausschuss darüber Einigkeit, dass der Absatz 5 enger gefasst werden müsse, um einem Missbrauch der Vorschrift vorzubeugen.
Als Ergebnis seiner Beratungen der BT-Drucks. 603 legte der Ausschuss für Arbeit am 28. September 1950 dem Bundestag die BT-Drucks. 1386 vor. Diese Vorlage enthielt folgende Änderungen zum Entwurf des Koordinierungsausschusses zur Neufassung des § 22 AZO:

(2) An Samstagen, mit Ausnahme des ersten Samstags im Monat, und am 24. Dezember müssen offene Verkaufsstellen, abweichend von der Vorschrift in Absatz 1 Satz 1, bereits ab vierzehn Uhr für den geschäftlichen Verkehr geschlossen sein; fällt der erste Samstag im Monat auf einen gesetzlichen Feiertag, dürfen die Verkaufsstellen am darauffolgenden Samstag bis neunzehn Uhr geöffnet sein. Die Vorschriften des Absatzes 1 gelten nicht für Apotheken, Tankstellen und am 24. Dezember für den Handel mit Weihnachtsbäumen.

(8) Zu den offenen Verkaufsstellen im Sinne der vorstehenden Vorschriften gehören auch, falls nicht in begründeten Ausnahmefällen auf Antrag der Eisenbahndirektion der für den Arbeitsschutz zuständige Landesminister etwas anderes anordnet, Bahnhofsverkaufsstellen, soweit sie eine Verkaufstätigkeit außerhalb der Bahnsteigsperre ausüben.

Diese Fassung des Absatzes 8 über die Definition der offenen Verkaufsstellen im Sinne des § 22 AZO führte gleichzeitig zu einer Einengung des Begriffes der „Nebenbetriebe der Bahn“ im Reichsbahngesetz. Daraufhin drängte das Ministerium für Verkehrswesen, das eine solche Fassung missbilligte, auf die Mitwirkung des BT-Ausschusses für Verkehr an den Fragen, die die Angelegenheiten des Verkehrs, insbesondere Regelungen über Bahnhöfe und Verkehrsflughäfen, betrafen.
Den Anlass hierfür gaben die Regelungen des kommenden Bundesbahngesetzes. Hierin sollte in § 40 Abs. 2 des Regierungsentwurfes festgelegt werden, dass der Bundesminister für Verkehr gemeinsam mit dem Bundesminister für Wirtschaft und dem Bundesminister für Arbeit allgemeine Verwaltungsvorschriften für die Behandlung von Bahnhofswirtschaften und Bahnhofs-

verkaufsstellen erließ[198]. Unter diese Regelung sollten alle Verkaufsstellen innerhalb des Bahnhofsgebäudes fallen, die insgesamt als Nebenbetriebe der Bundesbahn angesehen werden sollten. Insofern stellte der vom Ausschuss für Arbeit erarbeitete § 22 Abs. 8 AZO eine konträre Regelung dar. Hierin wurde der Begriff der „Nebenbetriebe der Bahn" auf diejenigen Betriebe beschränkt, die sich innerhalb der Bahnsteigsperren befinden.
In seinem Schreiben vom 20. Oktober 1950 an den Vorsitzenden des Ausschusses für Verkehr, *Rademacher (FDP)*[199], rügte der Ministerialrat im Bundesverkehrsministerium, *Hufnagel,* dass die bisherigen Regelungen in dem Änderungsvorschlag keinerlei Beachtung gefunden hatten. Aus diesem Grunde wurde in diesem Schreiben darum gebeten, eine Beteiligung des Ausschusses für Verkehr an den weiteren Beratungen herbeizuführen, um die Frage unter einheitlichen Gesichtspunkten im Bundestag behandeln zu können.
§ 23 AZO wurde in dem Gesetzesentwurf gemäß BT-Drucksache 1386 mit einer redaktionellen Änderung übernommen.

Zum Ende der Sitzung am 28. September 1950 wurde von dem Vorsitzenden *Sabel* die Frage aufgeworfen, ob ein Ausschuss grundsätzlich berechtigt sei, als Ergebnis eines ihm zur Beratung übertragenen Antrags dem Bundestag einen Gesetzesentwurf vorzulegen. Nach Auffassung des Ausschusses sei es geltende Gepflogenheit, dem Bundestag stets die zweckmäßigste Behandlung vorschlagen zu dürfen[200]. Wenn dieser Vorschlag in der Ausarbeitung eines Gesetzesentwurfes liege, so dürfe man dem Bundestag auch einen Gesetzesentwurf als Ergebnis einer Beratung unterbreiten.
In seiner Sitzung vom 23. Oktober 1950 befasste sich der Ausschuss für Geschäftsordnung und Immunität unter dem Vorsitz des Abgeordneten *Ritzel (SPD)* mit dieser Frage[201]. Hier wurde die Stellung des Ausschusses nach der Verfassung und nach der Geschäftsordnung dargestellt: Ausschüsse hatten sich lediglich mit den ihnen überwiesenen Gegenständen zu befassen. Dies ging schon aus § 38 der vorläufigen GeschO-BT hervor. Ausschüsse seien Unterorgane des Bundestages. Als solche übten sie eine vorbereitende Tätigkeit für die Arbeit im Bundestag aus[202]. Als Hilfsorgane hätten sich die Ausschüsse nur mit den ihnen überwiesenen Vorlagen und im unmittelbaren Sachzusammen-

---

198 Schreiben des Ministerialrats im Verkehrsministeriums *Hufnagel* an Abg. *Rademacher* vom 2.10.1951, S. 6, PA I 1014 B 1, lfd. Nr. 5.

199 Ministerialrat *Hufnagel* an den Vorsitzenden des Ausschusses für Verkehrswesen vom 20.10.1950, PA I 1014 B 1, lfd. Nr. 6.

200 Kurzprotokoll der 32. Sitzung des Ausschusses für Arbeit am 28.9.1950, S. 4, PA I 1014 A, lfd. Nr. 17.

201 Kurzprotokoll der 56. Sitzung des Ausschusses für Geschäftsordnung und Immunität am 23.10.1950, S. 2, PA I 1014 A, Anlage zu lfd. Nr. 19.

202 Isensee/ Kirchhof, § 43, Rn. 43.

hang stehenden Fragen zu befassen und dem Bundestag Beschlüsse zu empfehlen[203].
Aus dieser Betrachtung heraus sei es dem Ausschuss nicht möglich, aus einem ihm zur Beratung überwiesenen Gegenstand „mehr" zu machen, als er ursprünglich war. Schon gar nicht sei es einem Ausschuss erlaubt, ein Initiativrecht zur Vorlage eines Gesetzesentwurfs wahrzunehmen, es sei denn, die Vorlage selbst war ein Gesetzesentwurf[204]. Gemäß Art. 76 Abs.1 GG liege dieses Recht ausschließlich bei der Bundesregierung, dem Bundesrat und den Mitgliedern des Bundestages.
Im Falle des Bundestages ergab sich aus § 35 der vorläufigen Geschäftsordnung des Bundestages vom 20. September 1949[205], dass Vorlagen vom Bundespräsidenten, der Bundesregierung oder dem Bundesrat eingereicht und Anträge von Mitgliedern des Bundestages gestellt werden können. Diese Regelung wurde in § 75 Abs. 1 und 2 der Geschäftsordnung des Bundestages vom 6. Dezember 1951 übernommen[206]. Eine Ausnahme ergab sich lediglich im Falle des § 120 vorlGeschO-BT (§ 130 Gescho-BT), der ein Initiativrecht für den Ausschuss für Geschäftsordnung und Immunität in Fällen vorsah, die den Aufgabenbereich dieses Ausschusses betreffen. Ein weitergehendes Initiativrecht der Ausschüsse wurde ausdrücklich nicht gewollt[207]. Ausfluss dieser Überlegung ist § 60 GeschO-BT, der den Aufgabenbereich der Ausschüsse regelt und eine gegenüber den vorangegangenen Geschäftsordnungen im wesentlichen neue Bestimmung war. Die Befugnis zur Gesetzesinitiative werde den Mitgliedern des Bundestages, nicht aber dem Bundestag selbst zugesprochen, der Adressat des Entwurfs sei. Ausschüsse seien Unterorgane des Bundestages und könnten nicht als Gruppierung von Mitgliedern des Bundestages angesehen werden. Da dem Bundestag nicht das Initiativrecht zustehe, könne dies auch nicht an die Ausschüsse subdelegiert werden[208].

Die BT-Drucks. 603 war ein Antrag aus der Mitte des Bundestages, der keinen Gesetzesentwurf enthielt. Indem der Ausschuss aus diesem Ersuchen an die Bundesregierung einen Gesetzesentwurf erarbeitet hatte, wurde dem Bundestag als Antwort „mehr" zurückgegeben, als dem Ausschuss übergeben wurde. In

---

203 Stern, § 26 IV 2.
204 Trossmann, § 60 Rn. 7.4.
205 hierbei handelte es sich um die abgeänderte Geschäftsordnung des Reichstages, die am 20.9.1949 vom Bundestag beschlossen wurde, Text in: Die Volksvertretung –Handbuch des Deutschen Bundestages-, S. 70-99.
206 BGBl. 1952 II, S. 389 ff..
207 vgl. Ritzel/Koch, § 60 GeschO-BT, Anm. 4 und 8.
208 Trossmann, § 60 Rn. 7.4.

dieser Hinsicht hat der Ausschuss die Arbeit des Plenums nicht nur vorbereitet, sondern ersetzt und damit seine Kompetenz überschritten.
Zu dieser Auffassung kam auch der Ausschuss für Geschäftsordnung und Immunität mit einstimmigem Ergebnis. Auch der Ältestenrat schloss sich dieser Ansicht in seiner Sitzung vom 6. November 1950 an. Mit Schreiben des Bundestagspräsidenten *Ehlers* vom 17. November 1950 wurde daher die BT-Drucks. 1386 an den Ausschuss für Arbeit zurückgewiesen mit der Bitte, eine neue Stellungnahme zum Antrag in der BT-Drucks. 603 an den Bundestag zu überweisen.
Am 23. November 1950 überreichte der Ausschuss für Arbeit dem Bundestag, ohne dem Standpunkt des Ausschusses für Geschäftsordnung und Immunität beizupflichten, folgende Stellungnahme (BT-Drucks. 1386 neu):

> Der Bundestag wolle beschließen:
>
> Die Bundesregierung wird ersucht,
> eine bundeseinheitliche Regelung für die Offenhaltung der Einzelhandelsgeschäfte durch eine Abänderung der Arbeitszeitordnung vorzubereiten. Dabei soll neben der Ladenschlusszeit an Werktagen auch die Ladenschlusszeit an Samstagen eine bundeseinheitliche Regelung erfahren. Die gesetzliche Regelung für die Offenhaltung der Einzelhandelsgeschäfte soll auch Geltung haben für Einzelhandelsgeschäfte auf Bahnhofsgelände, soweit nicht sichergestellt ist, dass diese nur den notwendigen Reisebedarf befriedigen.

Der ebenfalls beauftragte Ausschuss für Wirtschaftspolitik wollte sich dem Ersuchen des 20. Ausschusses nicht anschließen. Man hielt es für verfrüht, schon jetzt materielle Vorschriften für eine Neuregelung der Ladenzeiten vorzulegen. Mit Beschluss vom 24. Januar 1951 auf der 61. Sitzung stimmte der 13. Ausschuss dem Antrag des Ausschusses für Arbeit in folgender Weise zu[209]:

> Die Bundesregierung wird ersucht, eine bundeseinheitliche Regelung für die Offenhaltung der Einzelhandelsgeschäfte vorzulegen.

Der Ausschuss vermochte sich mit diesem Vorschlag jedoch nicht durchzusetzen.

---

209 Kurzprotokoll der 61. Sitzung des Ausschusses für Wirtschaftspolitik am 24.1.1951, S. 7, PA I 1014 A, lfd. Nr. 6.

bb) Stellungnahmen zum Entwurf des Ausschusses für Arbeit (BT-Drucks. 1386 vom 28. September 1950)

Der Entwurf des Ausschusses für Arbeit stellte den ersten brauchbaren Kompromissvorschlag dar, eine Regelung über den werktäglichen Ladenschluss zu finden, die allen beteiligten Interessenvertretern entgegenkommen sollte.
Dennoch waren die Reaktionen erwartungsgemäß nicht durchweg positiv. Es zeigte sich, dass einige der Beteiligten ihre Positionen standhaft zu halten suchten und diese mit den schon im Vorwege geäußerten Argumenten verteidigten.
Insbesondere die Regelung des § 22 Abs. 2, S. 1 AZO des Entwurfs über den Samstags-Frühschluss war Gegenstand harscher Kritik.
Gerade die Gegner dieser Regelung zeigten sich unerbittlich und versuchten, einen freien Samstagnachmittag zu verhindern. Die Argumentation lässt sich in zwei Schwerpunkte unterteilen. Zum einen aus der wirtschaftlichen Betrachtungsweise; es wurde versucht, den Einzelhandel als einen Zweig der Gesamtwirtschaft zu charakterisieren und mit bestimmten Aufgaben zu spezifizieren. Genau wie alle anderen Zweige hätte auch der Einzelhandel sich seinen speziellen Aufgaben zu stellen und diese für das übergeordnete Ziel zu erfüllen. Dem Einzelhandel würde in erster Linie die Aufgabe der Güterabgabe an die Bevölkerung zufallen. Diese aber richte sich nach den Bedürfnissen der Bevölkerung und nicht nach denen der Angestellten im Einzelhandel[210]. Es wurde darauf hingewiesen, dass ein Bedürfnis der Bevölkerung zur Bedarfsdeckung durchaus bestehe[211]. Für die Bekleidungsbranche versuchte man, dies aufgrund einer *EMNID*-Umfrage über die Käufergewohnheiten zu belegen[212]. Insbesondere die Industriebetriebe hätten einen 13- oder 14-Uhr-Schluss, so dass der Samstagnachmittag für Einkäufe zur Verfügung stehen müsse[213].
Des weiteren wurde darauf hingewiesen, dass die Motive für die Einführung des Samstags-Frühschlusses falsch abgewogen würden. Es seien die wirtschaftlichen Belange und die Bedürfnisse der Bevölkerung den sozialen Erwägungen geopfert worden[214].
Weiterhin wurde die Befürchtung ausgesprochen, dass dieser Präzedenzfall weiter Schule machen würde, so dass z.B. Angestellte der Verkehrsunter-

---

210 *Arbeitgeberverband Hamburg* an Abg. *Rademacher* vom 1.11.1950, PA I 1014 B 2, lfd. Nr. 1.

211 *Deutscher Hausfrauen Verband* an den Vorsitzenden des Ausschusses für Arbeit, *Sabel*, vom 11.7.1950, PA I 1014 B 2, lfd. Nr. 21.

212 Schreiben *Peek & Cloppenburg* an den Ausschuss für Arbeit vom 16.5.1950, PA I 1014 B 2, lfd. Nr. 35.

213 *Arbeitgeberverband Hamburg* an Abg. *Rademacher* vom 1.11.1950, PA I 1014 B 2, lfd. Nr. 1.

214 *Deutscher Hotel- und Gaststättenverband* an den Deutschen Bundestag vom 27.10.1950, PA I 1014 B 2, lfd. Nr. 24.

nehmen oder des Hotel- und Gaststättengewerbes ebenfalls auf der gesetzlichen Regelung eines Ruhetages bestehen würden[215].
Letztlich wurde auf die Auswirkung des Samstags-Frühschlusses auf Kur-, Bade- und Erholungsorte aufmerksam gemacht und mit dem aus den englischen Gebieten bekannten Begriff des „toten Wochenendes" gedroht[216].
Um sich der Forderung der Angestellten des Einzelhandels nach einer 48-Stunden-Woche nicht vollends zu verschließen, wurde als Alternative eine Erhöhung der Angestelltenzahl im Einzelhandel vorgeschlagen, was zusätzlich zur Entspannung auf dem Arbeitsmarkt beitragen würde[217]. Eine solche Forderung würde auf eine turnusmäßige Freigabe eines Nachmittags hinauslaufen, wobei freilich das Problem der Kontrolle der Arbeitszeiten keine Erwähnung gefunden hat.

Die zweite Argumentationslinie berücksichtigte die zusätzlichen Einnahmen des Staates, die für die Kriegsschädenbeseitigung dringend benötigt wurden[218].
Der Samstagnachmittag würde gerade von der Landbevölkerung genutzt, um Einkäufe in der Stadt zu erledigen. Hinzu komme in einigen Gegenden der Wochenendtourismus aus dem Um- und Ausland. Diese Faktoren führten zu wichtigen Steuereinnahmen, die die Städte, hier am Beispiel Wiesbaden[219], für die Beseitigung der Kriegsschäden und für die Soziallasten dringend benötigten.
Kompromissbereiter fielen die Stellungnahmen der Befürworter des freien Samstagnachmittag aus. Vor allem die *DAG* sah in dem Entwurf gem. BT-Drucks. 1386 einen brauchbaren Kompromiss, da so die seit langem geforderte einheitliche Regelung durchgesetzt werden könnte, die allen Angestellten des Einzelhandels ein freies Wochenende garantierte. Dass der erste Samstag im Monat von dieser Regelung ausgenommen war, empfand man als annehmbar[220].

---

215 *Deutscher Hotel- und Gaststättenverband* an den Deutschen Bundestag vom 27.10.1950, PA I 1014 B 2, lfd. Nr. 24.
216 *Deutscher Hotel- und Gaststättenverband* an den Deutschen Bundestag vom 27.10.1950, PA I 1014 B 2, lfd. Nr. 24.
217 *Deutscher Hausfrauen Bund* an den Vorsitzenden des Ausschusses für Arbeit, *Sabel*, vom 11.7.1950, PA I 1014 B 2, lfd. Nr. 21.
218 Magistrat der Stadt Wiesbaden an Bundeskanzler *Adenauer* vom 3.11.1950, PA I 1014 B 2, lfd. Nr. 45.
219 Magistrat der Stadt Wiesbaden an Bundeskanzler *Adenauer* vom 3.11.1950, PA I 1014 B 2, lfd. Nr. 45.
220 *DAG* an den Vorsitzenden des Ausschusses für Arbeit, *Sabel*, vom 10.10.1950, PA I 1014 B, 2 lfd. Nr. 7.

Diese Einstellung wurde am 10. November 1950 auf einer Vollversammlung der Betriebsräte des Hamburger Einzelhandels noch einmal in einer Entschließung zum Ausdruck gebracht und dem Bundestag überreicht[221].
Auch die *Gewerkschaft Handel, Banken und Versicherungen* zeigte sich durchaus zufrieden mit dem gefundenen Kompromissvorschlag[222].
Hingegen reagierten die betroffenen Gewerkschaften ablehnend auf den *werktäglichen 19-Uhr-Ladenschluss* des § 22 Abs. 1 AZO des Entwurfs.
Es wurde als sozialer Rückschritt angesehen, ausnahmslos den 19-Uhr-Ladenschluss festzulegen. Bisher war den obersten Landesbehörden über § 1 der Verordnung über den Ladenschluss vom 21. Dezember 1939 die Möglichkeit gegeben, einen früheren Ladenschluss festzusetzen. Weiterhin war in einigen Ländern bereits der 18-Uhr-Ladenschluss eingeführt worden und hatte sich nach Ansicht der Beteiligten bewährt. Durch die Neuregelung hingegen würde die Verordnung aufgehoben werden. § 22 Abs. 1 AZO sah die Möglichkeit für eine abweichende Regelung nicht vor. Eine tarifliche Vereinbarung über einen früheren Ladenschluss wurde als nicht praktikabel angesehen. Zu viele Betriebe, insbesondere die Familienbetriebe, waren an die Tarifvereinbarungen nicht gebunden[223]. Als Kompromiss wurde daher gefordert, § 22 Abs. 1 AZO um die Möglichkeit zu erweitern, einen früheren Ladenschluss festlegen zu können[224].

Ein weiterer Kritikpunkt war die vorgeschlagene Regelung des § 22 Abs. 8 AZO über die Ladenzeiten der *Verkaufsstellen auf Bahngelände.*
Im wesentlichen wurden bei der angestrebten Fassung drei Punkte angesprochen. Zum einen sei eine Unterscheidung zwischen Verkaufsstellen innerhalb und außerhalb der Bahnsteigsperren nicht möglich. Aufgrund der Raum- und Verkehrsverhältnisse können innerhalb der Sperren z.T. nur unzureichend oder gar keine Stände aufgestellt werden, so dass die Stände außerhalb der Sperren die gleichen Aufgaben zu übernehmen hätten[225]. Weiterhin gab § 22 Abs. 8 AZO den Landesministern die Möglichkeit, besondere Regelungen für die Verkaufsstellen vor den Sperren zu treffen. Dies würde nach Ansicht der Betroffenen zu unterschiedlichen Regelungen der einzelnen Länder führen[226].

---

221 *DAG* an Abg. *Schäfer* vom 10.11.1950, PA I 1014 B 2, lfd. Nr. 7.

222 *Gewerkschaft Handel, Banken und Versicherungen* an Abg. *Sabel* vom 17.7.1950, PA I 1014 B 2, lfd. Nr. 16.

223 *DAG* an den Vorsitzenden des Ausschusses für Arbeit, *Sabel*, vom 10.10.1950, PA I 1014 B 2, lfd. Nr. 7.

224 Entschließung des *DAG* an den Abg. *Schäfer* vom 20.11.1950, PA I 1014 B 2 lfd., Nr. 7.

225 Reichsbahndirektionspräsident a.D. *Nitschmann* an Abg. *Rademacher* vom 21.10.1950, PA I 1014 B 2, lfd. Nr. 34.

226 Reichsbahndirektionspräsident a.D. *Nitschmann* an Abg. *Rademacher* vom 21.10.1950, PA I 1014 B 2, lfd. Nr. 34.

Dass die Eisenbahndirektionsbezirke nicht mit den Ländergrenzen übereinstimmten, würde daher bedeuten, dass unterschiedliche Regelungen innerhalb der Direktionsbezirke entstehen würden[227].
Diese Gründe und das geplante Bundesbahngesetz ergaben den dritten Kritikpunkt: Das Bundesbahngesetz selbst.
Zum einen bestand die Auffassung, dass Regelungen, die in einem so unmittelbaren Zusammenhang mit der Bundesbahn stünden, sinnvoll nur in dem Bundesbahngesetz selbst geregelt werden könnten[228]. Zum anderen stand die geplante Fassung des Bundesbahngesetzes im Widerspruch zur Regelung der BT-Drucks. 1386.
In diesem Zusammenhang wurde darauf hingewiesen, dass die zuerst verabschiedete Regelung die spätere präjudizieren würde[229].

Darüber hinaus wurde bezweifelt, dass die Notwendigkeit bestünde, Bahnhofsverkaufsstellen dem Anwendungsbereich des Bundesbahngesetzes zu entziehen. Der Schutz der Arbeiter sei aufgrund vertraglicher Vereinbarungen mit den Pächtern gesichert, die zu einem Dreischichtsystem verpflichtet waren; zum anderen würden die Umsätze der Einzelhändler nicht gesteigert, sondern lediglich die der Bahnhofspächter verringert, was sich letztlich zu Lasten der Bundesbahn auswirken würde[230].
Energisch gegen eine Unterstellung der Bahnhofsverkaufsstellen außerhalb der Sperren unter das Bundesbahngesetz sprach sich der *Hauptverband des Tabakwaren-Einzelhandels* aus. Er sah die Interessen der Tabakwarengeschäfte, die unter die verkürzten Verkaufszeiten des § 22 AZO fallen sollten, durch einen ausgedehnten Bahnhofsverkauf gefährdet. Es wurde bezweifelt, dass Tabakwaren außerhalb der Ladenzeiten nur zum Genuss an Ort und Stelle an die Verbraucher abgegeben würden[231]. Des weiteren befürchtete man, durch diese Ausnahme einen Präzedenzfall zu schaffen, dem weitere Forderungen nach Ausnahmen folgen würden. So regte die *Hansestadt Hamburg* an, die Verkaufs-

227 Staatssekretär a.D. *Binder* an das hessische Arbeitsministerium vom 24.10.1950, PA I 1014 B 2, lfd. Nr. 5.

228 Wirtschaftsberater *Gröning* an Abg. *Rademacher* vom 20.10.1950, PA I 1014 B 2, lfd. Nr. 19.

229 Staatssekretär a.D. *Binder* an das hessische Arbeitsministerium vom 24.10.1950, PA I 1014 B 2, lfd. Nr. 5.

230 *Verband Deutscher Bahnhofspächter* an den BT-Ausschuss für Verkehrswesen vom 4.10.1950, PA I 1014 B 2, lfd. Nr. 3.

231 *Hauptverband des Tabakwaren-Einzelhandels* an Abg. *Sabel* vom 28.9.1950, PA I 1014 B 2, lfd. Nr. 39.

stellen auf Flughäfen und auf Busbahnhöfen denjenigen auf Eisenbahnbahnhöfen gleichzustellen, da eine identische Interessenlage vorliegen würde[232]. Aus diesem Grunde trat der *Hauptverband des Tabakwaren-Einzelhandels* dafür ein, entweder keine Ausnahmen von den Verkaufszeiten des § 22 AZO zuzulassen oder aber auch den Tabakwarengeschäften eine Sonderstellung zuzugestehen[233]. Am 12./13. April 1950 war eine dementsprechende Entschließung mit der Forderung nach „gleichem Recht für alle" unterzeichnet worden[234].

b. Der Entwurf der Bundestagsabgeordneten Degener und Genossen eines Gesetzes über den werktäglichen Ladenschluss (BT-Drucks. Nr. 1879 vom 3. Februar 1951)

aa) Die Entstehung der BT-Drucks. Nr. 1879/51

Am 3. Februar 1951 wurde dem Bundestag ein Entwurf zur Neuregelung der Ladenzeiten aus der Mitte des Bundestages vorgelegt. Bei dieser BT-Drucks. Nr. 1879 handelte es sich im wesentlichen um den Entwurf, den der Ausschuss für Arbeit entworfen hatte, aber nicht in den Bundestag hatte einbringen dürfen. Die Abgeordneten *Degener (CDU/CSU), Richter (SPD), Determann (Zentrum)* und Genossen nahmen jedoch eine Änderung vor. In Absatz 1, Satz 1 sollte den Ländern die Befugnis gegeben werden, einen früheren Ladenschluss festzulegen. Auch dieser Entwurf hielt demnach an dem 19-Uhr-Ladenschluss fest, versuchte allerdings, die in manchen Ländern noch vorherrschende Situation des 18-Uhr-Ladenschlusses gesetzlich zu verfestigen.
§ 22 Abs. 1, Satz 1 AZO sollte folgenden Wortlaut erhalten:

> Offene Verkaufsstellen jeder Art, mit Ausnahme der Apotheken und Tankstellen, müssen von neunzehn bis sieben Uhr für den geschäftlichen Verkehr geschlossen sein, sofern nicht von den obersten Landesbehörden ein früherer Schluss der Verkaufszeiten festgelegt wird.

Der Bundestag befasste sich am 15. Februar 1951 auf seiner 118. Sitzung mit dem Thema „Neuregelung der Ladenzeiten". Hierbei wurden im wesentlichen die BT-Drucks. 603, 1386 neu sowie 1879 behandelt. Den Diskussionsschwerpunkt bildete die Regelung der Öffnungszeiten am Samstag. Wieder

---

232 Hansestadt Hamburg an den Ausschuss für Sozialpolitik vom 17.10.1950, PA I 1014 B 2, lfd. Nr. 20.

233 *Hauptverband des Tabakwaren-Einzelhandels* an Abg. *Sabel* vom 19.10.1950, PA I 1014 B 2, lfd. Nr. 43.

234 Eingabe des *Hauptverbandes des Tabakwaren-Einzelhandels* an den Ausschuss für Arbeit vom 25.5.1950, PA I 1014 B 2, lfd. Nr. 38.

einmal ging die Argumentation quer durch die Fraktionen. Eine einheitliche Meinung konnte, wenn überhaupt, allenfalls bei den kleineren Fraktionen festgestellt werden.

Gegen einen Samstags-Frühschluss sprachen sich vor allem diejenigen aus, die der Wirtschaft näher standen. So gab der *FDP*-Abgeordnete *Kneip* zu bedenken, dass sich 80 % der Bevölkerung gegen einen Frühschluss ausgesprochen hatten. Lediglich die Angestellten im Einzelhandel würden eine solche Regelung begrüßen; Geschäftsinhaber, Käufer sowie die übrigen Angestellten hingegen lehnten eine Reformation ab.

Der Initiator der BT-Drucks. 603, *Huth (CDU),* sprach sogar von einem gegenläufigen Interesse der gesamten Arbeitnehmerschaft. Zudem würde der Umsatz am Samstagnachmittag 25 % des gesamten Wochenumsatzes ausmachen.

Der *CDU*-Abgeordnete *Naegel,* Mitglied des Ausschusses für Wirtschaftspolitik, erkannte, dass eine Neuregelung unaufhaltsam war. Er versuchte aus diesem Grunde, die Neuregelung in die Hände derer zu legen, die den Interessen der Wirtschaft eher Rechnung trugen als der Ausschuss für Arbeit. Eine Neuregelung der vorliegenden Art würde von der gesamten Wirtschaft sowie der Verbraucherschaft abgelehnt. Des weiteren wies er darauf hin, dass die Bundesregierung gegenwärtig an einer Neuregelung der Ladenzeiten arbeiten würde und beantragte, die BT-Drucks. 1879/51 der Regierung als Arbeitsmaterial zu übersenden. Dies stieß naturgemäß auf die Proteste derjenigen, die sich für einen Frühschluss eingesetzt hatten. So sollte ein Initiativentwurf aus der Mitte des Bundestages, der von Vertretern dreier Fraktionen unterschrieben worden war, nicht zu einem bloßen Arbeitsmaterial degradiert werden dürfen[235].

Des weiteren sagte der Antragsteller der BT-Drucks. 1879/51, *Degener (CDU),* dass alle angeführten Argumente durchaus nicht neu seien. Schon bei der Einführung eines Verkaufsverbotes zur Zeit des Gottesdienstes und bei der Vorverlegung des Ladenschlusses von 21 Uhr über 20 Uhr auf 19 Uhr seien gleichlautende Befürchtungen geäußert worden.

Die Befürworter eines Samstags-Frühschlusses zeigten sich überzeugt, dass diese Neuregelung, wie die in der Vergangenheit vorgenommen Änderungen auch, der Wirtschaft keinerlei Schaden zufügen würde. Es sei lediglich eine Frage der Erziehung, die Verbraucher an die geänderten Ladenzeiten zu gewöhnen.

Darüber hinaus wurde das Anrecht der Ladenangestellten auf ein zusammenhängendes Wochenende genannt, welches letztlich der Erhaltung der Gesundheit und damit der Arbeitskraft dienen würde. Auch die Möglichkeit für familiäre Großeinkäufe werde in dem Entwurf berücksichtigt. Der Großteil der

---

235 Stenographische Berichte des Bundestages, WP 1, 118. Sitzung, *Kohl (KPD)*, S. 4525, *Degener (CDU)*, S. 4525, *Richter (SPD)*, S. 4523.

Bevölkerung sei ohnehin nicht in der Lage, mehr als einen Großeinkauf pro Monat durchzuführen. Da die Löhne am Monatsende ausgezahlt werden, sei es ausreichend, die Geschäfte am ersten Samstag im Monat geöffnet zu halten, um die entsprechende Gelegenheit zu gewähren.
In der anschließenden Abstimmung über die Anträge konnten sich die Befürworter der Neuregelung und des Frühschlusses durchsetzen. So wurde die BT-Drucks. 1879/51 zur weiteren Beratung an den Ausschuss für Arbeit überwiesen, was dem Ausschuss die Möglichkeit gab, selbst einen Entwurf in den Bundestag einzubringen.
Des weiteren wurde der Antrag des Ausschusses für Arbeit gem. BT-Drucks. Nr. 1386/50 neu unverändert angenommen, wodurch der Bundesregierung für einen eigenen Entwurf gewisse Maßgaben gegeben wurden. - Die Gegner konnten lediglich erreichen, die BT-Drucks. 1879 zusätzlich an den Ausschuss für Wirtschaftspolitik zu übersenden, um sich ein Mitsprache- und vor allem Mitbestimmungsrecht vorzubehalten.
Letztlich wurde auch der Antrag angenommen, den Ausschuss für Verkehrswesen an den Beratungen zur BT-Drucks. 1879 zu beteiligen.

Der Ausschuss für Arbeit befasste sich erstmals am 29. März 1951 mit dem Antrag gem. BT-Drucks. 1879. In dieser Sitzung erklärte der Vertreter des Bundesministeriums für Arbeit, Regierungsdirektor *Dr. Freytag*, dass die Bundesregierung, insbesondere das Bundesarbeitsministerium, gemäß dem Antrag nach BT-Drucks. 1386 neu an einem Entwurf zur Neuregelung der Ladenzeiten arbeite und in ca. acht Wochen mit der Vorlage zu rechnen sei[236]. Aufgrund der Tatsache, dass der Fragenkomplex bereits in früheren Sitzungen eingehend diskutiert worden war, wurde der Beschluss gefasst, die Vorlage des Regierungsentwurfs abzuwarten.
Zur Sitzung des Ausschusses am 4. September 1951 lag der Regierungsentwurf noch immer nicht vor. Es wurde lediglich mitgeteilt, dass die Regierung nur noch auf die Stellungnahmen der Sozialpartner und der Länder warte[237]. So musste der Ausschuss notgedrungen die Beratung der Angelegenheit ein weiteres Mal zurückstellen.
Das gleiche Bild ergab sich in der Sitzung vom 20. Februar 1952 und der Sitzung vom 18. September 1952, bis schließlich der Punkt „Antrag der Abg. *Degener, Richter, Determann* und Genossen, Entwurf eines Gesetzes über den werktäglichen Ladenschluss (Drucksache Nr. 1879)“ in der Sitzung vom 13. Januar 1953 ein letztes Mal auf der Tagesordnung des Ausschusses für

236 Kurzprotokoll der 60. Sitzung des Ausschusses für Arbeit am 29.3.1951, PA I 1014 A, lfd. Nr. 31.
237 Kurzprotokoll der 85. Sitzung des Ausschusses für Arbeit am 4. 9. 1951, PA I 1014 A, lfd. Nr. 32.

Arbeit aufgeführt und ohne Beratung zurückgestellt wurde[238]. Der von der Regierung ausgearbeitete Gesetzesentwurf war mittlerweile dem Kabinett vorgelegt worden. Alle folgenden Diskussionen konzentrierten sich auf diesen Entwurf, der nicht nur eine Neufassung des § 22 AZO vorsah, sondern einen Entwurf für ein Gesetz über den Ladenschluss beinhaltete.
Die Drucksache Nr. 1879 wurde nicht weiter behandelt.

Einzig der erst mit Beschluss der 118. Sitzung des Bundestages mit der Angelegenheit ebenfalls beauftragte Ausschuss für Verkehrswesen (Ausschuss Nr. 27) beriet über den Antrag der Abgeordneten *Degener* und Genossen. Für die Arbeit im Ausschuss war das Fortschreiten der Neuregelung des Bundesbahngesetzes von entscheidender Bedeutung.
Das Verkehrsministerium versuchte, bei der Gestaltung des Bundesbahngesetzes an die bisherige Tradition der Gesetzgebungs- und Verwaltungspraxis anzuknüpfen. Hiernach war man stets davon ausgegangen, dass die Bahnhofsverkaufsstellen unter dem übergeordneten Gesichtspunkt des Reise- und Fremdenverkehrs zu betrachten seien. Aus diesem Grunde wurden die allgemeinen Bestimmungen des § 22 AZO nicht auf die Bahnhofsbetriebe angewandt[239]. Damit sollte der Sonderstellung der Bahn Rechnung getragen werden und der Bahnhofshandel als Sondermaterie den verkehrsrechtlichen Vorschriften unterstellt und nicht in die Ermessensentscheidungen von Landesbehörden gestellt werden. Das Verkehrsministerium wollte unter allen Umständen eine konkurrierende Gesetzgebung verhindern. Immer wieder wurde der Vorsitzende des Ausschusses für Verkehrswesen aufgefordert, dafür Sorge zu tragen, dass der Sonderstellung der Bahn Rechnung getragen und auch der Begriff der „Nebenbetriebe der Bahn" nicht eingeengt werde[240].
Am 17. Dezember 1951 schließlich trat das neue Bundesbahngesetz mit folgendem § 41 Abs. 2 in Kraft[241]:

> Der Bundesminister für Verkehr erlässt gemeinsam mit dem Bundesminister für Wirtschaft und dem Bundesminister für Arbeit für die Behandlung von Bahnhofswirtschaften und Bahnhofsverkaufsstellen allgemeine Verwaltungsvorschriften. Sie sollen die Versorgung der

---

238 Kurzprotokolle der 105. Sitzung vom 20.2.1952, 124. Sitzung vom 18.9.1952 und 134. Sitzung vom 13.1.1953 des Ausschusses für Arbeit, PA I 1014 A, lfd. Nr. 33, 34 und 35.

239 Schreiben des Ministerialrats im Verkehrsministerium, *Hufnagel*, an den Vorsitzenden des Ausschusses für Verkehr, *Rademacher*, vom 2.9.1951, S. 4, PA I 1014 B 1, lfd. Nr. 5.

240 Schreiben des Ministerialrats im Verkehrsministerium, *Hufnagel*, an den Vorsitzenden des Ausschusses für Verkehr vom 20.10.1950, vom 2.9.1951, vom 18.12.1951 und vom 9.1.1952, PA I 1014 B 1, lfd. Nr. 6, 5, 7 und 8.

241 BGBl. 1951 I, S. 955.

Reisenden mit Reisebedarf außerhalb der ortsüblichen Geschäftszeiten ermöglichen.

Nach der aufgrund dieses Gesetzes erlassenen Verwaltungsvorschrift wurde der Begriff der Nebenbetriebe der Bundesbahn nicht auf Betriebe hinter den Bahnsteigsperren eingegrenzt, wie es die BT-Drucks. 1879 vorsah, sondern hatte für das gesamte Bahnhofsgebäude Geltung. Es wurde damit an die Verwaltungsrichtlinie aus dem Jahre 1927 angeknüpft. Der Ausschuss für Verkehrswesen hat dieser Situation Rechnung getragen, indem er auf seiner Sitzung vom 15. April 1953 beschloss, gemäß den Vorgaben des Verkehrsministeriums[242] in dem Antrag der BT-Drucks. 1879 den Absatz 8 des § 22 AZO zu streichen und durch folgenden Wortlaut zu ersetzen[243]:

> Für Verkaufsstellen auf Personenbahnhöfen der Deutschen Bundesbahn gelten die nach § 41 Absatz 2 des Bundesbahngesetzes vom 13.12.1951 (BGBl. 1951 I, S. 955) erlassenen allgemeinen Verwaltungsvorschriften.

Ebenfalls trat der Ausschuss auf Veranlassung des Verkehrsministeriums für eine Sonderregelung für Verkaufsstellen auf Verkehrsflughäfen ein.
Gerade auf Flughäfen mit internationalem Flugbetrieb befürchtete man einen Verlust an Devisen. Ausländische Touristen würden vielfach ihre Reiseandenken auf den Flughäfen einkaufen. Sollte ihnen diese Möglichkeit während der allgemeinen Ladenschlusszeiten versagt werden, würden sie auf die nächstgelegenen ausländischen Flughäfen ausweichen[244]. Der Ausschuss beantragte daher in seiner Sitzung zusätzlich die Einführung eines Absatzes 9 in dem Entwurf zur Änderung des § 22 AZO mit folgendem Wortlaut[245]:

> Für Verkaufsstellen auf Verkehrsflughäfen kann der für den Arbeitsschutz zuständige Landesminister eine von den Absätzen 1 bis 5 abweichende Regelung treffen, wenn diese von der Flughafenleitung beantragt wird.

---

242 Stellungnahme des Verkehrsministeriums an die Mitglieder des Ausschusses für Verkehrswesen vom 14.4.1953, S. 2, PA I 1014 B 1, lfd. Nr. 9.

243 Kurzprotokoll der 128. Sitzung des Ausschusses für Verkehrswesen vom 15.4.1953, PA I 1014 A, lfd. Nr. 28.

244 Stellungnahme des Verkehrsministeriums an die Mitglieder des Ausschusses für Verkehrswesen vom 14.4.1953, S. 2, PA I 1014 B 1, lfd. Nr. 9.

245 Kurzprotokoll der 128. Sitzung des Ausschusses für Verkehrswesen vom 15.4.1953, PA I 1014 A, lfd. Nr. 28.

An diesem 15. April 1953 wurde auch im Ausschuss für Verkehrswesen die BT-Drucks. Nr. 1879 zum letzten Male beraten.

bb) Stellungnahmen zur BT-Drucks. 1879/51

Der Entwurf der BT-Drucks. 1879 übernahm größtenteils den Wortlaut des Entwurfs des Ausschusses für Arbeit. Geändert wurde lediglich in § 22 Abs. 2 AZO, dass den Ländern die Kompetenz gegeben wurde, einen früheren Ladenschluss als den allgemeinen 19-Uhr-Ladenschluss festzulegen. Damit folgten die Initiatoren einer Anregung der *DAG*, die den Entwurf der BT-Drucks. Nr. 1386 in dieser Beziehung als einen sozialen Rückschritt betrachtete[246].

Dementsprechend fielen die Stellungnahmen zu diesem Initiativentwurf nicht anders aus.

Schon der Entwurf des Ausschusses für Arbeit war von einer Seite als eine brauchbare Kompromisslösung angesehen worden. Nachdem dieser jedoch im Bundestag nicht behandelt werden durfte, drängten die Interessenvertreter nun um so stärker, diese neue Initiative zum Gesetz zu erheben[247].

Der Ausschuss für Arbeit, dem die Drucksache zur weiteren Beratung überwiesen worden war, stellte die Bearbeitung immer wieder zurück, um die Vorlage des Regierungsentwurfs abzuwarten. Diese Vorgehensweise stieß auf Unverständnis der Beteiligten. Man konnte diese Zeitverzögerung nicht verstehen, zumal der Antrag fast wortgleich mit dem der Drucksache 1386 war. Im Interesse einer schnellen bundeseinheitlichen Regelung, die den Angestellten des Einzelhandels ein verlängertes Wochenende bringen und die Diskussion beruhigen würde, gingen zahlreiche Eingaben im Ausschuss für Arbeit ein, mit der Bitte, den Referentenentwurf der Regierung nicht abzuwarten und damit einer weiteren Verzögerung vorzubeugen[248].

Im Zuge dieses Zeitverlustes wurde die Situation der Ladenzeitregelungen zunehmend unklarer. So verfügte der Regierungspräsident der Stadt Aurich am 9. Juni 1951 folgende Geschäftszeiten für die Saisonmonate 15. Juni - 30. September 1951 in den Nordseebädern:

Werktags	7.00 - 21.00 Uhr
Sonntags	11.00 - 13.00 Uhr und 16.00 - 19.00 Uhr.

246 *DAG* an den Vorsitzenden des Ausschusses für Arbeit, *Sabel*, vom 10.10.1950, PA I 1014 B 2, lfd. Nr. 7.

247 Entschließung der Hauptberufsgruppe Kaufmännische Angestellte der *DAG* vom 28.2.1951, PA I 1014 B 2, lfd. Nr. 7.

248 *DAG* vom 7.6.1951, I 1014 B 2, lfd. Nr. 7; *Gewerkschaft Handel, Banken und Versicherungen* vom 13.2.1952, PA I 1014 B 2, lfd. Nr. 18; Angestellter im Einzelhandel *Schwalfenberg* vom 2.2.1953, PA I 1014 B 2, lfd. Nr. 37.

In einer emotional gefassten Eingabe eines Betroffenen wurden diese Öffnungszeiten als in der Zeit der Jahrhundertwende üblich angegeben, verbunden mit der Bitte, eine schnelle bundeseinheitliche Regelung zu treffen, um das vorherrschende Vakuum zu füllen und derartige Alleingänge zukünftig zu unterbinden[249].

Auch in anderen Orten wurden Sonderregelungen getroffen, die das Durcheinander der Ladenzeiten nur noch vergrößerten. Dies führte auf der anderen Seite zu Protestaktionen der im Einzelhandel Beschäftigten, so dass ein Einschreiten des Bundesgesetzgebers gefordert war[250].

Von Seiten der *Industrie- und Handelskammer* wurde die Forderung nach einem Rahmengesetz wieder aufgegriffen[251]. Um den örtlichen Unterschieden Rechnung tragen zu können, wurde erneut angeregt, den Ländern die Kompetenz zu geben, Abweichungen von § 22 AZO bezüglich des Verkaufsbeginns und -endes festzulegen, eine eventuelle Mittagspause zu bestimmen und den freien Nachmittag selbst zu wählen[252].

Des weiteren wurde auch zu diesem Entwurf der Streit zwischen dem *Verband der Deutschen Bahnhofspächter* und dem *Hauptverband des Tabakwaren-Einzelhandels* behandelt.

Die Bahnhofspächter unterstrichen noch einmal ihre aus den Stellungnahmen zur BT-Drucks. 1386 bekannte Position, alle Verkaufsstellen innerhalb des Bahnhofs dem Bundesbahngesetz zu unterstellen[253].

Im Gegensatz dazu wurde vom *Tabakwaren-Einzelhandel* gefordert, keine Ausnahmen vom § 22 AZO zuzulassen. Insbesondere auf Bahnhöfen und in den als Trinkhallen getarnten Verkaufsstellen würde ein Verkauf außerhalb der allgemeinen Öffnungszeiten zu Lasten des Tabakwarenhandels gereichen[254].

Aus diesem Grunde wurde erneut versucht, entweder auch für den Tabakwarenhandel eine Sonderstellung durchzusetzen oder aber alle Betriebe ausnahmslos gleichzustellen[255].

---

249 *Heiko Herren* an den Ausschuss für Arbeit vom 14.6.1951, PA I 1014 B 2, lfd. Nr. 23.

250 *Gewerkschaft Handel, Banken und Versicherungen* an Abg. *Sabel* von 13.2.1951, PA I 1014 B 2, lfd. Nr. 18.

251 *Niederrheinische Industrie- und Handelskammer* an Abg. *Etzel* vom 23.2.1951, PA I 1014 B 2, lfd. Nr. 25.

252 *Industrie- und Handelskammer Bremerhaven* an CDU/CSU-Fraktion vom 12.5.1951, PA I 1014 B 2, lfd. Nr. 26.

253 *Verband Deutscher Bahnhofspächter* an Abg. *Sabel* vom 2.4.1951, PA I 1014 B 2, lfd. Nr. 4.

254 *Hauptverband des Tabakwaren-Einzelhandels* an Abg. *Rademacher* vom 6.3.1951, PA I 1014 B 2, lfd. Nr. 44.

255 *Hauptverband des Tabakwaren-Einzelhandels* an Abg. *Rademacher* vom 6.3.1951, PA I 1014 B 2, lfd. Nr. 44.

III. Erste Referentenentwürfe für ein Ladenschlussgesetz bis zum 1. August 1951

1. Der erste Referentenentwurf vom 12. Mai 1951

Nachdem der Bundesregierung in der Bundestagssitzung vom 12. Februar 1951 mit Annahme der BT-Drucks. 1386 neu der Auftrag erteilt worden war, eine bundeseinheitliche Regelung des werktäglichen Ladenschlusses vorzulegen, wurde im Bundesarbeitsministerium damit begonnen, Referentenentwürfe zu erarbeiten.
Durch die gleichzeitige Überweisung der BT-Drucks. 1879 an die Ausschüsse entstand die widersprüchliche Situation, dass parallel zwei voneinander unabhängige Entwürfe für eine Neuregelung der Ladenzeiten in Vorbereitung waren, wobei die Ausschüsse über einen Entwurf verfügten, der einen von ihnen selbst ausgearbeiteten Kompromiss darstellte. Es stand somit zu befürchten, dass die Ausschüsse die BT-Drucks. 1879 mit der Empfehlung der Annahme in den Bundestag einbringen würden und damit der Vorlage der Bundesregierung zuvorkommen würden.
Entspannt wurde diese Situation jedoch durch die Ausschüsse selbst, die kein Interesse daran hatten, die Arbeit der Bundesregierung zu unterlaufen. Das Bundesministerium für Arbeit teilte durch Frau *Schulte Langforth* mit, dass in den Ausschüssen die Absicht bestehe, die BT-Drucks. 1879 so lange zurückzustellen, bis der Entwurf der Bundesregierung vorliege[256].
Die Bundesregierung stellte zunächst in kurzer Folge drei Referentenentwürfe auf. Der erste dieser drei Referentenentwürfe datierte vom 12. Mai 1951. Er trug den Titel: "Entwurf eines Gesetzes über den Ladenschluss"[257].
Schon aus dieser Überschrift lässt sich entnehmen, dass die Bundesregierung mit diesem Entwurf über den eigentlichen Auftrag des Bundestages hinausgegangen war. Vorgesehen war die Schaffung einer bundeseinheitlichen Regelung zur Abänderung der Arbeitszeitordnung (AZO). Es sollten somit lediglich die Ladenzeiten an Werktagen reformiert werden. Der nun vorliegende Referentenentwurf sah statt dessen ein völlig neues Gesetz vor, welches sämtliche Regelungen über den Ladenschluss in sich vereinigte und damit die Rechtszersplitterung beenden sollte.
Den 20 Paragraphen dieses Entwurfes war jedoch deutlich anzumerken, dass es sich vorerst um eine Zusammenführung der einzelnen Vorschriften handelte und die Strukturierung noch nicht abschließend war.
§ 1 regelte die Begriffsbestimmungen der "offenen Verkaufsstellen", auf die sich das Gesetz beziehen sollte, sowie der Feiertage. Hiernach waren offene

256 *Dr. Rother*, Bundesministerium für Wirtschaft, Vermerk vom 16.2.1951, BA-Koblenz, B 102, 39398.
257 BA-Koblenz, B 102, 39398.

Verkaufsstellen im Sinne des Gesetzes "alle ständigen Einrichtungen, in denen von einer festen, für jedermann zugänglichen Stelle aus im stehenden Gewerbebetrieb Waren zum Verkauf an den letzten Verbraucher feilgehalten werden".
Es folgte in § 2 die Regelung der allgemeinen Ladenschlusszeiten als zentrale Vorschrift des Gesetzesentwurfs.
Die §§ 3 und 4 befassten sich mit den bisher in der Gewerbeordnung geregelten Ausnahmen vom Ladenschluss an Sonn- und Feiertagen, denen mit § 5 eine Bestimmung über den besonderen Schutz der Arbeitnehmer an diesen Tagen folgte.
Die §§ 6 und 7 sahen Ausnahmen vom werktäglichen Ladenschluss vor, die ihre bisherige Regelung in der AZO fanden.
Eine Sonderregelung über den Verkauf am 24. Dezember sah § 8 des Entwurfs vor. Weitere Sonderregelungen enthielten § 9 für Wochenmärkte und Markthallen sowie § 10 für den Straßen- und Hausierhandel.
Noch ohne Text war § 11, in dem eine Abgrenzung zu den Hilfsbetrieben vorgesehen war.
§ 12 verpflichtete die Inhaber von offenen Verkaufsstellen zum Aushang des Gesetzes sowie zur Anfertigung von Verzeichnissen über die Beschäftigung der Angestellten an Sonn- und Feiertagen.
In den §§ 13 bis 16 waren Strafen und Bußen bei Zuwiderhandlungen gegen Vorschriften dieses Gesetzes vorgesehen. Eine weitere Durchführungsvorschrift neben § 12 enthielt § 17, der die Aufsicht über die Ausführung des Gesetzes regelte sowie die Verpflichtung enthielt, den Aufsichtsbehörden auf Verlangen Auskunft zu erteilen.
Schließlich wurde in § 18 die Änderung von Gesetzen, in § 19 die Aufhebung von Gesetzen und in § 20 das Inkrafttreten geregelt.

Im einzelnen enthielt der Entwurf folgende Regelungen:
Die allgemeinen Ladenschlusszeiten waren für die Zeit von 19 bis 7 Uhr vorgesehen und übernahmen damit die bisherige Regelung der AZO, die auch der BT-Drucks. 1879/51 zugrunde gelegt wurde.
Als freien Nachmittag wählte der Entwurf jedoch nicht den Samstag, sondern den Mittwochnachmittag. Hier sollten die Geschäfte bereits um 13 Uhr schließen. Diese Regelung überraschte in Anbetracht der im Vorfelde geführten Diskussion, stellte doch der Entwurf gem. BT-Drucks. 1879/51 mit der Regelung des freien Samstagnachmittages sowie einem verkaufsoffenen ersten Samstag im Monat, einen nach heftigem Ringen zwischen den beteiligten Parteien gefundenen Kompromiss dar. Durch den Vorschlag des freien Mittwochnachmittages wurde freilich dieser Kompromiss umgeworfen und es war abzusehen, dass die Diskussion um diesen Punkt nun von neuem entbrennen würde.

Eine weitere wichtige Regelung wurde für Verkaufsstellen auf Bahnhöfen vorgenommen. Dieser Punkt erhielt seine besondere Brisanz dadurch, dass das neue Bundesbahngesetz noch immer nicht in Kraft getreten war und somit nach wie vor ein Ringen um die sich widersprechenden Regelungen stattfand.
Der Referentenentwurf schloss sich dem Vorschlag der BT-Drucks. 1879/51 an, in dem die Verkaufsstellen außerhalb der Bahnsteigsperren in den Geltungsbereich des Ladenschlussgesetzes gezogen wurden. Somit wurde lediglich den Verkaufsstellen innerhalb der Bahnsteigsperren eine Sonderstellung als Nebenbetriebe der Bundesbahn zugestanden, um den Bedarf der Reisenden über die Ladenzeiten hinaus befriedigen zu können.

Eine weitere Sonderregelung war für Warenautomaten vorgesehen.
Der Verkauf aus Warenautomaten sollte an Sonn- und Feiertagen sowie an Werktagen ganztägig gestattet werden, sofern sich der Automat im räumlichen Zusammenhang mit einer zum dauernden Betrieb eingerichteten offenen Verkaufsstelle befand und Waren feilbot, die auch in der offenen Verkaufsstelle selbst geführt wurden (sog. verbundener Warenautomat). Der Warenautomat behielt hiernach, wie auch nach den bisherigen Regelungen, seinen Charakter als offene Verkaufsstelle bei.
Weiterhin sollte eine Sonderregelung für Apotheken und Tankstellen beibehalten werden.

Dieser Referentenentwurf wurde am 17. Mai 1951 im Bundesarbeitsministerium besprochen. Hierzu fanden sich Vertreter des Bundesarbeitsministeriums und des Bundeswirtschaftsministeriums, sowie der *DAG*, der *Konsum-Genossenschaften, der Bundesvereinigung der Arbeitgeberverbände, der Land- und Forstwirtschaftlichen Arbeitgeberverbände, des Zentralverbandes des deutschen Handwerks*, der *Hausfrauenvereine* und der *Bekleidungsindustrie* ein, um zu dem Entwurf Stellung zu nehmen.
Wie nicht anders zu erwarten, stießen sich die *DAG* und die *Konsumgenossenschaften* an den Ladenzeitenregelungen für die Werktage sowie an dem freien Mittwochnachmittag. Die in dieser Besprechung vertretenen Standpunkte lassen die vorher geführte Diskussion weitgehend obsolet erscheinen. So beantragten die Vertreter der zuletzt genannten Interessenverbände, den allgemeinen Ladenschluss auf 18 Uhr vorzuverlegen und den Verkauf am Samstag ab 14 Uhr zu beenden[258]. Die dem Entwurf gem. BT-Drucks. 1879 zugrunde liegende Kompromisslösung wurde hingegen nicht erwogen.

---

258 *Dr. Rother*, Vermerk über Besprechung des ersten Referentenentwurfs am 17.5.1951, BA-Koblenz, B 102, 39398.

Die übrigen Sitzungsteilnehmer stimmten allerdings den Regelungen des Entwurfs zu[259], womit endgültig wieder die Positionen von 1950 eingenommen worden waren.
Lediglich das Wirtschaftsministerium nahm, wie zuvor mit dem Bundesarbeitsministerium vereinbart, nicht zu dem Entwurf Stellung. Es wies lediglich darauf hin, dass unter den Wirtschaftsministerien der Länder die Tendenz bestehe, bezüglich des Verkaufs aus Warenautomaten von der Unterscheidung zwischen verbundenen und nicht verbundenen Warenautomaten abzugehen[260].

2. Der zweite Referentenentwurf vom 15. Juni 1951

Der mit Datum vom 15. Juni versehene zweite Referentenentwurf war bereits ausführlicher als der erste Entwurf[261]. Besonders unterschied er sich dadurch, dass er mit einer Begründung versehen wurde, die jeweils zu der vorliegenden Regelung geführt hatte und in dieser Begründung wurde gleichzeitig auf die Streitpunkte hingewiesen, die noch einer weiteren Prüfung bedurften.
Der Aufbau der 20 Paragraphen wurde von dem ersten Referentenentwurf übernommen. Einzig § 11 sollte jetzt statt der Abgrenzung von Hilfsbetrieben den Zubehörhandel regeln, blieb aber weiterhin ohne Text.

Im Überblick enthielt der Entwurf folgende Regelungen:
Der allgemeine Ladenschluss wurde in der Zeit von 19 bis 7 Uhr, sowie an Sonn- und Feiertagen für den gesamten Tag vorgesehen. Ebenfalls vom Vorentwurf übernommen wurde die Regelung über den freien Mittwochnachmittag; hier sollten die Läden ab 13 Uhr geschlossen werden.
Am 24. Dezember wurde der Ladenschluss von 17 auf 15 Uhr vorverlegt. Ausnahmen vom Sonntagsladenschluss wurden für Apotheken, Tankstellen, Warenautomaten, sowie für Verkaufsstellen auf Bahnhöfen innerhalb der Bahnsteigsperren zugelassen.
Für sonstige Verkaufsstellen wurden die Tage, an denen ein Verkauf an Sonn- und Feiertagen stattfinden durfte, von zehn auf sechs Tage heruntergesetzt.
Ausnahmen vom werktäglichen Ladenschluss waren in dem Entwurf für Apotheken, Tankstellen, Warenautomaten und Verkaufsstellen auf Bahnhöfen innerhalb der Sperren vorgesehen. Des weiteren durften Lebensmittelgeschäfte innerhalb eines Bezirkes ab 6 Uhr morgens öffnen. Übernommen wurde die

259 *Dr. Rother*, Vermerk über Besprechung des ersten Referentenentwurfs am 17.5.1951, BA-Koblenz, B 102, 39398.
260 *Dr. Rother*, Vermerk über Besprechung des ersten Referentenentwurfs am 17.5.1951, BA-Koblenz, B 102, 39398.
261 BA-Koblenz, B 102, 39398.

Ausnahmeregelung für sonstige Verkaufsstellen. Diese sollten an höchstens zwölf Tagen bis 21 Uhr bzw. am Mittwoch bis 19 Uhr geöffnet halten dürfen.

Die in dem Vorentwurf noch enthaltene Definition des Begriffes der offenen Verkaufsstelle ist bei dem zweiten Referentenentwurf weggelassen worden. § 1 Abs. 1 enthielt lediglich eine Ermächtigung für den Bundesarbeitsminister, durch Rechtsverordnung zu bestimmen, welche Einrichtungen offene Verkaufsstellen im Sinne des Gesetzes sein sollten. Begründet wurde diese Regelung damit, dass über die Begriffsbestimmung der offenen Verkaufsstelle in der Rechtsprechung und der Verwaltungspraxis genügend Klarheit bestünde. Für den Fall einer unterschiedlichen Auslegung des Begriffes der offenen Verkaufsstelle durch die Länder könne der Bundesarbeitsminister durch Rechtsverordnung für eine einheitliche Praxis sorgen oder Zweifel bezüglich bestimmter Einrichtungen ausräumen[262].
Nach der Rechtsprechung und der Literatur war eine offene Verkaufsstelle gegeben, wenn von einer jedermann zugänglichen Stelle aus Warenverkauf zum Mitnehmen an den letzten Verbraucher betrieben wurde[263]. Der Entwurf hingegen legte die Definition wie folgt fest:
Zu den offenen Verkaufsstellen gehören alle ständigen Einrichtungen, bei denen von einer festen, allgemein zugänglichen Stelle aus an jedermann Waren im Einzelhandel feilgeboten werden[264]. Im Ergebnis ergab sich jedoch kein Unterschied zu der Definition der Rechtsprechung und der Literatur. Für den Begriff des Einzelhandels legte die Begründung fest, dass Verkaufsstände, die Waren an Wiederverkäufer abgaben, nicht zu den offenen Verkaufsstellen gezählt werden sollten[265].

Die zentrale Vorschrift des Entwurfs war wie auch im 1. Entwurf § 2, der die allgemeinen Ladenzeiten regelte. Die Verfasser des Regierungsentwurfes entschieden sich, die bisherigen allgemeinen Ladenzeiten des § 22 AZO zu übernehmen und einen Ladenschluss von 19 bis 7 Uhr vorzuschreiben. Als Neuerung zum ersten Entwurf und wohl als Ausfluss der in den Monaten zuvor geführten Diskussionen wurde in § 2 Abs. 3 den Landesregierungen die Kompetenz übertragen, einen früheren Ladenschluss, nicht aber vor 18 Uhr, festzulegen.
Der am heftigsten umstrittene Punkt des freien Halbtages wurde vom Bundesministerium für Arbeit mit § 2 Abs. 1, Ziff. b zugunsten des Mittwochs-

---

262 Anm. zu § 1 des Referentenentwurfs vom 15.6.1951.
263 OLG Bremen, DVBl. 1951, 451 (452); VGH Hessen, NJW 1952, 638 (639); Denecken, 1. Aufl. 1950, § 22 Anm. 2a.
264 Anm. zu § 1 des Referentenentwurfs vom 15.6.1951.
265 Anm. zu § 1 des Referentenentwurfs vom 15.6.1951.

Frühschlusses entschieden. Die dieser Entscheidung zugrunde liegende Abwägung zwischen dem Interesse der Angestellten des Einzelhandels und dem Wunsch der Bevölkerung nach einer Einkaufsmöglichkeit am Samstagnachmittag wurde zugunsten der zuletzt genannten Gruppe geregelt. Der maßgebliche Gedanke für diese Entscheidung war dabei, dass große Kreise der Bevölkerung, insbesondere andere Berufsgruppen als die Angestellten des Einzelhandels und unter diesen wiederum speziell die Frauen, nur an diesem Nachmittag in Ruhe und eventuell zusammen mit Familienangehörigen einkaufen konnten[266].

Letztlich wurde der Ladenschluss am 24. Dezember mit § 2 Abs. 1, Buchstabe c des Entwurfs von 17 auf 15 Uhr vorverlegt. Eine längere Öffnungszeit als 15 Uhr wurde für nicht mehr erforderlich gehalten, da angenommen wurde, dass auch diejenige Bevölkerung, die am Morgen des 24. Dezember noch arbeiten müsste, ihre in der Hauptsache aus Lebens- und Genussmitteln bestehenden Einkäufe bis 15 Uhr erledigen könne[267].

Einen weiteren Schwerpunkt des Referentenentwurfs bildete die Ausnahmeregelung von den allgemeinen Ladenschlusszeiten. In § 3 wurden die Ausnahmen vom Sonntagsladenschluss ausführlich geregelt. Übertragen wurde diese Vorschrift auf § 6, der die Ausnahmen vom werktäglichen Ladenschluss normierte.
Im Rahmen des § 3 fiel besonderes Gewicht auf die Ausnahme für Bahnhofsverkaufsstellen (§ 3 Buchstabe d)). Eine Sonderstellung sollte unter engen Voraussetzungen zugelassen werden. Es musste sich um eine Verkaufsstelle auf einem Vorort- oder Stadtbahnhof handeln, die innerhalb der Bahnsteigsperre gelegen war. Weiter durfte ausschließlich Reisebedarf angeboten werden, der dazu bestimmt war, die Bedürfnisse der Reisenden während der Fahrt zu befriedigen. Außerhalb der allgemeinen Öffnungszeiten war daher nur eine Abgabe in geringen Mengen erlaubt.
§ 3 Buchstabe d) enthielt darüber hinaus eine Ermächtigung für den Bundesminister für Arbeit, im Einvernehmen mit dem Bundesminister für Wirtschaft und dem Bundesminister für Verkehr durch Rechtsverordnung die genauen Ladenschlusszeiten für Bahnhofsverkaufsstellen festzulegen, sowie die Warenabgabe näher zu regeln, insbesondere zu bestimmen, was unter den Begriff "Reisebedarf" zu fassen sei.
Mit dieser Regelung wollte das Bundesministerium für Arbeit erreichen, dass eine Ausnahmeregelung nur für die echten Nebenbetriebe der Bundesbahn gelten sollte, die dazu bestimmt waren, den Bedarf der Reisenden zu befrie-

266 Anm. zu § 2 des Referentenentwurfs vom 15.6.1951.
267 Anm. zu § 2 des Referentenentwurfs vom 15.6.1951.

digen[268]. Es sollte versucht werden, den auf Bahnhöfen im Laufe der Nachkriegsjahre entstandenen Missständen entgegenzuwirken. Gemäß den Richtlinien für Bahnhofsverkaufsstellen von 1927 sollten auch auf Bahnhöfen grundsätzlich die ortsüblichen Ladenschlusszeiten gelten[269]. In der Begründung zu § 3 Buchstabe d) des Entwurfs wurde jedoch angeführt, dass sich auf Bahnhöfen ganze Ladenstraßen gebildet hätten, in denen Textilien, Lederwaren und ähnliches verkauft würden. Die Kundschaft dieser Geschäfte würde vielfach aus Nichtreisenden bestehen. Obwohl also kein Unterschied zu anderen Verkaufsstellen zu erkennen sei, würde eine Privilegierung von der Bundesbahn in Anspruch genommen werden, die die Bahnhofsverkaufsstellen von den Vorschriften der Gewerbeordnung und der Aufsicht durch die zuständigen Behörden befreien würde. Zudem würde vielfach ein Offenhalten außerhalb der allgemeinen Öffnungszeiten gestattet werden[270].

Eine weitere Ausnahme von den allgemeinen Ladenschlusszeiten wurde mit § 3 Buchstabe c) für Warenautomaten eingeräumt, die nach wie vor als eine offene Verkaufsstelle angesehen wurden. Auch hier wurde die Ausnahme an strenge Voraussetzungen gebunden.
Zunächst wurde an einer Unterscheidung zwischen verbundenen und unverbundenen Warenautomaten festgehalten. Die Ausnahme war nur für die verbundenen Warenautomaten vorgesehen, also diejenigen, die mit einer offenen Verkaufsstelle in einem räumlichen Zusammenhang standen[271]. Weiterhin durften nur Waren feilgeboten werden, die auch in der offenen Verkaufsstelle selbst geführt wurden. Der Warenautomat durfte außerhalb der für die offenen Verkaufsstelle geltenden Ladenzeiten nur von dem Inhaber selbst bestückt werden.
Als Neuerung zu der bisherigen Rechtslage ergab sich aus dieser Vorschrift, dass es jedem Inhaber einer offenen Verkaufsstelle gestattet werden sollte, einen Warenautomaten aufzustellen. Wegfallen sollte die Beschränkung auf "zum dauernden Betrieb eingerichtete Verkaufsstellen", wie sie noch im Gesetz über den Verkauf von Waren aus Automaten vom 6. Juli 1934 enthalten war[272].
Zur Begründung dieser Regelung wurde angeführt, dass eine Unterscheidung zwischen verbundenen und unverbundenen Warenautomaten nach wie vor im Interesse eines umfangreichen Arbeitsschutzes notwendig sei[273], ohne dass

268 Anm. zu § 3 Buchstabe d) des Referentenentwurfs vom 15.6.1951.
269 Richtlinie für die Behandlung der Bahnhofswirtschaften und der Bahnhofsverkaufsstellen in gewerbepolizeilicher Beziehung vom 9.3.1927, Ministerialblatt der Handels- und Gewerbeverwaltung 1927, S. 84 (85).
270 Anm. zu § 3 Buchstabe d) des Referentenentwurfs vom 15.6.1951.
271 Anm. zu § 3 Buchstabe c) des Referentenentwurfs vom 15.6.1951.
272 RGBl. 1934 I, 585.
273 Anm. zu § 3 Buchstabe c) des Referentenentwurfs vom 15.6.1951.

diese Aussage näher erläutert wurde. Es wurde lediglich darauf verwiesen, dass die Norm zulässig sei, da sie eine gewisse Beschränkung der gewerblichen Betätigung vornehme, aber keinen Ausschluss von Personen vom Markt oder geschäftlichen Tätigkeitsbereich bestimme[274].
Dieser zweite Referentenentwurf wurde am 21. Juni 1951 mit den Vertretern der Arbeits- und Wirtschaftsministerien der Länder besprochen.
Die Ländervertreter stimmten überwiegend den wesentlichen Regelungen des Entwurfes zu.
Insbesondere wurde der freie Mittwochnachmittag gebilligt. Auch die Landesvertreter kamen bei der Abwägung der widerstreitenden Interessen zu dem Ergebnis, den freien Mittwochnachmittag dem Samstags-Frühschluss vorzuziehen, wobei die Nachwuchsfrage als einziges Argument gegen die angestrebte Regelung anerkannt wurde[275].
Als einziges Problem stellten sich die landesrechtlichen Regelungen in Schleswig-Holstein, Hamburg und Bremen dar, die andere Öffnungszeiten am Samstag vorsahen als den allgemeinen 19-Uhr-Ladenschluss des Entwurfes[276].
Diese Regelungen würden durch die bundesgesetzliche Regelung außer Kraft gesetzt werden.
Hinsichtlich der Warenautomaten herrschte Einigkeit unter den Teilnehmern, dass die bisherige Regelung, die im Entwurf nur geringfügig modifiziert wurde, beibehalten werden sollte, insbesondere die Unterscheidung zwischen verbundenen und unverbundenen Warenautomaten[277].
Weiterhin traten die Landesvertreter dafür ein, Sonderbestimmungen für Bahnhofsverkaufsstellen weitestgehend einzuschränken und den übrigen Verkaufsstellen gleichzusetzen[278]. Ausnahmen sollten lediglich für Fernbahnhöfe zugelassen werden[279].
Auch in diesem Punkt wurde dem Entwurf zugestimmt.

Keine allgemeine Zustimmung konnte man jedoch über die Notwendigkeit einer bundeseinheitlichen Regelung erzielen. So lehnte das bayrische Staatsministerium für Wirtschaft das Bedürfnis einer bundeseinheitlichen Regelung

---

274 Anm. zu § 3 Buchstabe c) des Referentenentwurfs vom 15.6.1951.

275 Stellungnahme des Bayerischen Staatsministeriums für Wirtschaft zum Referentenentwurf vom 15.6.1951 am 16.8.1951, S. 3, BA-Koblenz, B 102, 39398.

276 vgl. hierzu 2. Teil, I. der Arbeit.

277 Vermerk BAM vom 28.6.1951 über Besprechung zum 2. Referentenentwurf vom 21.6.1951, BA-Koblenz, B 102, 39398.

278 Vermerk BAM vom 28.6.1951 über Besprechung zum 2. Referentenentwurf vom 21.6.1951, BA-Koblenz, B 102, 39398.

279 Vermerk BAM vom 28.6.1951 über Besprechung zum 2. Referentenentwurf vom 21.6.1951; BA-Koblenz, B 102, 39398.

gemäß Art. 72 Abs. 2 GG ab[280]. Zu unterschiedlich seien die örtlichen und regionalen Zusammensetzungen der Käuferschaften, der Verkehrsbedingungen und der Kaufgewohnheiten der Bevölkerung.
Auf Bundesebene könne lediglich ein Rahmengesetz oder Richtlinien erlassen werden[281], was sich insbesondere bei den Ausnahmeregelungen der §§ 4 und 7 zeigen würde[282].
Zu § 4 sollte dem Bundesminister für Arbeit die Kompetenz gegeben werden, durch Rechtsverordnung das Verkaufsverbot an Sonn- und Feiertagen für einzelne Arten von offenen Verkaufsstellen zu lockern. Weiterhin sollten die Landesregierungen an höchstens 15 Sonn- und Feiertagen im Jahr derartige Ausnahmen für Kur-, Bade- und Fremdenverkehrsorte zulassen dürfen.
§ 7 enthielt die Möglichkeit für die Landesregierungen, solange nicht der Bundesminister für Arbeit im Einvernehmen mit dem Bundesminister für Wirtschaft etwas anderes bestimme, den werktäglichen Ladenschluss in ländlichen Gebieten zur Zeit der Feldbestellung und der Ernte auf spätestens 21 Uhr zu verlängern.

3. Der dritte Referentenentwurf vom 1. August 1951

a) Änderungen in dem dritten Referentenentwurf

Der dritte Referentenentwurf vom 1. August 1951 stellte den letzten Entwurf eines Gesetzes über den Ladenschluss in dieser ersten Reihe von Regierungsentwürfen dar.
Es wurden die Änderungsvorschläge und neugewonnenen Erkenntnisse der Besprechung des zweiten Entwurfs mit den Vertretern der Arbeits- und Wirtschaftsministerien der Länder eingearbeitet.
Erst dieser dritte Entwurf wurde nach dem ersten erneut mit den Sozialpartnern diskutiert.
Das schnelle Erscheinen dieses dritten Entwurfs - anderthalb Monate nach dem zweiten Entwurf - machte es unmöglich, die gesamte Ausgestaltung des Gesetzes grundlegend zu überarbeiten. Die Änderungen wurden daher in die seit dem ersten Entwurf bestehende Systematik eingebaut.
Als Ergebnis der Überarbeitung wurde ein 18 Paragraphen umfassender, im Vergleich zu den Vorentwürfen verbesserter Entwurf vorgestellt. Die wichtigsten Regelungen des Vorentwurfs wurden jedoch beibehalten. So sah auch

---

280 Stellungnahme des bayrischen Staatsministeriums für Wirtschaft vom 16.8.1951, S. 2, BA-Koblenz, B 102, 39398.

281 Stellungnahme des bayrischen Staatsministeriums für Wirtschaft vom 16.8.1951, S. 4 (Anm. zu § 4), BA-Koblenz, B 102, 39398.

282 Stellungnahme des bayrischen Staatsministeriums für Wirtschaft vom 16.8.1951, S. 4 und 7, BA-Koblenz, B 102, 39398.

dieser dritte Entwurf eine allgemeine Ladenschlusszeit an Werktagen von 19 bis 7 Uhr sowie einen Mittwochs-Frühschluss ab 13 Uhr vor.
Am 24. Dezember sollte ein 15-Uhr-Schluss eingeführt werden, an Sonn- und Feiertagen sollten die Geschäfte geschlossen bleiben. Weiterhin wurden die Regelungen der wichtigsten Ausnahmen von den allgemeinen Ladenzeiten beibehalten. Insbesondere sollten Verkaufsstellen auf Bahnhöfen den übrigen Geschäften gleichgestellt werden, sofern sie auf Personenbahnhöfen überwiegend Reisebedarf feilboten oder sich auf Vorort- oder Stadtbahnhöfen außerhalb der Sperren befanden.
Als weitere Ausnahme wurde an den bisherigen Regelungen für Warenautomaten festgehalten. Insbesondere wurde die Gleichstellung des Warenautomaten mit offenen Verkaufsstellen und die Unterscheidung zwischen verbundenen und unverbundenen Warenautomaten belassen, wobei eine Sonderstellung nur für die verbundenen Automaten vorgesehen war.
Erweitert wurde hingegen der Geltungsbereich des Ladenschlussgesetzes. Über den bisherigen Anwendungsbereich für offene Verkaufsstellen hinaus sollte der Bundesregierung in § 1 Abs. 1, Satz 2 die Möglichkeit gegeben werden, durch Rechtsverordnung Handwerks- und andere Betriebe und Einrichtungen einzubeziehen. Entscheidender Anlass für diese Regelung dürften die Friseurbetriebe gewesen sein.
Weiterhin wurde dem Bundesminister für Arbeit in dem neugefassten § 2 Abs. 3 die Kompetenz gegeben, nähere Bestimmungen für die Zeit während des Ladenschlusses zu erlassen. Durch Rechtsverordnung konnte er vorschreiben, welche Tätigkeiten während der Ladenschlusszeiten nicht vorgenommen werden durften.
Eine Neuerung erfuhr die Regelung über die allgemeinen Ausnahmen von der Sonn- und Feiertagsruhe. Zwar blieb es grundsätzlich bei sechs verkaufsoffenen Sonntagen im Jahr. Auch wurde die Regelung beibehalten, dass vier Sonntage vom Gewerbeaufsichtsamt bestimmt werden konnten. Neu war jedoch, dass die übrigen zwei Sonntage die zwei Sonntage vor dem 24. Dezember sein sollten. Es sollte an diesen Tagen während sechs Stunden, längstens bis 18 Uhr, verkauft werden dürfen.

Auch die Regelung über Kur- und Badeorte und Orte mit starkem Sonn- und Feiertagsfremdenverkehr wurde modifiziert. Die Anzahl der zulässigen verkaufsoffenen Sonn- und Feiertage wurde von 15 auf 20 Tage erhöht. Die Landesregierungen erhielten durch § 4 Abs. 2, Buchstabe a) die Ermächtigung, durch Rechtsverordnung diese Tage näher zu bestimmen. Die Dauer der an diesen Tagen zulässigen Öffnungszeit durfte fünf Stunden nicht überschreiten und sollte von den Stadt- und Landkreisverwaltungen unter Berücksichtigung der Zeit des Hauptgottesdienstes festgelegt werden.

Die Ausnahmeregelung für den 24. Dezember wurde in diesem dritten Referentenentwurf bei den jeweiligen Bestimmungen mitgeregelt. So fand sich in § 3 Buchstabe f) die Ausnahme für Lebens- und Genussmittelgeschäfte sowie für offene Verkaufsstellen für die Abgabe von Weihnachtsbäumen.
Sollte der 24. Dezember auf einen Sonntag fallen, so durften die eben genannten Verkaufsstellen während höchstens drei Stunden, längstens bis 14 Uhr geöffnet halten. Sollte Heiligabend jedoch auf einen Wochentag fallen, so bestimmte § 6 Buchstabe g) eine Ausdehnung des 15-Uhr-Schlusses des § 2 Buchstabe b) für die Abgabe von Weihnachtsbäumen bis 17 Uhr.
Eine ähnliche Systematik wurde für die Ausnahmeregelung in ländlichen Gebieten während der Zeit der Feldbestellung und der Ernte gewählt. Für diese Materie wurden die Landesregierungen in § 4 Buchstabe b) ermächtigt, durch Rechtsverordnung festzulegen, dass und unter welchen Voraussetzungen während der genannten Zeiten ein Verkauf bis zu fünf Stunden an Sonn- und Feiertagen stattfinden durfte.
Die entsprechende Regelung für die Werktage war in § 7 zu finden. In Abs. 1 dieses Paragraphen wurden die Landesregierungen ermächtigt, durch Rechtsverordnung einen Verkauf bis längstens 21 Uhr zu gestatten, falls dies zur Befriedigung dringender Kaufbedürfnisse der Bevölkerung erforderlich erschiene.

Eine weitere Änderung wurde in den Vorschriften über Strafen und Geldbußen vorgenommen.
Hier wurde § 13 des zweiten Entwurfs (entsprach § 11 des dritten Entwurfs), der den Verstoß gegen Vorschriften über den besonderen Schutz der Arbeitnehmer sanktionierte, an die übrigen Vorschriften über Strafen und Bußen angepasst.
Im besonders krassen Missverhältnis stand hier die unterschiedliche Behandlung eines Verstoßes gegen Vorschriften des Arbeitsschutzes und eines Verstoßes gegen eine andere Norm.
Das vorsätzliche Zuwiderhandeln gegen Vorschriften des Arbeitsschutzes sollte mit Gefängnis bis zu 3 Monaten oder mit Geldstrafe geahndet werden. Das fahrlässige Zuwiderhandeln gegen Vorschriften des Arbeitnehmerschutzes wurde mit Geldstrafe bis zu 150 DM oder mit Haft sanktioniert.
Für den vorsätzlichen oder fahrlässigen Verstoß gegen sonstige Vorschriften des Ladenschlussgesetzes war eine Geldbuße bis zu 10.000 DM vorgesehen.
In dem dritten Referentenentwurf wurden die Strafen für den Verstoß gegen Arbeitnehmerschutzbestimmungen mit denen gegen sonstige Vorschriften gleichgestellt. Der vorsätzliche Verstoß gegen Vorschriften des Arbeitnehmerschutzes sollte mit Gefängnis bis zu zwei Jahren und mit Geldstrafe oder mit einer dieser Strafen geahndet werden. Das fahrlässige Zuwiderhandeln oder ein ordnungswidriger Verstoß war mit einer Geldbuße bis zu 10.000 DM bedroht.

Weiterhin wurde in § 11 Abs. 3 des dritten Entwurfs eine Definition gegeben, wann es sich bei einer Zuwiderhandlung um eine Straftat handeln sollte. Alle übrigen Fälle sollten als Ordnungswidrigkeit behandelt werden.
Eine Straftat war die Zuwiderhandlung demnach, wenn

a) sie ihrem Umfang und ihrer Auswirkung nach geeignet ist, die Gesundheit oder die Arbeitskraft des Arbeitnehmers ernstlich zu beeinträchtigen oder
b) der Täter in Ausnutzung eines Abhängigkeitsverhältnisses oder aus Gewinnsucht oder sonst verantwortungslos gehandelt oder Zuwiderhandlungen hartnäckig wiederholt hat.

b) Stellungnahmen

Die wesentlichen materiellen Regelungen des dritten Referentenentwurfs wurden im Vergleich zum ersten Entwurf nur wenig bis überhaupt nicht geändert. Dementsprechend schlossen sich die Stellungnahmen nahtlos an diejenigen zum ersten Referentenentwurf an.
Interessant gestaltete sich in diesem Zusammenhang vor allen die Stellungnahme des Ministeriums für Angelegenheiten des Bundesrates. Überraschenderweise wurde hier die Notwendigkeit einer bundeseinheitlichen Regelung bezweifelt[283].
Nach Ansicht des Ministeriums sollte sich der Bund, soweit überhaupt eine Zuständigkeit gem. Art. 74 Nr. 11 GG iVm. Art. 125 GG gegeben sei, darauf beschränken, die Zuständigkeiten zur Regelung der Ladenschlusszeiten festzulegen, materiell jedoch keine Normierung treffen[284].
Das Ministerium vertrat die Auffassung, die in dem Referentenentwurf normierte Ladenschlussregelung würde den größeren Geschäftsunternehmen zugute kommen. Begründet wurde diese Sichtweise mit den tariflichen und arbeitsrechtlichen Beschränkungen, denen nur Unternehmen mit Angestellten, vornehmlich Großunternehmen, unterworfen seien[285]. Eine solche Begünstigung sei aber nur dann gerechtfertigt, wenn die Großunternehmen gegen den Wettbewerb der kleineren Betriebe schutzbedürftig seien. Da ein solches Schutzbedürfnis aufgrund der sozialen Lage des kleineren Mittelstandes jedoch nicht

283 Stellungnahme des Bundesministeriums für Angelegenheiten des Bundesrates vom 30.8.1951, BA-Koblenz, B 149, 1068.
284 Stellungnahme des Bundesministeriums für Angelegenheiten des Bundesrates vom 30.8.1951, BA-Koblenz, B 149, 1068.
285 Stellungnahme des Bundesministeriums für Angelegenheiten des Bundesrates vom 30.8.1951, BA-Koblenz, B 149, 1068.

bestehe, sei eine bundesgesetzliche Regelung der Ladenzeiten nicht gerechtfertigt[286].

Wie schwer eine bundeseinheitliche Regelung zu treffen war, machte nach Ansicht des Ministeriums für Angelegenheiten des Bundesrates der Entwurf selbst hinreichend deutlich. Es seien so viele Vorbehalte zu beachten und Kompetenzen zur näheren Regelung durch Verordnungen zu geben, dass aus dem Gesetz selbst die an einem Ort geltende Ladenzeitenregelung nicht zu entnehmen sei. Aus diesem Grunde sei es sinnvoll, die Regelung insgesamt den Ländern zu überlassen[287].

Ähnliche Argumente finden sich auch in anderen Stellungnahmen. Lediglich die Ziele der Kritik waren unterschiedlich. Die *Hauptgemeinschaft des Deutschen Einzelhandels (HDE)* sah den Ursprung dieser mannigfaltigen Ausnahmemöglichkeiten in der Schwierigkeit der Materie selbst begründet. Es handele sich dabei um eine Verknüpfung von arbeitsrechtlichen und wirtschaftspolitischen Fragen[288]. Wie schwer es jedoch sei, die hier im Vordergrund stehenden arbeitsrechtlichen Probleme unter Berücksichtigung der wirtschaftspolitischen Aspekte zu lösen, zeige der Referentenentwurf, der vielfach weitere Ausnahme- und Durchführungsverordnungen vorsehe, die noch zu erlassen seien[289]. Genau dies sei der Grund, der das Gesetz schwerfällig und unübersichtlich werden und für den Laien in der Praxis kaum noch verwendbar erscheinen lasse.
Der Bund solle eine Materie nicht durch ein einheitliches Gesetz regeln, die er bundesweit nicht einheitlich betrachten könne. Die mögliche Konsequenz eines Rahmengesetzes, das lediglich einen Anspruch der Arbeitnehmer auf einen freien Nachmittag begründen sollte, ohne diesen jedoch auf eine bestimmten Wochentag festzulegen, brachte die *HDE* in der Stellungnahme zu den allgemeinen Ladenzeiten zum Ausdruck, indem diese Regelung als einzig sinnvoller Kompromiss zwischen der Möglichkeit des Samstags- oder des Mittwochs-Frühschlusses angesehen wurde[290].
Während also einmal die zahlreichen Kompetenzgebungen dafür verwendet wurden, das Gesetz in dieser Form abzulehnen, versuchten die Gewerkschaften, die gegenwärtige Situation zu nutzen, um einen größeren Einfluss auf diesen Regelungskomplex zu bekommen. Sowohl in der Stellungnahme der *DAG* als

286 Stellungnahme des Bundesministeriums für Angelegenheiten des Bundesrates vom 30.8.1951, BA-Koblenz, B 149, 1068.
287 Stellungnahme des Bundesministeriums für Angelegenheiten des Bundesrates vom 30.8.1951, BA-Koblenz, B 149, 1068.
288 Schreiben der *HDE* an das BAM vom 14.9.1951, BA-Koblenz, B 149, 1068.
289 Schreiben der *HDE* an das BAM vom 14.9.1951, BA-Koblenz, B 149, 1068.
290 Schreiben der *HDE* an das BAM vom 14.9.1951, BA-Koblenz, B 149, 1068.

auch in der des *DGB* wurde die Forderung erhoben, dass bei allen in dem Gesetz vorgesehenen weiteren Regelungsmöglichkeiten auch die Gewerkschaften bzw. die beteiligten Organisationen vorher zu hören waren[291].
Der *Einzelhandelsverband Niedersachsen* befürchtete, durch die vielen Kompetenzverteilungen den Verwaltungsbehörden zu viele Regelungsmöglichkeiten zu geben[292]. Obwohl hier die bundeseinheitliche Regelung anerkannt wurde, wurde gefordert, ein straff formuliertes Gesetz zu erlassen, aus dem sich klar ergebe, wie die Rechtslage gestaltet sei[293].

Im einzelnen wurde zu den Regelungen wie folgt Stellung genommen:

Erster Ansatzpunkt einer Kritik war die Diskussion darum, ob in § 1 eine Definition der offenen Verkaufsstelle genannt werden oder diese lediglich in einer Durchführungsverordnung enthalten sein sollte.
Von Seiten der *DAG* bestanden keine Bedenken, durch Rechtsverordnung zu regeln, welche Einrichtungen Verkaufsstellen im Sinne des Gesetzes sein sollten[294]. Man wollte lediglich vor Erlass der Verordnung gehört werden. Von Seiten der Einzelhandelsverbände hingegen fielen die Stellungnahmen genau entgegengesetzt aus. Es wurde in dem Umstand, dass das Gesetz selbst keine Definition enthielt, einer der Hauptgründe für die Unübersichtlichkeit des Entwurfs erblickt. Die Definition der offenen Verkaufsstelle im Sinne des Gesetzes sei die Kernfrage für die Anwendung des Gesetzes sowie für seine Zumutbarkeit in wirtschaftlicher Hinsicht gegenüber allen Betrieben, die sich ihm in der Beschränkung ihrer Verkaufszeiten unterwerfen sollen[295]. Gerade weil die Bestimmung des Begriffes zugleich den Anwendungsbereich des Gesetzes festlege, könne sie keiner Rechtsverordnung überlassen bleiben, sondern müsse im Gesetz selbst geregelt sein[296].
Einigkeit herrschte über die Möglichkeit einer Einbeziehung der Handwerksbetriebe[297].

---

291 Schreiben der *DAG* an das BAM vom 29.8.1951, S. 1, BA-Koblenz, B 149, 1068; Schreiben des *DGB* an das BAM vom 25.10.1951, S. 3, BA-Koblenz, B 149, 1068.

292 *Einzelhandelsverband Niedersachsen* Rundschreiben Nr. 34/51 vom 28.8.1951, BA-Koblenz, B 102, 39398.

293 *Einzelhandelsverband Niedersachsen* Rundschreiben Nr. 34/51 vom 28.8.1951, BA-Koblenz, B 102, 39398.

294 Schreiben der *DAG* an das BAM vom 29.8.1951, BA-Koblenz, B 149, 1068.

295 Schreiben der *HDE* an das BAM vom 14.9.1951, S. 2, BA-Koblenz, B 149, 1068.

296 *Einzelhandelsverband Niedersachsen* Rundschreiben Nr. 34/51 vom 28.8.1951, BA-Koblenz, B 102, 39398.

297 Schreiben der *DAG* an das BAM vom 29.8.1951, S. 1, BA-Koblenz, B 149, 1068; Schreiben der *Vereinigung des Einzelhandels Fulda* an den Abg. *Sabel* vom 15.11.1951, S. 1, PA 1014 B 2, lfd. Nr. 11.

Die *HDE* ging dabei sogar noch einen Schritt weiter als der Referentenentwurf, indem sie forderte, diese Möglichkeit nicht nur als Kann-, sondern als Mussvorschrift zu fassen. Um die Ladenzeitregelung nicht von vornherein illusorisch erscheinen zu lassen, sei es unerlässlich, sowohl das Handwerksgewerbe, welches neben seiner handwerklichen Tätigkeit Handel mit Zubehör oder sonstigen Waren treibe, als auch Trink- und Imbisshallen in den Geltungsbereich des Gesetzes einzubeziehen[298]. Es könne keinem Geschäft zugemutet werden zu schließen, während Handwerksbetriebe mit angeschlossenem Warenverkauf, die quasi das gleiche Sortiment anböten, den Verkauf fortsetzen dürften. Eine Unterwerfung unter die Ladenzeiten sei daher zum Schutz der in diesem Gewerbe beschäftigten Arbeitnehmer und zur Erhaltung gleicher Wettbewerbsvoraussetzungen notwendig[299].

Durch die im Referentenentwurf vorgesehene Regelung des freien Mittwochnachmittages entbrannte die Diskussion darüber, welcher Halbtag den Angestellten des Einzelhandels für ihre Erholung gegeben werden sollte, von neuem. Zwar entsprach die Bundesregierung mit der vorgeschlagenen Variante den Kaufbedürfnissen insbesondere der werktätigen Bevölkerung, konnte auf Seiten der beteiligten Organisationen jedoch kaum Fürsprecher finden.
Wie nicht anders erwartet werden konnte, wurde der Mittwochs-Frühschluss von Gewerkschaftsseite abgelehnt und an seiner Statt der freie Samstagnachmittag propagiert. Die *DAG* beharrte auf ihrem Standpunkt, eine Erholung und Entspannung der Arbeitnehmer sei nur durch eine längere zusammenhängende Freizeit möglich. Hierzu käme nur der Samstagnachmittag in Frage, ein Mittwochs-Frühschluss könne keinen gleichwertigen Ersatz darstellen[300].
Dieser Argumentation folgte der *DGB*. Die Freizeitaktivitäten würden immer mehr auf das Wochenende verlagert. Um die Angestellten des Einzelhandels nicht vom kulturellen und sportlichen Leben auszuschließen, müsse man sie mit anderen Berufszweigen gleichstellen und ihnen ein verlängertes Wochenende gewähren[301].
Zudem hätten sich die Einkaufsaktivitäten in den Ländern, die den Samstags-Frühschluss bereits eingeführt hätten, ohne Schwierigkeiten auf die anderen Wochentage verlagert[302].
Ebenfalls eine ablehnende Haltung nahmen die Einzelhandelsverbände ein. Einen einheitlichen Alternativvorschlag vermochten sie dagegen nicht zu unter-

298 Schreiben der *HDE* an das BAM vom 14.9.1951, S. 2, BA-Koblenz, B 149, 1068.
299 Schreiben der *HDE* an das BAM vom 14.9.1951, S. 2, BA-Koblenz, B 149, 1068.
300 Schreiben der *DAG* an das BAM vom 29.8.1951, S. 3, BA-Koblenz, B 149, 1068.
301 Schreiben des *DGB* an das BAM vom 25.10.1951, S. 2, BA-Koblenz, B 149, 1068.
302 Schreiben des *DGB* an das BAM vom 25.10.1951, S. 2, BA-Koblenz, B 149, 1068.

breiten. Es wurde auf die besondere Situation des Speditions- und Fuhrgewerbes sowie der Firmenvertreter und der Geschäftsreisenden hingewiesen. Durch die Einführung des Mittwochs-Frühschlusses werde es zu Störungen im Ablauf des Speditions- und Fuhrgewerbes kommen, da die anzuliefernden Waren an diesem Nachmittag durch den Einzelhandel nicht angenommen werden könnten[303]. Gleiche Beeinträchtigungen würden sich auch im Lebensmittelgroßhandel bemerkbar machen[304].

Firmenvertreter und Handelsreisende würden ihre Reise montags beginnen. Durch den freien Mittwochnachmittag würden sie einen Halbtag in der Woche zur Untätigkeit gezwungen werden[305].

Mit dieser Begründung sprach sich die *Vereinigung des Einzelhandels Fulda e.V.* für den freien Samstagnachmittag aus.

Die gleiche Argumentation verwendeten die Auslieferer, schlugen als Alternative jedoch den Montagvormittag vor[306].

Von Seiten der *HDE* wurde es für unmöglich gehalten, einen Kompromiss zwischen den vielen unterschiedlichen Meinungen zu diesem Thema zu finden. Zusätzlich würden noch regionale Unterschiede hinzukommen, die zu unterschiedlichen Bewertungen und daher zu unterschiedlichen Ergebnissen führen würden, sowie verschiedene landesrechtliche Regelungen.

Der einzig vernünftige Ausweg wurde im Erlass eines Rahmengesetzes auf Bundesebene gesehen, welches die Festlegung eines freien Nachmittags den Ländern überlassen sollte[307].

Einen möglichen Kompromiss sah *der Einzelhandelsverband Niedersachsen* in der Wahl des freien Montagvormittag. Der freie Mittwochnachmittag berücksichtige nur die Ansichten in Nordrhein-Westfalen. Hier könne man es sich aufgrund der Konsumverkaufsstellen und des organisierten Werkshandels im Ruhrgebiet nicht leisten, am Samstagnachmittag zu schließen[308].

Um nun diesen besonderen Verhältnissen Rechnung zu tragen und gleichzeitig der Forderung eines verlängerten Wochenendes entgegenzukommen, sei der

303 Schreiben der *Vereinigung des Einzelhandels Fulda* an den Abg. *Sabel* vom 15.11.1951, PA I 1014 B 2, lfd. Nr. 11.

304 Schreiben der *Vereinigung des Einzelhandels Fulda* an den Abg. *Sabel* vom 15.11.1951, PA I 1014 B 2, lfd. Nr. 11.

305 Schreiben der *Vereinigung des Einzelhandels Fulda* an den Abg. *Sabel* vom 15.11.1951, PA I 1014 B 2, lfd. Nr. 11.

306 *Wilhelm K. Koperberg*, Generalvertretung und Auslieferungslager Stuttgart an den *AfA* vom 24.7.1951, PA I 1014 B 2, lfd. Nr. 32.

307 Schreiben der *HDE* an das BAM vom 14.9.1951, S. 5, BA-Koblenz, B 149, 1068.

308 *Einzelhandelsverband Niedersachsen* Rundschreiben Nr. 34/51 vom 28.8.1951, BA-Koblenz, B 102, 39398.

freie Montagvormittag ein echter Kompromiss für eine bundeseinheitliche Regelung[309].

Neben der Wahl des freien Halbtages waren auch die täglichen Ladenöffnungszeiten Gegenstand der Kritik insbesondere der Gewerkschaften.
Wie schon in den zuvor geführten Diskussionen wurde anlässlich dieses Referentenentwurfes erneut die Forderung nach einer Verkürzung der täglichen Öffnungszeiten erhoben.
Im wesentlichen wurden hierfür zwei Möglichkeiten erwogen.
Zum einen wurde vorgeschlagen, die morgendliche Öffnungszeit um eine Stunde nach hinten zu verlegen. Als Argument wurde angeführt, dass in der Praxis nur noch vereinzelte Geschäfte vor 8 Uhr öffnen würden.[310]
Als zweite Möglichkeit wurde vorgeschlagen, den täglichen Ladenschluss auf 18 Uhr vorzuverlegen.
Eine Angleichung der Arbeitszeiten im Einzelhandel an das gesetzlich zugelassene Maß könne nur durch eine Gleichstellung von Arbeitszeit und Ladenöffnungszeit erreicht werden. Nur so könne die Zahl der Gesetzesverstöße eingeschränkt werden[311].
Des weiteren könne ein Gesetz, welches bestrebt sei, sozialpolitischen Fortschritt zu erreichen, nicht an einer 30 Jahre alten Ladenschlusszeit festhalten[312].
Letztlich wurde von Seiten der *DAG* gefordert, am 24. Dezember einen 14-Uhr-Schluss zu bestimmen, da bis dahin alle Weihnachtseinkäufe erledigt werden könnten[313].

Bezüglich der in § 3 normierten Ausnahmen von den allgemeinen Ladenschlusszeiten war Hauptkritikpunkt die Regelung über Verkaufsstellen auf Bahnhöfen.
Der Wortlaut der Vorschrift wurde allgemein als missglückt angesehen. Zudem stehe die Vorschrift in Konkurrenz zum kommenden Bundesbahngesetz[314].
Die in dem Gesetz vorgesehene Unterscheidung zwischen Verkaufsstellen auf Personenbahnhöfen einerseits und solchen auf Vorort- und Stadtbahnhöfen andererseits sei jedenfalls in größeren Städten nicht möglich, da es sich oftmals lediglich um verschiedene Bahnsteige handele[315].

---

309 *Einzelhandelsverband Niedersachsen* Rundschreiben Nr. 34/51 vom 28.8.1951, BA-Koblenz, B 102, 39398.
310 Schreiben des *DGB* an das BAM vom 25.10.1951, S. 2, BA-Koblenz, B 149, 1068.
311 Schreiben der *DAG* an das BAM vom 29.8.1951, S. 2, BA-Koblenz, B 149, 1068.
312 Schreiben der *DAG* an das BAM vom 29.8.1951, S. 2, BA-Koblenz, B 149, 1068.
313 Schreiben der *DAG* an das BAM vom 29.8.1951, S. 2, BA-Koblenz, B 149, 1068.
314 Schreiben der *HDE* an das BAM vom 14.9.1951, S. 6, BA-Koblenz, B 149, 1068.
315 Schreiben der *HDE* an das BAM vom 14.9.1951, S. 6, BA-Koblenz, B 149, 1068.

Auf Personenbahnhöfen sah das Gesetz eine Lockerung vor. Nur sollte nicht die Lage der Verkaufsstellen hinter oder vor der Sperre, sondern der Warenbestand für eine Ausnahmeregelung ausschlaggebend sein. Eine wirksame Kontrolle darüber, ob im Geschäft tatsächlich ausschließlich Reisebedarf feilgehalten wird und dieser in nur geringen Mengen an Reisende abgegeben wird, wurde für unmöglich gehalten[316].
Aus diesem Grunde wurde als einzig sinnvolle Regelung angesehen, alle Verkaufsstellen auf Bahnhöfen, die vor den Bahnsteigsperren gelegen waren, den übrigen Verkaufsstellen gleichzustellen[317].

Besonders kritisiert wurde weiterhin § 5 des Entwurfs, der eine Regelung über den besonderen Schutz der Arbeitnehmer enthielt.
Der *Einzelhandelsverband Niedersachsen* bezweifelte die Notwendigkeit dieser Vorschrift im Ladenschlussgesetz. Der Schutz der Arbeitnehmer sei genügend in anderen Gesetzen wie in der AZO und dem Jugendschutzgesetz etc. Rechnung getragen[318]. Zumindest aber sei der Inhalt des § 5 zu weitreichend. Beispielsweise regele § 5 Abs. 3 den Freizeitausgleich für Tätigkeit an Sonn- und Feiertagen. Diese Angelegenheit sei Gegenstand von tariflichen Regelungen und würde als Eingriff in die Tarifhoheit empfunden werden[319]. Die *HDE* hielt die Durchführbarkeit des Abs. 3 zumindest für die Weihnachtszeit für nicht durchführbar[320]. Die *DAG* hingegen wollte den Schutzbereich des § 5 noch weiter ausdehnen. Sie hielt es für notwendig, auch das Bedürfnisgewerbe in den Schutz mit einzubeziehen. Weiterhin enthielt § 5 Abs. 3 keinen Ausgleich für diejenigen, die nur 2 - 3 Stunden am Sonntag arbeiteten. Die *DAG* forderte daher eine Bestimmung in der Art, dass diese Beschäftigten nur jeden zweiten Sonntag arbeiten dürften[321].

Die letzte große Meinungsverschiedenheit zeigte sich bei den Regelungen über Sanktionen für Verstöße gegen die gesetzlichen Vorschriften. Die *HDE* hielt die in §§ 11 und 12 vorgesehenen Geldbußen bis zu 10.000 DM für überhöht. Für kleinere Geschäftsleute würde eine Geldbuße in dieser Höhe den Ruin bedeuten. Es wurde aus diesem Grunde eine Reduzierung auf ein im Verhältnis zum

---

316 Schreiben der *HDE* an das BAM vom 14.9.1951, S. 6, BA-Koblenz, B 149, 1068.
317 Schreiben der *DAG* an das BAM vom 29.8.1951, S. 5, BA-Koblenz, B 149, 1068; Schreiben der *HDE* an das BAM vom 14.9.1951, S. 6, BA-Koblenz, B 149, 1068.
318 *Einzelhandelsverband Niedersachsen* Rundschreiben Nr. 34/51 vom 28.8.1951, S. 2, BA-Koblenz, B 102, 39398.
319 *Einzelhandelsverband Niedersachsen* Rundschreiben Nr. 34/51 vom 28.8.1951, S. 2, BA-Koblenz, B 102, 39398.
320 Schreiben der *HDE* an das BAM vom 14.9.1951, S. 8, BA-Koblenz, B 149, 1068.
321 Schreiben der *DAG* an das BAM vom 29.8.1951, S. 6 f., BA-Koblenz, B 149, 1068; Schreiben des *DGB* an das BAM vom 25.10.1951, S. 5 f., BA-Koblenz, B 149, 1068.

materiellen Schutz des Gesetzes angemessenes Maß gefordert[322]. Hingegen bewertete die Gewerkschaftsseite die Strafhöhe als durchaus angemessen [323].

IV. Die Entstehung der Regierungsvorlage nach der BR-Drucksache 310/54 vom 24. September 1954

1. Der Verlauf der Diskussionen unter den Ministerien

Nachdem der Referentenentwurf vom 1. August 1951 ausgiebig diskutiert worden war, musste er in einigen Punkten materiell umgestellt, vor allem aber in formaler Hinsicht sorgfältig überarbeitet werden.

Das Ergebnis waren weitere Referentenentwürfe im wesentlichen von März 1952, Dezember 1953 und Mai 1954 [324], mit denen Schritt für Schritt ein Kompromiss zwischen den einzelnen Ministerien gefunden wurde.

Unter der Mitwirkung des Justizministeriums fand gleichzeitig eine Anpassung der Entwürfe an die derzeit geltende Gesetzeslage statt.

Es gelang dem Bundesarbeitsministerium, auf diese Weise mit dem Referentenentwurf vom 31. Mai 1954 einen Gesetzesvorschlag zu erarbeiten, der bis auf zwei Punkte die Zustimmung aller Ministerien gefunden hatte und als Kabinettsvorlage diente. Die einzigen Bereiche, über die keine Einigung erzielt wurde, waren die Regelung des freien Halbtags, für den das Bundesarbeitsministerium nach wie vor den Mittwochnachmittag favorisierte, und die Anzahl der verkaufsoffenen Sonntage vor Weihnachten. Hier wollte das Bundesarbeitsministerium an der erstmalig im Referentenentwurf vom 1. August 1951 vorgestellten Regelung festhalten, nur zwei Sonntage vor Weihnachten für den Verkauf freizugeben. Bisher waren drei Sonntage üblich und wurden insbesondere vom Bundeswirtschaftsministerium auch wieder gefordert. Über diese beiden Punkte musste somit eine Kabinettsentscheidung herbeigeführt werden, um dem Bundesrat eine einheitliche Regierungsvorlage zuleiten zu können.

Weitere Unstimmigkeiten bezüglich anderer Punkte konnten durch das Inkrafttreten von neuen Gesetzen und Richtlinien beseitigt werden. So verlor z.B. der Streit über die Behandlung von Verkaufsstellen auf Bahnhöfen durch das Inkrafttreten des Bundesbahngesetzes vom 13. Dezember 1951[325] und der ergänzenden allgemeinen Verwaltungsvorschriften für die Behandlung von Bahnhofswirtschaften, Bahnhofsverkaufsstellen und Bahnhofsfriseurbetrieben vom 9. November 1953[326] an Bedeutung. Da die allgemeinen Verwaltungsricht-

---

322 Schreiben der *HDE* an das BAM vom 14.9.1951, S. 9, BA-Koblenz, B 149, 1068.

323 Schreiben der *DAG* vom 29.8.1951, S. 8, BA-Koblenz, B 149, 1068; Schreiben des *DGB* an das BAM vom 25.10.1951, S. 8, BA-Koblenz, B 149, 1068.

324 21.3.1952, 15.12.1953 und 31.5.1954.

325 BGBl. 1951 I, 955 ff..

326 BABl. 1954, 52-55.

linien gemäß § 41 Abs. 2 BBG vom Bundesminister für Verkehr gemeinsam mit dem Bundesminister für Arbeit erlassen worden waren und damit die Zustimmung des Bundesarbeitsministeriums gefunden hatten, wurde im Referentenentwurf vom 15. Dezember 1953 die Unterscheidung der Verkaufsstellen nach Lage vor oder hinter den Bahnsteigsperren aufgegeben und lediglich ein Verweis auf § 41 BBG aufgenommen, wonach eine Ausnahme nur für Nebenbetriebe der Bundesbahn gelten sollte.
Weiterhin wurde das Gesetz in Bezug auf die Systematik und die Übersichtlichkeit überarbeitet. Es wurden sieben Abschnitte gebildet, die die jeweils in den Überschriften genannten Vorschriften zentrierten. Auf diese Weise wurden z.B. die Durchführungsvorschriften[327] zusammengefasst.
Die Übersichtlichkeit konnte u.a. dadurch erreicht werden, dass nicht mehr, wie bisher, zwei Paragraphen erstellt wurden, von denen sich einer mit den Ausnahmen vom Sonn- und Feiertagsladenschluss, der andere mit den Ausnahmen vom Werktagsladenschluss befasste und jeweils bis zum Buchstaben h) unterteilt wurden. Es wurden statt dessen dreizehn Paragraphen unter dem Abschnitt 2 "Ladenschlusszeiten" eingefügt, von denen sich jeder mit einer Sonderregelung befasste, sowohl an Werk- als auch an Sonn- und Feiertagen.
Des weiteren bildete man einen vierten Abschnitt "Bestimmungen für einzelne Gewerbezweige und für den Marktverkehr". Hier wurden alle Gewerbezweige zusammengefasst, die über den eigentlichen Anwendungsbereich hinaus unter das Ladenschlussgesetz fallen sollten, da dies für die Wahrung gleicher Wettbewerbsbedingungen erforderlich sei oder da sich, wie bei den Friseurbetrieben, eine gleiche Interessenlage für den Arbeitnehmerschutz zeigte wie bei den offenen Verkaufsstellen.
Diese letzte mit dem Referentenentwurf vom 31. Mai 1954 vorgestellte Fassung, die 31 Paragraphen umfasste, war von ihrer Systematik so aufgebaut, dass sie als gute Diskussionsgrundlage für das weitere Verfahren dienen konnte.
Im einzelnen wurden die folgenden Punkte diskutiert:

2. Die wichtigsten Einzelfragen

a) Die Definition der "offenen Verkaufsstelle"

Veranlasst durch die Diskussion zum Referentenentwurf vom 1. August 1951 wurde im Entwurf vom 21. März 1952 erstmalig wieder im § 1 eine Begriffsbestimmung der Verkaufsstellen vorgenommen, um den Anwendungsbereich des Gesetzes festlegen zu können. Es wurde jedoch weder eine Generalklausel noch ein enumeratives Prinzip angewandt, sondern eine Mischung aus beidem gewählt. Unter der Ziff. 1 wurden einzelne Arten von Verkaufsstellen aufge-

327 vgl. 2. Teil, III 1. der Arbeit.

zählt, die auch vorher unter § 22 der AZO und §§ 41a und 139g der GewO gefallen waren. Ihnen wurden Verkaufsstellen von Konsumvereinen gleichgestellt[328].

§ 1 Ziff. 1 des letztendlichen Regierungsentwurfes lautet somit:

> "Verkaufsstellen im Sinne dieses Gesetzes sind:
>
> 1. Ladengeschäfte aller Art einschließlich der Verkaufsstellen von Konsumvereinen, ferner Apotheken, Tankstellen, Warenautomaten und Bahnhofsverkaufsstellen."

Unter Ziffer 2 wurden weitere Einrichtungen aufgeführt, die nur unter bestimmten Voraussetzungen Verkaufsstellen i.S.d. Gesetzes sein sollten. Dies waren Verkaufsstände und –buden, Kioske, Basare, Ausstellungen, Sonderschauen und ähnliche Einrichtungen.

Da eine solche Aufzählung jedoch niemals vollständig sein kann, wurde sie durch eine Generalklausel ergänzt, durch die summarisch ähnliche Einrichtungen erfasst werden, für die die Voraussetzungen der Generalklausel zutreffen. Dies waren "ähnliche Einrichtungen, falls in ihnen von einer festen Stelle aus ständig Waren zum Verkauf an jedermann feilgehalten werden." Dem Feilhalten gleichgestellt wurde das Zeigen von Mustern, Proben und ähnlichem, wenn Warenbestellungen in der Einrichtung entgegengenommen wurden.

Im einzelnen bedeuteten die in der Generalklausel genannten Voraussetzungen folgendes:

(a) Um eine "Einrichtung" handelt es sich dann, wenn eine zumindest auch dem Verkauf von Waren dienende besondere Vorrichtung vorhanden war (Raum mit entsprechender Ausstattung, Verkaufsstand)[329].

(b) Diese Einrichtung musste "ständig" sein. Im Gegensatz zum Referentenentwurf vom 21. März 1952 wurde dieses Merkmal mit dem Entwurf vom 15. Dezember 1953 wieder in die Definition aufgenommen. Dies hatte mit der Neugestaltung der Regelung über den Straßen- und Hausierhandel zu tun. Im Entwurf vom 21. März 1952 war die Regelung noch unter dieser Überschrift enthalten und erfasste somit auch nur diesen Handel. Mit dem Entwurf vom 15. Dezember 1953 hingegen wurde er zu einem Auffangtatbestand für das "sonstige gewerbliche Feilhalten", so dass das Erfordernis der

328 Begründung des Referentenentwurfes vom 21.3.1952, S. 5, dazu erster Referentenwurf vom 12.5.1951.

329 Begründung zum Regierungsentwurf vom 31.5.1954, S. 7.

Ständigkeit wieder im § 1 aufgenommen werden konnte, ohne dass eine Gesetzeslücke entstand.

(c) Die Einrichtung musste eine "feste Stelle" haben. Sie musste sich demnach immer an derselben Stelle befinden und darüber hinaus eine zumindest gewisse nicht ohne weiteres zu lösende Verbindung mit dem Boden haben[330].

(d) In der Verkaufsstelle mussten "Waren" feilgehalten werden.
Hierunter waren alle Arten von beweglichen Sachen zu verstehen, die Gegenstände des Handelsverkehrs sein konnten[331].

(e) Diese Waren mussten zum "Verkauf an jedermann" feilgehalten werden.
Unter dieses Begriffsmerkmal fielen nur für das Publikum frei zugängliche Verkaufsstellen.
Nicht hierunter fielen Kantinen, Verkaufsstellen auf Messen und Verkaufsstellen, die Waren nur an den Großhandel abgaben.
Ebenso wenig sollten Verkaufsstellen erfasst werden, die ihre Waren nur an Wiederverkäufer abgaben. Dies war in den früheren Entwürfen noch durch das Merkmal "an den letzten Verbraucher" gewährleistet gewesen[332].
Jedoch wird man sagen müssen, dass Verkaufsstellen, die Waren nur an Wiederverkäufer abgeben, schon nicht an "jedermann" feilhalten und daher nicht unter den Begriff fallen. Aus diesem Grunde wurde dieses zusätzliche Merkmal weggelassen.
Waren an jedermann hielten jedoch Verkaufsstände in Massenräumen der Theater, Kinos oder Varietés feil, sowie Verkaufsstände, zu denen man erst durch Zahlung eines Eintrittsgeldes gelangen konnte, wie z. B. auf Geländen von Vergnügungs- oder Sportplätzen. Hier ergab sich das Problem der Abgrenzung zum sog. Zubehörverkauf, der an die allgemeinen Ladenschlusszeiten nicht gebunden sein sollte[333].
Unter Zubehörhandel wurde ein Verkauf verstanden, der nach der Verkehrsauffassung Bestandteil eines anderen Gewerbebetriebes ist und eine notwendige Ergänzung zu dessen Leistungen darstellt[334].
Dies war beispielsweise bei Verkaufsständen in Kinos der Fall, die sich hinter der Sperre befanden[335].

---

330 Begründung zum Regierungsentwurf vom 31.5.1954, S. 7.
331 Begründung zum Regierungsentwurf vom 31.5.1954, S. 8.
332 vgl. 2. Teil, III 1. der Arbeit; auch Regierungsentwurf vom 31.5.1952, § 1.
333 Begründung zum Regierungsentwurf vom 31.5.1954, S. 8.
334 Schulte Langforth/Böhm, Ladenschlussgesetz, § 1 Anm. 5.
335 Begründung zum Regierungsentwurf vom 31.5.1954, S. 8.

Für den Verkauf im jedermann zugänglichen Kassenraum hingegen war ein Verkauf ausschließlich an Gäste nicht gewährleistet und es galten die allgemeinen Öffnungszeiten.

(f) Weiter mussten die Waren "feilgehalten" werden. Für das Feilhalten sollte ausreichen, dass dem Publikum auf irgendeine Art die Verkäuflichkeit der Waren kenntlich gemacht wurde[336]. Dies lag nur dann vor, wenn der Kaufgegenstand im Original vorhanden war. Darüber hinaus wurde ein unmittelbarer Kontakt mit dem Kunden verlangt. Auf diese Weise fiel der sog. echte Versandhandel nicht unter das Gesetz[337].

Um als Verkaufsstelle im Sinne des Gesetzes angesehen zu werden, mussten alle soeben genannten Begriffsmerkmale erfüllt sein.
Fehlte nur eines, so kam noch ein Gewerbetrieb des vierten Abschnittes in Betracht. Hier wurden als Ergänzung der Generalklausel Friseurbetriebe, Wochenmärkte, Trinkhallen und ein sonstiges gewerbliches Feilhalten aufgeführt[338].
Sollte auch der Auffangtatbestand des "sonstigen gewerblichen Feilhaltens" nicht einschlägig sein, so fand das Gesetz keine Anwendung.
Für den Fall, dass die Praxis Möglichkeiten entwickeln würde, den Anwendungsbereich des Gesetzes zu umgehen, war in § 1 Abs. 2 dem Bundesminister für Arbeit die Kompetenz erteilt worden, im Einvernehmen mit dem Bundesminister für Wirtschaft und mit Zustimmung des Bundesrates durch Rechtsverordnung zu bestimmen, welche Einrichtungen Verkaufsstellen im Sinne des Gesetzes sein sollten[339].
Die noch im Entwurf vom 1. August 1951 vorgesehene generelle Möglichkeit, Handwerksbetriebe in den Geltungsbereich einzubeziehen, wurde fallengelassen. Der Ladenschluss bezog sich hauptsächlich auf Verkaufszeiten in offenen Verkaufsstellen. Darüber hinaus einbezogene Gewerbezweige konnten nur unter das Gesetz fallen, soweit dies unter den Gesichtspunkten des Arbeitnehmerschutzes sowie der Wahrung gleicher Wettbewerbsbedingungen in der gleichen Weise erforderlich war wie eine Beschränkung der offenen Verkaufsstellen[340].
Da eine solche, vergleichbare Interessenlage nicht schlechthin für alle Handwerksbetriebe zu erkennen war, wurde auf die eingangs erwähnte Einbeziehungsmöglichkeit verzichtet. Für bestimmte Handwerksbetriebe, wie z.B.

---

336 Begründung zum Regierungsentwurf vom 31.5.1954, S. 8.
337 Begründung zum Regierungsentwurf vom 31.5.1954, S. 9.
338 Vgl. Referentenentwurf vom 31.5.1954, §§ 18-21.
339 Begründung zum Regierungsentwurf vom 31.5.1954, S. 10.
340 Begründung zum Regierungsentwurf vom 21.3.1952, S. 4.

Bäcker oder Fleischer, die einerseits Handwerksbetriebe waren, andererseits mit einer offenen Verkaufsstelle verbunden waren, wurden gesondert nach dem jeweiligem Bereich beurteilt. Auf diese Weise galten die Bestimmungen des Ladenschlussgesetzes auch für die Verkaufsstellen dieser Betriebe[341].
Obwohl eine vergleichbare Interessenlage vorlag, insbesondere ein Verkehr in offenen Verkaufsstellen mit einem direkten Kundenkontakt, sollten Reisebüros, Mietbüchereien, Annahmestellen von Färbereien, Reinigungsanstalten und Wäschereien, die Wettannahmestellen der Buchmacher, Lotterieeinnehmer und Fußballtotogesellschaften, die Photomatenbetriebe und ähnliche Gewerbe nicht einbezogen werden[342]. Begründet wurde dies schlicht damit, dass eine Einbeziehung nicht notwendig erscheine, da es die Tendenz der Entwürfe sei, sich auf ein Mindestmaß von Eingriffen zu beschränken[343].
Die Festlegung dieses Anwendungsbereiches des Entwurfes war unter den einzelnen Ministerien durchaus nicht unumstritten. Der Zwiespalt, in dem sich das Bundesministerium für Arbeit befand, um ein sinnvolles Gesetz zu erlassen, wurde bereits mehrfach angesprochen und von der *Hauptgemeinschaft des Deutschen Einzelhandels* klar zum Ausdruck gebracht[344].
Es erschien einerseits erforderlich, im Interesse eines wirksamen Arbeitnehmerschutzes und zur Wahrung gleicher Wettbewerbsbedingungen den Anwendungsbereich möglichst groß zu gestalten, andererseits aber die Wirtschaft möglichst wenig zu belasten, um einer freien Entfaltung nicht entgegenzustehen. Beide Gesichtspunkte jedoch so zu berücksichtigen, dass die neue Regelung nicht sich selbst ad absurdum führte, war außerordentlich schwierig.

Von Seiten des Bundesministers für Wirtschaft wurde vorgeschlagen, keine Definition für die offenen Verkaufsstellen zu wählen, die nur für das vorliegende Gesetz Gültigkeit habe[345].
Dem Bundeswirtschaftsminister sei eine Definition, wie sie mit dem Entwurf vom 21. März 1952 vorgelegt wurde, sehr unerwünscht, da sie eine Vermischung von stehendem und Wandergewerbe beinhalte[346]. Es wurde daher vorgeschlagen, eine Definition zu wählen, die auch in gewerberechtlicher Hinsicht verwendbar sei. Aus diesem Grunde wurde für eine abstrakte Definition der offenen Verkaufsstellen eingetreten:
"Verkaufsstellen im Sinne dieses Gesetzes sind Einrichtungen, in denen von einer freien Stelle aus ständig Waren an jedermann zum Verkauf an den letzten Verbraucher feilgehalten werden. Dem Feilhalten steht das Zeigen von Mustern,

341 Begründung zum Regierungsentwurf vom 21.3.1952, S. 4.
342 Begründung zum Regierungsentwurf vom 21.3.1952, S. 4.
343 Begründung zum Regierungsentwurf vom 31.5.1954, S. 6.
344 Schreiben der *HDE* an das BAM vom 14.9.1951, BA-Koblenz, B 102, 1068.
345 Vermerk *Dr. Rother*, BMWi, vom 23.4.1952, BA-Koblenz, B 102, 39399.
346 Vermerk *Dr. Rother*, BMWi, vom 23.4.1952, BA-Koblenz, B 102, 39399.

Proben u. a. gleich, wenn Warenbestellungen in der Einrichtung entgegengenommen werden."[347]
Von Seiten des Bundesministeriums für Wirtschaft wurde befürchtet, dass im Ladenschlussgesetz eine Definition gewählt werden würde, die im Widerspruch zu anderen Gesetzen des Bundeswirtschaftsministeriums stehen könnte (z.B. Einzelhandelsschutzgesetz, Gewerbeordnungsnovelle). Das Bundesarbeitsministerium sagte daher zu, wenn dies irgend möglich sei, die Formulierung den gewerblichen Gesetzen, die vor dem Ladenschlussgesetz verabschiedet wurden, anzupassen.[348]
Eine abstrakte Definition wurde hingegen von den Vertretern der Ministerien mehrheitlich abgelehnt, da eine solche Gesetzgebungstaktik der üblichen widerspreche. Die moderne Gesetzgebung tendiere dazu, konkrete Tatbestände anzugeben, an die sich die zuständige Behörde halten könne[349]. Aus diesem Grunde sei es richtig, die wichtigsten Verkaufsstellen im Gesetz zu nennen, um hinsichtlich dieser Stellen jeden Zweifel zu vermeiden[350].
Zusammen mit dem Bundeswirtschaftsministerium konnte letztlich eine Einigung zugunsten der eingangs dargestellten Definition erreicht werden, die in der Regierungsvorlage vom 24. September 1954 übernommen wurde[351].

b) Der 18-Uhr-Ladenschluss
In Übereinstimmung mit der Regelung des § 22 I AZO sahen alle Referentenentwürfe einschließlich der Regierungsvorlage vom 24. September 1954 eine allgemeine Ladenschlusszeit von 19 bis 7 Uhr vor.
Um dem vehement geforderten 18-Uhr-Ladenschluss seitens der Gewerkschaften entgegenzukommen, wurde lediglich die Möglichkeit für den Landesgesetzgeber eingefügt, einen früheren Ladenschluss zu bestimmen, frühestens aber um 18 Uhr. Die Regelung fand die Zustimmung der übrigen Ministerien, so dass eine abweichende Regelung nicht ernsthaft diskutiert wurde. Es erschien dies als der beste Kompromiss zwischen den Vertretern eines 18-Uhr-Ladenschlusses und denen eines späteren Ladenschlusses.

Interessant ist in diesem Zusammenhang eine Studie der *Bundesarbeitsgemeinschaft der Mittel- und Großbetriebe des Einzelhandels* vom 23. Mai 1952, die

---

347 Vermerk über Ressortbesprechung im BAM vom Juni 1952, S. 2, BA-Koblenz, B 102, 39399.
348 Vermerk III C/1740/54, BAM, vom 31.4.1954, S. 1, BA-Koblenz, B 149, 1070.
349 Vermerk *Dr. Rother*, BMWi, vom 23.4.1952, S. 1f., BA-Koblenz, B102, 39399.
350 Vermerk für Ressortbesprechungen vom 22.4.1952 im BAM im Juni 1952, BA-Koblenz, B 102, 39399.
351 BR-Druckssache Nr. 310/54 vom 24.9.1954.

nicht zur Veröffentlichung bestimmt war[352]. Untersucht wurden hierin die Ladenzeiten in 125 westdeutschen Städten. Es wurde vermutet, dass die erfassten Ladenzeiten für rund 50 % der westdeutschen Verbraucher maßgeblich waren[353].
Die Untersuchung ergab, dass wochentags in 52 Städten um 8 Uhr und in 110 Städten bis 8.30 Uhr geöffnet wurde. Auch am Samstag ähnelten sich die Öffnungszeiten. So öffneten in 55 Städten die Läden um 8 Uhr und in 111 Städten bis 8.30 Uhr.
Für den Ladenschluss an den Wochentagen ergab sich in 73 Städten ein 18-Uhr-Ladenschluss, in insgesamt 114 Städten ein Ladenschluss bis 18.30 Uhr, davon in 40 Städten um 18.30 Uhr. Lediglich in 11 Städten konnte noch ein 19-Uhr-Ladenschluss festgestellt werden.
Sehr uneinheitlich zeigte sich naturgemäß der Samstagsschluss. So schlossen in 11 Städten die Läden für eine Mittagspause von 13.30 Uhr bis 15 Uhr, in weiteren 7 Städten um 16 Uhr und in 25 Städten um 17 Uhr.
Am häufigsten konnte hier mit 40 Städten der 18-Uhr-Ladenschluss verzeichnet werden. In den übrigen 42 Städten endete der Verkauf am Samstag in der Zeit von 18.15 Uhr bis 19 Uhr, davon allein in 34 Städten um 18.30 Uhr.
Weiterhin führten 81 Städte wochentags eine Mittagsruhe zwischen 1 und 2 Stunden durch, wovon in 58 Städten über Mittag zwei Stunden geschlossen wurde.
Samstags war das Verhältnis jedoch deutlich verschoben. So hatten die Geschäfte in 82 Städten durchgehend geöffnet.
Als Ergebnis ist hier festzustellen, dass die im Entwurf vorgesehene maximale Öffnungszeit von 7 bis 19 Uhr in der Praxis die absolute Ausnahme darstellte. In der Zusammenfassung der Studie war von einer Umkehrung der früheren Neigung des Einzelhandels die Rede, die Geschäftszeiten möglichst auszudehnen. Ebenso sei die Tendenz erkennbar, einen früheren Schluss am Samstagnachmittag einzuführen[354].

---

352 *Bundesarbeitsgemeinschaft der Mittel- und Großbetriebe des Einzelhandels*, Untersuchung betreffend die Regelung der Ladenzeiten in 125 westdeutschen Städten vom 23.5.1952, BA-Koblenz, B 102, 39399.

353 *Bundesarbeitsgemeinschaft der Mittel- und Großbetriebe des Einzelhandels*, Untersuchung betreffend die Regelung der Ladenzeiten in 125 westdeutschen Städten vom 23.5.1952, S. 1, BA-Koblenz, B 102, 39399.

354 *Bundesarbeitsgemeinschaft der Mittel- und Großbetriebe des Einzelhandels*, Untersuchung betreffend die Regelung der Ladenzeiten in 125 westdeutschen Städten vom 23.5.1952, S. 3, BA-Koblenz, B 102, 39399.

c) Der Mittwochs-Frühschluss

Wie schon in der gesamten vorausgegangenen Diskussion bildete auch unter den Ministerien die Wahl des freien Halbtages die größten Schwierigkeiten.
Das Bundesministerium für Arbeit beließ bei allen vorgestellten Referentenentwürfen diesen freien Halbtag auf dem Mittwochnachmittag. Wie bereits dargestellt[355], befand man den Mittwochs-Frühschluss als einzig möglichen Kompromiss zwischen allen in Frage stehenden Alternativen.
Ein Kompromissvorschlag, wonach die Läden am Samstag um 16 Uhr schließen sollten, wurde als wenig zweckmäßig bewertet, da weder das Publikum seine Einkäufe in Ruhe bis 16 Uhr erledigen könne noch die Forderungen des Ladenpersonals befriedigt würden[356].
Die mit der BT-Drucks. 1879/51 vorgeschlagene Lösung eines 14-Uhr-Schlusses am Samstag, wobei am 1. Samstag im Monat bis 18 Uhr offengehalten werden dürfe, wurde aus dem gleichen Grunde abgelehnt. Die Lösung eines freien Montagvormittag wurde ebenfalls nicht angenommen. Zum einen wäre, so die amtliche Begründung, damit den Interessen der Ladenangestellten nicht gedient, zum anderen brächte dies die Hausfrau in Schwierigkeiten. Da Kühlschränke in Deutschland noch nicht die Regel waren, mussten die Einkäufe für einschließlich Montag Mittag am Samstag erledigt werden, was insbesondere im Sommer zu Problemen der Haltbarkeit der Lebensmittel führen würde[357].
Das Bundeswirtschaftsministerium lehnte die in dem Referentenentwurf gewählte Lösung strikt ab. Es vertrat die Auffassung, dass es gegen die von der Bundesregierung vertretene wirtschaftspolitische Linie verstoßen würde, die Einkaufszeiten an einem Wochentag zu verkürzen[358]. Das Ministerium schlug wiederholt vor, die Ladenzeiten nicht zu verkürzen, sondern statt dessen jeden Einzelhändler zu verpflichten, seine Angestellten einen halben Tag in der Woche von der Arbeit freizustellen[359].
Das Bundesministerium für Arbeit sah den Vorschlag des roulierenden Systems jedoch als nicht überzeugend an. Das Ziel, den Angestellten des Einzelhandels einen freien Halbtag in der Woche zu garantieren, könne nicht mit Sicherheit erreicht werden[360]. Die bisher mit den Arbeitszeitvorschriften gemachten Erfahrungen ließen befürchten, dass für zahlreiche Arbeitnehmer der freie Tag nur

---

355 vgl. 2. Teil, III 2. der Arbeit.
356 Begründung zum Referentenentwurf vom 31.5.1954, S. 13.
357 Begründung zum Referentenentwurf vom 31.5.1954, S. 13.
358 Schreiben *Ludwig Erhards,* BMWi II C 3-3209/54 II, an das Bundeskanzleramt vom 8.7.1954, S. 2, BA-Koblenz, B 102, 12699 b, Heft 1.
359 Schreiben *Ludwig Erhards,* BMWi II C 3-3209/54 II, an das Bundeskanzleramt vom 8.7.1954, S. 2, BA-Koblenz, B 102, 12699 b, Heft 1.
360 Begründung zum Referentenentwurf vom 21.3.1952, S. 3.

auf dem Papier stehen würde[361]. Des weiteren könne die Einhaltung nur dann kontrolliert werden, wenn der freie Halbtag auf denselben Tag gelegt werden würde[362].

Dem Argument vermochte das Bundeswirtschaftsministerium nicht zu folgen. Die Einhaltung des freien Halbtages könne durch Eintragung in ein besonderes Arbeitszeitbuch unter Gegenzeichnung des Arbeitnehmers ausreichend kontrolliert werden[363]. Insbesondere spreche für die roulierende Freizeit, dass dem Verbraucher die Einkaufsmöglichkeit an den letzten Wochentagen in vollem Umfang erhalten bliebe, an denen er 45 % seines Wocheneinkaufs tätige. Umgekehrt sei der Samstag für die Einzelhändler mit 28,6 % der umsatzstärkste Wochentag. Des weiteren würde der turnusmäßige freie Halbtag hin und wieder auch auf den Samstagnachmittag fallen, was dem Angestellten ein verlängertes Wochenende bescheren würde. Die eigenen Einkäufe könne der Angestellte in dieser Zeit problemlos bewältigen, da die Geschäfte weiterhin geöffnet wären.

Letztlich müsse sich der Einzelhandel der ihm zugewiesenen Aufgabe der Bedarfsdeckung der Bevölkerung anpassen. Aus diesem Grunde sei auch keine Benachteiligung gegenüber anderen Berufsgruppen gegeben, vielmehr müsse ein Vergleich zu dem Verkehrsgewerbe, dem Gaststättengewerbe, der Eisenbahn und der Post herangezogen werden[364].

Gegen den Mittwochs-Frühschluss führte das Bundeswirtschaftsministerium neben verfassungsrechtlichen Bedenken, auf die später noch einzugehen sein wird, vor allem einen Kosten verursachenden Leerlauf all jener Berufe und Gewerbe an, die mit dem Einzelhandel in Verbindung stehen würden, z.B. die Handelsreisenden und Handelsvertreter, der Großhandel, das Speditionsgewerbe und die Kommissionäre[365].

Als Notlösung, sofern die Festlegung eines freien Halbtages als unumgänglich erscheine, wurde vom Bundeswirtschaftsministerium der freie Montagvormittag genannt. Man befand diesen Halbtag als einzig sinnvolle Alternative und die Gegenargumente als wenig stichhaltig.

Hierdurch würde der umsatzstarke Samstag in vollem Umfang erhalten bleiben. Das Auseinanderfallen der Woche in zwei Hälften könne verhindert werden und dem Gedanken eines verlängerten Wochenendes würde zum Teil Rechnung

---

361 Begründung zum Referentenentwurf vom 21.3.1952, S. 3.

362 Begründung zum Regierungsentwurf vom 31.5.1954, S. 13.

363 Schreiben *Ludwig Erhards*, BMWi II C- 3-3209/54 II, an das Bundeskanzleramt vom 8.7.1954, S. 3, BA-Koblenz, B 102, 12699.

364 Schreiben *Ludwig Erhards*, BMWi II C- 3-3209/54 II, an das Bundeskanzleramt vom 8.7.1954, S. 3, BA-Koblenz, B 102, 12699.

365 Schreiben *Ludwig Erhards*, BMWi II C- 3-3209/54 II, an das Bundeskanzleramt vom 8.7.1954, S. 5, BA-Koblenz, B 102, 12699.

getragen[366]. Weiterhin sei der Montagvormittag der umsatzschwächste Halbtag in der gesamten Woche. Hier würden lediglich 8 % des Wochenumsatzes erwirtschaftet.

Die Gegenargumente wurden für unbegründet gehalten. Insbesondere sei die Hausfrau in der Lage, die Ladenöffnungszeit am Montag ab 13 Uhr bei ihren Wocheneinkäufen zu berücksichtigen. Des weiteren könnten Ausnahmen für leicht verderbliche Waren zugelassen werden[367].

Genau mit dem Argument der leicht verderblichen Waren, insbesondere mit Rücksicht auf am Sonntag geerntetes Obst, erklärte sich das Bundesministeriums für Ernährung unter keinen Umständen mit dem freien Montagvormittag einverstanden[368].

Das Bundesministerium für Arbeit schloss sich diesen Argumenten bei der Ablehnung dieses freien Halbtages in der Begründung zum Referentenentwurf vom 31. Mai 1954 an[369].

Von Seiten des Bundesinnenministeriums wurde es für falsch erachtet, in der Woche die Geschäfte für einen halben Tag zu schließen; zur Gewährung der Freizeit wurde der Vorschlag unterbreitet, den Angestellten im Einzelhandel umschichtig alle 14 Tage den Montagvormittag freizugeben, so dass die Geschäfte dadurch nicht geschlossen werden müssten[370]. Die Wahl des Mittwochs-Frühschlusses wurde daher vom Bundesinnenministerium nicht unterstützt.

Eine endgültige Einigung über die Regelung des freien Halbtages vermochten die Vorbesprechungen nicht herbeizuführen. Insbesondere das Bundeswirtschaftsministerium ging von seiner Privilegierung der roulierenden Lösung nicht ab. Die letztliche Entscheidung über diesen Punkt wurde daher dem Kabinett überlassen.

Da das Bundesministerium für Arbeit für den Fall der Ablehnung des Mittwochs-Frühschlusses im Kabinett nicht mit leeren Händen dastehen wollte, wurde die Kabinettsvorlage um einen Eventualvorschlag erweitert. Es wurde als Alternative das roulierende System vorgeschlagen. Den Angestellten des Einzelhandels sollte ein freier Halbtag pro Woche, wahlweise alle 14 Tage ein ganzer Tag Freizeit zu gewähren sein[371]. Zur Überwachung der Arbeitszeit und

---

366 Schreiben *Ludwig Erhards,* BMWi II C- 3-3209/54 II, an das Bundeskanzleramt vom 8.7.1954, S. 6, BA-Koblenz, B 102, 12699.

367 Schreiben *Ludwig Erhards,* BMWi II C 3-3209/54 II, an das Bundeskanzleramt vom 8.7.1954, S. 6, BA-Koblenz, B 102, 12699.

368 Vermerk vom 23.6.1952 über die Ressortbesprechung vom 22.4.1952 im BAM, S. 3, BA-Koblenz, B 102, 39399.

369 Begründung zum Referentenentwurf vom 31.5.1954, S. 13, BA-Koblenz, B 102, 39402.

370 Vermerk vom 10.4.1954 über die Ressortbesprechung vom 9.4.1954 im BAM, BA-Koblenz, B 102, 12699/b, Heft1.

371 Vermerk vom 26.8.1954, BAM III C/ 4028/54, S. 2 ff., BA-Koblenz, B 149, 1071.

der Freizeit sollten die Arbeitgeber verpflichtet werden, einen Arbeitsplan aufzustellen, aus dem sich die dem Arbeitnehmer gewährte Freizeit ergebe[372].
Mit gleichem Schreiben vom 26. August 1954 stellte das Bundesarbeitsministerium jedoch deutlich heraus, dass dieser Eventualvorschlag nur eine Notlösung darstellen sollte. Nach wie vor wurde die Freigabe eines bestimmten Tages bevorzugt.
Es wurde wiederholt die Befürchtung geäußert, der freie Tag würde nur auf dem Papier stehen. Dass der freie Tag gewährt würde, ließe sich noch nicht einmal dann annehmen, wenn dies durch die Unterschrift des Arbeitnehmers bestätigt werde. Noch nicht einmal in einem Ermittlungsverfahren würden die Arbeitnehmer den Mut haben, wahrheitsgemäß auszusagen[373]. Die intensivere Überwachung würde sich in Anbetracht der vielen kleinen und mittleren Geschäfte nur durch einen völlig unangemessenen Verwaltungsaufwand durchführen lassen. Das roulierende System sei daher eine Scheinlösung, ein Gesetz, das seinen Sinn verfehle[374].
Weiter war bekannt, dass im Bundestag zahlreiche Abgeordnete den Samstags-Frühschluss befürworteten. Das roulierende System hingegen wurde von vielen Seiten abgelehnt. Insbesondere sind hier die Arbeitnehmerorganisationen sowie große Teile des Einzelhandels zu nennen. Nach Ansicht des Bundesarbeitsministeriums war folgendes zu befürchten: Sollte das Kabinett das roulierende System beschließen, würde dieses im Bundestag abgelehnt werden, so dass statt dessen auf den Samstags-Frühschluss, nicht aber auf den Mittwochnachmittag oder auf den Montagvormittag zurückgegriffen werden würde[375].
Diese Bedenken des Bundesarbeitsministeriums konnten vom Bundeswirtschaftsministerium nicht geteilt werden. Die Gewerbeaufsichtsämter hätten die Durchführung des Gesetzes gerade in der ersten Zeit mit allen ihnen zur Verfügung stehenden Mitteln, sei es auch unter Zurückstellung weniger wichtiger Aufgaben, zu überwachen. Die daraufhin bekannt werdenden Strafen würden zu einer Einhaltung des Gesetzes führen[376]. Im übrigen sei die Befürchtung einer Verletzung des Gesetzes unbegründet. Ein Vergleich mit dem Gaststättengewerbe zeige eine gute Erfahrung mit dem roulierenden System[377].

---

372 § 22 I Nr. 3 der Eventualvorschläge zum Entwurf, Anlage zum Vermerk vom 26.8.1954, BAM III C/ 4028/54, BA-Koblenz, B 149, 1071.
373 Vermerk vom 26.8.1954, BAM III C/ 4028/54, S. 3, BA-Koblenz, B 149, 1071.
374 Vermerk vom 26.8.1954, BAM III C/ 4028/54, S. 3, BA-Koblenz, B 149, 1071.
375 Vermerk vom 21.9.1954, BAM III C/5053/54, BA-Koblenz, B 149, 1071.
376 Schreiben *Ludwig Erhards,* BMWi II C 3-4824/54 II vom 17.9.1954, an das Bundeskanzleramt, S. 3, BA-Koblenz, B 149, 1071.
377 Schreiben *Ludwig Erhards,* BMWi II C 3-4824/54 II, vom 17.9.1954, an das Bundeskanzleramt, S. 2, BA-Koblenz, B 149, 1071.

Das Bundesarbeitsministerium wandte hiergegen ein, dass gerade die Erfahrungen im Gaststättengewerbe davon abhielten, eine Regelung einzuführen, die nur unzureichende Kontrollmöglichkeiten zulasse[378].
Sollte der Bundestag dem roulierenden System nicht folgen wollen, sei die Wahl des Samstags-Frühschlusses nicht zwingend. Nach Ansicht des Bundeswirtschaftsministeriums würde immer noch der von den Verbraucherverbänden gebilligte Eventualvorschlag des freien Montagvormittag eine echte Alternative darstellen[379].
So wurde die Entscheidung darüber, welche Alternative dem Bundesrat als Regierungsentwurf zugeleitet werden sollte, dem Kabinett überlassen. In der 45. Kabinettssitzung vom 22. September 1954 gelang es dem Bundesminister für Arbeit, eine Mehrheit für den von ihm vorgeschlagenen Mittwochs-Frühschluss zu finden[380]. Somit konnte sich die roulierende Lösung des Bundeswirtschaftsministeriums nicht durchsetzen[381].

d) Die Verkaufsstellen auf Bahnhöfen und Flughäfen

aa) Die Verkaufsstellen auf Bahnhöfen

Die Behandlung der Verkaufsstellen auf Bahnhöfen stellte einen besonderen Streitpunkt zwischen dem Bundesarbeitsministerium und dem Bundesverkehrsministerium dar[382].
Durch das Inkrafttreten des Bundesbahngesetzes vom 13. Dezember 1951[383] hatte dieser Punkt jedoch etwas an Bedeutung verloren. § 41 I BBG bestimmte, dass auf Betrieben der Deutschen Bundesbahn und deren Nebenbetrieben weder die Gewerbeordnung, mit Ausnahme der Bestimmungen über Lehrlinge, noch das Gaststättengesetz Anwendung fänden. Abs. 2 regelte den Erlass allgemeiner Verwaltungsvorschriften für die Behandlung von Bahnhofswirtschaften und Bahnhofsverkaufsstellen durch den Bundesminister für Verkehr gemeinsam mit dem Bundeswirtschaftsminister und dem Bundesarbeitsminister. Dieser Regelung trug der Referentenentwurf vom 21. März 1952 Rechnung.
Bezüglich der Nebenbetriebe der Bundesbahn verwies der Entwurf auf die Regelung des § 41 BBG. Verkaufsstellen auf Bahnhöfen, die nicht Nebenbetriebe der Bundesbahn waren, durften die allgemeinen Ladenzeiten nur überschreiten, sofern sie innerhalb der Bahnsteigsperren gelegen waren, ausschließ-

---

378 Vermerk vom 21.9.1954, BMA III C 5053/54, S. 2, BA-Koblenz, B 149, 1071.
379 Schreiben *Ludwig Erhards* vom 17.9.1954, BMWi III C 3.4824/54 II, vom 17.9.1954, S. 4, BA-Koblenz, B 102, 39405.
380 Protokoll der 45. Kabinettssitzung vom 22.9.1954, S. 398.
381 Vermerk vom 29.9.1954, BMA III C 5201/54, S. 3, BA-Koblenz, B 149, 1071.
382 Vgl. hierzu auch 2. Teil, III 2. der Arbeit.
383 BGBl. 1954 I, 955 ff..

lich Reisebedarf feilboten und ausschließlich die Bedürfnisse der Reisenden während der Fahrt zu befriedigen bestimmt waren[384]. Die Bestimmungen für Verkaufsstellen auf Bahnhöfen regelten sich noch immer nach den allgemeinen Verwaltungsvorschriften vom 9. März 1927.
Das Bestreben des Bundesverkehrsministeriums war darauf gerichtet, die Regelung des Bundesbahngesetzes als abschließend zu betrachten und so rasch wie möglich allgemeine Verwaltungsvorschriften gemäß § 41 Abs. 2 BBG in Kraft zu setzen.
Eine diesen Zielen widersprechende Regelung im Ladenschlussgesetz sollte unter allen Umständen vermieden werden[385]. Aus diesem Grunde forderte das Bundesverkehrsministerium die grundsätzliche Herausnahme der Eisenbahn-Nebenbetriebe aus dem Ladenschlussgesetz. Dies solle im § 1, der den Anwendungsbereich festlegt, bestimmt werden[386]. Weiter sollten Verkaufsstellen auf Bahnhöfen von nicht bundeseigenen Betrieben grundsätzlich denen auf Bundesbahngelände gleichgestellt werden. Die nicht bundeseigenen Eisenbahnen bildeten lediglich die letzten Verästelungen und Ergänzungen im Netz der Bundesbahn. Sie müssten daher insgesamt als eine Einheit angesehen werden. Eine Gleichstellung sei demnach gerechtfertigt[387].
Der notwendige Schutz der Arbeitnehmer sowie eine Ermächtigung für die Landesregierungen, eine entsprechende Regelung für nicht bundeseigene Eisenbahnen zu treffen, sollten in die allgemeinen Verwaltungsvorschriften übernommen werden[388].
Das Bundesarbeitsministerium konnte derart weitreichenden Forderungen nicht zustimmen. Förderlich für eine schnelle Einigung über diesen Punkt wirkte die Mitwirkung des Bundesarbeitsministeriums beim Erlass der allgemeinen Verwaltungsvorschriften für Verkaufsstellen auf Bahnhöfen. Eine gänzliche Herausnahme der Verkaufsstellen auf Bahnhöfen war unmöglich. Das Bundesbahngesetz sowie die aufgrund § 41 Abs. 2 BBG erlassenen allgemeinen Verwaltungsvorschriften hatten nur für Verkaufsstellen auf bundeseigenen Bahnhöfen Geltung. Weiterhin sollten sie nur Regelungen für die Nebenbetriebe der Bundesbahn enthalten. Um keine Gesetzeslücken für Verkaufsstellen auf nicht bundeseigenen Bahnhöfen sowie für Verkaufsstellen, die als Nebenbetriebe der Bundesbahn anzusehen seien, zu lassen, sei es unerlässlich,

---

384 vgl. §§ 3 d und 5 d des Referentenentwurfs vom 21.3.1952, PA I 1014 B 1.
385 Schreiben des BMV an den AfV vom 18.12.1951, A 3 Arb-2637, PA I 1014 B 1, lfd. Nr. 7.
386 Schreiben des BMV an das BMA vom 7.4.1952, A 3 Arb-3022, S. 1, BA-Koblenz, B 149, 1069.
387 Schreiben des BMV an das BMA vom 7.4.1952, A 3 Arb-3022, S. 1 f., BA-Koblenz, B 149, 1069.
388 Schreiben des BMV an das BMA vom 7.4.1952, A 3 Arb-3022, S. 2, BA-Koblenz, B 149, 1069.

Verkaufsstellen auf Bahnhöfen grundsätzlich in den Geltungsbereich des Ladenschlussgesetz einzubeziehen und lediglich Ausnahmen für diejenige Stellen zu schaffen, die in den Anwendungsbereich des Bundesbahngesetzes fallen sollten[389]. Auf diese Weise hatte man einen idealen Ansatzpunkt für einen Kompromiss. Es wurde eine Einigung in der Weise gefunden, im Ladenschlussgesetz eine Ausnahme für Nebenbetriebe der Bundesbahn mit Verweis auf § 41 BBG zu erlassen. Nebenbetriebe der nicht bundeseigenen Eisenbahnen sollten den Nebenbetrieben der Bundesbahn gleichgestellt werden. Für sie galten daher die gleichen Ausnahmen. Da die gemäß § 41 Abs. 2 BBG erlassenen allgemeinen Verwaltungsvorschriften keine Geltung für nicht bundeseigene Eisenbahnen hatten, wurde die Ausnahme mit einer Ermächtigung an den Bundesminister für Verkehr verbunden, im Einvernehmen mit dem Bundesminister für Arbeit und dem Bundeswirtschaftsminister ähnliche Vorschriften zu erlassen, wie sie für Nebenbetriebe der Bundesbahn erlassen wurden.
Verkaufsstellen auf Bahnhöfen, die nicht als Nebenbetriebe der Eisenbahn anzusehen waren, sollten uneingeschränkt in den Anwendungsbereich des Ladenschlussgesetzes fallen, unabhängig davon, ob sie sich vor oder hinter der Bahnsteigsperre befänden.
Im Einvernehmen mit dem Bundesarbeitsminister und dem Bundeswirtschaftsminister wurden am 9. November 1953[390] durch den Bundesverkehrsminister die allgemeinen Verwaltungsvorschriften erlassen.
In Anlehnung an den soeben dargestellten Anwendungsbereich des Ladenschlussgesetzes waren Bahnhofsverkaufsstellen in Sinne der allgemeinen Verwaltungsvorschriften solche Verkaufsstellen, die sich auf einem Personenbahnhof befanden und den Bedürfnissen des Eisenbahnverkehrs der Deutschen Bundesbahn zu dienen bestimmt waren, indem sie die Versorgung der Reisenden mit Reisebedarf ermöglichten[391]. Weiterhin wurde klargestellt, dass alle übrigen Verkaufsstellen auf bundesbahneigenem Gelände den geltenden gewerberechtlichen Bestimmungen unterworfen waren[392].
In diesen am 1. Januar 1954 in Kraft getretenen allgemeinen Verwaltungsvorschriften wurde die Möglichkeit vorgesehen, von den allgemeinen Ladenzeiten abzuweichen. Maßgeblich sollte allein das Bedürfnis des Reiseverkehrs sein, wie es sich insbesondere aus der Zuglage ergab. Weiter sollten die Inhaber von Bahnhofsverkaufsstellen vertraglich verpflichtet werden, außerhalb der örtlichen Öffnungszeiten Waren nur in einem dem normalen Reisebedürfnis angepassten Umfang abzugeben. Verlängerte Öffnungszeiten durften nur zum

---

389 vgl. Vermerk im BMWi vom 23.4.1952 über Ressortbesprechung vom 22.4.1952 im BMA S. 3, BA-Koblenz, B 102, 39399.
390 AVV vom 9.11.1953 BABl. 1954, S. 52 ff..
391 AVV vom 9.11.1953 II 1 a und b, BABl. 1954, S. 52 ff..
392 AVV vom 9.11.1953 II 3, BABl. 1954, S. 52 ff..

Verkauf von Reisebedarf festgesetzt werden. Unter Reisebedarf fielen Zeitungen, sonstige Reiselektüre, Schreibmaterialien, Tabakwaren, Blumen, Reisetoilettenartikel, Filme, Reiseandenken geringen Wertes, Bedarf für Reiseapotheken sowie Lebens- und Genussmittel für den Reisebedarf[393].

Darüber hinaus hatten die Inhaber der Verkaufsstellen ein gut sichtbares Schild mit der Aufschrift anzubringen: "Außerhalb der örtlich geltenden Verkaufszeiten Verkauf nur von Reisebedarf und nur an Reisende."

Diese allgemeinen Verwaltungsvorschriften wurden zudem mit Vorschriften über den besonderen Schutz der Angestellten und Arbeiter versehen.

Die Durchführung der allgemeinen Verwaltungsvorschriften sollte unter der Bundesbahndirektion und den Gewerbeaufsichtsämtern aufgeteilt werden. Für die Einhaltung der festgesetzten Öffnungszeiten sowie für die Überwachung der Arbeitsschutzvorschriften der Gewerbeordnung und des Gaststättengesetzes waren die Bundesbahndirektionen, für die Aufsicht über die Einhaltung aller übrigen Arbeitsschutzvorschriften die Gewerbeaufsichtsämter zuständig[394].

Mit diesem Kompromiss war dem Interesse des Bundesministeriums für Arbeit vollauf genüge getan. Es wurde in der Regierungsvorlage eines Gesetzes über den Ladenschluss eine Regelung in der zuvor aufgezeigten Weise vorgelegt. Nebenbetriebe der bundes- und nicht bundeseigenen Eisenbahnen durften während des ganzen Tages, am 24. Dezember jedoch nur bis 17 Uhr, geöffnet sein[395].

bb) Die Verkaufsstellen auf Flughäfen

Die bereits früh geforderte Ausnahmeregelung für Flughäfen[396] wurde erstmals im Referentenentwurf vom 21. März 1952 aufgenommen. Die Verkaufsstellen auf Flughäfen unterlagen hiernach den gleichen Beschränkungen wie die Verkaufsstellen auf Bahnhöfen. Eine Ausnahme sollte nur greifen, sofern ausschließlich die Bedürfnisse der Reisenden während des Fluges befriedigt werden sollten.

Eine solche Beschränkung des Warensortiments erschien dem Bundesverkehrsministerium nicht gerechtfertigt. Die Verkaufsstellen auf Flughäfen konnten nicht mit denen auf Bahnhöfen verglichen werden. Gerade auf Flughäfen mit vorwiegend internationalem Flugverkehr würden vorwiegend Reiseandenken und andere Gegenstände von den Reisenden gekauft. Diese Waren würden den unsichtbaren Export der Bundesrepublik in beträchtlichem Umfang erhöhen. Zudem sei eine Konkurrenz zu dem ortsansässigen Gewerbe aufgrund

---

393 AVV vom 9.11.1953, II Nr. 5, BABl. 1954, S. 52 ff..

394 AVV vom 9.11.1953, II 3 und 4, BABl. 1954, S. 52 ff..

395 BR-Druckssache 310/54 vom 24.9.1954, § 7.

396 vgl. 2. Teil, II 2a) und b) der Arbeit zur Entstehung der BT-Drucks. 1879 vom 3.2.1951.

der Entfernung der Flughäfen von bebauten Siedlungsgebieten nicht anzunehmen. Im Interesse des Fremdenverkehrs müsse hier eine liberale Regelung gefunden werden[397].

Das Bundesministerium für Arbeit ließ sich von dieser Argumentation überzeugen. In nachfolgenden Entwürfen wurden die Verkaufsstellen auf Flughäfen gesondert von den Verkaufsstellen auf Bahnhöfen geregelt.

Im Zuge der Entzerrung des gesamten Gesetzes erhielt diese Regelung einen eigenen Paragraphen[398].

Außerhalb der allgemeinen Ladenzeiten sollte die Abgabe von Reisebedarf an Reisende gestattet werden. Dem Bundesverkehrsminister wurde die Ermächtigung gegeben, im Einvernehmen mit dem Bundesarbeitsminister und dem Bundeswirtschaftsminister die Ladenschlusszeit auf Flughäfen zu regeln sowie die Abgabe von Waren näher zu bestimmen.

Mit Rücksicht auf die besondere Situation von Flughäfen, insbesondere die zahlreichen ausländischen Fluggäste und die Interkontinentalflüge, sowie der isolierten Lage der Flughäfen, bestanden andere Anforderungen an den Begriff des "Reisebedarfs" als für Bahnhöfe, so dass eine Ausdehnung des Warenkreises erforderlich schien[399].

e) Die verkaufsoffenen Sonntage vor Weihnachten

Die Freigabe der verkaufsoffenen Sonntage vor Weihnachten stützte sich bisher, wie die gesamte Ladenzeitregelung an Sonn- und Feiertagen, auf die Gewerbeordnung. Gemäß § 105b Abs. 2 GewO konnte die Polizeibehörde für sechs Sonn- oder Feiertage, die höhere Verwaltungsbehörde für noch weitere vier Sonn- oder Feiertage eine Ausnahme vom Verbot der Arbeit an diesen Tagen zulassen. Die Regelung für die verkaufsoffenen Sonntage vor Weihnachten wurde aufgrund von Richtlinien vorgenommen, die sich auf § 105b GewO stützten[400]. Gemäß § 105b Abs. 2 GewO war die Freigabe von Sonn- und Feiertagen gestattet. Sofern besondere Verhältnisse vor Weihnachten für das gesamte damalige Deutsche Reich einheitlich waren, sollte auch die Zahl der verkaufsoffenen Sonntage vor Weihnachten einheitlich geregelt werden.

In den jährlich sich wiederholenden Erlassen basierend auf Richtlinien vom 28. Juni 1932 des Reichsarbeitsministeriums wurde aus diesem Grunde einheitlich festgelegt, dass die Sonntage zwischen dem 8. und dem 24.

---

397 Schreiben des BMV an das BMA vom 7.4.1952, A 3 Arb-3022, S. 3, BA-Koblenz, B 149, 1069.

398 vgl. § 8 im Regierungsentwurf vom 31.5.1954, der wortgleich ist mit § 8 der BR-Drucks. 310/54.

399 Schulte Langforth/Böhm, Ladenschlussgesetz, § 9, Anm. 2.

400 Richtlinien des RAM vom 28.6.1932-IIIa/8933/32.

Dezember für den Geschäftsverkehr freigegeben werden sollten[401]. Dies waren je nach deren Lage zwei oder drei Sonntage.
Die Referentenentwürfe führten diese vom Reichsarbeitsministerium eingeschlagene Linie einer einheitlichen Regelung weiter. Der Entwurf vom 21. März 1952 unterschied zwischen den Sonntagen vor Weihnachten und den übrigen Sonn- und Feiertagen, kenntlich gemacht durch zwei Ziffern.
Für die übrigen Sonn- und Feiertage durften Ausnahmen erlassen werden, sofern die besonderen örtlichen Verhältnisse eine Öffnung erforderten. Für die Sonntage vor Weihnachten jedoch waren die Verhältnisse im gesamten Bundesgebiet gleich, so dass keine ortsbezogene Regelung gerechtfertigt gewesen wäre. Aus diesem Grunde sollte eine einheitliche Regelung im Gesetz festgeschrieben werden[402]. Der Entwurf sah die Freigabe von zwei Sonntagen vor Weihnachten vor. Dies sollten die beiden Sonntage zwischen dem 10. und dem 23. Dezember einschließlich dieser beiden Tage sein.
Zu dieser Regelung entschloss sich das Bundesarbeitsministerium nach einer Abwägung der Interessen des Ladenpersonals und den Kaufbedürfnissen der Bevölkerung.
Eine bis zu vier Wochen dauernde, durch keinen Ruhetag unterbrochene Arbeit in den Geschäften würde die Angestellten derartig erschöpften, dass ihnen keine Zeit bleiben würde, das eigene Weihnachtsfest für die Familie vorzubereiten und daher eine Festtagsfreude nicht aufkommen könnte. Ein Ausgleich dieser Arbeitszeit im Januar sei kein ausreichender Ersatz[403]. Die Möglichkeit eines freien Wochentages der folgenden Woche sei aufgrund des starken Geschäftsverkehrs in der Vorweihnachtszeit nicht gegeben[404] und war im Entwurf daher auch nicht vorgesehen.
Diese Regelung der lediglich zwei freien Sonntage vor Weihnachten wurde auch in den folgenden Entwürfen beibehalten. Lediglich der Zeitraum dieser zwei Sonntage wurde noch einmal modifiziert. Erstmals im Referentenentwurf vom 15. März 1954 wurde die Lage auf die Sonntage zwischen dem 8. und 21. Dezember geändert. Damit sollte erreicht werden, dass in den Jahren, in denen der 22. oder 23. Dezember auf einen Sonntag fiele, das Personal unmittelbar vor Weihnachten nicht einer erhöhten Beanspruchung ausgesetzt sei[405].

Das gegenläufige Interesse der Käufer und der Ladeninhaber wurde in erster Linie vom Bundeswirtschaftsministerium vertreten, das gegen jegliche

---

401 z.B. Erlass vom 6.7.1937, IIIa 2431/37, RABl. 1937, 187f..
402 vgl. Begründung zum Referentenentwurf vom 21.3.1952, Anm. zu § 3e, S. 17.
403 Begründung zum Referentenentwurf vom 21.3.1952, S. 18.
404 Begründung zum Referentenentwurf vom 21.3.1952, S. 17.
405 Schulte Langforth/Böhm, Ladenschlussgesetz, § 13 Anm. 3.

Beschränkungen der Wirtschaft eintrat, sowie vom Bundesministerium für Ernährung. Beide Ministerien versuchten, die Beibehaltung der drei verkaufsoffenen Sonntage vor Weihnachten durchzusetzen. Bereits in der Ressortbesprechung vom 22. April 1952 im Bundesarbeitsministerium erklärte *Dr. Rother* für das Bundeswirtschaftsministerium die Forderung nach drei verkaufsoffenen Sonntagen für unabdingbar[406]. Das Bundeswirtschaftsministerium begründete seine Einstellung mit folgenden Überlegungen[407]:
Eine Beschneidung der Einkaufsmöglichkeiten vor Weihnachten sei mit dem Gedanken der Konsumausweitung unvereinbar. Statistische Erhebungen hätten ergeben, dass an den Sonntagen vor Weihnachten nicht nur Geschenkartikel eingekauft würden, sondern in zunehmenden Maße wertvollere Haushaltsgegenstände. Weiterhin hätte diese Untersuchung ergeben, dass im Jahr 1952, in dem der Verkauf an drei Sonntagen für vier Stunden freigegeben wurde, in insgesamt 12 Stunden über 11 % des gesamten Dezemberumsatzes erreicht wurde. Ein Vergleich mit dem Jahr 1953, in dem nur zwei verkaufsoffene Sonntage gewährt wurden, zeige, dass sich der Umsatz nicht auf die übrigen zwei Sonntage verlagere. 1953 sei an den beiden Sonntagen lediglich 84 % des Sonntagsumsatzes von 1952 erzielt worden. Hieraus ergebe sich, dass die Einkaufswünsche teilweise ganz fallengelassen werden würden, sofern die gewünschte Einkaufsmöglichkeit nicht geboten werde.
Der Wegfall eines verkaufsoffenen Sonntags 1953 habe zu einer Überfüllung gerade der größeren Geschäfte in den Großstädten geführt. Viele Kundenwünsche hätten daher nicht erfüllt werden können. Um diesen starken Andrang bewältigen zu können, würden im Einzelhandel im großem Umfang Aushilfskräfte eingestellt, für die die weihnachtlichen Nebeneinnahmen einen sehr willkommenen Zuschuss darstellen würden.
Diese Überbelastung hätte sich außerdem bei den Zubringerbetrieben der Bundesbahn und der örtlichen öffentlichen Verkehrsbetriebe bemerkbar gemacht. Nach Ansicht der zuständigen Aufsichtsbehörden sei diese Überfüllung kaum noch zu verantworten gewesen. Es sei aus diesen Gründen notwendig, den Käuferstrom auf drei Sonntage zu verteilen. Als weiteres Argument wurde die Möglichkeit für Elternpaare angeführt, gemeinsame Weihnachtseinkäufe für die Kinder zu tätigen. Hierzu sei ein umfassender Güte- und Preisvergleich erforderlich, für den zwei Sonntage nicht genügen würden. Als Ausgleich für diese Mehrbelastung wurde vorgeschlagen, die Öffnungszeiten von fünf Stunden, wie es im Entwurf vom 31. Mai 1954 vorgesehen war, auf

406 Vermerk zur Ressortbesprechung vom 22.4.1952 aus Juni 1952, BA-Koblenz, B 102, 39399; Vermerk vom 23.4.1952 des BMWi zur Ressortbesprechung vom 22.4.1952, S. 3, BA-Koblenz, B 102, 39399.

407 dargestellt nach Schnellbrief des BMWi, II C 3-3209/54 II, vom 8.7.1954 an das Bundeskanzleramt, BA-Koblenz, B 102, 125699/b Heft 1.

vier Stunden zu verkürzen. Außerdem wurde in Betracht gezogen, nach Weihnachten oder Anfang Januar einen freien Tag für den Einzelhandel einzuführen.

Eine Einigung mit dem Bundesarbeitsministerium über diesen Punkt konnte nicht erzielt werden.
In der Ressortbesprechung vom 5. April 1954 wurde beschlossen, die Entscheidung über diesen Punkt dem Kabinett zu überlassen[408]. In der Kabinettsvorlage, dem Referentenentwurf vom 5. Juni 1954, waren daher zwei freie Sonntage im Zeitraum vom 8. bis 21. Dezember vorgesehen, an denen die Geschäfte bis zu fünf Stunden geöffnet sein durften.
In der 45. Kabinettssitzung vom 22. September 1954 fand dieser Vorschlag die Mehrheit der Stimmen, so dass diese Vorschrift unverändert dem Bundesrat vorgelegt werden konnte[409].

f) Die Ausnahmeregelungen für Tankstellen

Um der ständig zunehmenden Bedeutung des Kraftverkehrs gerecht zu werden, wurde das Bedürfnis zur Offenhaltung der Tankstellen schon vor der Diskussion über das Ladenschlussgesetz bejaht. Aufgrund der §§ 105e GewO und 28 AZO wurden Sonderregelungen geschaffen, die auch nachts eine Öffnung vorsahen[410].
Auch in den Referentenentwürfen für ein Ladenschlussgesetz war daher eine Ausnahmeregelung vorgesehen. Der Referentenentwurf vom 1. August 1951 ermöglichte eine Abweichung von den allgemeinen Ladenschlusszeiten nach Zulassung durch die höhere Verwaltungsbehörde. Gestattet war jedoch nur die Abgabe von Betriebsstoffen und Ersatzteilen für Kraftfahrzeuge, soweit dies zur Erhaltung oder sofortigen Wiederherstellung der Fahrbereitschaft notwendig war.
Dass ein solcher Ausnahmevorbehalt der höheren Verwaltungsbehörden zu eng war, wurde schnell deutlich. Es bestand durchaus das Bedürfnis, bestimmte Tankstellen auch ohne besondere Zulassung von den allgemeinen Ladenzeiten zu befreien. Schon der folgende Referentenentwurf vom 21. März 1952 regelte eine generelle Ausnahme für Autobahntankstellen. Für die übrigen Tankstellen wurde es bei einer Zulassung durch die höheren Verwaltungsbehörden belassen. Es wurde dabei an einen abwechselnden Bereitschaftsdienst während der

---

408 Vermerk im BAM vom 13.4.1954 über Ressortbesprechung vom 5.4.1954, BA-Koblenz, B 149, 1070.

409 BR-Drucks. 310/54 vom 24.9.1954, § 12.

410 Erlass vom 7.5.1926 Nr. III 3733, V 5776, betr. Versorgung der Kraftfahrzeuge mit Betriebsstoffen; Ministerialblatt Handels- und Gewerbeverwaltung (preuß.), 1926, S. 123.

Ladenschlusszeit gedacht[411] analog zu dem der Apotheken, um die Versorgung der Kraftfahrer zu gewährleisten.
Insbesondere dem Bundesverkehrsministerium ging auch diese Regelung noch nicht weit genug. Es wurde gefordert, neben den Tankstellen auf Bundesautobahnen und in den anliegenden Bereichen auch die Tankstellen an Straßen mit Durchgangsverkehr von den allgemeinen Ladenzeiten zu befreien[412]. Darüber hinaus wurde eine Sonderregelung für Tankstellen eines Garagenbetriebes mit einem Fassungsvermögen von mindestens 30 Stellplätzen gefordert. Diese Großtankstellen würden über einen genügend großen Personalstamm verfügen, so dass Verstöße gegen Arbeitsschutzvorschriften nicht zu befürchten seien. Diese Forderung stelle einen Kompromiss des Bundesverkehrsministeriums zu der ursprünglichen Forderung der beteiligten Verbände, die Tankstellen gänzlich aus dem Gesetz herauszunehmen, dar[413].
Im Bundesarbeitsministerium wurde für die Kritik des Bundesverkehrsministeriums durchaus Verständnis gezeigt. Lediglich in zwei Punkten konnte kein Entgegenkommen festgestellt werden. Zum einen sollten die Tankstellen nicht insgesamt aus dem Geltungsbereich des Gesetzes genommen werden, zum anderen sollte keine Ausnahme für Garagenbetriebe gestattet werden. Dass die Abgabe von Benzin nicht an weitere Voraussetzungen geknüpft werden konnte, wurde im Bundesarbeitsministerium eingesehen und bereits im Referentenentwurf vom 15. Dezember 1953 entsprechend geändert. Einer Anregung des Bundesverkehrsministeriums zufolge[414] wurde eine Bereitschaftsregelung analog zu der der Apotheken als wenig zweckmäßig empfunden und daher fallengelassen.
Ausnahmen an Werktagen sowie an Sonn- und Feiertagen waren im Referentenentwurf vom 15. Dezember 1953 für Tankstellen an Bundesautobahnen, Bundesstraßen oder an sonstigen Straßen mit Durchgangsverkehr zugelassen. Welche Straßen solche mit Durchgangsverkehr waren, sollte durch die höheren Verwaltungsbehörden festgelegt werden. Doch gaben sich das Bundesverkehrsministerium und das Bundeswirtschaftsministerium auch mit diesem Entgegenkommen des Bundesarbeitsministeriums noch nicht zufrieden.
Es wurde erneut auf den grundsätzlichen Standpunkt des Bundesverkehrsministeriums hingewiesen, Schließungszeiten für die Tankstellen nicht vorzuschreiben. Als Kompromiss wurde angeboten, zusätzlich zur Regelung des Referentenentwurfes vom 15. Dezember 1953 Tankstellen in Orten über 9.000

---

411 Begründung zum Referentenentwurf vom 21.3,1952, § 3.
412 Schreiben des BMV an das BMA vom 7.4.1952, A 3 Arb. – 3022, S. 4, BA-Koblenz, B 149, 1069.
413 Schreiben des BMV an das BMA vom 29.4.1952, A 3 Arb. 3094-3/246A, BA-Koblenz, B 149, 1069.
414 Schreiben des BMV an das BMA vom 7.4.1952, A 3 Arb. – 3022, S.4, BA-Koblenz, B 149, 1069.

Einwohner herauszunehmen[415]. Es wurde gleichzeitig darauf hingewiesen, dass der Druck der Mineralölgesellschaften auf die Pächter verringert wurde. Aus den Verträgen mit den Pächtern sei die Pflicht zur durchgängigen Öffnung der Tankstelle herausgenommen worden, wodurch es den Pächtern nun möglich sei, die Öffnungszeiten an die umsatzstärksten Zeiten anzupassen, was letztlich dem Arbeitsschutz entgegenkomme[416].

Das Bundesarbeitsministerium war diesem Vorschlag gegenüber skeptisch eingestellt. Durch den Kompromiss des Bundesarbeitsministeriums seien bereits 85 % der Tankstellen hinsichtlich der Verkaufszeiten unbeschränkt. Für diese restlichen 15 % lohne sich deswegen eine gesetzliche Regelung, um einen Präzedenzfall zu vermeiden. Weiterhin wurde befürchtet, dass allein der Wegfall des Öffnungszwanges durch die Mineralölgesellschaften nicht das Entfallen des Drucks auf die Pächter bedeuten würde, die Öffnungszeit so weit wie möglich auszudehnen[417].

Das Bundesverkehrsministerium und das Bundeswirtschaftsministerium dagegen vertraten die Auffassung, der Verwaltungsaufwand für 15 % der Tankstellen sei zu groß, so dass die Verkaufszeiten gänzlich freigegeben werden sollten. Auch im Hinblick darauf, dass die besagten Tankstellen ohnehin zumeist an Nebenstrecken gelegene Einmannbetriebe seien, in denen der Arbeitsschutz nur eine untergeordnete Rolle spiele[418], seien die Verkaufszeiten gänzlich freizugeben.

Für das Bundesarbeitsministerium stellte schon der eigene Kompromissvorschlag ein hohes Maß an Entgegenkommen dar, so dass eine grundsätzliche Bereitschaft zu weiteren Zugeständnissen nicht gegeben war[419]. Für die Kabinettsvorlage konnte jedoch mit dem Bundesministerium für Verkehr zusätzlich zum Referentenentwurf vom 15. Dezember 1953 folgende Übereinkunft erzielt werden: Zusätzlich zu den genannten Tankstellen sollten solche in Gemeinden mit mehr als 10.000 Einwohnern gänzlich von den Ladenschlusszeiten freigestellt werden. Für die verbleibenden Tankstellen wurde die Öffnungszeit auf 6 bis 22 Uhr festgelegt. Hinsichtlich der Garagenbetriebe blieb das Bundesarbeitsministerium unnachgiebig. Hier war während der Laden-

---

415 Vermerk II c 3-1959/54 des BMWi vom 10.4.1954 über Ressortbesprechung vom 9.4.1954, S. 5, BA-Koblenz, B 102, 12699/b Heft 1.

416 Niederschrift des BAM zur Ressortbesprechung vom 9.4.1954, S. 5, BA-Koblenz, B 149, 1070.

417 Niederschrift des BAM zur Ressortbesprechung vom 9.4.1954, S. 5, BA-Koblenz, B 149, 1070.

418 Niederschrift des BAM zur Ressortbesprechung vom 9.4.1954, S. 6, BA-Koblenz, B 149, 1070.

419 Vermerk III c/1740/54 des BMA vom 13.4.1954, S. 2, BA-Koblenz, B 149, 1070.

schlusszeiten lediglich ein Verkauf an eingestellte Fahrzeuge im Rahmen des Zubehörverkaufs möglich[420].

g) Der besondere Schutz der Arbeitnehmer

Die bisherige Regelung des besonderen Schutzes der Arbeitnehmer war durch die Unterscheidung zwischen der Regelung der Wochenarbeitszeit (AZO) und der Sonntags- und Feiertagsarbeit (Gewerbeordnung) im jeweils einschlägigen Gesetz unterschiedlich geregelt. Eine Verbindung bestand nicht. Im Gegenteil, die aufgrund der Gewerbeordnung ausnahmsweise zugelassene Beschäftigung an Sonn- und Feiertagen wurde gemäß § 105 GewO nicht auf die nach der Arbeitszeitordnung zugelassenen Höchstarbeitszeit von 48 Stunden pro Woche angerechnet.

Um die Ladenzeitregelungen beider Gesetze miteinander verbinden zu können, war es daher erforderlich, eine Vorschrift über den Schutz der Arbeitnehmer aufzunehmen. In das grundsätzliche System der Arbeitszeitordnung wurde nicht eingegriffen. Die Regelungen bezogen sich hauptsächlich auf den Ausgleich für an Sonn- und Feiertagen geleistete Arbeit.

Im seinerzeitigen System wurde die Möglichkeit der Sonn- und Feiertagsarbeit über die Gewerbeordnung gegeben. Der Ausgleich dieser Arbeit bzw. der Schutz der Arbeitnehmer war hingegen aufgrund einer Richtlinie des Reichsarbeitsministeriums vom 6. Dezember 1924[421] vorgenommen worden. Hierin wurde nach einzelnen Gewerbezweigen gesondert die genaue Zulässigkeit für Sonn- und Feiertagsarbeit[422] sowie die als Ausgleich zu gewährende Freizeit festgelegt[423].

Die Richtlinie hielt am grundsätzlichen System der Gewerbeordnung fest. Ein Ausgleich der Sonntagsbeschäftigung fand nur in der Weise statt, dass für eine Beschäftigung von mehr als drei Stunden am Sonntag mindestens 18 Stunden, die den gesamten Sonntag umfassen mussten, freizugeben waren[424]. Die Gesamtdauer der am Sonntag zugelassenen Arbeitszeit richtete sich nach der besonderen Regelung für das jeweilige Gewerbe. War keine Höchstdauer angegeben, durfte die Beschäftigung acht Stunden nicht überschreiten[425]. An den Wochentagen durfte gemäß § 3 AZO die Arbeitszeit acht Stunden betragen. Über § 5 Abs. 1 und 2 bestand die Möglichkeit, die Arbeitszeit mit dem Zuendebedienen von Kunden, Aufräum- oder Reinigungsarbeiten auf bis zu zehn Stunden täglich auszudehnen.

---

420 Begründung zum Referentenentwurf vom 31.5.1954, S. 17, BA-Koblenz, B 102, 39402.

421 RABl. 1934 I, S. 281-285.

422 RABl. 1934 I, Abschnitt I bis III, S. 282-284.

423 RABl. 1934 I, Abschnitt IV-VII, S. 284-285.

424 RABl. 1934 I, Abschnitt IV, S. 284.

425 RABl. 1934 I, Abschnitt V, S. 284.

Der Referentenentwurf vom 21. März 1952 sah keine Änderung dieses grundsätzlichen Systems vor. So wurde auch hier nach Sonntags- und Wochenarbeitszeit unterschieden.
Dem Vorschlag, die Sonntagsarbeit auf die wöchentliche Arbeitszeit anzurechnen[426], sollte nicht gefolgt werden, da Schwierigkeiten befürchtet wurden, wenn vor einer Reformation der Arbeitszeitordnung eine solche vorab für den Spezialbereich der offenen Verkaufsstellen vorgenommen würde[427].
Ähnlich verhielt es sich mit dem Gedanken einer Zuschlagszahlung für geleistete Sonntagsarbeit. Diese war bisher in Tarifverträgen und Einzelarbeitsverträgen geregelt. Auch hier sollte einer Überarbeitung der Arbeitszeitordnung nicht vorgegriffen werden[428]. Um dennoch den Schutz der Arbeitnehmer gewährleisten zu können, musste der Ausgleich für die Sonntagsarbeit an einem Wochentag derselben Woche[429] gewährt werden, wobei der Sonntag als erster Tag der Woche gezählt wurde[430].
Dieser Ausgleich sollte in folgender Art und Weise erfolgen:
Für eine Beschäftigung länger als sechs Stunden war ein ganzer Werktag, für eine Beschäftigung von drei bis sechs Stunden war ein halber Werktag ab 13 Uhr freizugeben. Bei einer Beschäftigung bis drei Stunden hatte jeder zweite Sonntag oder in jeder zweiten Woche ein Nachmittag ab 13 Uhr beschäftigungsfrei zu bleiben. Dass diese Freizeit nicht an einem Mittwochnachmittag gewährt werden durfte, falls die Verkaufsstelle hier geschlossen war, wurde explizit im Entwurf bestimmt. Weiter war eine Bestimmung enthalten, die die zulässige Beschäftigungsdauer auf die nach dem Gesetz zugelassene Öffnungszeit plus weiterer dreißig Minuten für Vorbereitungs- und Abschlussarbeiten vorschrieb.
Erlaubt waren also keine Kontor-, Lager- oder Hilfsarbeiten[431] außerhalb der Öffnungszeiten. Die zulässige Höchstarbeitszeit durfte acht Stunden nicht überschreiten. Da das Gesetz in diesem Bereich keine abschließende Regelung traf, wurde ein weitergehender Schutz der Arbeitnehmer unberührt gelassen. Insbesondere wurde der Bundesminister für Arbeit ermächtigt, durch Rechtsverordnung festzulegen, wie die Angestellten in Verkaufsstellen weiter vor einer übermäßigen Beanspruchung ihrer Arbeitskraft zu schützen seien. Ausnahmen konnten im Rahmen des § 105c GewO sowie in begründeten Einzelfällen durch das Gewerbeaufsichtsamt gewährt werden.

---

426 z.B. Schreiben der Arbeitsbehörde Hamburg an das BMA vom 5.5.1952, S. 4, BA-Koblenz, B 149, 1069.
427 Begründung zum Referentenentwurf vom 21.3.1952, S. 25, BA-Koblenz, B 102, 39402.
428 Begründung zum Referentenentwurf vom 21.3.1952, S. 25, BA-Koblenz, B 102, 39402.
429 vgl. § 17 Abs. 3 Referentenentwurf vom 31.5.1954.
430 Schulte Langforth/Böhm, Ladenschlussgesetz, S. 44.
431 Begründung zum Referentenentwurf vom 31.5.1954, S. 25, BA-Koblenz, B 102, 39402.

Einzige Ausnahme innerhalb dieses gesamten Komplexes stellten die beiden verkaufsoffenen Sonntage vor Weihnachten dar. Aufgrund der starken Belastung in der Vorweihnachtszeit war ein Ausgleich an einem Werktag derselben Woche nicht möglich und war daher im Entwurf nicht vorgesehen[432].
Ein späterer Freizeitausgleich, etwa im Januar, wurde als nicht äquivalent angesehen und daher nicht aufgenommen. Diese Regelung über den besonderen Schutz der Arbeitnehmer war in der dargestellten Weise Gegenstand des Referentenentwurfes vom 31. Mai 1954. Sie wurde vom Kabinett ohne Veränderungen beschlossen und dem Bundesrat mit der Regierungsvorlage vom 24. September 1954 vorgelegt[433].

h) Straftaten und Ordnungswidrigkeiten

Die Vorschriften der Referentenentwürfe über Straftaten und Ordnungswidrigkeiten boten in zweierlei Hinsicht Anlass für Meinungsverschiedenheiten:
Zum einen bestanden unterschiedliche Auffassungen über die Einteilung der einzelnen Verstöße in Straftaten, Ordnungswidrigkeiten und Übertretungen, zum anderen über das Strafmaß[434]. Wie auch schon bei anderen Komplexen stellte sich das Problem der unterschiedlichen Regelung für Werk- sowie für Sonn- und Feiertage. Ein Verstoß gegen die Regelung über Sonn- und Feiertagsbeschäftigung wurde gemäß § 146a GewO als Vergehen behandelt[435]. Eine Geldstrafe konnte bis zu 600 DM ausgesprochen werden.
Ein Verstoß gegen die Arbeitsschutzbestimmungen an Werktagen hingegen stellte gemäß § 25 AZO in der Regel eine bloße Übertretung dar[436], die mit bis zu 150 DM sanktioniert wurde. Lediglich in besonders schweren Fällen, etwa der Ausbeutung der Arbeitskraft oder der Gesundheitsbeschädigung[437], sollte ein Vergehen angenommen werden.
Für das neue Ladenschlussgesetz musste eine Regelung gefunden werden, die beiden zuvor geschaffenen Regelungen gerecht wurde. Doch war man auch hier bestrebt, der Neufassung der Arbeitszeitordnung nicht vorzugreifen.
Für eine Regelung wurde versucht, diese in Anlehnung an bereits bestehende Gesetze vorzunehmen. Im Referentenentwurf vom 1. August 1951 gestalteten die Referenten des Bundesarbeitsministeriums den Teil Strafen und Geldbußen nach dem Muster des Wirtschaftsstrafrechts vom 26. Juli 1949[438]. Für den

432 Begründung zum Referentenentwurf vom 31.5.1954, S. 23, BA-Koblenz, B 102, 39402.
433 vgl. BR-Drucks. 310/54 vom 24.9.1954.
434 vgl. zur Regelung im Referentenentwurf vom 1.8.1951, 2. Teil, III 3. der Arbeit.
435 Rohlfing/ Kiskalt, Anm. zu § 145, S. 511.
436 Denecke, AZO, 1. Aufl. § 25, Rn. 3.
437 Denecke, AZO, 1. Aufl. § 25, Rn. 3.
438 WiGBl. 1949 Nr. 27, S. 193.

folgenden Entwurf vom 21. März 1952 konnte ein weiteres zwischenzeitlich in Kraft getretenes Gesetz herangezogen werden, das Mutterschutzgesetz vom 14. Januar 1952[439]. Zwar blieb es bei der grundsätzlichen Aufteilung der Zuwiderhandlungen in Übertretungen, Ordnungswidrigkeiten und Justizdelikte. Es wurde jedoch in Übereinstimmung mit § 20 Abs. 1 des Mutterschutzgesetzes für eine vorsätzliche Verletzung der Vorschriften über den Schutz der Arbeitnehmer vor übermäßiger Inanspruchnahme ihrer Arbeitskraft oder sonstiger Gefährdung ihrer Gesundheit ein Strafmaß von Gefängnis bis zu drei Monaten oder Geldstrafe bis zu 1000 DM festgelegt. Die fahrlässige Zuwiderhandlung wurde weiterhin als Übertretung eingeordnet und mit Geldstrafe bis zu 150 DM oder mit Haft sanktioniert. Die vorsätzliche oder fahrlässige Tat sollte nur auf Verlangen des Gewerbeaufsichtsamtes verfolgt werden.

Die Verletzung der übrigen Vorschriften des Gesetzes, gleich, ob vorsätzlich oder fahrlässig begangen, wurde wie im Vorentwurf nach dem Vorbild des Wirtschaftsstrafrechts als Ordnungswidrigkeit klassifiziert.

Der Höchstbetrag einer Geldstrafe nach dem Wirtschaftsstrafrecht betrug gemäß § 26 Abs. 1 WiStG 100.000 DM, die dreifache Höhe des Gewinns oder den Wert der Gegenstände, auf die sich die Handlung bezogen hatte. Diese Vorschrift setzte damit die Höchstgrenze für Geldstrafen des § 27 Abs. 2 Ziffer 1 StGB von 10.000 DM für Wirtschaftsdelikte herauf.

Dem vermochten die Referenten jedoch nicht zu folgen und beließen es bei der Grenze des StGB von 10.000 DM.

Die Geldbuße gem. § 25 Abs. 1 AZO von 150 DM hingegen wurde für verfehlt erachtet, da ein Ausgleich für die Vorteile einer unbefugten Offenhaltung der Verkaufsstelle erreicht werden sollte und diese Vorteile den Betrag von 150 DM erheblich übersteigen konnten[440].

Am 25. März 1952 trat das Gesetz über Ordnungswidrigkeiten in Kraft[441]. Gleichzeitig wurde auch das Wirtschaftsstrafrecht überarbeitet und dem neuen Gesetz angepasst. Es trat ebenfalls am 25. März 1952 in Kraft[442]. Durch diese beiden Gesetze war eine Strafandrohung in der bisher vorgesehenen Form hinfällig geworden. Gemäß § 1 OWiG fand das Gesetz auf alle Handlungen Anwendung, die ausschließlich mit Geldstrafe bedroht waren. Der sachliche Anwendungsbereich erstreckte sich auf alle Gebiete, auf denen der Bund die Gesetzgebungskompetenz hatte und hiervon bereits Gebrauch gemacht hatte oder noch machen würde. Beide Punkte trafen auf die Vorschrift über Ordnungswidrigkeiten des Referentenentwurfes zu. Die Höhe der Geldbuße musste sich damit ebenfalls nach dem Gesetz über Ordnungswidrigkeiten

---

439 BGBl. 1952 I, S. 69.

440 Begründung zum Referentenentwurf vom 21.3.1952, S. 38.

441 BGBl. 1952 I, S. 177.

442 BGBl. 1952 I, S. 190.

richten. Hier sah § 5 OWiG einen Höchstbetrag von 1.000 DM vor. Dass § 28 WiStG eine Geldbuße bis zu 100.000 DM vorsah, hing mit der besonderen Situation bei Wirtschaftsdelikten zusammen[443], die nicht auf das Ladenschlussgesetz übertragen werden konnte.
Auf diese veränderte Situation machte das Bundeswirtschaftsministerium in der Ressortbesprechung vom 22. April 1952 aufmerksam, woraufhin das Bundesarbeitsministerium eine angepasste Formulierung versprach[444].
Das Bundesjustizministerium nahm in einem Schnellbrief[445] grundsätzlich zu diesem Thema Stellung. Auch hier wurde eine Anpassung an die aktuelle Rechtslage gefordert. In erster Linie allerdings wurde klargestellt, dass eine Aufteilung der Delikte nach dem Unrechtsgehalt in Straftaten und Ordnungswidrigkeiten vorgenommen werden müsse. Die systematische Anlehnung an das Mutterschutzgesetz wurde dabei für verfehlt gehalten[446]. Als Straftaten könnten nur solche Delikte gelten, die zusätzlich zur Zumutung der Arbeitszeitüberschreitung oder Verweigerung der Freizeit ein qualifizierendes Merkmal aufwiesen. Dieses müsste im subjektiven Bereich des Täters vorhanden sein. Er müsse z.B. ein Abhängigkeitsverhältnis seines Angestellten ausgenutzt haben[447]. Auf diese Weise sei der Tatbestand als Gewinnsuchtsdelikt anzusehen, für das die Rechtsfolge dem Strafgesetzbuch zu entnehmen sei. Hier sei es zweckmäßig, die Haftandrohung auf sechs Monate heraufzusetzen sowie eine Geldstrafe bis zu 10.000 DM zuzulassen[448].
Die bisher vorgesehene Einordnung des fahrlässigen Verstoßes als Übertretung stehe im Gegensatz zur Umstellung auf Ordnungswidrigkeiten. Es dürfe daher kein neuer Übertretungstatbestand geschaffen werden, sondern es müsse das Fahrlässigkeitsdelikt zusammen mit allen übrigen Verstößen gegen das Gesetz oder hierauf ergangenen Verordnungen als Ordnungswidrigkeit eingestuft und entsprechend geahndet werden[449].
Mit dem Referentenentwurf vom 15. Dezember 1953 folgte das Bundesarbeitsministerium diesen Anregungen nur zum Teil. Es wurde der Höchstsatz für Geldbußen von 10.000 DM aus der Vorschrift über Ordnungswidrigkeiten

---

443 vgl. hierzu auch Art. 2 des Gesetzes zur Änderung und Verlängerung des Wirtschaftsstrafgesetzes vom 25.3.1952, BGBl. 1952 I, S. 188.

444 vgl. Vermerk des BMWi vom 23.4.1952 über die Ressortbesprechung vom 22.4.1952, BA-Koblenz, B 102, 39399; ebenso die Forderung des *Deutschen Industrie und Handelstages* mit Schreiben vom 21.7.1952, S. 6, abgelegt im BAM unter III C/ 2717/52, BA-Koblenz, B 149, 1070.

445 Schreiben des BMJ an das Bundeskanzleramt BJM 7632/1 - 10 136/53 vom 30.1.1953, BA-Koblenz, B 149, 1070.

446 S. 3 des Schreibens.

447 S. 4 des Schreibens.

448 S. 4 des Schreibens.

449 S. 4 und 6 des Schreibens.

gestrichen. Damit fand das Gesetz über Ordnungswidrigkeiten uneingeschränkt Anwendung. Die Vorschrift über Straftaten bei übermäßiger Inanspruchnahme der Arbeitskraft hingegen wurde unverändert übernommen. Noch immer sollte der fahrlässige Verstoß als Übertretung mit einer Geldbuße von bis zu 150 DM geahndet werden. Ein vorsätzlicher Verstoß sollte weiterhin ohne zusätzliche Qualifikationen zu einer Haftstrafe bis zu drei Monaten oder einer Geldstrafe bis zu 1.000 DM führen.

In der Ressortbesprechung vom 9. April 1954 wurde noch einmal ausgiebig über diesen Punkt diskutiert. Die Vertreter des Bundesjustizministeriums wiederholten dabei ihre grundsätzlichen Bedenken gegen die vorgeschlagene Regelung. Das Bundesarbeitsministerium rechtfertigte die Regelung damit, dass die Klassifizierung von Verstößen gegen Arbeitsschutzbestimmungen als Ordnungswidrigkeiten eine ungünstige psychologische Wirkung habe[450]. Die Beeinträchtigung von Rechtsgütern wie Gesundheit oder Arbeitskraft müsse, ebenso wie im Mutterschutzgesetz, als kriminelles Unrecht behandelt werden[451]. Dem wurde von Seiten des Bundesjustizministeriums entgegengehalten, dass nicht jede Überschreitung der Arbeitszeit gleichzeitig eine Gesundheitsgefährdung bedeuten würde. Weiterhin würde es zahlreiche Fälle geben, in denen die Arbeitszeit im Einvernehmen mit dem Angestellten überschritten werde[452]. Um eine solche Tat als eine mit wirklichem kriminellen Unrecht einordnen zu können, kämen Kriterien wie Ausbeutung eines Abhängigkeitsverhältnisses, Gewinnsucht, Nichtbezahlung der Arbeitsleistung oder ernstliche Beeinträchtigung der Arbeitskraft und Gesundheit in Betracht[453].

Weitere Bedenken wurden gegen die Regelung erhoben, die Verfolgung der Straftaten nur auf Verlangen des Gewerbeaufsichtsamtes vorzunehmen. Die Situation werde in zweierlei Hinsicht zu Schwierigkeiten führen:

Das "Verlangen" des Gewerbeaufsichtsamtes sei verwaltungsrechtlich betrachtet ein Verwaltungsakt. Der betroffene Einzelhändler könne demnach gesondert gegen das Gewerbeaufsichtsamt ein verwaltungsgerichtliches Verfahren betreiben[454].

Andererseits würde der betroffene Angestellte in der Wahrnehmung seiner Rechte gehemmt werden. Er müsse Untätigkeitsklage gegen das Gewerbe-

---

450 Niederschrift der Ressortbesprechung vom 9.4.1954 im BAM, S. 8, BA-Koblenz, B 149, 1070.

451 Niederschrift der Ressortbesprechung vom 9.4.1954 im BAM, S. 9, BA-Koblenz, B 149, 1070.

452 Niederschrift der Ressortbesprechung vom 9.4.1954 im BAM, S. 8 und 9, BA-Koblenz, B 149, 1070.

453 Niederschrift der Ressortbesprechung vom 9.4.1954 im BAM, S. 8, BA-Koblenz, B 149, 1070.

454 Vermerk des BMWi IIc 3 – 1959/54 vom 10.4.1954 über Ressortbesprechung vom 9.4.1954, S. 4 f., BA-Koblenz, B 102, 12699b, Heft 1.

aufsichtsamt erheben, wenn dieses trotz seiner Anzeige die Einleitung des strafrechtlichen Verfahrens ablehne[455].
Nach dieser Ressortbesprechung und einer weiteren Besprechung mit dem Bundesjustizministerium zeigte sich das Bundesarbeitsministerium bei der Erstellung des Referentenentwurfs vom 31. Mai 1954, der gleichzeitig die Kabinettsvorlage bildete, zum Einlenken bereit.
Es wurde nach den Vorgaben des Justizministeriums nach dem Unrechtsgehalt der Tat eine Aufteilung ausschließlich in Straftaten und Ordnungswidrigkeiten vorgenommen[456]. Als Straftaten wurden lediglich Verstöße gegen den besonderen Schutz der Arbeitnehmer angesehen, wobei zusätzlich die Ausbeutung unter Ausnutzung eines Arbeitsverhältnisses, eine ernsthafte Gefährdung der Arbeitskraft oder Gesundheit oder die hartnäckige Wiederholung trotz Aufforderung verlangt wurde.
Der Strafrahmen wurde auf Gefängnis bis zu einem Jahr oder Geldstrafe angehoben und wurde damit als Vergehen eingestuft.
Fortgefallen war die Regelung, die die Verfolgung der Tat nur auf Verlangen des Gewerbeaufsichtsamtes vorsah.
In dieser Form wurde die Vorschrift vom Kabinett gebilligt und unverändert dem Bundesrat mit der Regierungsvorlage vom 24. September 1954[457] vorgelegt.

i) Der Verkauf an Trinkhallen, insbesondere Zubehörverkauf

Das Problem der Trinkhallen war eng verbunden mit dem sogenannten Zubehörverkauf. Hier war es erlaubt, auch über die Ladenöffnungszeiten hinaus als Ergänzung zu den eigentlich geführten Speisen und Getränken an Gäste im bescheidenen Umfang auch Tabakwaren, Süßwaren und ähnliches abzugeben[458]. Trinkhallen fielen weder unter die Regelungen über die Sonn- und Feiertagsruhe der Gewerbeordnung[459] noch unter die Werktagsregelung der AZO[460]. Für den Verkauf der genannten Waren in größerem Umfange, insbesondere zum Mitnehmen, mussten dagegen die allgemeinen Ladenschlusszeiten eingehalten werden[461].

---

455 Vermerk des BMWi IIc 3 – 1959/54 vom 10.4.1954 über Ressortbesprechung vom 9.4.1954, S. 5, BA-Koblenz, B 102, 12699b, Heft 1.
456 vgl. auch Begründung zum Referentenentwurf vom 31.5.1954, S. 40.
457 BR-Drucks. 310/54 vom 24.9.1954.
458 vgl. zum Begriff des Zubehörs im Verwaltungsrecht Jellinek, S. 234; Albers, Einführung S. 3 f..
459 Rohlfing/ Kiskalt, Anm. 2 zu § 41a, S. 131f..
460 Denecke, AZO 3. Aufl. § 22, Rn. 7a.
461 Denecke, AZO 3. Aufl. § 22, Rn. 7a.

Den Anlass für die Überlegungen, die Öffnungszeiten von Trinkhallen in einem Ladenschlussgesetz zu regeln, war eine erhebliche Überschreitung des Rahmens des Zubehörverkaufs. Beispielhaft sollen hier das Urteil des OLG Düsseldorf vom 24. September 1951[462], sowie das Urteil des Hessischen VGH vom 21. Dezember 1951[463] genannt werden. Im ersten Falle beliefen sich die durchschnittlichen monatlichen Einkäufe einer Trinkhalle an Tabak- und Süßwaren auf ca. 3.000 DM, an alkoholfreien Getränken und Eis dagegen lediglich auf 2,40 DM bis 60 DM. Im zweiten Falle belief sich der Umsatz einer Trinkhalle an Getränken in den Monaten April bis Juni 1950 auf 5,2 % des Gesamtumsatzes. Das grundsätzliche Problem war durchaus nicht neu. Bereits 1935 war durch einen Runderlass die Abgabe von Waren in Trinkhallen näher geregelt worden[464]. Hiernach durften über zubereitete Speisen und Getränke hinaus Waren nur unter der Voraussetzung abgegeben werden, dass es sich um Genussmittel oder Bedarfsgegenstände handelte, deren Abgabe in Trinkhallen nach der Anschauung des Verkehrs üblich ist. Die Abgabe musste weiter auf solche Mengen beschränkt bleiben, die dem Zweck des Genusses an Ort und Stelle entsprachen und durfte nur an Gäste erfolgen. Auch in den Bundesländern wurde das Problem der erweiterten Zubehörabgabe erkannt. Um eine Ausweitung der sogenannten unechten Trinkhallen - hierunter wurden Trinkhallen, die einen Schankbetrieb nur betrieben, um den Verkauf auch über die Ladenschlusszeiten hinaus fortsetzen zu können, verstanden - zu unterbinden, erließ z.B. das Land Württemberg-Baden am 1. Oktober 1951 einen Runderlass über die Polizeistunde für Eisdielen und Trinkhallen[465]. Hierin wurde eine sogenannte echte Trinkhalle angenommen, wenn der Gaststättenumsatz nicht erheblich unter 25-30 % des Gesamtumsatzes lag. Anderenfalls mussten die allgemeinen Ladenöffnungszeiten eingehalten werden.
Diese Regelung[466] entstand im Anschluss an ein Rundschreiben des Bundeswirtschaftsministeriums an die Länder vom 15. Februar 1951[467]. In diesen wurde verfügt, dass eine Trinkhalle anzunehmen sei, sobald der Umsatz an Getränken und zubereiteten Speisen 25-30 % des Gesamtumsatzes betrug. Der Referentenentwurf vom 21. März 1952 hob die Umsatzgrenze noch einmal auf 50 % des Gesamtumsatzes an.
In der Rechtsprechung hingegen fand eine Einordnung des gesamten Betriebes nach dem Umsatz keinen Anklang. Vielmehr wurde hier ein gemischter Betrieb

---

462 OLG Düsseldorf NJW 1951, 975.
463 Hess. VGH, NJW 1952, 638 f..
464 Runderlass betr. Abgabe von Waren in Trinkhallen, Min- Bl. Inn. Verw. 1935, S. 321.
465 Runderlass des Wirtschaftsministeriums Württemberg-Baden Nr. 2114/20 vom 1.10.1951, abgedruckt bei: Michel, Gaststättengesetz B IV 4, S. 491 f..
466 Runderlass des Wirtschaftsministeriums Württemberg-Baden Nr. 2114/20 vom 1.10.1951, abgedruckt bei: Michel, Gaststättengesetz B IV 4, S. 491 f..
467 Bundeswirtschaftsministerium Nr. II/3 1552/51 vom 15.2.1951.

angenommen, für den die entsprechenden Regelungen heranzuziehen seien. Während der allgemeinen Ladenschlusszeiten durften demnach Rauch- und Süßwaren nur noch im Rahmen des Zubehörverkaufs abgegeben werden. Unzulässig war es jedoch, die Trinkhalle insgesamt den Ladenschlusszeiten zu unterstellen, wenn der Umsatz an Rauch- und Süßwaren erheblich überwog[468].
Auch bei den am Gesetzesentwurf Beteiligten wurde die 50 %-Regelung als überzogen angesehen. Das Bundeswirtschaftsministerium bezeichnete den Vorschlag als wirtschaftsfremd und daher untragbar. Es war entschlossen, im Falle eines Festhaltens an dieser Regelung die Frage dem Kabinett zur Entscheidung zu überlassen[469]. Ähnliche Bedenken wurden schließlich von den Ländern geäußert. Hier wurde die 50 %-Regelung als kaum durchführbar und kontrollierbar bezeichnet und folglich verlangt, die gesamte Materie aus dem Ladenschlussgesetz herauszunehmen[470].
Das Bundesministerium für Arbeit hingegen wollte an der Regelung des Referentenentwurfs festhalten. Unverändert wurde sie in den Referentenentwurf vom 15. Dezember 1953 übernommen. Erst zum Referentenentwurf vom 31. Mai 1954 wurde der besonderen Schwierigkeit einer Abgrenzung der echten Trinkhallen von den unechten Trinkhallen Rechnung getragen, nachdem das Bundeswirtschaftsministerium seinerseits zusagte, die Abgrenzung der echten Trinkhallen durch Regelung der Polizeistunde vorzunehmen[471]. Der Referentenentwurf vom 31. Mai 1954 enthielt daher lediglich die Regelung, dass in Trinkhallen und ähnlichen Einrichtungen Tabakwaren, Obst und Süßwaren außerhalb der Öffnungszeiten für Lebensmittelgeschäfte nur in geringen Mengen zum Verzehr an Ort und Stelle und nur zusammen mit zubereiteten Speisen oder offenen Getränken abgegeben werden durften. Der Vorschlag fand die Zustimmung des Kabinetts und wurde dem Bundesrat vorgelegt[472].

V. Die Behandlung der Regierungsvorlage im Bundesrat im September / Oktober 1954

1. Die Änderungsvorschläge der Ausschüsse

Am 24. September 1954 wurde die Regierungsvorlage gemäß Art. 76 Abs. 2 GG von der Bundesregierung dem Bundesrat zugeleitet. Dort ging sie als

---

468 Hess. VGH vom 21.12.1951, NJW 1951, 638 (639); OLG Bremen vom 25.4.1951, DVBl. 1951, 451 (452).

469 Vermerk IIIc/2327/52 des BAM vom 23.4.1952 über Ressortbesprechung vom 22.4.1952, S. 8, BA-Koblenz, B 102, 39399.

470 Schreiben des Hessichen Ministeriums für Arbeit, Landwirtschaft und Wirtschaft an das BAM, A Ic-Az 53a 18.0922 vom 29.5.1952, S. 4, BA-Koblenz, B 149, 1069.

471 Vermerk IIIc 1740/54 des BAM vom 13.4.1954, S. 2, BA-Koblenz, B 149, 1070.

472 BR-Drucks. 310/54 vom 24.9.1954.

Bundesratsdrucksache 310/54 vom 24. September 1954 ein. Der Bundesrat wiederum überwies die Regierungsvorlage zur Beratung an den Ausschuss für Arbeit und Sozialpolitik (federführend), den Agrarausschuss, den Ausschuss für Innere Angelegenheiten, den Rechtsausschuss und den Wirtschaftsausschuss. Diese Ausschüsse erarbeiteten zahlreiche sich zum Teil widersprechende Änderungsvorschläge, die dem Bundesrat als BR-Drucks. 310/1/54 zur Beratung in der 129. Sitzung am 15. Oktober 1954 zugeleitet wurden.
Im wesentlichen konzentrierte sich die Diskussion auf zwei Punkte: Der freie Halbtag und die Anzahl der verkaufsoffenen Sonntage vor Weihnachten.
Insbesondere der Vorschlag der Bundesregierung, den freien Halbtag auf den Mittwochnachmittag zu legen, führte im Ausschuss für Arbeit und Sozialpolitik zur Verwunderung[473]. Schließlich wurden folgende Änderungen vorgeschlagen:

a) Die Definition der "offenen Verkaufsstelle"

In den Ausschüssen herrschte Einigkeit über die Einführung eines Paragraphen, der eine Definition des Begriffes "Verkaufsstellen" enthielt und damit den Anwendungsbereich des Gesetzes festlegen sollte.
Der Ausschuss für Arbeit und Sozialpolitik sowie der Wirtschaftsausschuss sprachen sich dafür aus, in der Aufzählung einzelner Verkaufsstellen im § 1 Abs. 1 nicht das Wort "Konsumgenossenschaften", sondern das Wort "Genossenschaften" zu verwenden und so den Anwendungsbereich zu vergrößern. Außer den Konsumvereinen würden auch andere Genossenschaften Verkaufsstellen unterhalten, die ebenfalls in den Regelungsbereich des Entwurfes einzubeziehen seien[474]. Andererseits wurde von den beiden Ausschüssen angeraten, Warenautomaten aus der Aufzählung und damit insgesamt aus dem Entwurf herauszunehmen. Eine unterschiedliche Behandlung sogenannter gebundener und ungebundener Warenautomaten sei weder aus Gründen des Arbeitsschutzes noch aus Wettbewerbsgründen gerechtfertigt; es sei daher der Automatenbetrieb von den zeitlichen Beschränkungen des Gesetzes auszunehmen[475].

b) Der 18-Uhr-Ladenschluss

In Bezug auf den 18-Uhr-Ladenschluss wurden im Bundesrat keine von der Regierungsvorlage abweichenden Änderungsvorschläge vorgelegt. Die im § 3 Abs. 2 enthaltene Ermächtigung der Landesregierungen, den allgemeinen

---

473 *Albertz*, Stenographische Berichte des Bundesrates, 129. Sitzung vom 15.10.1954, S. 266 C, vgl. 2. Teil, IV 2c) der Arbeit.
474 Begründung zum Änderungsvorschlag Ziff. 1a, BR-Drucks. 310/1/54, S. 1.
475 Begründung zum Änderungsvorschlag Ziff. 6, BR-Drucks. 310/1/54, S. 5.

Ladenschluss von 19 Uhr auf 18 Uhr vorzuverlegen, wurde als Kompromiss anerkannt.
Der Wirtschaftsausschuss trat für die Streichung der Worte "sofern die Befriedigung der Kaufbedürfnisse der Bevölkerung gesichert ist" ein. Der Nachweis, wann die Befriedigung der Kaufbedürfnisse der Bevölkerung gesichert sei, könne nicht erbracht werden[476].

c) Der Mittwochs-Frühschluss

Der Vorschlag der Bundesregierung, den freien Halbtag auf den Mittwochnachmittag zu legen, stieß im Bundesrat auf Ablehnung. Die Ausschüsse waren bestrebt, hier eine Regelung zugunsten des Samstagnachmittag zu erreichen. Einzig umstrittener Punkt blieb die konkrete Gestaltung einer solchen Regelung.
Der Wirtschaftsausschuss trug einen Änderungsvorschlag vor, der auf der Linie der vormals vom Koordinierungsausschuss beschlossenen Regelung lag[477]. Es solle am ersten Samstag im Monat bis 19 Uhr, an den übrigen Samstagen bis 14 Uhr geöffnet sein[478]. Auf diese Weise würde zweierlei erreicht werden: Zum einen könne eine Unterbrechung des Geschäftsverkehrs in der Woche, wie sie durch den Mittwochs-Frühschluss eintreten würde, verhindert werden. Insbesondere würden durch den Mittwochs-Frühschluss erhebliche Erschwerungen für den Verkehr der Großhändler, Handelsvertreter u.a. mit den Ladengeschäften eintreten. Es sei daher der freie Mittwochnachmittag aus wirtschaftlichen Gründen abzulehnen[479].
Aber auch aus sozialpolitischen Gründen hielt der Wirtschaftsausschuss den freien Samstagnachmittag für vorzugswürdig. Es wurde das Interesse der Ladenangestellten an einem verlängerten Wochenende anerkannt und daher der freie Mittwochnachmittag abgelehnt. Dem Einkaufsinteresse der Bevölkerung sei durch die Offenhaltung der Geschäfte am ersten Samstag des Monats bis 19 Uhr Rechnung getragen[480].
Der Ausschuss für Arbeit und Sozialpolitik trug eine Regelung vor, die den einzelnen Landesregelungen angepasst war. Es solle grundsätzlich am Samstagnachmittag um 14 Uhr geschlossen werden. Die Landesregierungen sollten ermächtigt werden, den Ladenschluss am Samstag bis 17 Uhr zu verlängern, sofern dies die Kaufbedürfnisse der Bevölkerung erforderten würden. Dabei sei

476 Begründung zum Änderungsvorschlag Ziff. 2 d, BR-Drucks. 310/1/54, S. 3.
477 vgl. 2. Teil, II 2a) aa) der Arbeit.
478 Änderungsvorschlag Ziff. 2b, BR-Drucks. 310/1/54, S. 3.
479 Begründung zum Änderungsvorschlag Ziff. 2b, BR-Drucks. 310/1/54, S. 3.
480 Begründung zum Änderungsvorschlag Ziff. 2b, BR-Drucks. 310/1/54, S. 3.

die über 14 Uhr hinausgehende Öffnungszeit durch eine entsprechend spätere Öffnungszeit am darauffolgenden Montagvormittag auszugleichen[481].
Der Ausschuss war der Auffassung, dass durch ein Bundesgesetz die für seine Begriffe fortschrittlichen Regelungen in den Ländern nicht aufgehoben werden dürften. Andererseits seien aber auch die Bedürfnisse der Länder zu berücksichtigen, die den Samstags-Frühschluss noch nicht eingeführt hätten[482]. Dem Bestreben nach einem freien Samstagnachmittag schlossen sich die Länder in ihren eigenen Änderungsvorschlägen weitgehend an. Die von einigen Ländern eingebrachten Änderungsvorschläge bezogen sich ausschließlich auf die Öffnungszeit am zu wählenden freien Halbtag sowie auf diejenige am 24. Dezember.
Der Antrag des Landes Bayern vereinte Elemente des Vorschlags des Wirtschaftsausschusses und des Ausschusses für Arbeit und Sozialpolitik. Es solle am ersten Samstag des Monats bis 19 Uhr, an den übrigen Samstagen bis 14 Uhr geöffnet sein. Die am ersten Samstag über 14 Uhr hinausgehende Öffnungszeit solle durch eine entsprechend spätere Öffnung am darauffolgenden Montagvormittag ausgeglichen werden[483]. Im Grundsatz schloss sich das Land Bayern der Begründung des Wirtschaftsausschusses an, wollte den Angestellten im Einzelhandel allerdings auch am ersten Wochenende des Monats ein verlängertes Wochenende gewähren[484].
Der Antrag des Landes Rheinland-Pfalz basierte ebenfalls auf der Grundlage des Vorschlages des Wirtschaftsausschusses. Es wurde desgleichen ein Samstags-Frühschluss um 14 Uhr befürwortet. Zusätzlich zum Ladenschluss am ersten Samstag des Monats um 19 Uhr sei auch an den Samstagen vor den verkaufsoffenen Sonntagen vor Weihnachten bis 19 Uhr geöffnet zu halten[485] Als Begründung wurde angeführt, dass die Konzentration der Käufer auf die beiden verkaufsoffenen Sonntage vor Weihnachten noch weiter verstärkt werden würde, wenn zusätzlich zur Beschränkung auf nur noch zwei verkaufsoffene Sonntage auch der vorherige Samstagnachmittag geschlossen zu halten sei.
Das Land Baden-Württemberg sprach sich mit seinem Antrag für einen Kompromiss zwischen dem Samstag- und dem Mittwochs-Frühschluss aus. So sollten die Geschäfte am zweiten, vierten und einem eventuellen fünften Samstag um 14 Uhr geschlossen werden. In den Wochen, in denen kein Samstags-Frühschluss stattfände, sollten die Geschäfte mittwochs ab 14 Uhr geschlossen werden[486]. Die Entscheidung für den freien Mittwochnachmittag

481 Änderungsvorschlag Ziff. 2c, BR-Drucks. 310/1/54, S. 2 f..
482 Begründung zu Änderungsvorschlag Ziff. 2c, BR-Drucks. 310/1/54, S. 4.
483 BR-Drucks. 310/3/54 vom 14.10.1954.
484 BR-Drucks. 310/3/54 vom 14.10.1954.
485 BR-Drucks. 310/6/54 vom 15.10.1954.
486 BR-Drucks. 310/2/54 vom 14.10.1954.

trage den berechtigten Interessen der Arbeitnehmer im Einzelhandel nach einem verlängerten Wochenende nicht Rechnung. Andererseits widerspreche ein Samstags-Frühschluss dem Interesse der Wirtschaft. Auch seien die Bedürfnisse weiter Teile der Bevölkerung zu beachten, insbesondere der Wunsch der Familien nach gemeinsamen Einkaufsmöglichkeiten. Es sei daher eine Lösung der beantragten Art am zweckmäßigsten.
Das Land Hamburg beantragte, keinen bestimmten Halbtag vorzuschreiben, sondern den Ländern die Kompetenz zu geben, diesen Halbtag selbst festzulegen[487]. Eine bundeseinheitliche Regelung sei unangebracht. Es müsse den Ländern selbst überlassen bleiben, entsprechend der wirtschaftlichen, traditionellen, sozialen und konfessionellen Verhältnisse den freien Halbtag zu bestimmen.

d) Die Verkaufsstellen auf Bahnhöfen und Flughäfen

Für die Regelung der Verkaufsstellen auf Personenbahnhöfen beantragte der Ausschuss für Arbeit und Sozialpolitik, nicht bundeseigene Eisenbahnen aus dem Regelungsbereich des Bundes herauszunehmen. Es sollten die Länder ermächtigt werden, selbst von den allgemeinen Ladenzeiten abweichende Regelungen zu treffen für Verkaufsstellen auf Personen- und U-Bahnhöfen der nicht bundeseigenen Bahnen[488]. Es sei schließlich auch im Rahmen des Bundesbahngesetzes den Ländern die Regelung der Rechtsverhältnisse der nicht bundeseigenen Eisenbahnen überlassen[489].
Zusammen mit dem Innenausschuss beantragte der Ausschuss für Arbeit und Sozialpolitik, es für Apotheken auf Personenbahnhöfen bei der allgemeinen Regelung für Apotheken zu belassen. Als Begründung wurde die Apotheke auf dem Hauptbahnhof Frankfurt/Main angegeben[490].
Für die Regelung der Verkaufsstellen auf Flughäfen beantragte der Wirtschaftsausschuss, die entsprechende Regelung auf Zentralomnibusbahnhöfe und Schiffsanlegestellen zu erweitern, da hier ein gleiches Bedürfnis nach einer Sonderregelung bestehe, wie bei den Flughäfen[491].

e) Die verkaufsoffenen Sonntage vor Weihnachten

Über die Anzahl der verkaufsoffenen Sonntage vor Weihnachten waren der Wirtschaftsausschuss und der Ausschuss für Arbeit und Sozialpolitik geteilter

487 BR-Drucks. 310/4/54 vom 14.10.1954.
488 Änderungsvorschlag Ziff. 7 und 8, BR-Drucks. 310/1/54, S. 6.
489 Begründung zum Änderungsvorschlag Ziff. 8, BR-Drucks. 310/1/54, S. 6.
490 Änderungsvorschlag Ziff. 9, BR-Drucks. 310/1/54, S. 6.
491 Änderungsvorschlag Ziff. 10, BR-Drucks. 310/1/54, S. 6.

Auffassung. Während letzterer empfahl, sich der Regelung des Regierungsentwurfes anzuschließen und lediglich zwei Sonntage vor Weihnachten für den Verkauf freizugeben, wollte der Wirtschaftsausschuss die Anzahl auf drei erhöhen[492]. Eine Beschränkung des Weihnachtsverkaufes auf zwei Sonntage trage weder dem Bedürfnis der Käuferschaft noch dem der Verkaufsstellen Rechnung. Bei einer Abwägung der sozialen Gesichtspunkte, die für eine Beschränkung auf zwei Verkaufssonntage sprächen, gegenüber den wirtschaftlichen Notwendigkeiten einer Erweiterung sei den letzteren der Vorzug zu geben. Außerdem werde durch die vorgeschlagene Änderung eine Überlastung der Angestellten vermieden, die durch eine Beschränkung auf zwei Verkaufssonntage einträten[493].

Der Rechtsausschuss beantragte, die Regierungsvorlage dahingehend zu ändern, dass nicht die nach Landesrecht zuständigen Behörden den Zeitraum festsetzten, während dessen die Verkaufsstellen geöffnet sein dürften, sondern die Landesregierungen oder die von ihnen bestimmten Stellen durch Rechtsverordnung. Die Festsetzung der zugelassenen Öffnungszeit für Verkaufsstellen an den Verkaufssonntagen vor Weihnachten könne nur durch Rechtsverordnung erfolgen, zu deren Erlass die Landesregierungen zu ermächtigen seien. Diese Ermächtigung durch Gesetz müsse gemäß Art. 80 Abs. 1 GG die Befugnis enthalten, die Ermächtigung an andere Stellen zu subdelegieren[494].

Weiterhin gab der Rechtsausschuss zu bedenken, dass das gesetzlich normierte Berücksichtigungsgebot der Zeiten des Hauptgottesdienstes verfassungswidrig sein könnte. Es stehe dem Bund auf diesem Gebiet keine Gesetzgebungskompetenz zu. Die entsprechende Passage sei daher zu streichen[495].

f) Die Ausnahmeregelung für Tankstellen

Der Vorschlag in der Regierungsvorlage, nach dem bei Tankstellen zwischen solchen an Bundesautobahnen, an Bundesstraßen, an sonstigen Straßen mit Durchgangsverkehr oder in Gemeinden mit mehr als 100.000 Einwohnern einerseits und allen anderen Tankstellen andererseits unterschieden werden sollte, fand sowohl im Ausschuss für Wirtschaftspolitik als auch im Ausschuss für Arbeit und Sozialpolitik keine Zustimmung. Beide Ausschüsse hielten den mit der Abgrenzung verbundenen Verwaltungsaufwand für unverhältnismäßig[496]. Der Wirtschaftsausschuss war der Auffassung, dass die Bedürfnisse des Kraftfahrzeugverkehrs jederzeit auch auf Nebenstrecken befriedigt werden

---

492 Änderungsvorschläge Ziff. 15a und b, BR-Drucks. 310/1/54, S. 9.
493 Begründung zum Änderungsvorschlag Ziff. 15a, BR-Drucks. 310/1/54, S. 9.
494 Änderungsvorschlag Ziff. 16a, BR-Drucks. 310/1/54, S. 9.
495 Begründung zum Änderungsvorschlag Ziff. 16a, BR-Drucks. 310/1/54, S. 9.
496 Begründung zum Änderungsvorschlag Ziff. 5a und b, BR-Drucks. 310/1/54, S. 5.

müssten. Es seien daher die Tankstellen insgesamt aus der Regelung des Gesetzesentwurfes herauszunehmen und der entsprechende Paragraph zu streichen[497].
Der Vorschlag des Ausschusses für Arbeit und Sozialpolitik ging dahin, zwar die Tankstellen grundsätzlich in dem Regelungsbereich des Entwurfes zu belassen, eine Öffnung allerdings abweichend von den allgemeinen Öffnungszeiten an allen Tagen während des gesamten Tages zuzulassen[498].

g) Der besondere Schutz der Arbeitnehmer

Hinsichtlich einer Regelung des besonderen Schutzes der Arbeitnehmer empfahl der Wirtschaftsausschuss, die Vorschrift der Regierungsvorlage zu streichen, nach der an Sonn- und Feiertagen geleistete Arbeit durch Freizeit an anderen Tagen auszugleichen sei. Diese Regelung gehe zu sehr ins Detail und solle insgesamt den tarifvertraglichen Vereinbarungen vorbehalten bleiben[499].
Der Rechtsausschuss äußerte verfassungsrechtliche Bedenken gegen die Vorschrift des Entwurfes, wonach der Bundesminister für Arbeit ermächtigt werden solle, zum Schutz der Arbeitnehmer in Verkaufsstellen vor übermäßiger Inanspruchnahme ihrer Arbeitskraft oder sonstiger Gefährdung ihrer Gesundheit durch Rechtsverordnung mit Zustimmung des Bundesrates zu bestimmen, dass die Inhaber von Verkaufsstellen sonstige Maßnahmen zum Schutze der Gesundheit zu treffen hätten. Es stünde diese Vorschrift in keinem Zusammenhang mit den Bestimmungen über den Ladenschluss. Weiterhin fehle es an der gemäß Art. 80 Abs. 1 GG erforderlichen Konkretisierung[500].
Der Ausschuss für Arbeit und Sozialpolitik empfahl, der Regierungsvorlage in diesem Punkt zuzustimmen[501].

h) Straftaten und Ordnungswidrigkeiten

Die Bestimmungen über Straftaten und Ordnungswidrigkeiten stießen im Bundesrat auf keine grundsätzlichen Bedenken. Der Rechtsausschuss beantragte jedoch, in der Vorschrift über Ordnungswidrigkeiten diejenigen Vorschriften aufzuzählen, bei deren Verletzung eine Geldbuße angedroht werde. Es solle den Strafgerichten und Staatsanwaltschaften die Handhabung des Gesetzes erleichtert werden[502].

---

497 Begründung zum Änderungsvorschlag Ziff. 5a, BR-Drucks. 310/1/54, S. 5.
498 Begründung zum Änderungsvorschlag Ziff. 5b, BR-Drucks. 310/1/54, S. 5.
499 Begründung zum Änderungsvorschlag Ziff. 20a, BR-Drucks. 310/1/54, S. 12.
500 Änderungsvorschlag Ziff. 21, BR-Drucks. 310/1/54, S. 13.
501 Änderungsvorschlag Ziff. 20c, BR-Drucks. 310/1/54, S. 12.
502 Änderungsvorschlag Ziff. 28b, BR-Drucks. 310/1/54, S. 15.

i) Der Verkauf an Trinkhallen, insbesondere Zubehörverkauf

Hinsichtlich des Verkaufs an Trinkhallen beantragten der Wirtschaftsausschuss und der Ausschuss für Arbeit und Sozialpolitik übereinstimmend die Streichung dieser Norm. Es empfehle sich, diese Bestimmung in die Novelle zum Gaststättengesetz aufzunehmen, da Trinkhallen Schankwirtschaften im Sinne des Gaststättengesetzes seien. Auch das Recht zum Zubehörhandel im Sinne dieser Bestimmung gehöre zur Schankkonzession[503].

2. Die 129. Sitzung des Bundesrates vom 15. Oktober 1954

Die Änderungsvorschläge der Ausschüsse und Ländervertretungen wurden im Bundesrat in der 129. Sitzung vom 15. Oktober 1954 beraten. Die Diskussion wurde durch den Berichterstatter *Albertz* (Niedersachsen) eröffnet. Er beschränkte seine Darstellung der einzelnen Anträge auf zwei Punkte, nämlich einerseits die Frage der verkaufsoffenen Sonntage vor Weihnachten und andererseits die Frage des freien Halbtages.

Albertz stellte dar, dass sich der Ausschuss für Arbeit und Sozialpolitik in der ersten Frage zur Regierungsvorlage bekannte, wonach lediglich zwei Sonntage vor Weihnachten für den Verkauf freigegeben werden sollten[504]. Zwei Sonntage würden nach der Auffassung des Ausschusses für Arbeit und Sozialpolitik genügen. Eine dreimalige Beanspruchung sowohl der Inhaber der Läden und Kaufhäuser als auch des Personals sei aus gesundheitlichen und arbeitsrechtlichen Gründen nicht vertretbar. Diese Meinung sei auch durch die Kirchen unterstützt worden, weil auch die beiden großen Kirchen Jahr für Jahr die weltliche Obrigkeit gebeten hätten, es bei diesen zwei Sonntagen zu belassen, um aus Weihnachten nicht noch mehr ein Geschäft werden zu lassen.

In der zweiten Frage des freien Nachmittags zeigte *Albertz* für die Regierungsvorlage, die den Mittwochnachmittag als freien Halbtag vorsah, wenig Verständnis[505]. Ausgerechnet in einem Augenblick, in dem quer durch die öffentliche Meinung von allen Gutwilligen aus Arbeitgeber- und Arbeitnehmerkreisen die ersten Schritte zum verlängerten Wochenende unternommen worden seien, sei dieser Vorschlag unterbreitet worden. Es sei daher kein Wunder gewesen, dass der Ausschuss für Arbeit und Sozialpolitik sich für den freien Samstag ausgesprochen hätte. *Albertz* warnte ausdrücklich vor dem Antrag des Landes Hamburg, wonach die Wahl des freien Nachmittags in die Ermächtigung der Länder zu stellen sei[506]. Gegen eine gewisse Freiheit der Länder bezüglich Aus-

---

503 Begründung zum Änderungsvorschlag Ziff. 25, BR-Drucks. 310/1/54, S. 13.
504 *Albertz*, Sitzungsberichte des Bundesrates, 129. Sitzung vom 15.10.1954, S. 266B.
505 *Albertz*, Sitzungsberichte des Bundesrates, 129. Sitzung vom 15.10.1954, S. 266C.
506 *Albertz*, Sitzungsberichte des Bundesrates, 129. Sitzung vom 15.10.1954, S. 266D.

nahmen und Nuancen, z.B. wegen besonderer Umstände einmal bis spätestens 17 Uhr am Samstag die Geschäfte offen zu halten, sei nichts einzuwenden.
Schließlich wies *Albertz* noch auf den Antrag des Landes Niedersachsens[507] hin, wonach die Ladenschlusszeit am Heiligabend von 15 Uhr auf 14 Uhr vorverlegt werden solle. Heiligabend könne nicht anders behandelt werden als ein Sonnabend. Hinzu komme, dass der Ladenschluss nicht der Schluss der eigentlichen Arbeit sei, sondern die Angestellten im Einzelhandel noch über den Ladenschluss hinaus mit teilweise allzu ausgedehnten Aufräumungsarbeiten beschäftigt würden[508]. Insoweit widersprach der Antrag dem Antrag des Landes Bayern. In diesem war vorgesehen, den Ladenschluss am Heiligabend auf 15 Uhr zu legen[509].
Der Vertreter des Landes Bayern, *Dr. Ringelmann*, erklärte sich jedoch bereit, den Antrag seines Landes gemäß dem Antrag Niedersachsens zu ändern, wenn im übrigen dem Antrag Bayerns entsprochen werde[510].
Eine weitere Abweichung vom Antrag des Landes Bayern ergab sich durch den Antrag des Landes Rheinland-Pfalz. Laut *Dr. Zimmer* sei es dem Lande Rheinland-Pfalz daran gelegen, die Regelung der verkaufsfreien Samstage und Sonntage im Monat Dezember in ein sinnvolles Verhältnis zu bringen[511]. Es sei erforderlich, außer dem ersten Samstag im Monat, falls dies beschlossen würde, ebenfalls die beiden Samstage vor den verkaufsoffenen Sonntagen als verkaufsoffene Samstage zuzulassen[512]. Anderenfalls könne an den beiden Sonntagen der Ansturm des Käuferpublikums wohl nicht gemeistert werden[513].
Letztlich ergriff der Staatssekretär im Bundesarbeitsministerium *Sauerborn* das Wort. Er bat zumindest in der Frage der verkaufsfreien Sonntage vor Weihnachten der Regierungsvorlage zuzustimmen und es bei zwei Sonntagen zu belassen[514]. Werde auch ein dritter Sonntag freigegeben, hätten die Angestellten während vier Wochen praktisch keinen freien Tag, was aus gesundheitlicher Sicht nicht zu vertreten sei. In der Frage des freien Halbtages begründete *Sauerborn* noch einmal die Entscheidung der Regierungsvorlage für den freien Mittwochnachmittag[515]. Es bestehe ein großer Konflikt zwischen den Interessen der Angestellten im Einzelhandel und der großen Mehrheit des deutschen Volkes. Nicht nur 17 Millionen Beschäftigte, sondern auch sehr viele Selbstän-

507 BR-Drucks. 310/5/54 vom 14.10.1954.
508 *Albertz,* Sitzungsberichte des Bundesrates, 129. Sitzung vom 15.10.1954, S. 266D-267A.
509 BR-Drucks. 310/3/54 vom 14.10.1954.
510 *Dr. Ringelmann,* Sitzungsberichte des Bundesrates, 129. Sitzung vom 15.10.1954, S. 267B.
511 *Dr. Zimmer,* Sitzungsberichte des Bundesrates, 129. Sitzung vom 15.10.1954, S. 266B.
512 BR-Drucks. 310/6/54.
513 *Dr. Zimmer,* Sitzungsberichte des Bundesrates, 129. Sitzung vom 15.10.1954, S. 267C.
514 *Sauerborn,* Sitzungsberichte des Bundesrates, 129. Sitzung vom 15.10.1954, S. 267C.
515 *Sauerborn,* Sitzungsberichte des Bundesrates, 129. Sitzung vom 15.10.1954, S. 267C.

dige hätten nur am Samstagnachmittag die Möglichkeit, mit ihren Frauen bestimmte größere Einkäufe zu erledigen. Die Bundesregierung sei überzeugt, dass die breite Masse des deutschen Volkes diesen Samstagnachmittag brauche. Dies zeige sich deutlich an den Umsatzzahlen. Fast ein Drittel der gesamten Wochenumsätze würden am Samstag erzielt werden. Dieser Betrag erhöhe sich noch einmal, wenn besondere Einkäufe, z.B. von Möbelstücken, Kleidern und anderen Dingen, berücksichtigt würden, die von Mann und Frau gemeinsam durchgeführt würden.

Im Anschluss an diese Diskussion erfolgte die Abstimmung über die Anträge:

Der Antrag des Wirtschaftsministeriums, drei Sonntage vor Weihnachten für den Verkauf freizugeben[516], fand im Bundesrat keine Mehrheit. Es blieb damit bei der Regelung des Regierungsentwurfes[517].

In der Frage des freien Halbtages zogen die Länder Baden-Württemberg[518] und Hamburg[519] ihre Anträge für die Abstimmung zurück[520]. Der Antrag des Landes Rheinland-Pfalz[521] wurde gegen 16 Stimmen abgelehnt[522]. Angenommen wurden die Anträge der Länder Niedersachsen[523] und Bayern[524]. Hiernach schlug der Bundesrat die Regelung vor, den ersten Samstag des Monats verkaufsfrei zu belassen. Die über 14 Uhr hinausgehende Öffnungszeit sollte durch eine entsprechend spätere Öffnung am darauffolgenden Montagvormittag ausgeglichen werden. An allen übrigen Samstagen und am 24. Dezember sollten die Geschäfte ab 14 Uhr zu schließen sein.

Im wesentlichen folgte der Bundesrat bei seinen übrigen Beschlüssen den Anträgen des Ausschusses für Arbeit und Sozialpolitik. Auch die Anträge des Rechtsausschusses fanden die Zustimmung der Abgeordneten. Es wurden demnach durch den Präsidenten des Bundesrates *Altmeier* am 16. Oktober 1954 der Bundesregierung folgende weitere Änderungsvorschläge unterbreitet[525]:

Die Regelung über Warenautomaten sollte gestrichen werden, Tankstellen sollten lediglich hinsichtlich der Öffnungszeiten freigestellt werden. Die Regelung der nichtbundeseigenen Eisenbahnen sollte auf die Landesregierungen übertragen werden. Der Wirtschaftsausschuss konnte sich mit seinem Antrag, zusätzlich zu den Flughäfen auch Zentralomnibusbahnhöfe und Schiffsanlegestellen in den Entwurf aufzunehmen, durchsetzen.

516 Änderungsvorschlag Ziff. 15a, BR-Drucks. 310/1//54, S. 9.
517 Sitzungsberichte des Bundesrates, 129. Sitzung vom 15.10.1954, S. 268C.
518 BR-Drucks. 310/2/54 vom 14.10.1954.
519 BR-Drucks. 310/4/54 vom 14.10.1954.
520 Sitzungsberichte des Bundesrates, 129. Sitzung vom 15.10.1954, S. 267D-268A.
521 BR-Drucks. 310/6/54 vom 15.10.1954.
522 Sitzungsberichte des Bundesrates, 129. Sitzung vom 15.10.1954, S. 268A.
523 BR-Drucks. 310/5/54 vom 14.10.1954.
524 BR-Drucks. 310/3/54 vom 14.10.1954.
525 BR-Drucks. 310/54 Beschluss vom 16.10.1954.

Hinsichtlich der Regelung der verkaufsoffenen Sonntage vor Weihnachten wurde der Antrag des Wirtschaftsausschusses abgelehnt, abweichend von dem Regierungsentwurf die Anzahl auf drei zu erhöhen. Ebenfalls abgelehnt wurde der Antrag des Wirtschaftsausschusses, den Ausgleich für an Sonn- und Feiertagen geleistete Arbeit den tarifvertraglichen Regelungen zu überlassen. Es blieb damit bei dem Vorschlag der Bundesregierung.
Angenommen wurde schließlich der gemeinsame Antrag des Wirtschaftsausschusses und des Ausschusses für Arbeit und Sozialpolitik, Trinkhallen aus den Entwurf zu streichen und diesen Regelungskomplex der Novelle des Gaststättengesetzes vorzubehalten.

3. Keine Einbringung der Vorlage in den Bundestag durch die Bundesregierung

Nachdem die Änderungsvorschläge des Bundesrates der Bundesregierung übersandt worden waren[526], wurden diese im Kabinett beraten. Es gelang der Bundesregierung jedoch nicht, sich auf eine gemeinsame Stellungnahme zu einigen, um die Gesetzesvorlage dem Bundestag zuleiten zu können.
Bereits mit Schreiben vom 27. November 1954 legte das Bundesministerium für Arbeit einen Entwurf für eine Stellungnahme zu den Änderungsvorschlägen des Bundesrates vor[527]. Am 23. Dezember 1954 erschien die Überarbeitung dieses Entwurfes[528]. In der Stellungnahme wollte das Bundesministerium für Arbeit die wichtigsten Grundzüge der Regierungsvorlage beibehalten. Insbesondere sollten die Warenautomaten nicht aus dem Entwurf herausgenommen werden. Warenautomaten seien auch ohne besondere Erwähnung Verkaufsstellen im Sinne des Entwurfes und müssten ohne die vorgeschlagene Ausnahme während der allgemeinen Ladenschlusszeiten gesperrt werden[529]. Es sei sachlich auch nicht erforderlich, sämtliche Tankstellen vom Ladenschluss auszunehmen. Als zusätzlichen Verwaltungsaufwand werde den Verwaltungsbehörden lediglich die Bestimmung der Straßen mit Durchgangsverkehr zugemutet, was diese nicht vor unüberwindliche verwaltungsmäßige Schwierigkeiten stelle[530].
In Bezug auf die weiteren verkehrsrechtlich relevanten Bereiche wurde darauf bestanden, auch Verkaufsstellen auf Personenbahnhöfen der nichtbundes-

---

526 BR-Drucks. 310/54 Beschluss vom 16.10.1954.

527 Entwurf einer Stellungnahme zu den Änderungsvorschlägen des Bundesrates erstellt vom BAM, IIIc/6282/54 vom 27.11.1954, BA-Koblenz, B 149, 1071.

528 Kabinettsvorlage einer Stellungnahme zu den Änderungsvorschlägen des Bundesrates, IIIc/6942/54 vom 23.12.1954, BA-Koblenz, B 102, 39405.

529 Kabinettsvorlage einer Stellungnahme zu den Änderungsvorschlägen des Bundesrates, IIIc/6942/54 vom 23.12.1954, S. 1, BA-Koblenz, B 102, 39405.

530 Kabinettsvorlage einer Stellungnahme zu den Änderungsvorschlägen des Bundesrates, IIIc/6942/54 vom 23.12.1954, S. 2, BA-Koblenz, B 102, 39405.

eigenen Eisenbahnen in eine bundesgesetzliche Regelung einzubeziehen. Insoweit handele es sich nicht um eine Angelegenheit der staatlichen Eisenbahnaufsicht, - diese stünde gemäß § 5 des Allgemeinen Eisenbahngesetzes den Ländern zu -, sondern um eine Regelung des Ladenschlusses für nichtbundeseigene Eisenbahnen, die bundeseinheitlich getroffen werden müsse[531].
Weiterhin war das Bundesarbeitsministerium gegen die Ausweitung von Ausnahmen auf Zentralomnibusbahnhöfe und Schiffsanlegestellen. Dieses führe zu untragbaren Ausnahmen, da der Begriff "Zentralomnibusbahnhöfe" zu unbestimmt sei und Schiffsanlegestellen in unübersehbarer Zahl vorhanden seien. Echte Bedürfnisse könnten durch Ausnahmen, welche nach dem Gesetz zulässig seien, befriedigt werden[532].
Nicht folgen wollte das Bundesarbeitsministerium dem Vorschlag des Bundesrates, wonach der Zeitungsverkauf über 21 Uhr hinaus auszudehnen sei. Für eine solche Ausnahme würde ein Bedürfnis nicht bestehen[533].
Es wurde weiterhin nicht als zweckmäßig angesehen, die Trinkhallenregelung zu streichen. Es könne erst mit der Diskussion begonnen werden, diese Regelung in eine Novelle zum Gaststättengesetz zu übernehmen, wenn eine entsprechende Regierungsvorlage vorliege[534].
Das Bundesarbeitsministerium erhielt zu dieser Stellungnahme die Zustimmung der übrigen Ministerien, bzw. es wurden keine Einwendungen erhoben. Lediglich über einen Punkt konnte auch weiterhin keine Einigung erzielt werden: Die Ausgestaltung des freien Halbtages.
Während das Bundesarbeitsministerium an dem in der Regierungsvorlage enthaltenen freien Mittwochnachmittag festhalten wollte, befürworteten das Bundeswirtschaftsministerium und das Ministerium für Angelegenheiten des Bundesrates das roulierende System.
In dem Entwurf für eine Stellungnahme der Bundesregierung führte das Bundesarbeitsministerium aus, es müsse an dem Ladenschluss am Mittwochnachmittag festgehalten werden, da diese Lösung den Kaufbedürfnissen insbesondere der berufstätigen Bevölkerung und den Interessen des Arbeitsschutzes der Ladenangestellten besser Rechnung trage, als der Samstags-Frühschluss. Der Vorschlag des Bundesrates, die über 14 Uhr am ersten Samstag des Monats hinausgehende Öffnungszeit durch eine entsprechend spätere Öffnung am darauffolgenden Montagvormittag auszugleichen, sei nicht eindeutig. Es müsse

531 Kabinettsvorlage einer Stellungnahme zu den Änderungsvorschlägen des Bundesrates, IIIc/6942/54 vom 23.12.1954, S. 2, BA-Koblenz, B 102, 39405.
532 Kabinettsvorlage einer Stellungnahme zu den Änderungsvorschlägen des Bundesrates, IIIc/6942/54 vom 23.12.1954, S. 2-3, BA-Koblenz, B 102, 39405.
533 Kabinettsvorlage einer Stellungnahme zu den Änderungsvorschlägen des Bundesrates, IIIc/6942/54 vom 23.12.1954, S. 7, BA-Koblenz, B 102, 39405.
534 Kabinettsvorlage einer Stellungnahme zu den Änderungsvorschlägen des Bundesrates, IIIc/6942/54 vom 23.12.1954, S. 7, BA-Koblenz, B 102, 39405.

klargestellt werden, ob die "entsprechend spätere Ladenöffnung" von 7 Uhr oder bei jedem Geschäft von dem Zeitpunkt seiner regelmäßigen Öffnung an gerechnet werden solle. Dieser Ausgleich könne zudem nicht kontrolliert werden, da die Geschäfte verschiedene Ausgleichsstunden hätten[535].
Das Bundeswirtschaftsministerium hielt an seiner grundsätzlichen Befürwortung des roulierenden Systems fest. Es sei wirtschaftspolitisch nicht zu vertreten, eine Verkürzung der Arbeitszeiten im Einzelhandel über eine Verkürzung der Verkaufszeiten zu erreichen[536]. Die Begründung dieser Auffassung aus den Schreiben vom 8. Juli 1954 und vom 17. September 1954 [537] wurde aufrechterhalten und in späteren Stellungnahmen als Verweis herangezogen.
Einen ebenfalls kritischen Standpunkt nahm das Bundesministerium für Angelegenheiten des Bundesrates ein. Hier wurde es generell abgelehnt, einen freien Halbtag in der Woche einzuführen. Darüber hinaus wurde bezweifelt, dass es überhaupt erforderlich sei, eine Ladenschlussregelung für das gesamte Bundesgebiet zu schaffen[538]. Das Ministerium befürwortete jedoch das roulierende System, sollte das Kabinett eine Ladenschlussregelung einführen wollen[539]. Das roulierende Verfahren sei als einziges imstande, die Ladenschlussregelung und die Arbeitszeitregelung voneinander getrennt zu halten, was der Dienst am Konsumenten, die Freiheit des Unternehmens und die Bekämpfung aller engherzigen Konkurrenzmotive zwingend gebieten würde[540].
Aufgrund dieser grundlegend verschiedenen Ansichten konnte es nicht gelingen, sich auf eine einheitliche Stellungnahme der Regierung zu einigen. Jede Diskussion über die Regierungsvorlage führte zu einer Diskussion über den freien Halbtag[541]. So wurde auf der 74. Kabinettssitzung vom 9. März 1955 beschlossen, keinen Beschluss über die Vorlage des Bundesarbeitsministeriums zu fassen[542].
Zwischenzeitlich wurden im Bundestag zwei Initiativentwürfe eingereicht, zum einen die BT-Drucks. 1461 vom 14. April 1955 durch die Abgeordneten *Meyer-*

535 Kabinettsvorlage einer Stellungnahme zu den Änderungsvorschlägen des Bundesrates, IIIc/6942/54 vom 23.12.1954, S. 1-2, BA-Koblenz, B 102, 39405.
536 Kabinettsvorlage des BMWi, II c 3-2936/56 vom 4.7.1956, S. 2, BA-Koblenz, B 149, 1074.
537 Schreiben II c 3-3209/54 vom 8.7.1954 und II c 3-4824/54 II vom 17.9.1954, vgl. 2. Teil, IV 2c) der Arbeit.
538 Schreiben des BM für Angelegenheiten des Bundesrates an das BMA, Tgb.Nr. 22-56/3200-54 vom 24.11.1954, S. 2, BA-Koblenz, B 149, 1071.
539 Schreiben des BM für Angelegenheiten des Bundesrates an das BMA, Tgb.Nr. 22-56/3200-54 vom 24.11.1954, S. 2, BA-Koblenz, B 149, 1071.
540 Schreiben des BM für Angelegenheiten des Bundesrates an das BMA, Tgb.Nr. 22-56/3200-54 vom 24.11.1954, S. 4, BA-Koblenz, B 149, 1071.
541 Vermerk des BMA IIIc /5917/55 vom 12.12.1955, S. 1, BA-Koblenz, B 149, 1074.
542 Protokoll der 74. Kabinettssitzung vom 9.5.1955, S. 176.

Ronnenberg (CDU) und Genossen - dieser Antrag befürwortete den Samstags-Frühschluss -, zum anderen der auf dem roulierenden System beruhende Antrag der Abgeordneten *Kühltau (CDU)* und Genossen nach BT-Drucks. 1943 vom 9. Dezember 1955.

Das Bundeskabinett beschloss, vor einer Einigung den Bundesminister für Arbeit und den Bundesminister für Wirtschaft zu beauftragen, mit den Fraktionen des Bundestages Kontakt aufzunehmen, um eine Mehrheit für das roulierende System zu gewinnen[543]. Als auch diese Gespräche nicht den gewünschten Erfolg brachten[544], beschränkten sich die Ministerien darauf, ihre Ziele über die Fachausschüsse des Bundestages bei den Beratungen der Anträge nach BT-Drucks. 1461/55 und 1943/55 durchzusetzen.

So beantragte der Bundeswirtschaftsminister *Erhard*, im Namen der Bundesregierung für den Antrag nach BT-Drucks. 1943/55 eintreten zu dürfen, der das roulierende System ermögliche[545]. Dieser Antrag scheiterte letztlich an dem Widerstand des Bundesarbeitsministeriums mit dem Hinweis, es sei selbst federführendes Ministerium und daher allein berechtigt, die Auffassung der Bundesregierung in den Sitzungen der Bundestagsausschüsse zu vertreten[546]. Gemäß § 43 Abs. 3 GGO II habe das federführende Ministerium an den Sitzungen des Bundestages und seiner Ausschüsse teilzunehmen und den Gesetzesentwurf in erster Linie zu vertreten[547].

VI. Initiativen aus der Mitte des Bundestages (1955)

1. Der Antrag der Abgeordneten *Meyer-Ronnenberg* und Genossen nach BT-Drucks. 1461 vom 14. Juni 1955

Nachdem die Regierungsvorlage im Kabinett beschlossen und an den Bundesrat gesandt worden war, rief diese Vorlage erhebliche Bedenken bei dem Einzelhandel und den Angestelltengewerkschaften hervor. Der Einzelhandel befürchtete durch den Mittwochs-Frühschluss eine Störung des Wochenrhythmus. Auch der Großhandel lehnte diese Lösung ab, da er am Samstagnachmittag keine Belieferung der Geschäfte vornahm. Die Handelsvertreter und Geschäftsreisenden wandten sich gegen eine Unterbrechung ihrer Tätigkeit in der Mitte

543 Kabinettsvorlage des BMWi, II c 3-2936/56 vom 4.7.1956, S. 1, BA-Koblenz, B 102, 39398.

544 Kabinettsvorlage des BMWi, II c 3-2936/56 vom 4.7.1956, S. 1, BA-Koblenz, B 102, 39398.

545 Kabinettsvorlage des BMWi, II c 3-2936/56 vom 4.7.1956, S. 1-2, BA-Koblenz, B 102, 39398.

546 Kabinettsvorlage des BMWi, IIIc/4022/56 vom 31.7.1956, S. 1, BA-Koblenz, B 149, 1074.

547 Kabinettsvorlage des BMA, IIIc/4132/56 vom 4.8.1956, S. 1, BA-Koblenz, B 149, 1074.

der Woche[548]. Die *DAG* hielt es darüber hinaus auch aus Gründen der Post- und Warenzustellung für unmöglich, den üblichen Ablauf des wirtschaftlichen und gesellschaftlichen Lebens mitten in der Woche zu blockieren und zu lähmen[549].

Der Abgeordnete *Meyer-Ronnenberg (CDU/CSU)*[550] sah sich veranlasst, die Regierungsvorlage zu überarbeiten und eine Gesetzesinitiative aus der Mitte des Bundestages auf den Weg zu bringen. Als Grundlage dienten ihm die Regierungsentwürfe des Bundesarbeitsministeriums ab Dezember 1953[551].
Die Überarbeitung erfolgte unter folgenden Gesichtspunkten:
Der Abgeordnete *Meyer-Ronnenberg* stellte fest, dass in der Regierungsvorlage Regelungen enthalten seien, die dem sozialen Anliegen weiter Kreise der Bevölkerung nicht entsprächen[552]. Er war der Auffassung, dass nun endlich eine Regelung gefunden werden müsse, die für einen langen Zeitraum Gültigkeit haben könne. Es sei daher keine Vorschrift einzubauen, die dem fortschreitenden Angleichungsbedürfnis der sozialen Stellung des Kleinunternehmertums und der Angestelltenschaft nicht entspreche.
In erster Linie zielte *Meyer-Ronnenberg* damit auf den freien Samstagnachmittag, der nach wie vor den größten Streitpunkt unter den Beteiligten darstellte. Dazu führte *Meyer-Ronnenberg* aus, dass in einer Zeit, in der viele Industrien und Bundesbehörden die 5-Tage-Woche anstrebten, den hunderttausend Angestellten des Einzelhandels der freie Samstagnachmittag nicht vorenthalten werden könne[553].

Seinen ersten Entwurf erstellte *Meyer-Ronnenberg* bereits im Oktober 1954[554]. Diesen Entwurf überarbeitete er unter Einbeziehung der Änderungsvorschläge des Bundesrates und legte im Januar und im Februar 1955[555] zwei weitere Entwürfe vor. Die Gesetzesinitiative von Juni 1955 hingegen basierte auf der sich auch in der Paragraphierung unterscheidenden Form der Regierungsvorlage vom

---

548 Schulte Langforth/ Böhm, S. 7.

549 *DAG*, Schreiben vom 18.10.1954 an *Konrad Adenauer*, S. 1, PA, II 314 B 2.

550 *Meyer-Ronnenberg* (seit 1959 *Meyer-Ronberg*) wurde 1904 in Ronnenberg geboren. 1928 wurde er Geschäftsführer des *Verbandes der Lebensmittel-Einzelhandelskaufleute* im Kreis Hannover. Von 1950 bis 1954 war er Bundesfachvorsitzender im *Hauptverband des Deutschen Lebensmittel-Einzelhandels.* Er wurde 1953 über die GB/BHE - Landesliste Niedersachsen in den Bundestag gewählt, dem er bis zum Ende der 2. Wahlperiode 1957 angehörte. Am 20.8.1954 wechselte *Meyer-Ronnenberg* zur Fraktion der CDU/CSU. *Meyer-Ronnenberg* starb am 28.10.1973 in Kassel. (Biographisches Handbuch der Mitglieder des Deutschen Bundestages 1949-2002).

551 vgl. 2. Teil, IV 1. der Arbeit.

552 Vorblatt S. 1 zum 1. Entwurf Oktober 1954, PA, II 314 B 1, lfd. Nr. 2.

553 Vorblatt S. 1 zum 1. Entwurf Oktober 1954, PA, II 314 B 1, lfd. Nr. 2.

554 PA, II 314 B 1, lfd. Nr. 2.

555 PA, II 314 B 1, lfd. Nr. 5 und 6.

31. Mai 1954[556], die dem Bundesrat als BR-Drucks. 310/54 am 24. September 1954 zugeleitet wurde.
Es fand sich in diesem Antrag nach BT-Drucks. 1461 vom 14. Juni 1955 eine Zusammenführung der Regierungsvorlage mit den Vorstellungen *Meyer-Ronnenbergs* unter Hinzuziehung der Änderungsvorschläge des Bundesrates, wobei im letzteren Falle weitestgehend der Entwurf einer Stellungnahme der Bundesregierung durch das Bundesarbeitsministerium berücksichtigt wurde.
Mit dieser Gesetzesinitiative wollte *Meyer-Ronnenberg* die bestehenden Unklarheiten beseitigen und Bestimmungen vermeiden, die neue Unklarheiten schaffen könnten[557]. Es seien gleiche Startbedingungen für alle Betriebsformen der Warenwirtschaft zu schaffen und Privilegierungen für einzelne Berufsstände nicht zuzulassen. Weiter habe eine soziale Gleichstellung der Freizeit aller in der Warenverteilungswirtschaft beschäftigten Personen mit der des überwiegenden Teils der Bevölkerung zu erfolgen. Die Ladenzeiten seien so zu wählen, dass weder in der Einkaufsmöglichkeit der Mehrzahl der Verbraucher noch dem Zubringerverkehr von Post, Bahn, Spedition, Großhandel oder Handelsvertretergewerbe unwirtschaftlicher Leerlauf entstehe. Die Regierungsvorlage enthielt nach Auffassung *Meyer-Ronnenbergs* zahlreiche Kannvorschriften, die zu einer Durchbrechung der Einheitlichkeit führen könnten[558]. Es seien daher nur solche Kannvorschriften zu übernehmen, die keine Gefahr für die Einheitlichkeit darstellten. Insbesondere seien Bestimmungen über arbeitsrechtliche und tarifliche Belange herausgelassen worden, da diese in den einschlägigen Gesetzen zur genüge geregelt seien. *Meyer-Ronnenberg* sprach damit die Vorschrift über den besonderen Schutz der Arbeitnehmer an, die ausgehend vom ersten Entwurf zum Antrag nach BT-Drucks. 1461/55 eine auffällige Wendung genommen hat, auf die im folgenden näher einzugehen sein wird.
Darüber hinaus hielt *Meyer-Ronnenberg* den Strafrahmen der Regierungsvorlage für zu weitgehend[559]. Die Erfahrungen hätten gezeigt, dass der Staatsanwalt nur in besonders schwerwiegenden Fällen eingeschaltet werden solle und schon mit Geldstrafen das Ziel der Gesetzesbeachtung erreicht werden könne.
Letztlich hielt *Meyer-Ronnenberg* die Vorschrift über die Auslage des Gesetzes und das Führen von Verzeichnissen für nicht durchführbar[560]. Hiernach sollte jeder Inhaber einer Verkaufsstelle, in der regelmäßig mindestens ein Arbeitnehmer beschäftigt werde, verpflichtet werden, einen Abdruck des Gesetzes und der aufgrund des Gesetzes erlassenen Rechtsverordnungen, soweit sie für die Art der jeweiligen Verkaufsstelle bestimmt sind, an geeigneter Stelle auszulegen

556 BA-Koblenz, B 102, 39402.
557 Begründung zum 1. Entwurf Oktober 1954, S. 1, PA, II 314 B 1, lfd. Nr. 2.
558 Begründung zum 2. Entwurf Januar 1955, S. 2, PA, II 314 B 1, lfd. Nr. 5.
559 Begründung zum 2. Entwurf Januar 1955, S. 2, PA, II 314 B 1, lfd. Nr. 5.
560 Begründung zum 2. Entwurf Januar 1955, S. 2, PA, II 314 B 1, lfd. Nr. 5.

oder auszuhängen. Weiter sollte jeder Inhaber einer Verkaufsstelle ein Verzeichnis über die den Arbeitnehmern als Ersatz für die Mehrarbeit gewährte Freizeit führen[561].

a) Der freie Halbtag

Von diesen Zielsetzungen ausgehend basierten die Entwürfe *Meyer-Ronnenbergs* auf einem freien Samstagnachmittag. Er ließ sich dabei von folgenden Argumentationen leiten: Es sei von der Forschung erwiesen, dass der Zeitpunkt der höchsten Leistungsfähigkeit der Beschäftigten am Mittwochnachmittag liege, während der Tiefpunkt am Samstagnachmittag erreicht werde[562]. Jeder Leerlauf in Post, Bahn, Spedition, Großhandel oder Vertretergewerbe, wie er durch den Mittwoch- oder Montag-Frühschluss entstünde, würde vermieden[563]. Weiter würden psychologische Gründe für den Samstags-Frühschluss sprechen; so würde sich der Samstags-Frühschluss in die große Reihe der seit Jahren samstagnachmittags schließenden Unternehmen einordnen[564]. Die Einkaufsspitze der Woche würde erfahrungsgemäß in der Zeit von Freitagmittag bis Samstagmittag liegen[565]. Demzufolge schlug *Meyer-Ronnenberg* einen Samstags-Frühschluss um 14 Uhr vor. Um jede Kaufbeeinträchtigung zu vermeiden, sahen die Entwürfe bis einschließlich Februar 1955 einen Samstagsladenschluss für Lebensmittelgeschäfte ab 15 Uhr vor[566].
Mit dem zweiten Entwurf vom Februar 1955 griff *Meyer-Ronnenberg* den Vorschlag des Bundesrates auf, am jeweils ersten Samstag im Monat eine Öffnung auch am Nachmittag zu gestatten[567]. Er folgte damit dem Argument, dass auf diese Weise gemeinsame Familieneinkäufe ermöglicht werden, welche nach der monatlichen Geldauszahlung vorgenommen werden würden[568]. *Meyer-Ronnenberg* glaubte, mit dieser Regelung die Gleichstellung mit anderen Beschäftigungskreisen herstellen zu können[569]. Es seien 60 % der im Einzelhandel beschäftigten verheiratete Frauen, denen das einheitliche Wochenende im Sinne der Familiengemeinschaft nicht weiter vorenthalten werden könne.

---

561 § 22 der Regierungsvorlage, BR-Drucks. 310/54 vom 24.09.1954, PA, II 314 A, lfd. Nr. 1.
562 Begründung zum Entwurf Oktober 1954, S. 2, PA, II 314 B 1, lfd. Nr. 2.
563 Begründung zum Entwurf Januar 1955, S. 2, PA, II 314 B 1, lfd. Nr. 5.
564 Begründung zum Entwurf Februar 1955, S. 3, PA, II 314 B 1, lfd. Nr. 6.
565 Begründung zum Entwurf Oktober 1954, S. 3, PA, II 314 B 1, lfd. Nr. 2.
566 vgl. Entwürfe vom Oktober 1954, Januar 1955 und Februar 1955, jeweils § 3 Abs. 1 Buchstabe c), PA, II 314 B 1, lfd. Nr. 2, 5 und 6.
567 vgl. Entwurf Januar 1955 und Februar 1955, jeweils § 3 Abs. 1 Buchstabe c, PA, II 314 B 1, lfd. Nr. 5 und 6.
568 Begründung zum Entwurf Januar 1955, S. 3, PA, II 314 B 1, lfd. Nr. 5.
569 Begründung zum Entwurf Januar 1955, S. 3, PA, II 314 B 1, lfd. Nr. 5.

Das roulierende System stellte für *Meyer-Ronnenberg* ebenso wenig eine Alternative dar, wie der Mittwochs-Frühschluss oder der freie Montagvormittag. 80 % der Einzelhandelsbetriebe würden zwei bis vier Angestellte beschäftigen; für diese Betriebe sei das roulierende System nicht durchführbar[570].
In der Zeit von Februar bis Juni 1955 nahm *Meyer-Ronnenberg* von einem Teil der soeben dargestellten Begründungen Abstand. So enthielt seine Initiativvorlage keine Möglichkeit mehr für Lebensmittelgeschäfte, am Samstag bis 15 Uhr geöffnet zu halten. Auch war die Ausnahme einer Öffnung am Nachmittag des ersten Samstags des Monats entfallen, gegen die sich auch das Bundesarbeitsministerium ausgesprochen hatte[571]. § 3 der Gesetzesinitiative nach BT-Drucks. 1461 vom 24. Juni 1955 sah schlicht vor, dass Verkaufsstellen für den geschäftlichen Verkehr mit Kunden geschlossen sein müssen; Ziffer 3: sonnabends ab 14 Uhr.

b) Der Werktags-Ladenschluss

Die Entwürfe *Meyer-Ronnenbergs* blieben in dem Bestreben einer sozialen Angleichung nicht bei dem freien Samstagnachmittag stehen, sondern sahen auch an den Werktagen einen früheren Ladenschluss vor. Es hätte sich herausgestellt, dass die bisherige Offenhaltungsmöglichkeit der Verkaufsstellen von 7 bis 19 Uhr eine Überlastung im Einzelhandel bewirken würde, die automatisch zu einer andauernden Überschreitung der gesetzlichen Arbeitszeiten führe[572]. Stichproben hätten ergeben, dass ab 18 Uhr die Einkaufstätigkeit auch in den Lebensmittelgeschäften auf einen Bruchteil der früheren Tageszeiten absinken würde. Demzufolge sahen die Entwürfe einen werktäglichen Ladenschluss von 18 bis 7 Uhr vor. Darüber hinaus schlug *Meyer-Ronnenberg* in seinen ersten drei Entwürfen vor, am Freitag, dem Tag der größten wöchentlichen Einkaufstätigkeit, eine Offenhaltung bis 19 Uhr zu gestatten[573]. Diese Möglichkeit war in der BT-Drucks. 1461/55 nicht mehr enthalten. Hier wurde ein allgemeiner Ladenschluss an Werktagen von Montag bis Freitag von 18 Uhr bis 7 Uhr vorgeschlagen[574]. Die Regierungsvorlage hatte demgegenüber noch eine Ermächtigung an die Landesregierungen, durch Rechtsverordnung den allgemeinen Ladenschluss an Werktagen auf 18 Uhr vorzuverlegen, enthalten. Die ersten drei Entwürfe *Meyer-Ronnenbergs* hatten diese Möglichkeit über-

---

570 Begründung zum Entwurf Januar 1955, S. 3, PA, II 314 B 1, lfd. Nr. 5.
571 vgl. 2. Teil, IV 2c) der Arbeit.
572 Begründung zum Entwurf Oktober 1954 , S. 4, PA, II 314 B 1, lfd. Nr. 2.
573 vgl. Entwurf Oktober 1954, Januar 1955 und Februar 1955, jeweils § 3 Abs. 1 Buchstabe b, PA, II 314 B 1, lfd. Nr. 2, 5 und 6.
574 BT-Drucks. 1461 vom 14 .6.1955, § 3 Ziff. 2.

nommen, beschränkt auf den Freitag. Durch die in der BT-Drucks. 1461/55 vorgenommene Regelung war dieser zweite Absatz obsolet geworden.

c) Die Regelung des Trink- und Imbisshallenverkaufs

In Bezug auf die Regelung des Trink- und Imbisshallenverkaufs war *Meyer-Ronnenberg* von der Notwendigkeit einer Vorschrift in einem Gesetz über den Ladenschluss überzeugt. Entgegen dem Vorschlag des Bundesrates, diesen Regelungsbereich in eine Novelle zum Gaststättengesetz zu übernehmen[575], behielt er die von der Bundesregierung vorgeschlagene Fassung bei und fügte dieser einen zweiten Absatz hinzu, der den Charakter als Imbisshalle noch weiter klarstellen sollte. In allen Entwürfen fand sich der in der BT-Drucks. 1461/55 enthaltene Zusatz, dass

> die in Absatz 1 genannten Einrichtungen, deren Umsatz an zubereiteten Speisen und Getränken 50 v.H. des Gesamtumsatzes nicht erreicht, während der für Lebensmittelgeschäfte geltenden Ladenschlusszeiten für den Kundenverkehr geschlossen sein müssen[576].

Den Anlass für diesen Vorschlag bildete die Begründung zum Regierungsentwurf, der sich *Meyer-Ronnenberg* anschloss. Es erscheine als nicht vertretbar, Imbisshallen dem Gaststättengesetz zu unterstellen, die von einem Jahresumsatz von 60.000 DM nur für 3.000 DM Getränke und Speisen verkauften, für 57.000 DM aber Einzelhandelswaren[577]. Es sollte damit nicht der Verkauf nach Ladenschluss dieser sogenannten Betriebe mit gemischter Geschäftsart insgesamt unterbunden werden[578]. Lediglich ein umfangreicher Handel nach Ladenschluss unter dem Aushängeschild der Gaststätte sollte verhindert werden[579]. Die besondere Notwendigkeit einer klaren Abgrenzung der Befugnisse dieses Geschäftszweiges fand *Meyer-Ronnenberg* in einem Hinweis des *Bundesfachverbandes des Trinkgewerbes*, herausgegeben in einer Denkschrift vom 5. November 1954, in der geschrieben stand:

> „4. Ohne in einen Raum eintreten zu müssen, im sog. Vorbeihuschen, findet die Bedienung in den Trinkhallen schnell und ohne Zeitaufwand statt[580].“

---

575 vgl. 2. Teil, V 1i) der Arbeit.
576 BT-Drucks. 1461 vom 14.6.1955.
577 Begründung zum Entwurf Februar 1955, S. 4, PA, II 314 B 1, lfd. Nr. 6.
578 vgl. dazu OLG Düsseldorf, Urt. vom 24.9.1951, NJW 1951, 975.
579 so schon Begründung zum Entwurf Oktober 1954, S. 4, PA, II 314 B 1, lfd. Nr. 2.
580 Begründung zum Entwurf Januar 1955, S. 4, PA, II 314 B 1, lfd. Nr. 5.

d) Die Verkaufsstände in Theatern, Filmtheatern u.ä.

Die ersten drei Entwürfe zur BT-Drucks. 1461/55 sahen im § 1, der die Definition der Verkaufsstellen im Sinne des Gesetzes enthielt, einen Zusatz vor, durch den explizit alle Verkaufsstände in Theatern, Filmtheatern, Messen, Schaustellungen und Zirkus-Unternehmungen den allgemeinen Ladenschlusszeiten unterworfen werden sollten, soweit sie sich außerhalb der Einlasskartenkontrolle befanden. *Meyer-Ronnenberg* beabsichtigte mit dieser Einbeziehung, auf unterschiedliche Regelungen einzelner Länder zu reagieren und eine Einheitlichkeit herzustellen[581]. Dieses Problem ist bereits in der Regierungsvorlage gesehen worden. Eine ausgeprägte Differenzierung in diesem Zusammenhang wurde jedoch nicht für erforderlich gehalten.

§ 1 des Entwurfes sowohl der Regierungsvorlage als auch *Meyer-Ronnenbergs* enthielt eine allgemeine Definition des Begriffes „Verkaufsstelle"[582]. Verkaufsstellen vor den Einlasskontrollen der hier fraglichen Einrichtungen fielen ohnehin unter diesen Begriff und damit unter die allgemeinen Öffnungszeiten. Schon aus der Begründung zur BR-Drucks. 310/54[583] ergab sich unter Zustimmung der späteren Kommentarliteratur[584], dass zwar grundsätzlich auch Verkaufsstände hinter den Einlasskontrollen unter die Definition des § 1 fielen, für sie aber die Besonderheiten des Zubehörhandels vorliegen und auf diese Weise eine Erweiterung im Rahmen der Erforderlichkeit gewahrt wurde.

Aus diesen oder ähnlichen Erwägungen heraus hat *Meyer-Ronnenberg* vermutlich in der BT-Drucks. 1461/55 auf den vorgeschlagenen Zusatz verzichtet und die Formulierung der Regierungsvorlage unverändert übernommen[585].

e) Die Verkaufsstellen auf Personenbahnhöfen

Meyer-Ronnenberg wählte bei seiner Fassung der Bestimmung über Verkaufsstellen auf Personenbahnhöfen eine Formulierung, die Anlass zu Streitigkeiten bot. Er griff zurück auf die Unterscheidung zwischen Verkaufsstellen vor den Sperren und denen dahinter; eine Differenzierung also, die vom Arbeitsministerium nach langem Ringen mit dem Verkehrsministerium im Zusammenhang mit dem Inkrafttreten des Bundesbahngesetzes[586] aufgegeben worden war. Die Befürchtungen, die *Meyer-Ronnenberg* zu dieser Formulierung bewegten, waren

---

581 Begründung zum Entwurf Oktober 1954, S. 4, PA, II 314 B 1, lfd. Nr. 2.

582 vgl. 2. Teil, IV 2a) der Arbeit.

583 BR-Drucks. 310/54 vom 24.9.1954, Begründung S. 8, PA, II 314 A, lfd. Nr. 1.

584 z.B. Hoffmann, Das Gesetz über den Ladenschuss, in: von Brauchitsch, Verwaltungsgesetze des Bundes und der Länder, Bd. VIII, 2. Halbband, S. 859; Schulte Langforth/ Böhm, § 1 Anm. 3d; Sigl, Ladenschlussgesetz, § 1 Anm. 5b; Zmarzlik, Zweifelsfragen beim Ladenschluss, Arbeitsschutz (Beilage zum BABl.) 1961, S. 151.

585 vgl. § 1 BR-Drucks. 310/54 und § 1 BT-Drucks. 1461/55.

586 BGBl. 1951 I, 955 ff..

letztlich die gleichen die seinerzeit im Arbeitsministerium geäußert wurden: Nur sehr wenige Bahnsteige würden eine Einkaufsmöglichkeit für die Reisenden bieten, um ihre dringenden Bedürfnisse befriedigen zu können[587]. Hingegen hätten sich vor den Sperren, also in den Bahnhofshallen, ganze Ladenstraßen gebildet, die vorwiegend vom Passantenverkehr der Nichtreisenden lebten. Diese letztgenannten Verkaufsstellen würden den 2½ bis 3-fachen Umsatz der Läden hinter den Sperren erzielen. Weiterhin würden z.B. die Kölner Bahnhofsgeschäfte in Zeitungen und Prospekten auffordern, den Bedarf nach Ladenschluss bei ihnen zu decken. Die Vorschrift des § 41 BBG[588], wonach Verkaufsstellen auf Personenbahnhöfen insgesamt nicht dem Gewerberecht unterstanden, war nach Auffassung *Meyer-Ronnenbergs* verfassungswidrig[589]. Es widerspreche dem Gleichheitssatz, wenn Verkaufsstellen des Bahnhofshandels außerhalb der Sperren nicht an das Gewerberecht gebunden wären. Mit seinem Vorschlag der Gesetzesformulierung verfolgte *Meyer-Ronnenberg* zweierlei; zum einen die Gewährleistung der Deckung des echten Reisebedarfs, zum anderen die Schaffung der gleichen Bedingungen für die Geschäfte außerhalb der Sperren, wie sie für Ladeninhaber außerhalb der Bahnhöfe auch galten[590].
Die BT-Drucks. 1461/55 enthielt daher eine Ausnahme von den allgemeinen Öffnungszeiten nur für Verkaufsstellen hinter den Bahnsteigsperren. Diese dürften an allen Tagen während des ganzen Tages geöffnet sein, mit der Ausnahme des 24. Dezembers. Hier sah der Entwurf lediglich eine Öffnung bis 17 Uhr vor[591].

f) Die Verkaufsstellen auf Flughäfen

In seinem ersten Entwurf nahm *Meyer-Ronnenberg* die Regelung für Verkaufsstellen auf Flughäfen auf, die durch die Bundesregierung vorgeschlagen wurde. Hiernach dürften die besagten Verkaufstellen an allen Tagen während des ganzen Tages geöffnet sein, am 24. Dezember jedoch nur bis 17 Uhr. Weiterhin sollte eine Ermächtigung an den Bundesverkehrsminister gegeben werden, wonach im Einvernehmen mit dem Bundesminister für Arbeit und dem Bundesminister für Wirtschaft durch Rechtsverordnung Ladenschlusszeiten vorzuschreiben und die Abgabe von Waren näher zu regeln[592].

---

587 Begründung zum Entwurf Januar 1955, S. 5, PA, II 314 B 1, lfd. Nr. 5.
588 vgl. 2. Teil, IV 2d) (aa) der Arbeit.
589 Begründung zum Entwurf Januar 1955, S. 5, PA, II 314 B 1, lfd. Nr. 5.
590 Begründung zum Entwurf Februar 1955, S. 6, PA, II 314 B 1, lfd. Nr. 6.
591 BT-Drucks. 1461 vom 14.6.1955, § 7.
592 vgl. im Entwurf Oktober 1954 §§ 4 Buchstabe d, 6 Buchstabe d und § 8 der BR-Drucks. 310/54.

Für den zweiten Entwurf sah *Meyer-Ronnenberg* hingegen ein echtes Bedürfnis für die uneingeschränkte Öffnungsmöglichkeit der Flughafenverkaufsstellen[593]. Demzufolge verzichtete er für den zweiten und dritten Entwurf auf die Ermächtigung an den Bundesminister für Verkehr, die Ladenzeiten zu verkürzen[594]. Bestehen blieb lediglich die Einschränkung für den 24. Dezember und diejenige, dass während der allgemeinen Ladenschlusszeiten nur die Abgabe von Reisebedarf an Reisende gestattet werden sollte. Eine Gefahr für andere Verkaufsstellen aus dieser Ungleichbehandlung sah *Meyer-Ronnenberg* nicht, da diese Verkaufsstellen durchweg weit außerhalb der allgemeinen Besiedlung lägen[595]. Für den Initiativentwurf nach BT-Drucks. 1461/55 hingegen nahm er von der letztgenannten Begründung wieder Abstand und kehrte zur Fassung der Regierungsvorlage zurück, die wortgleich in die BT-Drucks. 1461/55 übernommen wurde[596]. Am 24. Dezember sah *Meyer-Ronnenberg* jedoch nur eine Öffnung bis 14 Uhr vor.

g) Die Regelung der Warenautomaten

Eine schrittweise Annäherung an die Fassung der Regierungsvorlage erfuhr die Regelung der Warenautomaten. Der erste Entwurf sah eine Ausnahme von den allgemeinen Ladenzeiten für Warenautomaten nur an den Werktagen vor. Hier sollte die Öffnung während des ganzen Tages gestattet sein[597]. Eine Unterscheidung zwischen den sogenannten verbundenen und unverbundenen Warenautomaten war nicht vorgesehen[598]. Für den zweiten Entwurf erteilte *Meyer-Ronnenberg* dem Vorschlag des Bundesrates, Warenautomaten gänzlich aus dem Entwurf herauszunehmen, eine Absage. Die fortschreitende Mechanisierung bestimmter Verkaufsvorgänge ermögliche zweifellos eine Umgehung der Ladenschlusszeiten, die dem Gedanken einer endgültigen sozialen Befriedung des ganzen Verkaufswesens entgegenstehe[599]. Mit dieser Begründung fügte er seinem Entwurf eine Vorschrift hinzu, die jegliche Verkaufszeitbeschränkung für verbundene Warenautomaten aufheben sollte. Gleichzeitig griff *Meyer-Ronnenberg* einen Vorschlag des Bundesrates auf und wollte die Verkaufszeitbeschränkung für alle Warenautomaten aufheben, soweit sie sich auf Personen-

---

593 Begründung zum Entwurf Januar 1955, S. 7, PA, II 314 B 1, lfd. Nr. 5.
594 Entwurf Januar 1955 und Februar 1955, jeweils §§ 4 Buchstabe d und 6 Buchstabe d, PA, II 314 B 1, lfd. Nr. 5 und 6.
595 Begründung zum Entwurf Januar 1955, S. 7, PA, II 314 B 1, lfd. Nr. 5.
596 vgl. § 8 der BT-Drucks. 1461 vom 14.6.1955.
597 vgl. Entwurf Oktober 1954 § 6 Buchstabe c, PA, II 314 B 1, lfd. Nr. 2.
598 vgl. hierzu 2. Teil, III 1. und 2. der Arbeit.
599 Begründung zum Entwurf Januar 1955, S. 6, PA, II 314 B 1, lfd. Nr. 5.

bahnhöfen, Flughäfen, Zentralomnibusbahnhöfen oder Schiffsanlegestellen befanden[600].

In der Vorlage nach BT-Drucks. 1461/55 hingegen schloss sich *Meyer-Ronnenberg* der Kritik des Bundesarbeitsministeriums an. Diese hatte sich in einem Entwurf für eine Stellungnahme zu den Änderungsvorschlägen des Bundesrates gegen die Aufnahme der Begriffe „Zentralomnibusbahnhöfe" und „Schiffsanlegestellen" ausgesprochen, da dies zu einer untragbaren Ausweitung von Ausnahmen führe[601]. Demzufolge wurde die Vorschrift wortgleich mit der Regierungsvorlage in den Initiativentwurf übernommen[602].

h) Die Ausnahmeregelung für Tankstellen

In der Regelung über Verkaufszeiten von Tankstellen bleib *Meyer-Ronnenberg* in seinem ersten Entwurf hinter dem Vorschlag der Regierungsvorlage zurück. Letztere sah eine Öffnungsmöglichkeit an allen Tagen während des ganzen Tages für Tankstellen an Bundesautobahnen, Bundesstraßen, sonstigen Straßen mit Durchgangsverkehr oder in Gemeinden mit mehr als 10.000 Einwohnern vor[603]. *Meyer-Ronnenberg* übernahm in seinen ersten Entwurf nur die ersten drei Ausnahmemöglichkeiten[604]. Auf eine Ausweitung der Öffnungszeiten für alle übrigen Tankstellen von 6 bis 22 Uhr, wie sie in der Regierungsvorlage vorgesehen war, verzichtete *Meyer-Ronnenberg* gänzlich. In seinem zweiten und dritten Entwurf ging *Meyer-Ronnenberg* schließlich über den Vorschlag der Bundesregierung hinaus. Er griff die Anregung des Bundesrates auf, Tankstellen zwar grundsätzlich in dem Anwendungsbereich des Entwurfes zu belassen, für sie jedoch keine Verkaufszeitbeschränkungen vorzusehen[605]. Diese Formulierung wurde schließlich in den Antrag nach BT-Drucks. 1461/55 übernommen. Eine Beschränkung war hier, wie auch in den Vorentwürfen, während der allgemeinen Ladenschlusszeiten und an den Sonn- und Feiertagen auf die Abgabe von Ersatzteilen für KFZ, soweit dies zur Erhaltung oder Wiederherstellung der Fahrbereitschaft notwendig war, sowie für die Abgabe von Betriebsstoffen, vorgesehen[606].

---

600 vgl. Entwurf Januar 1955 § 7, PA, II 314 B 1, lfd. Nr. 5.

601 Entwurf für eine Stellungnahme zu den Änderungsvorschlägen des Bundesrates, IIIc/6942/54 vom 23.12.1954, S. 2, BA-Koblenz, B 102, 39405.

602 vgl. BR-Drucks. 310/54, § 6 und BT-Drucks. 1461/55, § 6.

603 vgl. BR-Drucks. 310/54, § 5.

604 vgl. Entwurf Oktober 1954, § 4 Buchstabe b, PA, II 314 B1, lfd. Nr. 2.

605 BR-Drucks. 310/54 (Beschluss) vom 16.10.1954, Änderungsvorschlag Nr. 6.

606 vgl. BT-Drucks. 1461/55, § 5.

i) Der besondere Schutz der Arbeitnehmer

In den Einleitungen zu den Begründungen der ersten drei Entwürfe führte *Meyer-Ronnenberg* an, er hätte Bestimmungen über arbeitsrechtliche und tarifliche Belange herausgelassen, um Überschneidungen zu vermeiden[607]. Es seien diese Belange in den einschlägigen Gesetzen zur genüge geregelt. Er übernahm aus diesem Grunde lediglich die ersten drei der acht Absätze zu der Regierungsvorlage. Hierin war geregelt, dass Arbeitnehmer an Sonn- und Feiertagen nur während der zugelassenen Öffnungszeit und weiterer dreißig Minuten beschäftigt werden durften. Weiter übernahm er die Vorschrift, nach der die Beschäftigungszeit an Sonn- und Feiertagen insgesamt acht Stunden nicht überschreiten durfte. Hier fügte er einen Verweis auf die Arbeitszeitordnung und das Jugendschutzgesetz hinzu, wonach die dort vorgesehenen Ruhepausen einzuhalten waren. Letztlich übernahm er den dritten Absatz, der den Ausgleich für an Sonn- und Feiertagen geleistete Arbeit bestimmte[608].

Nicht übernehmen wollte er hingegen die Bestimmung über das Beschicken von Warenautomaten und die Beachtung von weiteren Schutzvorschriften. Es fielen ebenfalls die Ermächtigungen an den Bundesminister für Arbeit weg, wonach weitere Vorschriften zum Schutz der Arbeitnehmer erlassen werden konnten und diejenige an die Gewerbeaufsichtsämter, in begründeten Einzelfällen Ausnahmen zu bewilligen. Letztlich übernahm *Meyer-Ronnenberg* nicht den Absatz, der pharmazeutisch vorgebildete Arbeitnehmer in Apotheken aus dem Schutzbereich herausnehmen sollte.

Für den zweiten Entwurf von Januar 1955 fügte er einen vierten Absatz hinzu, der den Ausgleich für die am ersten Samstag im Monat von 14 bis 18 Uhr geleistete Arbeit regelte. Ein Ausgleich sollte danach in gleicher Anzahl an Freistunden an einem Montag gewährt werden[609].

Der dritte Entwurf erfuhr demgegenüber eine nur kleine Änderung. Es wurde lediglich die an Sonn- und Feiertagen zulässige Beschäftigungszeit von acht auf sieben Stunden herabgesetzt[610]. Der Entwurf gemäß BT-Drucks. 1461/55 wiederholte bis auf wenige Ausnahmen den Wortlaut der Regierungsvorlage gemäß BR-Drucks. 310/54: Die vorgesehene Verweisung auf die Ruhepausenregelung der Arbeitszeitordnung und das Jugendschutzgesetz war entfallen. Ebenfalls wurde der soeben beschriebene Abs. 4 des zweiten Entwurfes von Januar 1955 nicht übernommen. Bestehen blieb die Beschränkung der zulässigen Beschäftigungszeit an Sonn- und Feiertagen von sieben Stunden. Die aus der Regierungsvorlage nicht übernommenen Absätze 4 bis 8 tauchten nun in der

---

607 Begründung zum Entwurf Oktober 1954, S. 2, PA, II 314 B 1, lfd. Nr. 2, in den folgenden Entwürfen wortgleich übernommen.

608 vgl. 2. Teil, IV 2g) der Arbeit.

609 Entwurf Januar 1955, § 8 Abs. 4, PA, II 314 B 1, lfd. Nr. 5.

610 Entwurf Februar 1955, § 8 Abs. 2, S. 1, PA, II 314 B 1, lfd. Nr. 6.

BT-Drucks. 1461/55 wortgleich wieder auf und widersprachen gleichfalls der Begründung *Meyer-Ronnenbergs*.

j) Straftaten und Ordnungswidrigkeiten

Die in der Regierungsvorlage vorgesehenen Strafrahmen hielt *Meyer-Ronnenberg* für zu weitgehend[611]. In seinem ersten Entwurf verzichtete er auf die eine Straftat begründenden, qualifizierenden Umstände der Regierungsvorlage[612].
Eine Straftat sollte nach dem ersten Entwurf vom Oktober 1954 schon bei einem vorsätzlichen Verstoß gegen die Bestimmungen des besonderen Schutzes der Arbeitnehmer[613] oder einer auf Grund dieser Bestimmung erlassenen Rechtsverordnung, soweit diese ausdrücklich auf diese Bestimmung verweise, vorliegen[614]. Als Rechtsfolge hatte *Meyer-Ronnenberg* eine Geldstrafe bis 1.000 DM vorgesehen. Als weitere Begründung einer Strafbarkeit sah er einen vorsätzlichen Verstoß gegen eine Rechtsverordnung, die auf Grund der Vorschrift über das sonstige gewerbliche Feilhalten erlassen wurde. Nach dieser Vorschrift sollte, mit Ausnahmen, auch der Verkauf von Waren außerhalb der Verkaufsstellen während der Ladenschlusszeiten untersagt werden[615]. Die Regierungsvorlage hatte ausdrücklich die Arbeitsschutzbestimmungen auch auf diese Verkaufstätigkeit für anwendbar erklärt und daher auch hier bei einem entsprechenden Verstoß die Strafbarkeit begründet. *Meyer-Ronnenberg* hingegen verzichtete in den ersten drei Entwürfen auf diese Ausdehnung des Arbeitnehmerschutzes und auch auf die Ermächtigung zum Erlass einer Rechtsverordnung. Seine Vorschrift über das sonstige gewerbliche Feilhalten sah lediglich eine Möglichkeit für Stadt- und Landkreisverwaltungen etc. vor, Ausnahmen zu gestatten. Einen Verstoß gegen eine auf Grund dieser Vorschrift erlassenen „Rechtsverordnung" wollte er allerdings weiterhin unter Strafe stellen[616].
Die Vorschrift über Ordnungswidrigkeiten übernahm *Meyer-Ronnenberg* wortgleich mit dem Regierungsentwurf.
In dem dritten Entwurf vom Februar 1955 hatte er den Tatbestand weiter eingeengt. Strafbar sollte danach ein vorsätzlicher Verstoß gegen soeben genannte Vorschriften sein, sofern diese Zuwiderhandlung hartnäckig wiederholt wurde, obwohl durch das Gewerbeaufsichtsamt eine schriftliche Unterlassungsaufforderung erfolgt war[617]. Auf der Rechtsfolgenseite erfuhr diese Vorschrift eine

---

611 Begründung zum Entwurf Oktober 1954, S. 2, PA, II 314 B 1, lfd. Nr. 2.
612 vgl. 2. Teil, IV 2h) der Arbeit.
613 vgl. soeben unter 2. Teil, VI 1i) der Arbeit.
614 Entwurf Oktober 1954, § 14, PA, II 314 B 1, lfd. Nr. 2.
615 vgl. 2. Teil, IV 2a) der Arbeit.
616 vgl. z.B. §§ 14 und 11 des Entwurfes Oktober 1954, PA, II 314 B 1, lfd. Nr. 2.
617 Entwurf Februar 1955, § 14, PA, II 314 B 1, lfd. Nr. 6.

Ausweitung. Es war hiernach eine Gefängnisstrafe bis zu einem Jahr und eine Geldstrafe oder eine dieser Strafen vorgesehen.
Für die Gesetzesinitiative nach BT-Drucks. 1461/55 wurden die Vorschriften über Straftaten und Ordnungswidrigkeiten noch einmal abgeändert. Zunächst wurden in der Norm über das sonstige gewerbliche Feilhalten die Arbeitnehmerschutzbestimmungen wieder für anwendbar erklärt. Der vorsätzliche Verstoß gegen eine Rechtsverordnung sollte jedoch nur strafbar sein, wenn diese Rechtsverordnung auf Grund der Vorschrift über den besonderen Schutz der Arbeitnehmer erlassen worden war. Auf der Rechtsfolgenseite wurde die Gefängnisstrafe herausgenommen. In Bezug auf die Ordnungswidrigkeiten wurde eine Geldbuße bis zu 10.000 DM vorgeschlagen[618].

k) Verkaufssonntage vor Weihnachten und weitere Fragen

Im übrigen enthielt der Antrag *Meyer-Ronnenbergs* die folgenden wesentlichen Abweichungen vom Regierungsentwurf gemäß BR-Drucks. 310/54:
Meyer-Ronnenberg schlug vor, den Zeitraum, in den die Sonntage vor Weihnachten fielen, die für den Verkauf offen sein sollten, nach hinten zu schieben. Seine ersten drei Entwürfe beinhalteten die Sonntage zwischen dem 10. und dem 23. Dezember, einschließlich dieser Tage, ohne die Anzahl zu beschränken[619]. Die zulässige Öffnungszeit wollte er auf fünf Stunden bis spätestens 18 Uhr festlegen.
Für den Antrag nach der BT-Drucks. 1461/55 behielt er zwar den angegebenen Zeitraum bei, beschränkte allerdings die Anzahl, wie in der Regierungsvorlage angegeben, auf zwei verkaufsoffene Sonntage.
Ein ähnliches Schicksal erfuhren die Regelungen über den *Verkauf am 24. Dezember*. Die ersten drei Entwürfe *Meyer-Ronnenbergs* enthielten lediglich die Alternative, dass der 24. Dezember auf eine Sonntag fiel. Hier sah er eine zulässige Öffnungszeit für bestimmte Verkaufsstellen[620] von höchstens drei Stunden bis spätestens 15 Uhr vor[621]. Der Antrag nach BT-Drucks 1461/55 wurde demgegenüber der Regierungsvorlage angepasst. Auch hier war der zulässige Zeitraum auf drei Stunden bemessen, sollte der 24. Dezember auf einen Sonntag fallen. Spätestens um 14 Uhr sollten die Geschäfte jedoch geschlossen sein[622]. Hinsichtlich des Falles, dass der 24. Dezember auf einen

---

618 vgl. hierzu Referentenentwurf vom 15.6.1951, vgl. 2. Teil, III 2. der Arbeit.
619 Entwurf Oktober 1954, § 4 Buchstabe e), PA, II 314 B 1, lfd. Nr. 2.
620 Verkaufsstellen, die bestimmte Waren wie Milch, Blumen, Konditorwaren, Zeitungen, überwiegend Lebensmittel oder Weihnachtsbäume verkauften.
621 Entwurf Februar 1955, § 4 Buchstabe f), PA, II 314 B 1, lfd. Nr. 6.
622 BT-Drucks. 1461/55, § 14.

Werktag fiel, ging *Meyer-Ronnenberg* letztlich über die Regierungsvorlage hinaus. Hier schlug er einen allgemeinen Ladenschluss um 13 Uhr vor[623].

Ein weiterer Unterschied zur Regierungsvorlage ergab sich in der Regelung über den *Verkauf an Sonn- und Feiertagen in Kur-, Wallfahrts- und Erholungsorten.* Hatte *Meyer-Ronnenberg* hier in den ersten zwei Entwürfen unter Beibehaltung der seinerzeit geltenden Regelung noch 26 Sonn- und Feiertage mit einem zulässigen Öffnungszeitraum von fünf Stunden vorgesehen[624], so reduzierte er die Anzahl im dritten Entwurf auf das Maß der Regierungsvorlage von höchstens zweiundzwanzig zulässigen Sonn- und Feiertagen[625].

Der Antrag nach BT-Drucks. 1461/55 ging demgegenüber noch einen Schritt weiter. Hier sah *Meyer-Ronnenberg* noch lediglich 16, in besonderen Fällen bis zu 22 verkaufsoffene Sonn- und Feiertage vor. Den Verkaufszeitraum wollte er auf vier Stunden begrenzen[626]. Ein ausgedehnter Ladenschluss bis 20 Uhr war nicht vorgesehen.

Die zulässigen weiteren Ausnahmen vom Ladenschluss an Sonn- und Feiertagen reduzierte der Initiativentwurf von sechs in der Regierungsvorlage vorgesehenen auf nunmehr vier Tage im Jahr[627]. Diese zusätzlichen Tage sollten dabei in den Ausnahmen von maximal 22 Sonn- und Feiertagen in Kur-, Wallfahrts- und Erholungsorten enthalten sein, wobei die Regierungsvorlage vorsah, die sechs Tage zusätzlich zu gewähren[628].

l) Die Überweisung an die Ausschüsse

Der Antrag *Meyer-Ronnenbergs* und Genossen nach BT-Drucks. 1461 vom 14. Juni 1955 wurde im Bundestag in erster Lesung in der 101. Sitzung vom 22. September 1955 beraten. Es wurde die Überweisung an den Ausschuss für Arbeit (federführend), den Ausschuss für Wirtschaftspolitik, den Ausschuss für Sonderfragen des Mittelstandes und den Ausschuss für Verkehrswesen beschlossen[629].

---

623 BT-Drucks. 1461/55, § 3 Ziff. 4.
624 Entwurf Januar 1955, § 5 Abs. 2 Buchstabe a), PA; II 314 B 1, lfd. Nr. 5.
625 Entwurf Februar 1955, § 5 Abs. 2 Buchstabe a), PA, II 314 B 1, lfd. Nr. 6.
626 BT-Drucks. 1461/55, § 9 Abs. 1.
627 BT-Drucks. 1461/55, § 13.
628 BT-Drucks. 1461/55, § 9 Abs. 1 Satz 2.
629 Stenographischer Bericht des Bundestages, 101. Sitzung vom 22.9.1955, 2. WP, Bd. 26, S. 5642 C.

2. Der Antrag der Abgeordneten *Kühltau* und Genossen gemäß BT-Drucks. 1943 vom 9. Dezember 1955

Nachdem der Antrag gemäß BT-Drucks. 1461 vom 14. Juni 1955 als Initiativentwurf dem Bundestag zugeleitet worden war, erging aus der Mitte des Bundestages im Dezember 1955 ein weiterer Gesetzesentwurf. Mit dem Antrag nach BT-Drucks. 1943/55 legten die Abgeordneten *Kühltau (CDU), Welter (Aachen) (CDU), Graaff (Elze) (FDP), Dr. Elbrächter (CDU)* und Genossen den Entwurf eines Gesetzes über den freien Halbtag im Einzelhandel vor. Dieser Entwurf bezog sich ausschließlich auf die Regelung eines freien Halbtages. Die Zielsetzung des Regierungsentwurfes und des Antrages BT-Drucks. 1461/55, einheitliche und übersichtliche Regelungen zu schaffen, die unter anderem die §§ 22, 23 AZO sowie die Sonn- und Feiertagsregelungen der Gewerbeordnung zusammenführen sollten, wurde nicht verfolgt. Der insgesamt neun Paragraphen umfassende Entwurf sollte im Kern die Ausgestaltung des freien Halbtages und die Überwachung der Freizeitgewährung regeln. Als Anwendungsbereich übernahm *Kühltau* die Definition der Verkaufsstelle aus dem Regierungsentwurf[630]. Für den freien Halbtag sah der Entwurf keinen festen Tag vor. Es sollte lediglich der Anspruch derjenigen Angestellten im Einzelhandel, die normalerweise 48 Stunden pro Woche beschäftigt waren, auf einen freien halben Tag pro Woche begründet werden[631]. Für die Gewährung dieses freien Halbtages sah der Entwurf entweder in jeder Woche die Freigabe eines Vor- oder Nachmittages oder in jeder zweiten Woche einen vollen Tag vor[632].

Die Überwachung der Freizeitgewährung sollte durch ein sog. Freizeitbuch erfolgen. Die Inhaber der Verkaufsstellen sollten verpflichtet werden, in diesem Freizeitbuch die Freigabe der Halbtage für jeden Angestellten zu vermerken und sich diese Eintragung durch die Unterschrift des Angestellten bestätigen zu lassen[633]. Weiterhin sah der Entwurf die Verpflichtung vor, den Gewerbeaufsichtsämtern auf Verlangen Einblick in die Freizeitbücher zu gewähren[634]. Verstöße gegen diese Vorschriften sollten als Ordnungswidrigkeiten mit einer Geldbuße geahndet werden[635].

Diese Vorlage hätte demnach die Einführung des vom Bundeswirtschaftsministerium befürworteten roulierenden Systems ermöglicht.

Der Bundestag befasste sich erstmals in seiner 125. Sitzung vom 20. Januar 1956 mit dem Gesetzesentwurf. Es wurde beschlossen, den Antrag dem Ausschuss für Arbeit (federführend) und dem Ausschuss für Wirtschaftspolitik

---

630 § 1 BT-Drucks. 1943/55.
631 § 3 Abs. 1, BT-Drucks. 1943/55.
632 § 3 Abs. 2, BT-Drucks. 1943/55.
633 § 5 BT- Drucks. 1943/55.
634 § 6 BT-Drucks. 1943/55.
635 § 7 BT-Drucks. 1943/55.

zu überweisen. Mit Schreiben vom 30. Mai 1956 stellte der Vorsitzende des Ausschusses für Sonderfragen des Mittelstandes den Antrag, ebenfalls mit der Beratung beauftragt zu werden. Der Ältestenrat entsprach diesem Anliegen in seiner Sitzung vom 1. Juni 1956, so dass dem Ausschuss die BT-Drucks. 1943/55 mit Schreiben vom gleichen Tage übersandt wurde[636].

3. Die Beratung der Vorlagen in den Ausschüssen des Bundestages

Nachdem die BT-Drucks. 1461/55 und 1943/55 wie erwähnt in die Ausschüsse des Bundestages gelangt waren, begannen diese mehr oder weniger zügig mit ihren Beratungen, um dem Bundestag einen gut ausgewogenen Kompromiss zwischen allen beteiligten Interessen als Beschlussvorlage zukommen zu lassen.

a) Ausschuss für Verkehrswesen

Als erster von den mit den Gesetzesinitiativen betrauten Ausschüssen nahm der Ausschuss für Verkehrswesen unter dem Vorsitz *Rademachers (FDP)* die Beratungen auf. Seine Zuständigkeit war auf die den Verkehr betreffenden Fragen beschränkt. Da die BT-Drucks. 1943/55 keine Gebiete berührte, die für den Verkehr von Bedeutung waren, war sie dem Verkehrsausschuss nicht zugeleitet worden. Aus diesem Grunde befasste sich der Ausschuss in zwei Sitzungen mit den Regelungen in der Drucksache über Tankstellen, Verkaufsstellen auf Personenbahnhöfen und Flughäfen, Kur- und Erholungsorten sowie in Grenzgebieten.
Für die erste Sitzung[637] wurde dem Ausschuss mit Schreiben vom 12. Dezember 1955[638] eine Stellungnahme des Bundesarbeitsministeriums zu den den Verkehr betreffenden Fragen der BT-Drucks. 1461/55 zugesandt. Es wurde in diesem Schreiben angeregt, bis auf die Regelung über die Tankstellen, an den Vorschlägen der Bundesregierung festzuhalten. Der Vorschlag *Meyer-Ronnenbergs*, für Verkaufsstellen auf Personenbahnhöfen eine Differenzierung zwischen Verkaufstellen vor und hinter den Sperren vorzunehmen, würde dazu führen, dass auf zahlreichen Bahnhöfen Läden hinter die Sperren verlegt werden müssten, da sich dort keine Läden befänden. Dies aber sei aus dringenden betrieblichen Gründen häufig nicht möglich[639]. Weiter würde die Versorgung der Reisenden nach 18 Uhr, insbesondere im internationalen Verkehr in unbilliger Weise

636 Schreiben vom 1.6.1956, Bundestagspräsident an den Vorsitzenden des Ausschusses für Sonderfragen des Mittelstandes, PA, II 314 A, lfd. Nr. 19.

637 70. Sitzung des Ausschusses für Verkehrswesen vom 14.12.1956, PA, II 314 A, lfd. Nr. 27.

638 IIIc/5917/55 vom 12.12.1955, PA, II 314 A, lfd. Nr. 27.

639 Stellungnahme des Bundesarbeitsministeriums zur BT-Drucks. 1461/55, IIIc/5917/55 vom 12.12.1955, S. 2, PA, II 314 A, lfd. Nr. 27.

erschwert werden. Die Regierungsvorlage hingegen würde die Entscheidung berücksichtigen, die der Bundestag durch die Einführung des § 41 BBG getroffen hätte. Die aufgrund des § 41 BBG erlassenen „Allgemeinen Verwaltungsvorschriften für die Behandlung von Bahnhofswirtschaften, Bahnhofsverkaufsstellen und Bahnhofsfriseurbetrieben" vom 9. November 1953[640] hätten sich zwischenzeitlich bewährt. Der Regierungsentwurf stelle einen Ausgleich zwischen den Bedürfnissen der Reisenden, den Belangen des Einzelhandels und den Interessen des Arbeitsschutzes dar[641].

Hinsichtlich der Verkaufsstellen auf Flughäfen wurde seitens des Arbeitsministeriums vorgeschlagen, diese mit denen auf Bahnhöfen gleichzustellen und auch hier am 24. Dezember statt um 14 Uhr einen Ladenschluss um 17 Uhr vorzusehen. Es sei auch insoweit der Regierungsvorlage zu folgen[642].

Auch bei der Regelung über Kur- und Erholungsorte riet das Bundesarbeitsministerium ein Festhalten an der Regierungsvorlage an. Die von *Meyer-Ronnenberg* vorgesehenen Einschränkungen[643] würden besonders an Sonnabenden eine starke Beeinträchtigung der Kaufbedürfnisse der Erholungssuchenden darstellen[644]. Die Bestrebungen zur Förderung des Fremdenverkehrs würden eine Verlängerung der Saison und damit eine gewisse Zahl von Verkaufssonntagen in Kur- und Erholungsorten verlangen. Den Gästen müsse im Interesse der Erholung auch werktags ausreichend Erholungsmöglichkeit gewährt werden.

Letztlich empfahl das Bundesministerium, die Regelung über Ausnahmen im öffentlichen Interesse wieder in den Entwurf einzufügen. Diese Vorschrift diene dem Zweck, in bestimmten Fällen, in denen allgemeine Sonderregelungen unmöglich oder unzweckmäßig seien[645], durch Einzelausnahmen regelnd eingreifen zu können[646].

Der Ausschuss für Verkehrswesen bekannte sich auf seiner 70. Sitzung im Grundsatz zu den Vorschlägen des Bundesarbeitsministeriums. Die Beschlussfassung sollte jedoch bis zur Vorlage des Regierungsentwurfes zurückgestellt werden. Als jedoch deutlich wurde, dass eine Regierungsvorlage dem Bundestag nicht mehr zugeleitet werden würde, forderte der Vorsitzende des Ausschusses für Arbeit *Anton Sabel (CDU/CSU)* den Vorsitzenden des Ausschusses für

---

640 BABl. 1954, S. 52 ff..

641 Stellungnahme des Bundesarbeitsministeriums zur BT-Drucks. 1461/55, IIIc/5917/55 vom 12.12.1955, S. 2, PA, II 314 A, lfd. Nr. 27.

642 Stellungnahme des Bundesarbeitsministeriums zur BT-Drucks. 1461/55, IIIc/5917/55 vom 12.12.1955, S. 3, PA, II 314 A, lfd. Nr. 27.

643 vgl. 2. Teil, VI 1k) der Arbeit.

644 Stellungnahme des Bundesarbeitsministeriums zur BT-Drucks. 1461/55, IIIc/5917/55 vom 12.12.1955, S. 3, PA, II 314 A, lfd. Nr. 27.

645 z.B. Verkaufsstellen zur Versorgung der Binnenschifffahrt.

646 Stellungnahme des Bundesarbeitsministeriums zur BT-Drucks. 1461/55, IIIc/5917/55 vom 12.12.1955, S. 4, PA, II 314 A, lfd. Nr. 27.

Verkehrswesen *Rademacher* mit Schreiben vom 23. März 1956 auf, ihm möglichst bald eine Stellungnahme zukommen zu lassen[647]. Die Beratung über die Gesetzesinitiative wurde daraufhin auf die Tagesordnung der 78. Sitzung vom 7. Mai 1956 gesetzt. In dieser Sitzung erhielt *Meyer-Ronnenberg* Gelegenheit, sich zu den von ihm vorgeschlagenen Regelungen zu äußern. Er hielt eine Unterscheidung zwischen den Verkaufsstellen vor und hinter der Bahnsteigsperre für unverzichtbar[648]. Die *Deutsche Bundesbahn* sei in den vorangegangenen Jahren zur Einrichtung ganzer Ladenstraßen auf den größeren Bahnhöfen übergegangen. Der ursprüngliche Gedanke, den Reisenden auf Bahnhöfen eine Einkaufsmöglichkeit zu schaffen, sei dadurch verloren gegangen. Gerade Nichtreisende würden vorwiegend in den Zeiten, in denen die normalen Geschäfte geschlossen halten müssten, in den Geschäften der Bahnhöfe einkaufen. Auf diese Weise könnten die Geschäfte vor den Sperren etwa den dreifachen Umsatz von denen hinter den Sperren erzielen. Das Argument, der Reiseverkehr müsse bei einer Beschränkung der Verkaufszeiten für die Geschäfte vor den Sperren leiden, wollte *Meyer-Ronnenberg* nicht anerkennen. Sein Entwurf sehe vor, dass Geschäfte hinter den Sperren ohne jede Beschränkung offengehalten werden dürften. Einen dann eintretenden verstärkten Ausbau von Verkaufsstellen hinter den Sperren wollte er bewusst in Kauf nehmen[649]. Weiter trat *Meyer-Ronnenberg* dem Argument entgegen, die *Deutsche Bundesbahn* sei nicht an der Umsatzhöhe der Bahnhofsgeschäfte unmittelbar interessiert. Hierzu führte er eine Erhebung bei verschiedenen Pächtern von Bahnhofsverkaufsstellen an. Es habe sich hieraus ergeben, dass die *Bundesbahn* in den vorangegangenen zehn Jahren seit 1946 nicht nur den Bahnhofshandel planmäßig ausgebaut habe, sondern auch mit allen Mitteln eine Steigerung der Pachtzinsen herbeigeführt hätte[650]. So habe ein Pächter eines Süß- und Tabakwarenkioskes auf einem mittleren Bahnhof der *Deutschen Bundesbahn* eine Pachtzinssteigerung von 600 DM pro Jahr 1948 bis 5.000 DM pro Jahr 1953 hinnehmen müssen. Ein weiterer Pächter auf demselben Bahnhof habe 12 % seines Umsatzes als Pacht zu zahlen[651]. Da vorwiegend kleine mittelständische Unternehmen diese hohen Pachtzinsen nicht aufbringen könnten, führe die Politik der *Bundesbahn* nach Ansicht *Meyer-Ronnenbergs* dazu, dass sich immer

---

647 vgl. hierzu Stellungnahme des Ausschusses für Verkehrswesen zur BT-Drucks. 1461/55 vom 9.5.1956, S. 2, PA, II 314 A, lfd. Nr. 29.

648 *Meyer-Ronnenberg* in der 78. Sitzung des Ausschusses für Verkehrswesen vom 7.5.1956, S. 3, PA, II 314 A, lfd. Nr. 28.

649 *Meyer-Ronnenberg* in der 78. Sitzung des Ausschusses für Verkehrswesen vom 7.5.1956, S. 4, PA, II 314 A, lfd. Nr. 28.

650 *Meyer-Ronnenberg* in der 78. Sitzung des Ausschusses für Verkehrswesen vom 7.5.1956, S. 3, PA, II 341 A, lfd. Nr. 28.

651 *Meyer-Ronnenberg* in der 78. Sitzung des Ausschusses für Verkehrswesen vom 7.5.1956, S. 5, PA, II 314 A, lfd. Nr. 28.

mehr Großbetriebe mit zahlreichen Filialen auf Bahnhöfen ansiedeln würden. Auf einen entsprechenden Vorwurf habe der Präsident der *Deutschen Bundesbahn* in einem Schreiben geantwortet, die Pachtberechnungsmethode der *Deutschen Bundesbahn* ziele darauf ab, übersteigende Gewinne der Pächter zu verhindern[652].
Durchzusetzen vermochte sich *Meyer-Ronnenberg* mit seinen Vorschlägen nicht. Die sich an den Vortrag anschließende allgemeine Aussprache ergab, dass sich die Regelung des § 41 BBG und die daraufhin erlassenen „Allgemeinen Verwaltungsvorschriften für die Behandlung von Bahnhofswirtschaften, Bahnhofsverkaufsstellen und Bahnhofsfriseurbetrieben" bewährt hätten und daher nicht abgeändert werden sollten. Die beteiligten Bundesministerien wurden gebeten, die „Allgemeinen Verwaltungsvorschriften" und den Begriff des „Reisebedarfs" in Zusammenarbeit mit den Spitzenorganisationen des Einzelhandels neu zu prüfen[653].
Im einzelnen schlug der Ausschuss für Verkehrswesen dem Ausschuss für Arbeit folgende Änderungen vor:
Es solle die Regelung über Tankstellen aus dem Antrag gemäß BT-Drucks. 1461/55 unverändert übernommen werden. Die Regelung über Verkaufsstellen auf Personenbahnhöfen und Flughäfen solle der Regierungsvorlage gemäß BR-Drucks. 310/54 entnommen werden.

Ebenfalls folgte der Ausschuss der Regierungsvorlage hinsichtlich der Frage der Kur- und Erholungsorte, wich aber insofern von dieser ab, als dass die zulässige Öffnungszeit an Sonn- und Feiertagen wie von *Meyer-Ronnenberg* vorgeschlagen vier Stunden betragen sollte. Die längste Offenhaltung an dem noch festzusetzenden freien Nachmittag solle bis 18 Uhr und nicht, wie in der Regierungsvorlage vorgesehen, bis 20 Uhr erlaubt werden. Letztlich riet der Ausschuss dazu, eine Sonderregelung für „Ausnahmen im öffentlichen Interesse" wortgleich mit der Regierungsvorlage zu übernehmen[654].
Mit Schreiben vom 9. Mai 1956 wurde diese Stellungnahme des Ausschusses an den Vorsitzenden des Ausschusses für Arbeit, *Anton Sabel,* übersandt[655].

652 *Meyer-Ronnenberg* in der 78. Sitzung des Ausschusses für Verkehrswesen vom 7.5.1956, S. 5, PA, II 314 A, lfd. Nr. 28, Schreiben des Präsidenten der *Deutschen Bundesbahn* ist nicht mehr greifbar.

653 Kurzprotokoll zur 78. Sitzung des Ausschusses für Verkehrswesen vom 7.5.1956, S. 6, PA, II 314 A, lfd. Nr. 28.

654 Kurzprotokoll zur 78. Sitzung des Ausschusses für Verkehrswesen vom 7.5.1956, S. 7, PA, II 314 A, lfd. Nr. 28.

655 Stellungnahme des Ausschusses für Verkehrswesen zur BT-Drucks. 1461/55 vom 9.5.1956, PA, II 314 A, lfd. Nr. 29.

b) Ausschuss für Sonderfragen des Mittelstandes

Als zweiter Ausschuss beriet der Ausschuss für Sonderfragen des Mittelstandes die Ladenschlussfrage. Neben dem Gesetzesentwurf *Meyer-Ronnenbergs* gemäß BT-Drucks. 1461/55 war diesem Ausschuss auch der Initiativentwurf des Abgeordneten *Kühltau* gemäß BT-Drucks. 1943/55 zugewiesen worden[656].

In vier Sitzungen im Zeitraum vom 1. Juni 1956 bis zum 25. Juni 1956 wurde eine Stellungnahme mit Änderungsvorschlägen erarbeitet, die dem Vorsitzenden des Ausschusses für Arbeit, *Anton Sabel,* mit Schreiben vom 4. Juli 1956 übersandt wurde[657]. Die Beratungen begannen in der 25. Sitzung vom 1. Juni 1956 mit einer allgemeinen Aussprache über das Themengebiet. Es wurde sehr schnell deutlich, dass auf eine Stellungnahme der Bundesregierung nicht gewartet werden sollte. Nach den Angaben des *MinR Dr. Britsch* aus dem Bundeswirtschaftsministerium habe das Kabinett beschlossen, zunächst eine Fühlungnahme mit den Fraktionen abzuwarten. Ein Termin für eine Vorlage der Regierungsvorlage sei daher noch nicht abzusehen[658]. Ein Aussetzen der Beratungen auf unbestimmte Zeit aber wollte der Vorsitzende Abg. *Stücklen (CDU/CSU)* nicht verantworten[659]. Weiter wurde in dieser allgemeinen Aussprache deutlich, wie schwer eine Meinungsbildung werden würde. Zu unterschiedlich waren die Auffassungen zur grundsätzlichen Frage des freien Halbtages. Vor allem der Abgeordnete *Meyer-Ronnenberg*, der ordentliches Mitglied dieses Ausschusses war, setzte sich leidenschaftlich für das verlängerte Wochenende der Angestellten im Einzelhandel ein. Dabei zeigte er sich jedoch durchaus kompromissbereit. So führte er bei der Erörterung einer Lösung auf regionaler Ebene aus, dass ihm jede Lösung recht sei, die vorwärts führe, wenn diese denselben Erfolg zeigen würde[660]. Gegen das roulierende System hätte nach Auffassung *Meyer-Ronnenbergs* gesprochen, dass ca. 89,5 % der Geschäfte des gesamten Einzelhandels höchstens vier Angestellte beschäftigen würden und daher dieses System nicht durchführen könnten[661]. Das Schließen an

---

656 vgl. 2. Teil, VI 2. der Arbeit.

657 Schreiben des Ausschusses für Sonderfragen des Mittelstandes an den Ausschuss für Arbeit vom 4.7.1956, PA, II 314 A, lfd. Nr. 24.

658 *MinR Dr. Britsch,* Protokoll zur 25. Sitzung des Ausschusses für Sonderfragen des Mittelstandes vom 1.6.1956, S. 3, PA, II 314 A, lfd. Nr. 20.

659 *Stücklen,* Protokoll zur 25. Sitzung des Ausschusses für Sonderfragen des Mittelstandes vom 1.6.1956, S. 3, PA, II 314 A, lfd. Nr. 20.

660 *Meyer-Ronnenberg,* Protokoll zur 25. Sitzung des Ausschusses für Sonderfragen des Mittelstandes vom 1.6.1956, S. 15 f., PA, II 314 A, lfd. Nr. 20.

661 *Meyer-Ronnenberg,* Protokoll zur 25. Sitzung des Ausschusses für Sonderfragen des Mittelstandes vom 1.6.1956, S. 5, PA, II 314 A, lfd. Nr. 20. Der Abg. *Holla (CDU/CSU)* führte gleiches Argument für das Nahrungsmittelhandwerk, insbes. Bäckereien an, Protokoll zur 25. Sitzung des Ausschusses für Sonderfragen des Mittelstandes vom 1.6.1956, S. 8, PA, II 314 A, lfd. Nr. 20.

einem Halbtag während der Woche sei ebenfalls abzulehnen, da sich eine solche Lösung nicht mit den Bedürfnissen der Wirtschaft koordinieren ließe. Für einen Samstags-Frühschluss und damit für ein verlängertes Wochenende spreche aber vor allem die Lage auf dem Arbeitsmarkt. Hier sei bereits ein Mangel an Nachwuchskräften zu beobachten[662].
Erneut diskutiert wurde die Frage, ob eine bundeseinheitliche Regelung überhaupt angestrebt werden sollte. Einige Ausschussmitglieder sprachen sich durchaus für ein Rahmengesetz aus.
Der Abgeordnete *Meyer (Oppertshofen) (CDU/CSU)* vertrat diese Auffassung im Hinblick auf die Handwerksbetriebe. So hätten die Friseure seines Kreises in den vergangenen zehn Jahren stets am Montag geschlossen[663]. Der Abgeordnete *Wieninger (CDU/CSU)* wies als Argumentation auf die regionalen Unterschiede hin und wollte die Regelung den unteren Instanzen überlassen[664]. Der Abgeordnete *Illerhaus (CDU/CSU)* machte längere Ausführungen zu den Ladenzeitenregelungen in England, wonach vorgeschrieben sei, dass an einem Nachmittag in der Woche geschlossen zu halten sei. Welcher Nachmittag das sei, werde durch eine regionale Abstimmung im Einzelhandel festgelegt[665]. Auch nahm er Bezug auf eine Bitte des *Deutschen Städtetages*, nach der sich für den Erlass eines Rahmengesetzes ausgesprochen werden sollte[666]. Es könne durch den Erlass eines Rahmengesetzes dem allgemeinen Bedürfnis nach möglichst viel Freizeit am besten Rechnung getragen werden[667]. Der *Deutsche Städtetag* sei gewillt, die Verantwortung für eine regionale Lösung auf sich zu nehmen.
Ebenso zahlreich zeigten sich diejenigen, die ein Rahmengesetz ablehnten. Nach Auffassung des Abgeordneten *Regling (SPD)* habe ein Rahmengesetz negative Auswirkungen auf den Fremdenverkehr. Eine einheitliche Regelung würde nicht nur in Deutschland, sondern auch im Ausland besser bekannt sein als eine

662 *Meyer-Ronnenberg*, Protokoll zur 25. Sitzung des Ausschusses für Sonderfragen des Mittelstandes vom 1.6.1956, S. 9 f., PA, II 314 A, lfd. Nr. 20. Hierin wurde *Meyer-Ronnenberg* unterstützt vom Abg. *Herold (SPD)*, der befürchtete, dass eines Tages die Betriebsinhaber allein in ihren Läden stünden, Protokoll zur 25. Sitzung des Ausschusses für Sonderfragen des Mittelstandes vom 1.6.1956, S. 9, PA, II 314 A, lfd. Nr. 20.

663 *Meyer (Oppertshofen)*, Protokoll zur 25. Sitzung des Ausschusses für Sonderfragen des Mittelstandes vom 1.6.1956, S. 11, PA, II 314 A, lfd. Nr. 20.

664 *Wieninger*, Protokoll zur 25. Sitzung des Ausschusses für Sonderfragen des Mittelstandes vom 1.6.1956, S. 14, PA, II 314 A, lfd. Nr. 20. So wohl auch Abg. *Günther*, S. 12 des Protokolls.

665 *Illerhaus*, Protokoll zur 25. Sitzung des Ausschusses für Sonderfragen des Mittelstandes vom 1.6.1956, S. 6 f., PA, II 314 A, lfd. Nr. 20.

666 vgl. hierzu Schreiben des *Deutschen Städtetages* Abt. 0/302-21 G1066 vom 12.6.1956, S. 1 f., PA, II 314 A, Anlage zur lfd. Nr. 20.

667 *Illerhaus*, Protokoll zur 25. Sitzung des Ausschusses für Sonderfragen des Mittelstandes vom 1.6.1956, S. 14, PA, II 314 A, lfd. Nr. 20.

uneinheitliche Öffnungszeit[668]. Der Abgeordnete *Herold (SPD)* meinte, ein Rahmengesetz zu erlassen wäre eine Flucht vor der Verantwortung[669]. Der Abgeordnete *Hörauf (SPD)* wies auf Zuschriften aus Niederbayern hin, in denen verkaufsoffene Sonntage in der Zeit von 10 bis 13 Uhr gefordert worden seien[670]. Weiter stellte er Zustände in seinem Kreis dar, wonach die Behörden bereits acht verkaufsoffene Sonntage genehmigt hätten. Zusätzlich hätten die Geschäfte während der Marktzeiten von 10 bis 18 Uhr geöffnet. Er glaubte, dass diesem Zustand nur durch eine bundeseinheitliche Regelung entgegengewirkt werden könne[671].
Am Ende der Sitzung beschloss der Ausschuss, in der nächsten Sitzung mit den Einzelberatungen zu beginnen[672].

Die zweite Beratung der BT-Drucks. 1461/55 und 1943/55 fand in der 26. Sitzung des Ausschusses vom 4. Juni 1956 statt. Es wurde sogleich mit der ersten Lesung der Einzelberatung begonnen. Die Gesetzesinitiative *Meyer-Ronnenbergs* wurde vom Ausschuss mit geringen Abweichungen angenommen. So wurde beschlossen, die von *Meyer-Ronnenberg* vorgeschlagenen Ladenzeiten incl. des Samstags-Frühschlusses anzunehmen. Für den Ladenschluss am Samstag sollte jedoch eine Übergangsregelung eingefügt werden, wonach der 14-Uhr-Ladenschluss erst ab dem 1. Januar 1958 in Kraft treten sollte. Bis dahin sollte ein 16-Uhr-Ladenschluss bestehen[673]. Die Länder, die den Samstags-Frühschluss von 14 Uhr bereits eingeführt hatten, sollten diesen beibehalten dürfen. Weiter hatte der Ausschuss die Regelung über Verkaufstellen auf Personenbahnhöfen angenommen, sich also für die vorgeschlagene Trennung von Verkaufstellen vor und hinter den Sperren ausgesprochen[674]. Die Beschlussfassung über die Vorschrift betreffend die Trink- und Imbisshallen

---

668 *Regling,* Protokoll zur 25. Sitzung des Ausschusses für Sonderfragen des Mittelstandes vom 1.6.1956, S. 8. So auch *Meyer-Ronnenberg,* Protokoll zur 25. Sitzung des Ausschusses für Sonderfragen des Mittelstandes vom 1.6.1956, S. 10, PA, II 314 A, lfd. Nr. 20.

669 *Herold,* Protokoll zur 25. Sitzung des Ausschusses für Sonderfragen des Mittelstandes vom 1.6.1956, S. 9, PA, II 314 A, lfd. Nr. 20.

670 *Hörauf,* Protokoll zur 25. Sitzung des Ausschusses für Sonderfragen des Mittelstandes vom 1.6.1956, S. 15, PA, II 314 A, lfd. Nr. 20.

671 *Hörauf,* Protokoll zur 25. Sitzung des Ausschusses für Sonderfragen des Mittelstandes vom 1.6.1956, S. 15, PA, II 314 A, lfd. Nr. 20.

672 Protokoll zur 25. Sitzung des Ausschusses für Sonderfragen des Mittelstandes vom 1.6.1956, S. 17, PA, II 314 A, lfd. Nr. 20.

673 Protokoll zur 26. Sitzung des Ausschusses für Sonderfragen des Mittelstandes vom 4.6.1956, S. 17, PA, II 314 A, lfd. Nr. 21.

674 Protokoll zur 26. Sitzung des Ausschusses für Sonderfragen des Mittelstandes vom 4.6.1956, S. 15, PA, II 314 A, lfd. Nr. 21.

wurde auf die zweite Lesung verschoben. Es bestand jedoch die Tendenz, die Vorschrift ins Gaststättengesetz zu übernehmen[675].
Die Beschlussfassung des Ausschusses löste umgehende Reaktionen aus. Die *Arbeitsgemeinschaft der Verbraucherverbände* setzte sich für die BT-Drucks. 1943/55 ein. In der Zusammenstellung „Zwölf Thesen zur Ladenschlussfrage“ vom 14. Juni 1956[676] wurde behauptet, der Ausschuss für Sonderfragen des Mittelstandes habe sich am 4. Juni 1956 einstimmig für den Samstags-Frühschluss ausgesprochen. Dabei seien lediglich sechs Mitglieder anwesend gewesen[677]. Das Protokoll der fraglichen Sitzung belegt jedoch, dass 13 stimmberechtigte Mitglieder anwesend waren[678]. Es wurden in dieser Zusammenstellung noch einmal Argumente angeführt, die gegen den Samstags-Frühschluss sprechen. Neue Gesichtspunkte brachte die Arbeitsgemeinschaft hingegen nicht vor.
Hinsichtlich der Regelung über Verkaufsstellen auf Personenbahnhöfen hatte sich im Ausschuss die Tendenz gezeigt, den Vorschlag *Meyer-Ronnenbergs* im Grundsatz anzunehmen. Von Seiten der *Deutschen Bundesbahn* wurde daher an den Vorsitzenden des Ausschusses für Verkehr, *Rümmele (CDU)*, angetragen, sich in der nächsten Sitzung des Ausschusses für Sonderfragen des Mittelstandes für eine Regelung einzusetzen, die den Passus „soweit sie hinter den Sperren oder auf den Bahnsteigen liegen“ nicht enthalte[679]. Das Bundesarbeitsministerium und das Bundesverkehrsministerium legten am 21. Juni 1956 eine gemeinsame Stellungnahme vor, die Formulierung der Regierungsvorlage beizubehalten. Da mit § 41 BBG und den darauf beruhenden Allgemeinen Verwaltungsvorschriften bereits eine Regelung bestand, hielten es die Ministerien nicht für möglich, dieselbe Materie gleichzeitig und unter Umständen verschieden in zwei Gesetzen zu regeln[680]. Weiter stellten die Ministerien die Regelung über die Allgemeinen Verwaltungsvorschriften ausführlich dar und wiesen darauf hin, dass sich die Bundesbahn mit dem Gedanken tragen würde, die Sperren ganz oder teilweise zu beseitigen. Auch wäre es der Bahn möglich gewesen, die Lage der Sperren in jedem Einzelfall willkürlich zu verändern, so

675 Protokoll zur 26. Sitzung des Ausschusses für Sonderfragen des Mittelstandes vom 4.6.1956, S. 16, PA, II 314 A, lfd. Nr. 21.
676 Anlage zu PA, II 314 A, lfd. Nr. 22.
677 Zwölf Thesen zur Ladenschlussfrage, vom 14.6.1956, S. 1, Anlage zu II 314 A, PA, lfd. Nr. 22.
678 Protokoll zur 26. Sitzung des Ausschusses für Sonderfragen des Mittelstandes vom 4.6.1956, PA, II 314 A, lfd. Nr. 22.
679 *Dr. Hilpert,* Mitglied des Vorstandes der *Deutschen Bundesbahn*, Schreiben vom 21.6.1956, PA, II 314 B 1, lfd. Nr. 11.
680 Stellungnahme des Bundesarbeits- und Bundesverkehrsministeriums vom 21.6.1956, S. 3, PA, II 314 B 1, lfd. Nr. 23.

dass dieses Merkmal nicht geeignet sei, als entscheidender Faktor für eine rechtliche Beurteilung eines Tatbestandes verankert zu werden[681].

Zur dritten Lesung trat der Ausschuss in seiner 28. Sitzung vom 25. Juni 1956 um 9.30 Uhr zusammen. Den Kern dieser Sitzung bildete die Diskussion um den freien Halbtag. Nach der in der 25. Sitzung erfolgten allgemeinen Aussprache ging es nun darum, konkrete Regelungen vorzuschlagen. Drei Anträge wurden daraufhin zur Abstimmung gebracht: Die Abg. *Dr. Schild (Düsseldorf) (DP)* und *Illerhaus (CDU)* schlugen vor, vorzuschreiben, dass an einem Nachmittag in der Woche ein freier Halbtag gegeben werden müsse, wobei die Länderregierungen die entsprechende Regelung für ihr Land treffen könnten. Sollten die Länderregierungen hiervon keinen Gebrauch machen, so sollte dieses Recht auf die einzelnen Gemeinden übergehen, die sich mit den beteiligten Betriebsinhabern abzusprechen haben. Sollte die Bestimmung durch die Gemeinden unzweckmäßig sein, so solle sie von einer mittleren Verwaltungsbehörde vorgenommen werden. Voraussetzung für die bezirkliche Regelung solle ein Mehrheitsbeschluss der Beteiligten sein.

Der Ausschuss lehnte diesen Antrag mit einer sehr knappen Stimmenverteilung von fünf zu fünf Stimmen ab[682].

Als zweites stand der Antrag des Abgeordneten *Wieninger (CDU/CSU)* zur Abstimmung. Hiernach sollte ein Samstags-Frühschluss ab 16 Uhr eingeführt werden. Der Abg. *Illerhaus* ergänzte diesen Antrag dahingehend, dass am ersten Samstag im Monat erst um 18 Uhr zu schließen sei. Auch dieser Antrag wurde mit fünf zu fünf Stimmen abgelehnt[683].

Letztlich war über den Antrag des Abgeordneten *Meyer-Ronnenberg* und Genossen wie er in der BT-Drucks. 1461/55 vorgesehen war, zu entscheiden. Dieser Antrag wurde wiederum mit fünf zu fünf Stimmen abgelehnt[684].

Ausgehend von diesem Ergebnis erschien es wenig sinnvoll, die Beratung weiterzuführen. Die Initiative gemäß BT-Drucks. 1461/55 war in dieser Form gegenstandslos geworden. Der Vorsitzende des Ausschusses *Stücklen (CDU/CSU)* schlug daher vor, die Beratungen abzubrechen und in den Fraktionen zunächst eine Meinungsbildung zu betreiben[685]. *Meyer-Ronnenberg* befürchtete hingegen, dass eine solche Meinungsbildung unnötig viel Zeit in

---

681 Stellungnahme des Bundesarbeits- und Bundesverkehrsministeriums vom 21.6.1956, S. 4 f., PA, II 314 B 1, lfd. Nr. 23.

682 Protokoll zur 28. Sitzung des Ausschusses für Sonderfragen des Mittelstandes vom 25.6.1956, S. 4, PA, II 314 A, lfd. Nr. 22.

683 Protokoll zur 28. Sitzung des Ausschusses für Sonderfragen des Mittelstandes vom 25.6.1956, S. 4, PA, II 314 A, lfd. Nr. 22.

684 Protokoll zur 28. Sitzung des Ausschusses für Sonderfragen des Mittelstandes vom 15.6.1956, S. 4, PA, II 314 A, lfd. Nr. 22.

685 Protokoll zur 28. Sitzung des Ausschusses für Sonderfragen des Mittelstandes vom 25.6.1956, S. 4 f., PA, II 314 A, lfd. Nr. 22.

Anspruch nehme. Er beantragte daher, unterstützt vom Abgeordneten *Lange (Essen) (SPD),* die Beratungen in der Nachmittagssitzung fortzuführen. Der Ausschuss folgte dem nicht und lehnte den Antrag mit vier zu vier Stimmen bei zwei Enthaltungen ab[686].
Mit diesem Ergebnis wollte sich *Meyer-Ronnenberg* nicht zufrieden geben. Die 29. Sitzung des Ausschusses wurde am 25. Juni 1956 um 14.19 Uhr vom Vorsitzenden und Mitunterzeichner der BT-Drucks. 1461/55, Abgeordneten *Eickhoff (DP),* eröffnet. In Bezug auf die anwesenden Mitglieder zeigte sich eine leicht veränderte Besetzung im Ausschuss. So war beispielsweise der Abgeordnete *Illerhaus* nicht mehr anwesend. Die Sitzung begann mit einem Antrag *Meyer-Ronnenbergs* zur Abänderung der Geschäftsordnung. Er beantragte, die Beratung zur BT-Drucks. 1461/55 mit auf die Tagesordnung zu nehmen und nach dem Punkt 1) zu behandeln. Der Antrag wurde einstimmig angenommen[687]. Auf diese Weise war es gelungen, wertvolle Zeit zu sparen.
In dieser 29. Sitzung wurden die Diskussionen über die BT-Drucks. 1461/55 und 1943/55 im Ausschuss abgeschlossen. Hinsichtlich des freien Halbtages konnte eine Einigung dahingehend erzielt werden, einen Samstags-Frühschluss um 14 Uhr einzuführen. Während einer Übergangszeit bis zum 31. Dezember 1957 sollten die Geschäfte ab 16 Uhr schließen. Zusätzlich wurde der Antrag *Meyer-Ronnenbergs* angenommen, während der Übergangszeit einen Ladenschluss am ersten Samstag eines jeden Monats bis 18 Uhr zuzulassen[688]. Dieser Beschluss bedeutete gleichzeitig die Ablehnung der BT-Drucks. 1943/55[689]. Außerdem wurden dem Vorsitzenden des Ausschusses für Arbeit, *Sabel,* mit Schreiben vom 4. Juli 1956 in der Stellungnahme folgende Änderungsvorschläge unterbreitet[690]:
Der Ausschuss wollte grundsätzlich an der Unterscheidung zwischen Verkaufsstellen auf Bahnhöfen vor und hinter den Sperren festhalten. Um allerdings einen Kompromiss zu erzielen, wurde folgendes vorgeschlagen: „Für die vor den Sperren und in den Bahnhofshallen liegenden Verkaufsstellen erlässt der Bundesminister für Verkehr besondere Vorschriften mit der Maßgabe, dass jeweils nur eine Verkaufsstelle aus den für die echte Reisebedarfsdeckung in Frage kommenden Fachzweige (Lebens- und Genussmittel, Körperpflegeartikel,

---

686 Protokoll zur 28. Sitzung des Ausschusses für Sonderfragen des Mittelstandes vom 25.6.1956, S. 5 f., PA, II 314 A, lfd. Nr. 22.
687 Protokoll zur 29. Sitzung des Ausschusses für Sonderfragen des Mittelstandes vom 25.6.1956, S. 4, PA, II 314 A, lfd. Nr. 23.
688 Protokoll zur 29. Sitzung des Ausschusses für Sonderfragen des Mittelstandes vom 25.6.1956, S. 18, PA, II 314 A, lfd. Nr. 23.
689 Förmlich gefasst in der gleichen Sitzung, Protokoll zur 29. Sitzung des Ausschusses für Sonderfragen des Mittelstandes vom 25.6.1956, S. 20, PA, II 314 A, lfd. Nr. 23.
690 Stellungnahme des Ausschusses für Sonderfragen des Mittelstandes vom 4.7.1956, PA, II 314 A, lfd. Nr. 24.

Tabakwaren, Bücher und Zeitschriften, Blumen) außerhalb der Ladenschlusszeiten dieses Gesetzes geöffnet sein darf"[691].
Die Ausnahmeregelung für Verkaufsstellen auf Flughäfen am 24. Dezember sollte anstatt eines Ladenschlusses von 14 Uhr einen von 17 Uhr enthalten.
Weiter sollten in Kur- und Erholungsgebieten Ausnahmen statt nach BT-Drucks. 1461/55 16, in besonderen Fällen bis zu 26 Sonn- und Feiertage zugelassen werden.
Die Regelung über Trink- und Imbisshallen sollte nach Auffassung des Ausschusses in das Gaststättengesetz übernommen werden. Der Abgeordnete *Lange (Essen)* gab zu diesem Beschluss ergänzend zu Protokoll, dass die Regelung nur mit der Maßgabe ins Gaststättengesetz übernommen werden solle, dass die Trinkhallen oder Imbissstuben als Kleingaststätten keine Konkurrenz zum Einzelhandel darstellen würden. Es müsse im Gesetz eindeutig ein Katalog über die Zubehörwaren enthalten sein. Solange eine solche Regelung nicht im Gaststättengesetz erfolgt sei, solle sie im Ladenschlussgesetz verbleiben[692].
Letztlich hatte der Ausschuss vorgeschlagen, die Höchstgeldstrafe für Ordnungswidrigkeiten von 10.000 DM auf 1.000 DM herabzusetzen.

c) Ausschuss für Arbeit

Der federführende Ausschuss für Arbeit nahm nicht, wie eigentlich üblich, erst dann die Beratungen auf, nachdem er die Berichte der anderen beteiligten Ausschüsse erhalten hatte, sondern schon als dritter Ausschuss. Der Ausschuss für Wirtschaftspolitik wurde mehrfach vom Vorsitzenden des Ausschusses für Arbeit, *Anton Sabel*, gebeten, die Beratungen zu beschleunigen[693], kam dieser Aufforderung allerdings nicht nach[694].
Insgesamt neun Sitzungen benötigte der Ausschuss in der Zeit vom 12. September 1956 bis zum 25. Oktober 1956, um eine Empfehlung für den Bundestag zu beschließen. Gerade das brisante Thema der verkaufsoffenen Sonntage vor Weihnachten bot Anlass, um möglichst noch im November eine Regelung zu verabschieden, die noch im Jahre 1956 in Kraft treten konnte. Die

---

691 Protokoll zur 29. Sitzung des Ausschusses für Sonderfragen des Mittelstandes vom 25.6.1956, S. 19, PA, II 314 A, lfd. Nr. 23; Stellungnahme des Ausschusses für Sonderfragen des Mittelstandes zu BT-Drucks. 1461/55 und 1943/55 vom 4.7.1956, S. 2, PA, II 314 A, lfd. Nr. 24.

692 Erklärung des Abg. *Lange (Essen)* in der 31. Sitzung des Ausschusses für Sonderfragen des Mittelstandes vom 13.9.1956 zur Beschlussfassung in der 29. Sitzung vom 25.6.1956, S. 20, Ziff. 19 des Protokolls, PA, II 314 A, lfd. Nr. 23.

693 Protokoll zur 109. Sitzung des Ausschusses für Arbeit vom 25.10.1956, S. 2, PA, II 314 A, lfd. Nr. 40; Stenographischer Bericht des Bundestages, Bd. 32, 169. Sitzung vom 8.11.1956, S. 9319D.

694 siehe dazu unter 2. Teil, VI 3d) der Arbeit.

zweite und dritte Lesung des Entwurfes gemäß BT-Drucks. 1461/55 wurde daher für den 8. November auf die Tagesordnung des Bundestages gesetzt. Dies war ein weiterer Grund, warum *Sabel* nicht auf den Bericht des Ausschusses für Wirtschaftspolitik warten wollte.
In den ersten drei Sitzungen[695] fand eine grundsätzliche Aussprache zu diesem Themengebiet statt. Als Hauptprobleme wurden die Regelung der verkaufoffenen Sonntage vor Weihnachten, die Regelung der allgemeinen Verkaufszeiten, der Ladenschluss am Samstag, die Regelung von Ausnahmen und die Regelung für Bahnhöfe, Erholungsgebiete u.ä. angesehen.

aa) Die Anhörung von Sachverständigen am 27. und 28. September 1956
Im Mittelpunkt der Beratungen des Ausschusses stand die Anhörung von Sachverständigen. Diese Anhörung wurde in zwei Sitzungen durchgeführt. Am 27. September 1956 wurden zur 103. Sitzung die Vertreter
der *Bundesvereinigung der Deutschen Arbeitgeberverbände,*
der *Hauptgemeinschaft des Deutschen Einzelhandels,*
des *Zentralverbandes des Deutschen Handwerks,*
der *Zentralvereinigung der Konsumgenossenschaften,*
des *Deutschen Gewerkschaftsbundes,*
der *Deutschen Angestelltengewerkschaft,*
der *Arbeitsgemeinschaft der Verbraucherverbände* und
des *Deutschen Bauernverbandes* geladen.
Es fand an diesem Tage eine allgemeine Aussprache statt. Am 28. September 1956 wurde in der 104. Sitzung des Ausschusses die Sonderregelung für Bahnhofsverkaufsstellen mit Vertretern
der *Hauptgemeinschaft des Deutschen Einzelhandels,*
des *Verbandes des Deutschen Bahnhofsbuchhandels,*
des *Verbandes des Deutschen Bahnhofshandels* und
des Vorstandes der *Deutschen Bundesbahn* erörtert.
Am 27. September 1956 trug zunächst *Kettner* als Vertreter der *Bundesvereinigung der Deutschen Arbeitgeberverbände* vor[696], die Bundesvereinigung sei gegen eine so weitgehende Beschränkung der Ladenöffnungszeiten, wie im Entwurf *Meyer-Ronnenbergs* vorgesehen. Am Samstag solle frühestens um 17 oder 18 Uhr, werktags um 18.30 oder 19 Uhr geschlossen werden. Er setzte sich im übrigen für die BT-Drucks. 1943/55 und das damit verbundene roulierende System ein.

---

695 100. Sitzung vom 12.9.156, 101. Sitzung vom 13.9.1956 und 102. Sitzung vom 14.9.1956.

696 Protokoll zur 103. Sitzung des Ausschusses für Arbeit vom 27.9.1956, S. 1-3, PA, II 314 A, lfd. Nr. 35.

Rosenberger von der *Hauptgemeinschaft des Deutschen Einzelhandels* schlug vor[697], ein Rahmengesetz zu schaffen, in dem es den Ländern überlassen werden solle, ob die Läden samstags ab 14 Uhr oder montags bis 13 Uhr zu schließen waren. Er nahm allerdings an, dass die Länder zumeist den Ladenschluss am Samstag beschließen würden. Die Schließung der Geschäfte an einem halben Tag, möglichst am Samstagnachmittag, sei notwendig, weil der Einzelhandel sonst keine qualifizierten Arbeitskräfte mehr bekomme. Es sei jetzt schon schwierig mit dem Nachwuchs, und es kämen leider viele Kräfte in den Einzelhandel, die in anderen Berufen versagt hätten. Wenn das Wochenende für das Verkaufspersonal in dieser Weise verlängert werde, sei kein Anlass, die werktäglichen Ladenschlusszeiten vorzuverlegen. Es solle beim Ladenschluss um 19 Uhr bleiben. Was die Verkaufssonntage vor Weihnachten angehe, so schlage die *Hauptgemeinschaft* als Mittelweg vor, an den Sonntagen zwischen dem 8. und 23. Dezember, also an zwei bis drei Sonntagen, je nach Lage der Tage, den Verkauf zu gestatten.

Deermann vom *Zentralverband des Deutschen Handwerks* erklärte[698], dass die Meinungen zur Frage des Ladenschlusses im Handwerk sehr geteilt seien. Das Handwerk lehne jedenfalls eine starre zentrale Regelung durch den Bund ab. Es genüge ein Rahmengesetz des Bundes, welches durch die Länder ausgeführt werden solle. Er befürwortete eine Schließung der Geschäfte am Samstagnachmittag oder am Montagvormittag, was von den Verhältnissen in den einzelnen Branchen abhängig sei. Z.B. könnten Fleischer am Samstagnachmittag geschlossen halten, die Bäcker dagegen Montag vormittags. Die Friseure würden überhaupt einen Ladenschluss an einem anderen Werktag wünschen. Das roulierende System lehne das Handwerk jedoch ab. Der Werktagsladenschluss sei auf 19 Uhr festzusetzen. Hinsichtlich der Verkaufssonntage vor Weihnachten sprach er sich für drei Sonntage aus.

Der Vertreter der *Zentralvereinigung der Deutschen Konsumgenossenschaften*[699], *Aust,* sprach sich für den Ladenschluss am Samstagnachmittag und für den 18-Uhr-Ladenschluss an den übrigen Werktagen aus. Die Verkaufsstellen der Konsumgenossenschaften würden zumeist an Werktagen um 18 Uhr geschlossen werden.

Ziemann vom *Deutschen Gewerkschaftsbund* und *Frommhold* von der *Deutschen Angestelltengewerkschaft*[700] setzten sich für den Frühschluss am Samstag-

697 Protokoll zur 103. Sitzung des Ausschusses für Arbeit vom 27.9.1956, S. 3, PA, II 314 A, lfd. Nr. 35.

698 Protokoll zur 103. Sitzung des Ausschusses für Arbeit vom 27.9.1956, S. 4, PA, II 314 A, lfd. Nr. 35.

699 Protokoll zur 103. Sitzung des Ausschusses für Arbeit vom 27.9.1956, S. 4-5, PA, II 314 A, lfd. Nr. 35.

700 Protokoll zur 103. Sitzung des Ausschusses für Arbeit vom 27.9.1956, S. 5-7, PA, II 314 A, lfd. Nr. 35.

nachmittag ein, der bundeseinheitlich vorgeschrieben werden müsse. *Ziemann* verwies darauf, dass 80 % der im Einzelhandel Beschäftigten Frauen seien und von denen wiederum 50 % Hausfrauen. Ihnen sei mit einem Ladenschluss am Montagvormittag nicht gedient. Werktags solle um 18 Uhr geschlossen werden. Die Verkaufssonntage vor Weihnachten sollten auf zwei in der Zeit vom 8. bis 21. Dezember beschränkt werden.

Dr. Bock von der *Arbeitsgemeinschaft der Verbraucherverbände*[701] verwies darauf, dass der Umsatz in der Zeit zwischen 17 und 19 Uhr an den Werktagen und am Samstagnachmittag am größten sei. Er schlage deshalb einen Ladenschluss am Samstag um 17 Uhr, an den übrigen Werktagen wie bisher um 19 Uhr vor. Weiter befürwortete er das roulierende System.

Hermkes vom *Deutschen Bauernverband*[702] teilte mit, dass das Präsidium des *Bauernverbandes* noch keine Stellungnahme abgeben könne. Er ziehe aus den bisherigen Ausführungen aber die Schlussfolgerung, dass eine bundeseinheitliche Regelung nicht möglich sei und schlage vor, sich auf ein Rahmengesetz zu beschränken. Die Länder sollten Regelungen nach den Bedürfnissen und Gewohnheiten der jeweiligen Gebiete vornehmen.

Am 28. September 1956 wurden die Regelungen für Verkaufsstellen auf Personenbahnhöfen erörtert. Die Vertreter der *Hauptgemeinschaft des Deutschen Einzelhandels, Dr. Rosenberger* und *Maschmeyer*[703], erklärten, dass die *Hauptgemeinschaft* die Fassung des Initiativentwurfes akzeptiere. Als Kompromiss käme der Vorschlag des Ausschusses für Sonderfragen des Mittelstandes in Betracht, wonach, wie bei der Apothekenregelung, turnusmäßig eine Verkaufstelle offen zu halten sei.

Herr *Kirschstein* vom *Verband des Deutschen Bahnhofshandels* und *Dr. Winter* vom Vorstand der *Deutschen Bundesbahn*[704] setzten sich für die Beibehaltung der im Regierungsentwurf vorgesehenen Regelung ein und wandten sich gegen eine Beschränkung des Bahnhofsverkaufes, wie im Entwurf *Meyer-Ronnenbergs* vorgesehen.

Um dem Ausschuss eine Vorstellung zu geben, welchen Umfang der Bahnhofshandel hatte und wie groß sein Anteil am Gesamtumsatz des Einzelhandels war,

---

701 Protokoll zur 103. Sitzung des Ausschusses für Arbeit vom 27.9.1956, S. 8, PA, II 314 A, lfd. Nr. 35.

702 Protokoll zur 103. Sitzung des Ausschusses für Arbeit vom 27.9.1956, S. 8, PA, II 314 A, lfd. Nr. 35.

703 Protokoll zur 104. Sitzung des Ausschusses für Arbeit vom 28.9.1956, S. 2-3, PA, II 314 A, lfd. Nr. 36.

704 Protokoll zur 104. Sitzung des Ausschusses für Arbeit vom 28.9.1956, S. 3-11, PA, II 314 A, lfd. Nr. 36.

gab *Jäcker* vom Vorstand der *Deutschen Bundesbahn*[705] die Umsatzzahlen aus dem Jahre 1955 bekannt:

Umsatz im Bahnhofsbuchhandel	45,5 Mio. DM jährlich
Umsatz im Bahnhofshandel	193,0 Mio. DM jährlich
	rd. 250,0 Mio. DM jährlich

Daraus würde die *Bundesbahn* eine Pacht ziehen von:

Bahnhofsbuchhandel	4,0 Mio. DM jährlich
Bahnhofshandel	9,8 Mio. DM jährlich
	rd. 13,0 Mio. DM jährlich

Diese Zahlen würden sich aufteilen auf rd. 2.000 Verkaufsstände und rd. 1.000 Bahnhofsbuchhandlungen.
Dem Umsatz des Bahnhofshandels stand ein Umsatz des gesamten Einzelhandels von rd. 46 Mrd. DM/Jahr gegenüber. Er nahm also nur rd. 0,5 % des Einzelhandelsumsatzes ein[706].

bb) Die wichtigsten Einzelfragen der Ausschussberatungen

(1) Die Verkaufssonntage vor Weihnachten

Für die Regelung der Verkaufssonntage vor Weihnachten standen grundsätzlich zwei Modelle zur Disposition; zum einen der Vorschlag der BT-Drucks. 1461/55, wonach die Sonntage zwischen dem 10. und 23. Dezember verkaufsoffen liegen sollten, zum anderen der Vorschlag des Bundesrates, der die beiden Sonntage vor dem 21. Dezember vorsah. Hierzu unterbreitete *Meyer-Ronnenberg* einen Kompromissvorschlag, mit der Regelung, Lebens- und Genussmittelgeschäften die zwei Sonntage zwischen dem 10. und 23. Dezember und allen übrigen Geschäften die beiden Sonntage zwischen dem 8. und 21. Dezember als verkaufsoffen freizugeben[707]. Es könne sich der umfangreiche Verkauf an Süßigkeiten kurz vor Weihnachten von den Einzelhandelsgeschäften auf die Konditoreien verlagern, sollte den Lebens- und Genussmittelgeschäften eine Öffnung am letzten Tag vor Weihnachten, sofern dies ein Sonntag sein sollte,

---

705 Protokoll zur 104. Sitzung des Ausschusses für Arbeit vom 28.9.1956, S. 12-13, PA, II 314 A, lfd. Nr. 36.

706 Protokoll zur 106. Sitzung des Ausschusses für Arbeit vom 5.10.1956, S. 2, PA, II 314 A, lfd. Nr. 37.

707 Protokoll zur 100. Sitzung des Ausschusses für Arbeit vom 12.9.1956, S. 7, PA, II 314 A, lfd. Nr. 32.

verboten werden. Die Konditoreien dürften an diesem Tage geöffnet halten. Der Ausschuss tendierte allerdings zur Regelung der BT-Drucks. 1461/55 und stimmte dieser im Grundsatz zu. Es könne die Einhaltung besser überwacht werden und würde nicht zu einer Verschiebung der Wettbewerbssituation führen[708]. Weiterhin konnte sich der Ausschuss darauf einigen, die Dauer der Offenhaltung auf fünf Stunden zu begrenzen. Die Beschäftigungszeit für Arbeitnehmer sollte sechs Stunden nicht überschreiten. Ferner sollten gemäß der BT-Drucks. 1461/55 vier weitere Sonn- und Feiertage mit denselben Öffnungs- und Beschäftigungszeiten für den Verkauf freigegeben werden[709].

(2) Die Verkaufszeiten an Werktagen

Für die Verkaufszeiten an Werktagen entschloss sich der Ausschuss, einem Kompromissvorschlag des Vorsitzenden *Sabel* zwischen der damals bestehenden Regelung, nach der die Geschäfte von 19 bis 7 Uhr geschlossen zu halten hatten, und der BT-Drucks. 1461/55, die eine Zeitspanne von 18 bis 7 Uhr vorsah, zu folgen. *Sabel* sah wegen der geringen Zeitspanne zwischen Betriebs- und Ladenschluss -sollte der BT-Drucks. 1461/55 gefolgt werden- die Gefahr, dass Berufstätige ihre Kaufbedürfnisse nicht mehr befriedigen könnten. Er schlug daher einen Ladenschluss von 18.30 Uhr vor[710].

(3) Der Samstags-Frühschluss

Bei der Beratung des Ladenschlusses am Samstag stellte sich zunächst die Frage, welches grundsätzliche System eingeführt werden solle. Würde man sich für das roulierende System entscheiden, welches auf Grundlage der BT-Drucks. 1943/55 eingeführt werden konnte, wäre jede weitere Diskussion überflüssig. Auch stand noch immer der Vorschlag der Bundesregierung im Raum, den Mittwochnachmittag als freien Halbtag zu wählen. Letztlich musste auch der Montagvormittag als Alternative angesehen werden. Doch selbst für den Fall, dass sich der Ausschuss für den Samstags-Frühschluss aussprechen würde, standen zwei Möglichkeiten zur Wahl; die BT-Drucks. 1461/55 sah einen 14-Uhr-Ladenschluss vor; der erste Bundestag hatte vorgeschlagen, den ersten Samstag im Monat verkaufsoffen zu belassen.

---

708 *Lange (Essen),* Protokoll zur 100. Sitzung des Ausschusses für Arbeit vom 12.9.1956, S. 7, PA, II 314 A, lfd. Nr. 32.

709 Protokoll zur 100. Sitzung des Ausschusses für Arbeit vom 12.9.1956, S. 8, PA, II 314 A, lfd. Nr. 32.

710 Protokoll zur 100. Sitzung des Ausschusses für Arbeit vom 12.9.1956, S. 8, PA, II 314 A, lfd. Nr. 32.

Gegen das roulierende System sprach nach Auffassung des Ausschusses vor allem, dass es sich in Kleinbetrieben mit bis zu vier Angestellten nicht durchführen ließe. Die dann notwendig werdenden zusätzlichen Kräfte würden die Betriebskosten erhöhen[711]. Weiter lasse sich das roulierende System nicht kontrollieren und würde nicht das gemeinsame Wochenende innerhalb der Familie unterstützen. Mit diesem letzten Argument sprach sich der Ausschuss auch gegen den freien Montagvormittag und den Mittwochnachmittag aus[712].
Der Vertreter des Bundeswirtschaftsministeriums, *Dr. Rother,* gestand zwar die Probleme der Kontrollierbarkeit des roulierenden Systems zu, wies aber darauf hin, dass das roulierende System in anderen Gewerbebereichen ohne Schwierigkeiten eingeführt wurde und auch dem Einzelhandel das entsprechende Vertrauen entgegengebracht werden müsse[713]. Weiter würde das roulierende System die unbehinderte Ausnutzung der gesamten Verkaufszeit zulassen und so einem echten Verbraucherbedürfnis Rechnung tragen[714].
Der Ausschuss erkannte diese Argumentation jedoch nicht an und entschloss sich, die BT-Drucks. 1943/55 und damit das roulierende System abzulehnen.
Über die Öffnungszeiten am Samstag wollte sich der Ausschuss zu diesem Zeitpunkt noch nicht einigen. Zunächst sollten hierzu Sachverständige gehört werden. Es mussten bei dieser Frage neben den schon angeführten Gesichtspunkten auch die Öffnungszeiten an den Werktagen und die Tendenz zu einer allgemeinen 5-Tage-Woche berücksichtigt werden[715]. Eine Übergangszeit, wie vom Ausschuss für Sonderfragen des Mittelstandes vorgeschlagen, hielt der Ausschuss für entbehrlich[716].

(4) Die Regelung für die Grenzgebiete

Die Situation in den Grenzgebieten stellt der Vorsitzende *Sabel* anhand von Zahlen aus dem Jahre 1955 dar. Danach hätten an den Samstagen 700.000 Menschen die Grenze von und nach den Niederlanden überschritten. Dabei wären für etwa 15 Millionen DM Waren aus den Niederlanden nach

711 Protokoll zur 100. Sitzung des Ausschusses für Arbeit vom 12.9.1956, S. 9, PA, II 314 A, lfd. Nr. 32.

712 Protokoll zur 100. Sitzung des Ausschusses für Arbeit vom 12.9.1956, S. 9, PA, II 314 A, lfd. Nr. 32.

713 Vermerk, *Dr. Rother*, IIc3-4235/56 vom 15.9.1956, S. 2, BA-Koblenz, B 102, 39398.

714 Protokoll zur 100. Sitzung des Ausschusses für Arbeit vom 12.9.1956, S. 9, PA, II 314 A, lfd. Nr. 32.

715 Abg. *Jahn (Stuttgart) (CDU/CSU), Odenthal (SPD),* Protokoll zur 101. Sitzung des Ausschusses für Arbeit vom 13.9.1956, S. 3, PA, II 314 A, lfd. Nr. 33.

716 Protokoll zur 102. Sitzung des Ausschusses für Arbeit vom 14.9.1956, S. 5, PA, II 314 A, lfd. Nr. 34.

Deutschland eingeführt worden[717]. Er empfahl aus diesem Grunde, die in der BT-Drucks. 1461/55 vorgesehene Ermächtigung an die Landesbehörden, Ausnahmen vom Samstags-Frühschluss in den Grenzgebieten zu gestatten, anzunehmen, um eine starke Kaufverlagerung zu vermeiden.

(5) Die Regelung des Trink- und Imbisshallenverkaufs

Hinsichtlich der Trink- und Imbisshallen schloss sich der Ausschuss im Grundsatz der BT-Drucks. 1461/55 an und wollte diese Vorschrift im Ladenschlussgesetz beibehalten[718]. Das dort vorgesehene Verhältnis zwischen zubereiteten Speisen und offenen Getränken einerseits und dem Gesamtumsatz andererseits von 50 % zu 50 % fand hingegen keine Zustimmung. Die Entwicklung würde zeigen, dass ein Bedürfnis für Trinkhallen nur an bestimmten Konzentrationspunkten bestehe, im übrigen aber rückläufig sei[719]. Die Angabe einer Größenordnung in der Vorschrift diene dazu, der Aufsichtsbehörde eine Richtzahl zu geben, ob ein echtes Bedürfnis für eine Trinkhalle überhaupt vorliege. *Sabel* hielt daher ein Verhältnis von 25 % zu 75 % bzw. sogar 10 % bis 15 % zu 90 % bis 85 % für angemessen. Mit dem Argument der schwindenden Bedeutung der Trinkhallen wollte der Abgeordnete *Odenthal (SPD)* schließlich ganz auf eine Verhältnisangabe verzichten. *Meyer-Ronnenberg* befürchtete, dass Einzelhändler die Erlaubnis zum Betrieb einer Trinkhalle beantragen würden, um den Verkauf über den Ladenschluss hinaus fortsetzen zu können, wenn der Umsatzanteil an zubereiteten Speisen und offenen Getränken 30 % unterschreiten würde[720]. Im Ausschuss wurde diese Befürchtung hingegen nicht geteilt und das Verhältnis auf 10 % zu 90 % festgesetzt[721].

cc) Beschlussfassung

Nach diesen Anhörungen und Beratungen konnte sich der Ausschuss ein umfangreiches Bild über die zu beschließende Materie machen und begann mit der Einzelberatung der Normen. Die Diskussion über die Verkaufsstellen auf Personenbahnhöfen zog sich über mehrere Sitzungen. Es stellte sich dabei

---

717 Protokoll zur 102. Sitzung des Ausschusses für Arbeit vom 14.9.1956, S. 2, PA, II 314 A, lfd. Nr. 34.

718 Protokoll zur 102. Sitzung des Ausschusses für Arbeit vom 14.9.1956, S. 3, PA, II 314 A, lfd. Nr. 34.

719 Protokoll zur 102. Sitzung des Ausschusses für Arbeit vom 14.9.1956, S. 3, PA, II 314 A, lfd. Nr. 34.

720 Protokoll zur 102. Sitzung des Ausschusses für Arbeit vom 14.9.1956, S. 3, PA, II 314 A, lfd. Nr. 34.

721 Protokoll zur 102. Sitzung des Ausschusses für Arbeit vom 14.9.1956, S. 3, PA, II 314 A, lfd. Nr. 34.

heraus, dass sich der Ausschuss für die Formulierung der Regierungsvorlage aussprechen wollte, um damit die geltende Regelung beizubehalten. *Meyer-Ronnenberg* stellte sich energisch dagegen. Er brachte noch einmal erfolglos den Vorschlag des Ausschusses für Sonderfragen des Mittelstandes zur Abstimmung[722], konnte aber letztlich den Wortlaut der Regierungsvorlage nicht verhindern. In der zweiten Lesung des Entwurfes nahm *Meyer-Ronnenberg* seinen Vorschlag zurück, nachdem das Bundesverkehrsministerium ausdrücklich eine eingehende Überwachung der Bahnhofsverkaufsstellen zugesagt hatte[723].
Die allgemeinen Ladenzeiten wollte der Ausschuss auf 7 bis 18.30 Uhr festlegen. In Anbetracht der Ausbreitung der Fünf-Tage-Woche würde sich die tägliche Arbeitszeit verlängern, so dass die Kaufspanne bei einem 18-Uhr-Ladenschluss zu klein wäre. Weiter habe die Regelung Aussicht auf Erfolg, vom Bundestag und Bundesrat angenommen zu werden[724].
Die Samstagsregelung der BT-Drucks. 1461/55 sollte dahingehend abgeändert werden, dass der erste Samstag des Monats als verkaufsoffen belassen werden solle. Hier war eine Öffnungszeit bis 18 Uhr vorgesehen. An den auf diesen Samstag folgenden Montagen sollten die Geschäfte bis 13 Uhr geschlossen bleiben. Hier hatte der Ausschuss eine Ausnahme für Milch, Bäckerwaren und Zeitungen beschlossen, welche ab 7 Uhr verkauft werden durften[725].
Eine Übergangsregelung nach dem Vorbild des Vorschlages des Ausschusses für Sonderfragen des Mittelstandes lehnte der Ausschuss ab.
Für Kur- und Erholungsorte beschloss der Ausschuss, 16 Sonn- und Feiertage mit einer Öffnungszeit bis zu vier Stunden festzusetzen. An Samstagen wurde eine Öffnungszeit in den Kur- und Erholungsorten bis 18 Uhr vorgeschrieben[726].
Bei den Verkaufssonntagen vor Weihnachten wurde die Regelung der BT-Drucks. 1461/55 beibehalten. Auf Vorschlag des Vorsitzenden *Sabel* beschloss der Ausschuss, diese Regelung bereits am Tage nach der Verkündung in Kraft treten zu lassen[727].
Bei der Regelung über den besonderen Schutz der Arbeitnehmer beschloss der Ausschuss, die Dauer der zulässigen Beschäftigungszeit an Sonn- und Feier-

---

722 Protokoll zur 106. Sitzung des Ausschusses für Arbeit vom 5.10.1956, S. 5, PA, II 314 A, lfd. Nr. 37.

723 Protokoll zur 109. Sitzung des Ausschusses für Arbeit vom 25.10.1956, S. 3, PA, II 314 A, lfd. Nr. 40.

724 *Sabel*, Protokoll zur 107. Sitzung des Ausschusses für Arbeit vom 10.10.1956, S. 3, PA, II 314 A, lfd. Nr. 38.

725 Protokoll zur 109. Sitzung des Ausschusses für Arbeit vom 25.10.1956, S. 2, PA, II 314 A, lfd. Nr. 40.

726 Protokoll zur 106. Sitzung des Ausschusses für Arbeit vom 5.10.1956, S. 6, PA, II 314 A, lfd. Nr. 37.

727 Protokoll zur 107. Sitzung des Ausschusses für Arbeit vom 10.10.1956, S. 6, PA, II 314 A, lfd. Nr. 38.

tagen von sieben auf acht Stunden zu erhöhen, wie es schon in der Regierungsvorlage vorgesehen war[728]. Um auf die geänderte Situation zu reagieren, die durch die Zulassung eines Verkaufs von Milch, Bäckerwaren und Zeitungen am Montagvormittag geschaffen wurde, beschloss der Ausschuss, einen weiteren Absatz einzufügen, der auch hier eine entsprechend ausgleichende Freizeitgewährung sicherstellen sollte[729].
Bei der Diskussion über die Regelung der Trink- und Imbisshallen hielt *Meyer-Ronnenberg* es für notwendig, diese ins Ladenschlussgesetz zu übernehmen[730]. Der Antrag der Abgeordneten *Dr. Bürckel (CDU/CSU)* und *Odenthal (SPD)*, wonach diese Regelung ausschließlich im Gaststättengesetz vorzunehmen sei, wurde bei zahlreichen Enthaltungen mit acht zu sechs Stimmen abgelehnt[731].
In der 109. Sitzung des Ausschusses kam dieser Punkt noch einmal zur Beratung. Der Abgeordnete *Odenthal* wiederholte seinen Antrag zur Streichung der Regelung[732]. *Meyer-Ronnenberg* hingegen stellte eine Formulierung zur Abstimmung, die das Verhältnis der zubereiteten Speisen und offenen Getränke zum Gesamtumsatz auf 25 % zu 75 % festlegen sollte. Es sei schon aus den Beratungen des Bundesrates zu erkennen gewesen, dass in der Novelle zum Gaststättengesetz keine Einschränkung des Einzelhandelsumsatzes der Trinkhallen beabsichtigt sei[733]. Die Stimmung im Ausschuss hatte sich jedoch mittlerweile geändert. Nicht *Meyer-Ronnenberg,* sondern *Odenthal* setzte sich in dieser entscheidenden Abstimmung durch und konnte so die Empfehlung des Ausschusses an den Bundestag bewirken, diese Regelung aus der BT-Drucks. 1461/55 zu streichen und in das Gaststättengesetz zu übernehmen[734].
Wie sich in den vorherigen Diskussionen bereits angedeutet hatte, wurde weiterhin beschlossen, eine Norm zur Regelung von Ausnahmen im öffentlichen Interesse, wie sie in der Regierungsvorlage enthalten war, einzufügen[735].

---

728 Schriftlicher Bericht des Ausschusses für Arbeit, BT-Drucks. 2810 vom 31.10.1956, S. 15, PA, II 314 A, lfd. Nr. 41.

729 Protokoll zur 109. Sitzung des Ausschusses für Arbeit vom 25.10.1956, S. 4, PA, II 314 A, lfd. Nr. 40.

730 Protokoll zur 107. Sitzung des Ausschusses für Arbeit vom 10.10.1956, S. 5, PA, II 314 A, lfd. Nr. 38.

731 Protokoll zur 107. Sitzung des Ausschusses für Arbeit vom 10.10.1956, S. 5, PA, II 314 A, lfd. Nr. 38.

732 Protokoll zur 109. Sitzung des Ausschusses für Arbeit vom 25.10.1956, S. 5, PA, II 314 A, lfd. Nr. 40.

733 Protokoll zur 109. Sitzung des Ausschusses für Arbeit vom 25.10.1956, S. 4, PA, II 314 A, lfd. Nr. 40.

734 Protokoll zur 109. Sitzung des Ausschusses für Arbeit vom 25.10.1956, S. 5, PA, II 314 A, lfd. Nr. 40.

735 Protokoll zur 107. Sitzung des Ausschusses für Arbeit vom 10.10.1956, S. 6, PA, II 314 A, lfd. Nr. 38.

Ebenfalls eine Abänderung erfuhren die Vorschriften über Straftaten und Ordnungswidrigkeiten. Die sehr verkürzte Norm über Straftaten wurde mit dem Wortlaut der Regierungsvorlage beschlossen, allerdings mit der Abweichung, dass jetzt eine Höchststrafe von sechs Monaten statt einem Jahr Gefängnis vorgesehen war[736]. Bei den Ordnungswidrigkeiten wurde die Geldstrafe von bis zu 10.000 DM herausgenommen und somit der Regelung des Gesetzes über Ordnungswidrigkeiten unterstellt, welches eine Höchststrafe von 2.000 DM vorsah[737].

Insgesamt konnten durch die Beschlüsse des Ausschusses eine deutliche Annäherung an die Fassung der Regierungsvorlage beobachtet werden.

d) Ausschuss für Wirtschaftspolitik

Als letzter der vier Ausschüsse befasste sich der Ausschuss für Wirtschaftspolitik mit den Gesetzesinitiativen gemäß BT-Drucks. 1461/55 und 1943/55.

Mehrere Gründe hatten dazu geführt, dass die Beratungen erst in der 133. Sitzung des Ausschusses am 25. Oktober 1956 begannen. Gerade der Unfalltod des Vorsitzenden *Naegel* hatte die Arbeiten im Ausschuss stark verzögert[738]. Weiterhin hatte der Ausschuss vordringliche Vorlagen zu beraten, z.B. das Kartellgesetz nach dem Wirtschaftsstrafrecht[739].

In einer Unterredung vom 24. Oktober 1956 zwischen dem Vorsitzenden des Ausschusses für Arbeit, *Sabel*, dem Vertreter des Bundesarbeitsministeriums *ORR Dr. Böhm* und dem Vertreter des Bundeswirtschaftsministeriums *Min. Rat Dr. Rother*, hatte *Sabel* mitgeteilt, dass er die Absicht habe, den Entwurf eines Gesetzes über den Ladenschluss auch ohne die Stellungnahme des Wirtschaftsausschusses ins Plenum zur zweiten und dritten Lesung zu bringen[740]. *Sabel* sah die Angelegenheit als eilig an, da das unmittelbar bevorstehende Problem der verkaufsoffenen Sonntage vor Weihnachten gesetzlich gelöst werden müsse. Das Bundeswirtschaftsministerium hatte aus diesem Grunde einen Kompromissvorschlag ausgearbeitet, der auf den Entwürfen eines Gesetzes über die Regelung der verkaufsoffenen Sonntage vor

---

736 Protokoll zur 107. Sitzung des Ausschusses für Arbeit vom 10.10.1956, S. 6, PA, II 314 A, lfd. Nr. 38.

737 § 5 OWiG aF vom 27.3.1952, BGBl. 1952 Teil I, S. 177 ff.; Protokoll zur 102. Sitzung des Ausschusses für Arbeit vom 14.9.1956, S. 4, PA, II 314 A, lfd. Nr. 34.

738 hierzu vgl. Protokoll zur 134. Sitzung des Ausschusses für Wirtschaftspolitik vom 7.11.1956, S. 5, PA, II 314 A, lfd. Nr. 17.

739 hierzu vgl. Protokoll zur 134. Sitzung des Ausschusses für Wirtschaftspolitik vom 7.11.1956, S. 5, PA, II 314 A, lfd. Nr. 17.

740 *Dr. Rother*, Vermerk betr. Entwurf eines Gesetzes über den Ladenschluss II C 3-4815/56 vom 24.10.1956, S. 1, BA-Koblenz, B 102, 39407.

Weihnachten beruhte[741]. Es sollte ein Sondergesetz über die Regelung der verkaufsoffenen Sonntage vor Weihnachten noch im Jahre 1956 in Kraft treten, um der Ladenzeitenregelung die Eilbedürftigkeit zu nehmen[742]. *Dr. Rother* befürchtete allerdings, dass die gesamte SPD, Teile des linken Flügels der CDU/CSU und die meisten Mittelständler für den Entwurf des Ausschusses für Arbeit stimmen würden, so dass damit der Kompromissvorschlag obsolet werden könne. Er riet daher dazu, Abänderungsvorschläge bereitzustellen[743].
Zu Beginn der 133. Sitzung des Ausschusses für Wirtschaftspolitik vom 25. Oktober 1956 unterrichtete der Abgeordnete *Illerhaus* die Anwesenden von den Bestrebungen des Abgeordnete *Sabel*[744]. Er war der Auffassung, der zu beratende Gesetzesentwurf habe eine starke wirtschaftliche Bedeutung und bedürfe daher einer gründlichen Behandlung. Die verbleibende Zeit bis zur vorgesehenen Beratung im Bundestag reiche hierzu nicht aus[745]. Der Abgeordnete *Atzenroth* empfahl aus diesem Grunde, vorerst nur das Problem der verkaufsoffenen Sonntage vor Weihnachten zu regeln und die übrigen Vorschriften anschließend mit der gebotenen Gründlichkeit zu beraten[746]. Unter Hinweis auf die dazu vorliegenden Gesetzesinitiativen stimmte der stellvertretende Vorsitzende *Dr. Schöne (SPD)* diesem Vorschlag zu und kündigte an, beim Präsidenten des Bundestages einen Absetzungsantrag gegen die Ansetzung auf der Tagesordnung zu stellen[747]. Der Abg. *Lange (Essen)* sprach sich gegen ein solches Vorgehen aus und empfahl, den Gesetzesentwurf kurzfristig zu behandeln[748], konnte sich letztlich aber nicht durchsetzen. Hierzu formulierte *MinRat Dr. Britsch*, dass, sollte dem Antrag des Ausschusses für Wirtschaftspolitik gefolgt werden und keine Ansetzung der Gesetzesinitiative auf der Tagesordnung des Bundestages erfolgen, Zweifel bestünden, ob der Entwurf überhaupt noch verabschiedet werde[749].

---

741 BR-Drucks. 234/56 und BT-Drucks. 1817 vom 27.10.1956.

742 *Dr. Rother,* Vermerk betr. Entwurf eines Gesetzes über den Ladenschluss, II C 3-4815/56 vom 24.10.1956, S. 2, BA-Koblenz, B 102, 39407.

743 *Dr. Rother,* Vermerk betr. Entwurf einer Gesetzes über den Ladenschluss, II C 3-4815/56 vom 24.10.1956, S. 2, BA-Koblenz, B 102, 39407.

744 Protokoll zur 133. Sitzung des Ausschusses für Wirtschaftspolitik vom 25.10.1956, S. 2, PA, II 314 A, lfd. Nr. 16.

745 Protokoll zur 133. Sitzung des Ausschusses für Wirtschaftspolitik vom 25.10.1956, S. 2, PA, II 314 A, lfd. Nr. 16.

746 Protokoll zur 133. Sitzung des Ausschusses für Wirtschaftspolitik vom 25.10.1956, S. 2, PA, II 314 A, lfd. Nr. 16.

747 Vermerk des MinRat im Bundeswirtschaftsministerium *Dr. Britsch* II c 3-4826/56 vom 25.10.1956, BA-Koblenz, B 102, 39398.

748 Protokoll zur 133. Sitzung des Ausschusses für Wirtschaftspolitik vom 25.10.1956, S. 3, PA, II 314 A, lfd. Nr. 16.

749 Min. Rat *Dr. Britsch,* Vermerk II c 3-4826/56 vom 25.10.1956, S. 2, BA-Koblenz, B 102, 39398.

Den Antrag auf Absetzung von der Tagesordnung des Bundestages begründete der stellvertretende Vorsitzende *Dr. Schöne* mit Schreiben vom 2. November 1956 wie folgt[750]: Die Vorlage des schriftlichen Berichts des Ausschusses für Arbeit sei ohne die Stellungnahme des Ausschusses für Wirtschaftspolitik ein Verstoß gegen § 74 Abs. 2 der Geschäftsordnung des Bundestages, der zwingend vorschreibe, dass die Berichte der federführenden Ausschüsse die Stellungnahmen der Minderheit und der beteiligten Ausschüsse wiedergeben müssten. Neben der Arbeitszeitregelung für die Beschäftigten im Einzelhandel würde die Initiative wirtschaftspolitische Fragen betreffen. Dies seien insbesondere die Probleme einer zweckmäßigen Verbraucherversorgung, sowie die Auswirkung der Arbeitszeitverkürzung auf die wirtschaftliche Leistungsfähigkeit. Es müsse geprüft werden, ob eine Sonderregelung im Einzelhandel den Vorrang vor der Entscheidung einer allgemeinen Neuregelung der Arbeitszeiten haben könne. Diese wirtschaftspolitische Seite sei insbesondere bei der Auswahl der Sachverständigen im Ausschuss für Arbeit nicht genügend erörtert worden[751]. Als Kompromiss zur eilbedürftigen Frage der verkaufsoffenen Sonntage vor Weihnachten verwies *Dr. Schöne* wiederum auf die vorliegenden Initiativen gemäß BT-Drucks. 1817/55 und BR-Drucks. 234/56.

Erfolg hatte der Absetzungsantrag nicht, wovon der Abgeordnete *Hellwig (CDU/CSU)* den Ausschuss in der 134. Sitzung vom 7. November 1956 unterrichtete[752]. In Anbetracht der Zeitknappheit, die es nicht mehr zuließ, alle Fragen gründlich zu beraten, kam der Ausschuss überein, eine Übergangsregelung vorzuschlagen. Der Abgeordnete *Lange (Essen)* dachte dabei an eine Regelung, wie sie der Ausschuss für Sonderfragen des Mittelstandes vorgeschlagen hatte[753]. Der Vorsitzende Abgeordneter *Hellwig* hielt diese Übergangszeit mit Rücksicht darauf, dass die wirtschaftspolitischen Fragen nicht genügend geprüft seien, für zu kurz und schlug eine längere Übergangszeit vor. Hiernach sollte bis zum 31. Dezember 1958 folgende Regelung gelten[754]:

---

750 Schreiben des Ausschusses für Wirtschaftspolitik an den Präsidenten des Deutschen Bundestages *Dr. Eugen Gerstmaier* vom 2.11.1956, PA, II 314 A, lfd. Nr. 19.

751 vgl. hierzu Schriftlicher Bericht des Ausschusses für Wirtschaftspolitik vom 7.11.1956, zur BT-Drucks. 2810, PA, II 314 A, lfd. Nr. 42.

752 Der Ältestenrat hatte dem Ausschuss für Wirtschaftspolitik vorsätzliche Verschleppung vorgeworfen, ließ aber einen Zusatzbericht zur BT-Drucks. 2810/56 zu, vgl. hierzu Protokoll zur 134. Sitzung des Ausschusses für Wirtschaftspolitik vom 7.11.1956, S. 4 f., PA, II 314 A, lfd. Nr. 17.

753 Protokoll zur 134. Sitzung des Ausschusses für Wirtschaftspolitik vom 7.11.1956, S. 5 f., PA, II 314 A, lfd. Nr. 17.

754 Protokoll zur 134. Sitzung des Ausschusses für Wirtschaftspolitik vom 7.11.1956, S. 6, PA, II 314 A, lfd. Nr. 17.

Samstags-Ladenschluss: ab 17 Uhr
Montags-Ladenschluss: bis 10 Uhr
ab dem 1. Januar 1959 Samstags-Frühschluss in der vom Ausschuss für Arbeit vorgeschlagenen Regelung[755].

Gleichzeitig wies der Abgeordnete *Hellwig* darauf hin, dass seiner Auffassung nach nur ein Rahmengesetz zu vertreten sei, mit dem folgenden Inhalt[756]:

a) an welchen Sonntagen vor Weihnachten die Einzelhandelsgeschäfte geöffnet sein dürfen,
b) dass jeder im Einzelhandel Beschäftigte einen Anspruch auf einen halben freien Tag habe,
c) dass die Einzelheiten von den Landesregierungen zu regeln seien.

Noch einen Schritt weiter ging der Abgeordnete *Atzenroth*, der jede gesetzliche Regelung für überflüssig hielt und befürchtete, den zukünftigen Gesetzgeber zu präjudizieren[757].
Vor der Beschlussfassung wurden die einzelnen Argumente, die für und gegen eine Regelung sprachen, vorgetragen. Insbesondere habe die vom Ausschuss für Arbeit vorgeschlagene Lösung eine Umschichtung der Absatzwege zugunsten der Versandhäuser und des Kantinen- und Belegschaftshandels zur Folge[758]. Weiter wurde im Ausschuss festgestellt, dass eine Entscheidung über die Arbeitszeit im Handel erst zweckmäßig sei, wenn die kommende allgemeine Verkürzung der Arbeitszeiten sich durchgesetzt habe[759]. Auch wurde bezweifelt, dass eine Regelung über Warenautomaten in ein Gesetz gehöre, das vorwiegend arbeitsrechtliche Gesichtspunkte behandele[760]. Schließlich wurde befürchtet, dass die Durchführung des Gesetzes die unteren Instanzen zu stark belaste[761].
Für eine gesetzliche Regelung sprächen vor allem die Erfahrungen in den Regionen, die den Ladenschluss bereits auf 18 Uhr festgesetzt hätten und einen

755 vgl. 2. Teil, VI 3c) bb) (3) der Arbeit.
756 Protokoll zur 134. Sitzung des Ausschusses für Wirtschaftspolitik vom 7.11.1956, S. 6, PA, II 314 A, lfd. Nr. 17.
757 Protokoll zur 134. Sitzung des Ausschusses für Wirtschaftspolitik vom 7.11.1956, S. 9, PA, II 314 A, lfd. Nr. 17.
758 Protokoll zur 134. Sitzung des Ausschusses für Wirtschaftspolitik vom 7.11.1956, S. 7, PA, II 314 A, lfd. Nr. 17.
759 Protokoll zur 134. Sitzung des Ausschusses für Wirtschaftspolitik vom 7.11.1956, S. 7, PA, II 314 A, lfd. Nr. 17.
760 Protokoll zur 134. Sitzung des Ausschusses für Wirtschaftspolitik vom 7.11.1956, S. 8, PA, II 314 A, lfd. Nr. 17.
761 Protokoll zur 134. Sitzung des Ausschusses für Wirtschaftspolitik vom 7.11.1956, S. 7 f., PA, II 314 A, lfd. Nr. 17.

Samstags-Frühschluss praktizierten. Hier sei es nicht zu Wettbewerbsverschiebungen oder Umsatzverlagerungen gekommen[762]. Weiter wurde das Nachwuchsproblem als sehr schwerwiegend angesehen. Es lasse aufgrund der ungünstigen Arbeitsbedingungen die Bereitschaft nach, im Einzelhandel arbeiten zu wollen[763]. Schließlich wurde angeführt, dass in Betrieben mit einer geringen Beschäftigtenzahl Arbeits- und Ladenöffnungszeiten praktisch identisch seien. Die Einführung eines roulierenden Systems wäre hier nicht möglich, so dass ca. 50 % der Einzelhandelsgeschäfte schließen müssten[764].
In der anschließenden Abstimmung konnte sich der Vorschlag des den Vorsitz führenden Abgeordneten *Hellwig* zur Einführung einer Übergangsregelung mit 9:7 Stimmen durchsetzen. Der Abgeordnete *Illerhaus* legte den schriftlichen Bericht des Ausschusses für Wirtschaftspolitik am 7. November 1956 der BT-Drucks. 2810/56 bei[765] und kündigte einen entsprechenden Änderungsantrag für die Bundestagssitzungen an[766].

4. Resümee

Die Abgeordneten versuchten, in den Ausschussberatungen mit allen Mitteln ihre Ansichten in Bezug auf das Regelungswerk durchzusetzen. Nicht alle Abgeordneten zeigten sich hierbei kompromissbereit. Im Ergebnis konnte sich aber ein Kompromiss durchsetzen, der im Plenum des Bundestages gute Chancen hatte, angenommen zu werden, wenngleich es auch hier noch einmal zu dem Versuch kam, die Gesetzesvorlage zu verhindern. Insbesondere die Gegner des Ladenschlussgesetzes zeigten während der Ausschussdiskussionen offen ihre Absicht, das Gesetz mit allen Mitteln zu verhindern. Hierbei wandten sie zwei Taktiken an. Zum einen versuchten sie, durch eine Verschleppung das Inkrafttreten zu verhindern, indem dem Gesetz die Dringlichkeit genommen werden sollte, mit der die Befürworter die Verabschiedung beschleunigten. Sie glaubten, auf diese Weise das Inkrafttreten des Gesetzes auch weiterhin verhindern zu können, bis das Vorhaben fallengelassen werden würde. Zum anderen versuchten die Gegner, das Regelungswerk durch eine Vielzahl von größeren und kleineren Änderungen unpraktikabel zu gestalten, damit das Ladenschlussgesetz bald wieder abgeschafft werden könnte. In dieser Hinsicht ist auch die

762 Protokoll zur 134. Sitzung des Ausschusses für Wirtschaftspolitik vom 7.11.1956, S. 8, PA, II 314 A, lfd. Nr. 17.
763 Protokoll zur 134. Sitzung des Ausschusses für Wirtschaftspolitik vom 7.11.1956, S. 9, PA, II 314 A, lfd. Nr. 17.
764 Protokoll zur 134. Sitzung des Ausschusses für Wirtschaftspolitik vom 7.11.1956, S. 9, PA, II 314 A, lfd. Nr. 17.
765 Schriftlicher Bericht des Ausschusses für Wirtschaftspolitik vom 7.11.1956, PA, II 314 A, lfd. Nr. 42.
766 BT-Umdruck 804 vom 8.11.1956, PA, II 314 A, lfd. Nr. 44.

Einführung des roulierenden Systems zu verstehen, welches für den Einzelhandel in jener Zeit nicht geeignet war.
Die Ausschussberatungen brachten eine weitere Annäherung der Vorlage *Meyer-Ronnenbergs* an die Regierungsvorlage. Diese Annäherung war bereits im Vergleich der ersten Entwürfe *Meyer-Ronnenbergs* mit der BT-Drucksache 1461/55 deutlich geworden und setzte sich nun in Bezug auf die Regelungen über die Bahnhofsverkaufsstände weiter fort. Dies ist vor allem vor dem Hintergrund interessant, dass eine erneute Regierungsvorlage im Kabinett nicht zustande kam und als Gesetzesinitiative kurzfristig nicht zur Verfügung stand.

5. Die Beratungen der Gesetzesinitiativen im Plenum des Bundestages

a) Die zweite Lesung in der 169. Sitzung des Bundestages vom 8. November 1956

Nachdem die Ausschüsse ihre Beratungen mehr oder weniger vollständig abschließen konnten, wurden die Gesetzesinitiativen im Bundestag in zweiter Lesung beraten. Der schriftliche Bericht des Ausschusses für Arbeit[767] sowie der Zusatzbericht des Ausschusses für Wirtschaftspolitik[768] wurden dem Bundestag zur 169. Sitzung vom 8. November 1956 vorgelegt. Für diese zweite Lesung wurden insgesamt fünf Änderungsanträge gestellt, von denen letztlich vier in der Sitzung behandelt wurden. Nicht behandelt wurde der Antrag des Abgeordneten *Schmitt (Vockenhausen) (SPD), Birkelbach (SPD)* und Genossen[769]. Dieser Antrag verfolgte das Ziel, den Zeitungsverkauf aus dem Gesetzesentwurf herauszunehmen und somit nicht an die Ladenöffnungszeiten zu binden. Das gleiche Ziel wurde unter anderem mit dem Änderungsantrag der FDP-Fraktion[770] zu erreichen versucht und aus diesem Grunde zurückgenommen.
Im einzelnen wurden folgende Änderungsanträge gestellt:
Der Antrag der Abgeordneten *Kopf (CDU), Hilbert (CDU), Dr. Furler (CDU)* und Genossen sollte das Gebiet, für welches nach der Vorlage des Ausschusses für Arbeit in Grenzgebieten eine Ausnahme vom Samstags-Frühschluss gestattet werden könne, vergrößern. Es sollten die Worte „in unmittelbarer Nähe" durch die Worte „in der Nähe der Bundesgrenze" ersetzt werden[771]. Der Antrag wurde jedoch ohne Debatte abgelehnt und die Fassung des Ausschusses für Arbeit abgenommen[772].

767 BT-Drucks. 2810 vom 7.11.1956, PA, II 314 A, lfd. Nr. 41.
768 zur BT-Drucks. 2810/56 vom 7.11.1956, II 314 A, lfd. Nr. 42.
769 BT-Umdruck 813 vom 8.11.1956, PA, II 314 A, lfd. Nr. 47.
770 BT-Umdruck 810 vom 8.11.1956, PA, II 314 A, lfd. Nr. 45.
771 BT-Umdruck 795 vom 6.11.1956, PA, II 314 A, lfd. Nr. 43.
772 Stenographischer Bericht des Bundestages, 2. WP, Bd. 32, 169. Sitzung vom 8.11.1956, S. 9333D, PA, II 314 A, lfd. Nr. 48.

Durch den Änderungsvorschlag der Abgeordneten *Hellwig (CDU), Illerhaus(CDU), Blank (Oberhausen) (CDU)* und Genossen wurde die Idee der Übergangslösung wieder aufgegriffen. Die Abgeordneten beantragten, die Samstagsregelung, so wie sie der Ausschuss für Arbeit beschlossen hatte, erst ab dem 1. Januar 1959 in Kraft treten zu lassen. Bis dahin sollten Verkaufsstellen samstags bis 7 Uhr und ab 17 Uhr und montags bis 10 Uhr geschlossen sein[773]. *Dr. Hellwig,* Mitglied im Ausschuss für Wirtschaftspolitik, verfolgte mit dem Antrag das Ziel, die wirtschaftspolitischen Konsequenzen überprüfen zu können, was im Ausschuss für Wirtschaft nicht vorgenommen werden konnte. Insbesondere ging es um die Frage, wie die Verbraucher ausweichen und in anderen Betriebsformen wie dem Versandhandel, dem Werkskantinenhandel und ähnlichen Formen einen Ersatz suchten; inwieweit sich Konkurrenzverhältnisse zwischen Kleinbetrieben und Großbetrieben, zwischen Vororten und Landbezirken einerseits und Städten andererseits verändern, um die Frage von Überschneidungen beim Verkauf bestimmter Artikel wegen der Zugehörigkeit der Betriebe zu anderen Branchen, etwa bei Tabakwaren beim Verkauf in Gaststätten usw.[774].
Der Abgeordnete *Illerhaus* ergänzte, dass er eine bundeseinheitliche Regelung mit einem 14-Uhr-Ladenschluss am Samstag nicht für richtig halte. Wenn dieser aber schon eingeführt würde, solle es wenigstens eine Übergangszeit geben, um eine Anpassung zu ermöglichen[775]. Der Abgeordnete *Sabel* konnte in dem Änderungsvorschlag keine Übergangsregelung entdecken, sondern betrachtete sie als Verschiebung. Für einen Kompromiss mit einer „echten" Übergangsregelung zeigte er sich offen[776]. *Meyer-Ronnenberg* konkretisierte diesen Standpunkt und schlug als Basis eine Übergangsregelung mit einem 16-Uhr-Ladenschluss am Samstag vor[777]. In der anschließenden Abstimmung wurde der Abänderungsvorschlag mit einer knappen Mehrheit für die zweite Lesung abgelehnt[778].
Als weiteren Änderungsvorschlag reichten die Abgeordneten *Dr. Hellwig, Dr. Blank (Oberhausen)* und Genossen den Vorschlag ein, einen zusätzlichen Paragraphen über den Zeitungsverkauf an Kiosken in den Entwurf einzuführen. Es sollten Kioske an den Werktagen von 7 bis 19 Uhr, sowie an Sonn- und Feier-

---

773 BT-Umdruck 804 vom 8.11.1956, PA, II 314 A, lfd. Nr. 44.

774 *Dr. Hellwig*, Stenographischer Bericht des Bundestages, 2. WP, Bd. 32, 169. Sitzung vom 8.11.1956, S. 9324C.

775 *Illerhaus*, Stenographischer Bericht des Bundestages, 2. WP, Bd. 32, 169. Sitzung vom 8.11.1956, S. 9325B.

776 *Sabel*, Stenographischer Bericht des Bundestages, 2. WP, Bd. 32, 169. Sitzung vom 8.11.1956, S. 9328D.

777 *Meyer-Ronnenberg*, Stenographischer Bericht des Bundestages, 2. WP, Bd. 32, 169. Sitzung vom 8.11.1956, S. 9329C.

778 Stenographischer Bericht des Bundestages, 2. WP, Bd. 32, 169. Sitzung vom 8.11.1956, S. 9332D.

tagen von 10 bis 13 Uhr für den Verkauf von Zeitungen und Zeitschriften geöffnet sein[779]. *Dr. Hellwig* zog den Antrag jedoch für die zweite Lesung zurück, da ein in der Sache gleicher Antrag für die dritte Lesung vorbereitet wurde[780]. Letztlich reichte die Fraktion der FDP einen aus zahlreichen Einzelanträgen bestehenden Vorschlag zur Beratung ein[781]. Als Initiator des Antrages wurde der Abgeordnete *Dr. Atzenroth* aufgeführt, der die einzelnen Punkte begründete.
Zunächst sollten einige Bereiche aus dem Anwendungsbereich des Entwurfes herausgenommen werden. Die Gesetzesvorlage sei mit der Begründung auf den Weg gebracht worden, einen Schutz für die im Einzelhandel beschäftigten Angestellten zu schaffen. Es seien aus diesem Grunde die Bereiche herauszunehmen werden, die dieses Schutzes nicht bedurften, nämlich Warenautomaten und Verkaufsstellen, in denen nur der Inhaber oder Familienangehörige des Inhabers tätig seien[782]. Weiterhin dürfe der Entwurf nicht den Zeitungsverkauf umfassen. Es müsse eine ständige Versorgung der Bevölkerung mit Informationen gewährleistet werden[783].
Meyer-Ronnenberg legte dar, dass in 15 % aller registrierten Betriebe des Einzelhandels keine Angestellten beschäftigt wurden. Weiter seien die Warenautomaten bewusst in den Entwurf einbezogen worden, um eine Ausweitung des Automatenverkaufs zu verhindern, der eine Gefahr für den kleinen Einzelhandel darstellen könne. Er sah in dem Antrag den Versuch, den Grundgedanken des Entwurfes zu verwässern[784]. Der Abgeordnete *Lange (Essen)* ergänzte diesen Beitrag dahingehend, dass Zielsetzung des Entwurfes nicht nur der Arbeitnehmerschutz, sondern auch die Herstellung gleicher Wettbewerbsbedingungen in weiten Bereichen sei[785].
In der Abstimmung konnte sich schließlich die Ausschussfassung über den Anwendungsbereich durchsetzen[786].
Als zentraler Punkt stellte sich die Diskussion über die *Ladenzeiten* dar. Die vom Ausschuss für Arbeit vorgelegte Fassung sollte durch den Antrag der FDP-

---

779 BT-Umdruck 812 vom 8.11.1956, PA, II 314 A, lfd. Nr. 46.

780 *Dr. Hellwig,* Stenographischer Bericht des Bundestages, 2. WP, Bd. 32, 169. Sitzung vom 8.11.1956, S. 9333A.

781 BT-Umdruck 810 vom 8.11.1956, PA, II 314 A, lfd. Nr. 45.

782 *Dr. Atzenroth,* Stenographischer Bericht des Bundestages, 2. WP, Bd. 32, 169. Sitzung vom 8.11.1956, S. 9321A.

783 *Dr. Atzenroth,* Stenographischer Bericht des Bundestages, 2. WP, Bd. 32, 169. Sitzung vom 8.11.1956, S. 9331B.

784 *Meyer-Ronnenberg,* Stenographischer Bericht des Bundestages, 2. WP, Bd. 32, 169. Sitzung vom 8.11.1956, S. 9321C.

785 *Lange (Essen),* Stenographischer Bericht des Bundestages, 2. WP, Bd. 32, 169. Sitzung vom 8.11.1956, S. 9322B.

786 Stenographischer Bericht des Bundestages, 2. WP, Bd. 32, 169. Sitzung vom 8.11.1956, S. 9323.

Fraktion dahingehend abgeändert werden, dass an Werktagen der 19-Uhr-Ladenschluss beibehalten und an Samstagen ein 17-Uhr-Ladenschluss eingeführt werden solle. Das Modell des verkaufsoffenen Samstages am ersten Samstag des Monats wurde dafür aufgegeben[787]. *Dr. Atzenroth* nannte den Entwurf wirtschaftsfeindlich, da er vorschreibe, dass die Geschäfte zu den Zeiten des größten Bedarfs geschlossen zu halten haben[788]. Es sei einfach nicht möglich, dass alle Menschen in Deutschland zu denselben Zeiten arbeiteten und sich zu denselben Zeiten Erholung suchten. Er verwies in diesem Zusammenhang auf das Hotel- und Gaststättengewerbe, auf Beamte der Bundesbahn und der Post sowie auf Ärzte und Angestellte in Krankenhäusern. Der Schutz der Angestellten sei bereits in bestehenden Gesetzen verankert und bedürfe keines neuen Gesetzes. Dieser Begründung wurden die schon bekannten Argumente entgegengehalten. Noch immer betrage die Arbeitszeit im Einzelhandel 54 bis 76 Stunden pro Woche, obwohl die Arbeitszeitordnung die 48-Stunden-Woche vorschriebe[789]. Da die Ladenöffnungszeiten mit den Arbeitszeiten nahezu identisch seien, könne eine wirksame und kontrollierbare Begrenzung der Arbeitszeiten nur durch eine Verkürzung der Ladenzeiten erreicht werden[790]. Weiterhin wurde das Nachwuchsproblem aufgezeigt. Es könne aufgrund der Arbeitszeitbedingungen im Einzelhandel nicht genügend Nachwuchs herangeführt werden[791].

In der sich an die lebhafte Diskussion anschließenden Abstimmung wurden die Änderungsvorschläge der FDP-Fraktion abgelehnt und die vom Ausschuss für Arbeit vorgelegte Fassung angenommen[792].

Ein weiterer zentraler Punkt der Änderungsvorschläge der FDP-Fraktion war die Regelung über *Kur- und Erholungsorte*. Es stünden die deutschen Kur- und Erholungsorte in Konkurrenz zu den ausländischen Orten. Es sei daher eine Anpassung an die dortigen Verhältnisse geboten[793]. Die im Vorschlag des Ausschusses für Arbeit vorgesehenen Ausnahmen gingen den Antragstellern nicht weit genug. Es wurde daher beantragt, anstatt von 16 Sonn- und Feiertagen für

---

787 BT-Umdruck 810 vom 8.11.1956, Nr. 3, PA, II 314 A, lfd. Nr. 45.

788 *Dr. Atzenroth,* Stenographischer Bericht des Bundestages, 2. WP, Bd. 32, 169. Sitzung vom 8.11.1956, S. 9323D.

789 *Meyer-Ronnenberg,* Stenographischer Bericht des Bundestages, 2. WP, Bd. 32, 169. Sitzung vom 8.11.1956, S. 9329A.

790 *Schneider (Hamburg),* Stenographischer Bericht des Bundestages, 2. WP, Bd. 32, 169. Sitzung vom 8.11.1956, S. 9325D.

791 *Schneider (Hamburg),* Stenographischer Bericht des Bundestages, 2. WP, Bd. 32, 169. Sitzung vom 8.11.1956, S. 9326B.

792 Stenographischer Bericht des Bundestages, 2. WP, Bd. 32, 169. Sitzung vom 8.11.1956, S. 9332D.

793 *Dr. Atzenroth,* Stenographischer Bericht des Bundestages, 2. WP, Bd. 32, 169. Sitzung vom 8.11.1956, S. 9333C.

eine Dauer von vier Stunden, die Öffnung an 26 Sonn- und Feiertagen für die Dauer von fünf Stunden zuzulassen. An Sonnabenden sollte der Ladenschluss von 18 auf 20 Uhr verlegt werden. Weiter sollte eine Ausgleichsregelung für den Samstagnachmittag entfallen.
In Grenzgebieten solle der Samstagsladenschluss von 18 auf 19 Uhr verlegt werden und die Ausgleichsregelung entfallen[794].
Keiner dieser Vorschläge fand die Mehrheit der anwesenden Abgeordneten des Bundestages und es wurde die Ausschussfassung angenommen[795].
Als weiteren Punkt beantragte die FDP-Fraktion, den Katalog für diejenigen Waren zu erweitern, die auch am Sonntag verkauft werden durften[796]. Nachdem jedoch auch dieser Antrag zugunsten der Ausschussfassung abgelehnt wurde[797], zog der Abgeordnete *Dr. Atzenroth* alle anderen Änderungsanträge für diese zweite Lesung zurück. Vorgesehen war unter anderem, die Offenhaltung an zehn Sonn- und Feiertagen ohne besonderen Anlass zu gestatten, statt nach der Ausschussfassung, nur vier Sonn- und Feiertage aus Anlass von Märkten, Messen oder ähnlichen Veranstaltungen hierfür vorzusehen[798].
Auch sollten Friseurbetriebe gänzlich aus dem Entwurf herausgenommen werden[799]. Weiter war vorgesehen zu beantragen, dass untere Verwaltungsbehörden aus besonderem Anlass Ausnahmen vom Verbot des sonstigen gewerblichen Feilhaltens zulassen konnten[800].
So wurden in dieser zweiten Lesung die übrigen Vorschriften ebenfalls in der Fassung der Ausschussvorlage beschlossen. Es kündigte sich bereits hier eine lebhafte Diskussion in der dritten und entscheidenden Lesung an, in der zahlreiche Änderungsvorschläge gestellt werden sollten.

b) Die dritte Lesung in der 170. Sitzung des Bundestages vom 9. November 1956

Einen Tag später, am 9. November 1956, trat der Bundstag zur dritten Lesung zusammen, in der der Gesetzesentwurf verabschiedet werden sollte. Für diese 170. Sitzung wurden noch einmal 15 neue Änderungsvorschläge, sowie der von der FDP-Fraktion schon zur zweiten Lesung gestellte Änderungsantrag[801],

794 BT-Umdruck 810 vom 8.11.1956, Nr. 6, PA, II 314 A, lfd. Nr. 45.
795 Stenographischer Bericht des Bundestages, 169. Sitzung vom 8.11.1956, S. 9332D.
796 BT-Umdruck 810 vom 8.11.1956, Nr. 7, PA, II 314 A, lfd. Nr. 45.
797 *Dr. Atzenroth,* Stenographischer Bericht des Bundestages, 169. Sitzung vom 8.11.1956, S. 9334D.
798 hierzu Schriftlicher Bericht des Ausschusses für Arbeit gemäß BT-Drucks. 2810/56.
799 BT-Umdruck 810 vom 8.11.1956, Nr. 10, PA, II 314 A, lfd. Nr. 45.
800 BT-Umdruck 810 vom 8.11.1956, Nr. 11b, PA, II 314 A, lfd. Nr. 45; siehe zu Begriff des „sonstigen gewerblichen Feilhaltens“ 2. Teil, IV 2a) der Arbeit.
801 BT-Umdruck 810 vom 8.11.1956, PA, II 314 A, lfd. Nr. 45.

insgesamt also 16 Änderungsanträge, gestellt. Weitere zwei Anträge, die noch während der Debatte gestellt wurden, sind zu diesen vorgenannten noch hinzuzuzählen. Der Vizepräsident des Deutschen Bundestages, *Dr. Becker*, eröffnete die Sitzung mit einer allgemeinen Aussprache. In dieser Aussprache wurden in erster Linie die schon bekannten Argumente angeführt, ob eine bundeseinheitliche Regelung überhaupt sinnvoll sei. Weiterhin wurde von einigen Abgeordneten mit ebenfalls bekannten Argumenten die Lösung über ein Rahmengesetz favorisiert, sowie vorwiegend aus den Reihen der FDP das roulierende System.

Insbesondere zur Diskussion zum *Samstags-Frühschluss* stellte *Meyer-Ronnenberg* fest, dass dieselben Argumente, die gegen den Samstags-Frühschluss angeführt wurden, schon im Jahre 1906, damals bei der Diskussion über die Sonntagsruhe, angeführt worden seien[802]. Weiterhin legte er dar, dass zwischen den beiden Gruppen, die den Samstags-Frühschluss befürworteten, und derjenigen, die ihn ablehnten, ein Kompromiss gefunden sei. Dieser sehe eine Übergangslösung für ein Jahr vor, während der der Ladenschluss am Samstag um 16 Uhr eingeführt werden solle[803]. Dieser Kompromiss hatte sich schon während der zweiten Lesung angedeutet und hatte gute Chancen, in dieser dritten Lesung angenommen zu werden. Eingereicht worden war der Antrag als BT-Umdruck 823 vom 8. November 1956 durch den Abgeordneten *Hellwig (CDU/CSU)* und Genossen[804]. Ihm gegenüber wurde vom Abgeordneten *Stücklen (CDU/CSU)* und Genossen der Antrag gemäß BT-Umdruck 828 vom 9. November 1956 eingebracht, wonach die Übergangszeit auf zwei Jahre, bis zum 31. Dezember 1958 auszudehnen sei. Die Abstimmung über diese Vorlage verlief äußerst knapp. Mit 140:139 Stimmen, bei drei Enthaltungen, wurde der Antrag schließlich abgelehnt[805]. Trotz dieser Ablehnung vermochte auch die Abstimmung über den Antrag gemäß BT-Umdruck 823 nicht eindeutig zu verlaufen, so dass auch hier im sogenannten Hammelsprung verfahren werden musste; einer Verfahrensart, die im Laufe der Sitzung noch einige Male durchgeführt werden sollte. Mit 166:123 Stimmen, bei zwei Enthaltungen, sprach sich der Bundestag für eine Übergangszeit von einem Jahr aus[806]. Aufgrund dieses Ergebnisses sah sich der Abgeordnete *Lange (Essen) (SPD)* veranlasst, einen weiteren Änderungsantrag einzubringen, den er während der Debatte schriftlich formulierte: *Lange*

---

802 *Meyer-Ronnenberg,* Stenographischer Bericht des Bundestages, 170. Sitzung vom 9.11.1956, 2. WP, Bd. 32, S. 9360B.

803 *Meyer-Ronnenberg,* Stenographischer Bericht des Bundestages, 170. Sitzung vom 9.11.1956, 2. WP, Bd. 32, S. 9360D.

804 PA, II 314 A, lfd. Nr. 58.

805 Stenographischer Bericht des Bundestages, 170. Sitzung vom 9.11.1956, 2. WP, Bd. 32, S. 9371A.

806 Stenographischer Bericht des Bundestages, 170. Sitzung vom 7.11.1956, 2. WP, Bd. 32, S. 9371B.

(Essen) sah aufgrund der Übergangsregelung kein Bedürfnis mehr für den verkaufsoffenen Samstag am ersten Samstag im Monat und beantragte, diesen auch nach der Übergangszeit nicht einzuführen[807]. Aussicht auf Erfolg hatte dieser Antrag freilich nicht. *Sabel (CDU/CSU)* wies auf den Bericht des Ausschusses für Arbeit hin und betonte, dass insbesondere an die Käufe gedacht werde, die gemeinsam in der Familie getätigt würden[808]. Dieses Bedürfnis würde selbstverständlich auch nach der Übergangszeit nicht wegfallen. Somit wurde der Antrag erwartungsgemäß abgelehnt[809].
Zahlreiche Änderungsvorschläge bezogen sich auf die *Ausnahme für Zeitungen und Zeitschriften*. Dass der Verkauf von Zeitungen und Zeitschriften gegenüber den allgemeinen Ladenzeiten ausgedehnt werden würde, stand außer Frage und war auch in der Ausschussfassung bereits vorgesehen. Nach § 11 der Ausschussvorlage konnte durch Rechtsverordnung festgelegt werden, dass und innerhalb welcher Zeit an Sonn- und Feiertagen Zeitungen verkauft werden durften[810]. Weiterhin bestimmte § 18 der Ausschussvorlage über das sonstige gewerbliche Feilhalten, dass Tageszeitungen im Wege des sogenannten ambulanten Handels während des ganzen Tages verkauft werden durften[811]. Letztlich waren die Bahnhofsbuchhandlungen von den allgemeinen Ladenzeiten ausgenommen. Diese Regelung war einigen Antragstellern nicht klar genug und weitgehend genug. Die FDP-Fraktion versuchte, mit ihrem Antrag die Zeitungsverkaufsstellen aus dem Anwendungsbereich des Entwurfes herauszunehmen[812]. Wie schon in der zweiten Lesung fand dieser Antrag keine Mehrheit und wurde abgelehnt[813]. Dennoch wurde die Notwendigkeit, die Bevölkerung auch an den Wochenenden mit Informationen zu versorgen, gesehen[814]. Von Seiten der SPD wurde daher ein Antrag eingebracht, wonach der Zeitungsverkauf durch die Bestimmungen des Gesetzes nicht berührt werden solle[815]. Obwohl der Antrag in seiner Formulierung zu unklar gefasst war; er ließ offen, ob nur der ambulante Handel ausgenommen werden sollte oder jede Einrichtung, die (auch) Zeitungen

807 *Lange (Essen),* Stenographischer Bericht des Bundestages, 170. Sitzung vom 9.11.1956, 2. WP, Bd. 32, S. 9372C.

808 *Sabel,* Stenographischer Bericht des Bundestages, 170. Sitzung vom 9.11.1956, 2. WP, Bd. 32, S. 9372B.

809 Stenographischer Bericht des Bundestages, 170. Sitzung vom 9.11.1956, 2. WP, Bd. 32, S. 9372C.

810 BT-Drucks. 2810/56, § 11, PA, II 314 A, lfd. Nr. 41.

811 BT-Drucks. 2810/56, § 18, PA, II 314 A, lfd. Nr. 41.

812 hierzu 2. Lesung, 2. Teil, VI 5a) der Arbeit, BT-Umdruck 810 vom 8.11.1956, Ziff. 2, PA, II 314 A, lfd. Nr. 45.

813 Stenographischer Bericht des Bundestages, 170. Sitzung vom 9.11.1956, 2.WP, Bd. 32, S. 9367C.

814 z.B. *Schmitt (Vockenhausen) (SPD),* Stenographischer Bericht des Bundestages, 170. Sitzung vom 9.11.1956, 2. WP, Bd. 32, S. 9368B.

815 BT-Umdruck 815 vom 8.11.1956, PA, II 314 A, lfd. Nr. 55.

feilbot[816], musste über ihn im sogenannten Hammelsprung entschieden werden. 148 Abgeordnete sprachen sich gegen den Antrag aus und überstimmten damit die 113 Befürworter, wobei sich drei Abgeordnete der Stimme enthielten. Damit wurde der Zeitungsverkauf grundsätzlich im Anwendungsbereich des Entwurfes belassen und lediglich die Verkaufszeit gegenüber der allgemeinen Ladenzeit ausgeweitet.
Der Abgeordnete *Kroll (CDU/CSU)* schlug vor, dem Verkauf von Zeitungen und Zeitschriften einen eigenen Paragraphen zu widmen, in dem eine Verkaufszeit an Werktagen von 6 bis 19 Uhr sowie an Sonn- und Feiertagen von 11 bis 13 Uhr vorgesehen war[817]. *Kroll* sah in dieser Angelegenheit in erster Linie keine Einzelhandelsfrage, sondern eine Pressefrage. Zeitungen und Zeitschriften seien nicht schlechthin Waren, sondern Nachrichten- und Informationsmaterial. Es sei das öffentliche Interesse, dass die Bevölkerung rasch und vollständig informiert werde[818]. Weiterhin vertrat er die Auffassung, dass auch Zeitschriften zu dieser Materie gezählt werden müssen und außerdem eine Differenzierung zwischen dem Verkauf von Zeitungen und Zeitschriften nicht möglich sei. Es könne insbesondere den Kiosken nicht gestattet werden, Zeitungen zu verkaufen, Zeitschriften aber nicht anbieten zu dürfen. *Sabel* gab demgegenüber zu bedenken, dass durch diese Regelung eine durchgehende Öffnungszeit von 6 bis 19 Uhr gestattet werde[819]. Eine Regelung also, die sogar schlechter war, als die seinerzeit gültige Regelung. Gegenüber dem Vorschlag der SPD gemäß BT-Umdruck 815/56 äußerte *Sabel*, dass dadurch zuviel Freizügigkeit ins Gesetz hineinkommen würde. *Sabel* selbst brachte den von der CDU/CSU-Fraktion unterstützten Vorschlag ein, die Verkaufszeit für Zeitungskioske an Werktagen bis 19 Uhr auszudehnen[820].
Die Abstimmung fiel sehr knapp aus. Zunächst wurde der Antrag gemäß BT-Umdruck 815/56 im Hammelsprung mit 148:113 Stimmen bei drei Enthaltungen abgelehnt[821]. Sodann erhielt die Vorlage des Abgeordneten *Kroll*

---

816 Abg. *Schmitt (Vockenhausen)* stellte erst in der Debatte dar, dass sich der Antrag lediglich auf den ambulanten Handel beziehen sollte, Stenographischer Bericht des Bundestages, 170. Sitzung vom 9.11.1956, 2. WP, Bd. 32, S. 9369D.

817 BT-Umdruck 826 vom 9.11.1956, PA, II 314 A, lfd. Nr. 61.

818 *Kroll*, Stenographischer Bericht des Bundestages, 170. Sitzung vom 9.11.1956, 2. WP, Bd. 32, S. 9367D.

819 *Sabel*, Stenographischer Bericht des Bundestages, 170. Sitzung vom 9.11.1956, 2. WP, Bd. 32, S. 9369C.

820 BT-Umdruck 816 vom 8.11.1956, PA, II 314 A, lfd. Nr. 56.

821 Stenographischer Bericht des Bundestages, 170. Sitzung vom 9.11.1956, 2. WP, Bd. 32, S. 9373B.

gemäß BT-Umdruck 826/56 den Zuschlag[822]. Die übrigen Vorlagen hatten sich damit erledigt.
Bezüglich der *Bahnhofsverkaufsstellen* brachte *Meyer-Ronnenberg* den Antrag ein, die Fassung seines Entwurfes gemäß BT-Drucks. 1461/55 wieder herzustellen[823] und eine Unterscheidung der Verkaufsstellen vor und hinter den Sperren vorzunehmen. Er sah sich aufgrund einer Stellungnahme des Bundesverkehrsministeriums dazu veranlasst, die ihm nicht die gewünschte Klarheit in Bezug auf die Behandlung der Verkaufsstellen brachte[824]. Erst als der Bundesminister für Arbeit, *Anton Storch*, zusagte, auf entsprechende Regelungen hinzuwirken, nahm *Meyer-Ronnenberg* seinen Antrag zurück.
Zur Regelung über *Ausnahmen in Kur- und Erholungsorten* wurden vier Änderungsvorschläge eingereicht. Der Abgeordnete *Kroll* hielt die Fassung der BT-Drucks. 1461/55, wonach „in besonderen Fällen" an bis zu 22 Sonn- und Feiertagen geöffnet werden dürfe, für zu dehnbar. Es solle deshalb die Zahl 22 als Maximum eingesetzt werden[825]. Die in der Ausschussfassung vorgesehene Anzahl von 16 wiederum sei zu gering, da es in Orten, wie den Schwarzwald, neben der Sommer- auch eine Wintersaison gebe. Diese Orte würden mit 16 Sonn- und Feiertagen nicht auskommen.
Der von *Dr. Atzenroth* begründete Antrag der FDP-Fraktion sah vor, die Anzahl der freizugebenden Sonn- und Feiertage auf 26 festzusetzen[826]. *Dr. Atzenroth* verwies auf die Bedingungen in ausländischen Kur- und Erholungsorten, mit denen die deutschen Orte konkurrieren müssen[827]. Er zog seinen Antrag jedoch zurück, damit der Antrag gemäß BT-Umdruck 825/56 die Mehrheit finden konnte[828]. Dies blieb jedoch ohne Erfolg, denn auch dieser Antrag wurde abgelehnt.
Durchsetzen konnte sich lediglich ein Antrag, der ebenfalls schon einmal in der zweiten Lesung gestellt wurde: *Dr. Kopf (CDU/CSU)* beantragte die Worte „in unmittelbarer Nähe der Bundesgrenze" durch die Worte „in der Nähe der Bundesgrenze" zu ersetzen[829]. Der Begriff „unmittelbar" sei zu unbestimmt[830].

---

822 Stenographischer Bericht des Bundestages, 170. Sitzung vom 9.11.1956, 2. WP, Bd. 32, S. 9374A.

823 BT-Umdruck 805 vom 8.11.1956, PA, II 314 A, lfd. Nr. 52.

824 *Meyer-Ronnenberg,* Stenographischer Bericht des Bundestages, 170. Sitzung vom 9.11.1956, 2. WP, Bd. 32, S. 9374B.

825 *Kroll,* Stenographischer Bericht des Bundestages, 170. Sitzung vom 9.11.1956, 2. WP, Bd. 32, S. 9375A; BT-Umdruck 825 vom 9.11.1956, PA, II 314 A, lfd. Nr. 60.

826 BT-Umdruck 810 vom 8.11.1956, Ziff. 6, PA, II 314 A, lfd. Nr. 45.

827 *Dr. Atzenroth,* Stenographischer Bericht des Bundestages, 170. Sitzung vom 9.11.1956, 2. WP, Bd. 32, S. 9375B.

828 *Dr. Atzenroth,* Stenographischer Bericht des Bundestages, 170. Sitzung vom 9.11.1956, 2. WP, Bd. 32, S. 9375C.

829 BT-Umdruck 809 vom 9.11.1956, PA, II 314 A, lfd. Nr. 54.

Es käme nicht auf die zufällige geographische Lage, sondern darauf an, ob in einem bestimmten Ort der Wareneinkauf durch Ausländer eine erhebliche Rolle spiele und wirtschaftlich ins Gewicht falle.

Zum Dauerthema der *verkaufsoffenen Sonntage vor Weihnachten* wurde nur eine Änderungsvorlage eingebracht. Nachdem die Anzahl endgültig auf zwei Sonntage festgelegt war, stand lediglich noch die Zeitspanne in Frage. Durch den Antrag der Abgeordneten *Dr. Schwarzhaupt (CDU/CSU)* wurde vorgeschlagen, den Zeitraum vom 10. und 23. Dezember auf den Zeitraum vom 8. bis 21. Dezember vorzuverlegen[831]. Es solle dadurch eine große Zahl von Familien, vor allem aber auch die Hausfrauen davor bewahrt werden, abgehetzt und mehr oder weniger erschöpft in die Weihnachtstage hineinzugehen. Dies gelte auch für das große Heer von Verkäuferinnen, von denen sehr viele verheiratet seien und für die in den letzten Tagen vor Weihnachten ein freier Sonntag eine große Wohltat sei[832]. *Meyer-Ronnenberg* hielt dem entgegen, dass gerade das kleine Lebensmittelgeschäft, das zu Weihnachten auch Weihnachtsartikel verkaufe, am letzten Tag nicht auf diese Stunden verzichten könne, da sonst der ganze Umsatz dieser Artikel in die Cafés und Konditoreien, die geöffnet sein dürfen, gehe[833]. Der Abgeordnete *Lange (Essen)* übertrug den Vorschlag auf die aktuelle Kalenderlage und stellte für das Jahr 1957 eine ununterbrochene Beanspruchung vom 2. bis zum 21. Dezember fest, da der erste verkaufsoffene Sonntag der 8. Dezember sei[834]. Es drangen diese Argumente jedoch nicht zur Mehrheit des Bundestages durch und der Antrag gemäß BT-Umdruck 796/56 wurde angenommen[835].

Abgelehnt wurde hingegen der Antrag der FDP-Fraktion, die Anzahl der übrigen im Jahr zu öffnenden Sonn- und Feiertage von vier auf zehn zu erhöhen[836].

Weiterhin wurden im § 16 der Ausschussfassung die *Friseurbetriebe* als Handwerksbetriebe mit in den Entwurf aufgenommen. Hierzu lagen zwei entgegengesetzte Anträge vor: Zum einen verfolgte die FDP-Fraktion das Ziel, diese Norm zu streichen[837]. Es sollten dem Entwurf keine Handwerksbetriebe unter-

---

830 *Dr. Kopf,* Stenographischer Bericht des Bundestages, 170. Sitzung vom 9.11.1956, 2. WP, Bd. 32, S. 9376B.

831 BT-Umdruck 796 vom 7.11.1956, PA, II 314 A, lfd. Nr. 49.

832 *Schwarzhaupt,* Stenographischer Bericht des Bundestages, 170. Sitzung vom 9.11.1956, 2. WP, Bd. 32, S. 9377A.

833 *Meyer-Ronnenberg,* Stenographischer Bericht des Bundestages, 170. Sitzung vom 9.11.1956, 2. WP, Bd. 32, S. 9377C.

834 *Lange (Essen),* Stenographischer Bericht des Bundestages, 170. Sitzung vom 9.11.1956, 2. WP, Bd. 32, S. 9377D.

835 Stenographischer Bericht des Bundestages, 170. Sitzung vom 9.11.1956, 2. WP, Bd. 32, S. 9378A.

836 BT-Umdruck 810 vom 8.11.1956, Ziff. 8a, PA, II 314 A, lfd. Nr. 45.

837 BT-Umdruck 810 vom 8.11.1956, Ziff. 10, PA, II 314 A, lfd. Nr. 45.

stellt werden, da der Entwurf zur Regelung der Ladenzeiten aufgestellt worden sei[838]. *Sabel* gab demgegenüber zu bedenken, dass die Friseurbetriebe auf eigenen Wunsch in die Regelung mit einbezogen worden seien[839].
Der zweite eingebrachte Antrag bezog sich darauf, das *Bäckereihandwerk* ebenfalls in die Ausnahmeregelung mit aufzunehmen[840]. Hierdurch solle Bäckereien die Offenhaltung am Samstag bis 16 Uhr gestattet werden. Der Grund sei das Nachtbackverbot. Müssten die Bäckereien samstags um 14 Uhr schließen, so würde dies bedeuten, dass in der Zeit von 4 bis 14 Uhr wohl die Backware für den Samstag und den Sonntag hergestellt werden, sie aber bis 14 Uhr nicht voll verkauft werden könne[841]. Es müsste demnach schon zwei Stunden früher, um 2 Uhr mit dem Backen begonnen werden. *Sabel* erkannte das Problem sehr wohl, schlug aber vor, es auf das Jahr 1957 zu verschieben, damit es im Zusammenhang mit anderen Problemen gelöst werden könne[842]. Bis dahin verwies er auf die Übergangszeit, in der ohnehin eine Öffnung bis 16 Uhr vorgesehen sei. Daraufhin wurden sowohl der Antrag gemäß BT-Umdruck 810/56 Ziff. 10, als auch derjenige gemäß BT-Umdruck 819/55 abgelehnt.
Ein weiteres Standardproblem, über welches in der dritten Lesung nicht ohne weiteres hinweggegangen werden durfte, war die *Regelung der Trink- und Imbisshallen*. Der Arbeitsausschuss war dem Antrag des Bundesrates gefolgt und hatte die Norm aus dem Entwurf gestrichen[843]. *Meyer-Ronnenberg* und Genossen stellten nun den Antrag, diese Vorschrift in der Fassung der BT-Drucks. 1461/55 wieder einzuführen. Ein völliges Herausnehmen der Trinkhallen führe zu einer Ungleichbehandlung gerade im Hinblick auf den Tabakwareneinzelhandel mit überwiegend ganz kleinen Geschäften[844]. Die Trinkhallen seien richtige Einzelhandelsverkaufsstellen und seien zunächst wie der Einzelhandel zu behandeln[845]. Dabei gaben die Antragsteller selbst zu, dass der zweite Absatz dieser Norm, wonach als Trinkhallen nur diejenigen anzusehen seien, deren Umsatz an offenen Speisen und Getränken mindestens 50 % vom Gesamtumsatz

---

838 *Dr. Atzenroth,* Stenographischer Bericht des Bundestages, 170. Sitzung vom 9.11.1956, 2. WP, Bd. 32, S. 9379A.

839 *Sabel,* Stenographischer Bericht des Budestages, 170. Sitzung vom 9.11.1956, 2. WP, Bd. 32, S. 9379B; Telegramm der Friseurinnung Hamburg vom 8.11.1956, PA, II 314 B 3.

840 BT-Umdruck 819 vom 8.11.1956, PA, II 314 A, lfd. Nr. 57.

841 *Eickhoff (DP),* Stenographischer Bericht des Budestages, 170. Sitzung vom 9.11.1956, 2. WP, Bd. 32, S. 9378D.

842 *Sabel,* Stenographischer Bericht des Bundestages, 170. Sitzung vom 9.11.1956, 2. WP, Bd. 32, S. 9379C.

843 BT-Drucks. 2810 vom 31.10.1956, § 19 der Zusammenstellung.

844 *Illerhaus,* Stenographischer Bericht des Bundestages, 170. Sitzung vom 9.11.1956, 2. WP, Bd. 32, S. 9380A.

845 *Meyer-Ronnenberg,* Stenographischer Bericht des Bundestages, 170. Sitzung vom 9.11.1956, 2. WP, Bd. 32, S 9381B.

betrage, zu Schwierigkeiten in der Kontrolle führen würde[846]. Es wurde daher der eigentliche Antrag zurückgezogen und ein neuer Antrag, in dem auf diesen zweiten Absatz verzichtet wurde, noch während der Debatte schriftlich gefasst und eingebracht[847].

Als Gegner dieses Antrages stellte *Dr. Bürkel (CDU/CSU)* dar, dass eine solche Regelung ausschließlich ins Gaststättengesetz gehöre, da hier eine weitreichende Überprüfung der Trinkhallen möglich sei[848]. Es könnten so, neben der Zuverlässigkeit des Betreibers auch die Anlagen und die hygienischen Bedingungen überprüft werden. Weiterhin fänden auch im Gaststättengesetz die Bestimmungen über den Zubehörverkauf Anwendung, so dass die von allen Seiten begehrte Lösung gefunden werden könne und Zigaretten, Süßigkeiten etc. nur im Zusammenhang mit offenen Speisen und Getränken verkauft werden dürften. Ein zwischenzeitlich aufgekommener Zweifel, ob Trinkhallen bis zum Inkrafttreten der 6. Novelle zum Gaststättengesetz den allgemeinen Ladenzeiten unterworfen seien[849], konnte der Bundesminister für Arbeit, *Storch*, beheben, indem er vortrug, dass Trinkhallen als unterste Stufe eines Gaststättenbetriebes dem Gaststättengesetz unterfallen würden[850]. Ein weiteres sehr gewichtiges Argument gegen den Antrag war freilich die Einstellung des Bundesrates zu diesem Thema. Dieser hatte bei seiner Empfehlung, die Norm zu streichen, sehr großen Wert auf diese Frage gelegt. *Dr. Bürkel* befürchtete nun, der Bundesrat würde den Vermittlungsausschuss anrufen, sollte sich der Bundestag für eine Wiederaufnahme entscheiden. In diesem Falle aber sei mit einer Verabschiedung des Ladenschlussgesetzes noch im Jahre 1956 nicht mehr zu rechnen[851]. Dieser letzte Punkt mag mit ausschlaggebend dafür gewesen sein, dass der Antrag letztlich abgelehnt wurde[852].

Im Laufe dieser langen Debatte hatten sich die Reihen des Bundestages merklich gelichtet. Als die Schlussabstimmung am 9. November 1956 anstand, wurde

---

846 *Illerhaus,* Stenographischer Bericht des Bundestages, 170. Sitzung vom 9.11.1956, 2. WP, Bd. 32, S. 9380A; *Meyer-Ronnenberg,* S. 9381B.

847 Stenographischer Bericht des Bundestages, 170. Sitzung vom 9.11.1956, 2. WP, Bd. 32, S. 9381D.

848 *Dr. Bürkel,* Stenographischer Bericht des Bundestages, 170. Sitzung vom 9.11.1956, 2. WP, Bd. 32, S. 9380B.

849 *Lange (Essen),* Stenographischer Bericht des Bundestages, 170. Sitzung vom 9.11.1956, 2. WP, Bd. 32, S. 9380D.

850 *Storch,* Stenographischer Bericht des Bundestages, 170. Sitzung vom 9.11.1956, 2. WP, Bd. 32, S. 9381A.

851 *Dr. Bürkel,* Stenographischer Bericht des Bundestages, 170. Sitzung vom 9.11.1956, 2. WP, Bd. 32, S. 9380C.

852 Stenographischer Bericht des Bundestages, 170. Sitzung vom 9.11.1956, 2. WP, Bd. 32, S. 9381D.

die Beschlussfähigkeit bestritten[853] - der letzte Versuch der Gegner des Entwurfes, eine Zustimmung noch zu verhindern. Der Vizepräsident *Dr. Jäger* wählte aus diesem Grunde das Verfahren des Hammelsprunges, um neben der Abstimmung auch gleichzeitig die Beschlussfähigkeit feststellen zu können.
Es stimmten hierbei 153 Abgeordnete mit „Ja", 123 mit „Nein", sechs Abgeordnete enthielten sich der Stimme. Die Fronten gingen bei dieser Abstimmung quer durch die Fraktionen. Gegen das Gesetz stimmten mehrheitlich Abgeordnete der CSU, FDP und der DP[854]. Letztlich wurde der Antrag der Abgeordneten *Kühltau* und Genossen gemäß BT-Drucks. 1943/55 für erledigt erklärt.
Dem Ladenschlussgesetz war vom Plenum des Bundestages zugestimmt worden. Es wurde dem Bundesrat mit Schreiben vom 9. November 1956 zugeleitet[855].

VII. Die Behandlung im Bundesrat

Nachdem die BR-Drucks. 416 vom 10. November 1956 dem Bundesrat zugegangen war, wurde sie zur Vorbereitung einer Beschlussfassung an den Ausschuss für Arbeit und Sozialpolitik (federführend), dem Rechtsausschuss und dem Wirtschaftsausschuss überwiesen. Gleichzeitig wurde die Beratung auf die Tagesordnung der 166. Sitzung vom 23. November 1956 gesetzt. Ihre Empfehlungen überreichten die Ausschüsse dem Bundesrat mit der BR-Drucks. 416/1/56 vom 16. November 1956. Hierin gaben der Ausschuss für Arbeit und Sozialpolitik sowie der Rechtsausschuss die Empfehlung, den Vermittlungsausschuss nicht anzurufen[856]. Der Wirtschaftsausschuss hingegen empfahl, den Vermittlungsausschuss anzurufen[857]. Es wurde vorgeschlagen, den Samstags-Frühschluss herauszunehmen und einen allgemeinen Ladenschluss um 18.30 Uhr einzuführen. Sollte ein Bedürfnis für einen früheren Ladenschluss am Samstag bestehen, so könne diesem durch Absprachen der in Betracht kommenden Verkaufsstelleninhaber untereinander Rechnung getragen werden. Auch arbeitsrechtliche Bedenken würden der vorgeschlagenen Regelung nicht entgegenstehen, da die Arbeitszeit der Angestellten durch die Arbeitszeitordnung und

---

853 *Dr. Atzenroth,* Stenographischer Bericht des Bundestages, 170. Sitzung vom 9.11.1956, 2. WP, Bd. 32, S. 9382.

854 „Ladenschlussgesetz verabschiedet", Schleswig-Holsteinische Volks-Zeitung vom 10.11.1956.

855 BR-Drucks. 416 vom 10.11.1956.

856 Der Ausschuss für Arbeit und Sozialpolitik stimmten mit 5:2 Stimmen bei zwei Enthaltungen gegen das Anrufen des Vermittlungsausschusses, der Rechtsausschuss sprach sich einstimmig hiergegen aus, Vermerk *ORR Dr. Böhm*, IIIc/5981/56 vom 22.11.1956, BA-Koblenz, B 149, 1074.

857 Der Entschluss kam mit 9:0 Stimmen bei einer Enthaltung zustande, Vermerk des *ORR Dr. Böhm* IIIc/5981/56 vom 22.11.1956, BA-Koblenz, B 149, 1074.

durch die Tarifverträge hinreichend geregelt sei[858]. Weiter trug der Ausschuss vor, die Sonderregelung für die verkaufsoffenen Sonntage vor Weihnachten solle nicht am Tage nach der Verkündung, sondern zusammen mit dem gesamten Entwurf in Kraft treten.
Der Hintergrund war, dass der Bundesrat in seiner 165. Sitzung vom 9. November 1956 dem Gesetz über die Regelung der verkaufsoffenen Sonntage vor Weihnachten[859] zugestimmt hatte. Diese dort vorgesehene Regelung, zwei Sonntage zwischen dem 10. und dem 23. Dezember freizugeben, solle zunächst nur für das Jahr 1956 gelten. Vermutlich war dies ein Versuch, die Eilbedürftigkeit aus der Frage des Ladenschlusses herauszunehmen, um den Entwurf in der Folgezeit noch zu Fall bringen zu können[860].
Letztlich schlug der Wirtschaftsausschuss vor, den Katalog, der außer Kraft tretenden Bestimmungen, noch einmal zu überprüfen[861].
Die Taktik des Wirtschaftsausschusses wird gerade im Hinblick auf den Vorschlag, den Samstags-Frühschluss nicht zu übernehmen, deutlich. Als der Ausschuss im Jahre 1954 die Regierungsvorlage behandelt hatte, hatte sich die Mehrheit dafür ausgesprochen, den in der Vorlage enthaltenen Mittwochs-Frühschluss durch einen Samstags-Frühschluss auszutauschen[862]. Dieser Vorschlag, der den Interessen der Angestellten dienen sollte, den Samstagnachmittag frei zu geben und dadurch ein verlängertes Wochenende zu schaffen, wurde auf Anraten des Wirtschaftsausschusses übernommen und mit dem Vorschlag des Landes Bayern kombiniert, wonach der erste Samstag im Monat verkaufsoffen bleiben sollte[863]. Durch den jetzigen Vorschlag wurde also der entgegengesetzte Kurs eingeschlagen und mit einer Begründung versehen, die die Diskussion der vergangenen sechs Jahre außer acht ließ. Für den Fall, dass der Bundesrat beschließen werde, den Vermittlungsausschuss anzurufen, schlug der Wirtschaftsauschuss noch zahlreiche weitere Änderungen vor. Die Tendenz dabei war, mehr Kompetenzen in die Hände der Landesregierungen zu legen und die Ausnahmen auszuweiten. So sollten die Vorschriften über Friseurbetriebe und den Marktverkehr aus dem Entwurf herausgenommen werden. Das Friseurgewerbe könne mit den Verkaufsstellen nicht gleichgestellt werden. Die Arbeitszeit der Friseurangestellten sei in den Arbeitzeitvorschriften geregelt[864].

---

858 Begründung des Wirtschaftsausschusses, BR-Drucks. 416/1/56 vom 16.11.1956, S. 1.
859 BR-Drucks. 372/55 vom 11.11.1955.
860 Vermerk *Dr. Britsch* (BMWi) II C 3-4826 vom 25.10.1956, BA-Koblenz, B 102, 39398 und Vermerk *Dr. Rother* (BMWi) II C 3-5054 vom 8.11.1956, S. 2, BA-Koblenz, B 102, 39398.
861 BR-Drucks. 416/1/56 vom 16.11.1956, S. 2.
862 vgl. 2. Teil, V 1c) der Arbeit.
863 vgl. 2. Teil, V 1c) der Arbeit.
864 BR-Drucks. 416/1/56 vom 16.11.1956, S. 10.

Der Marktverkehr sei im Titel IV der Gewerbeordnung abschließend geregelt. Es handele sich dabei um Angelegenheiten der örtlichen Gemeinschaft, die nur im örtlichen Bereich geregelt werden sollten[865].
Bei den Warenautomaten wollte der Wirtschaftausschuss die grundsätzliche Trennung von verbundenen und nicht verbundenen Automaten beibehalten. Die Formulierung, dass der Warenautomat vom Inhaber der Verkaufsstelle aufgestellt werden müsse, solle jedoch um den Zusatz „oder mit seinem Einverständnis" erweitert werden. Die Beschränkung des Inhaltes des Automaten solle um das Wort „fachüblich" ergänzt werden, so dass nur Waren feilgehalten werden sollten, die auch fachüblich in der Verkaufsstelle geführt wurden. Es solle damit der wirtschaftlichen Entwicklung Rechnung getragen werden, dass durch selbständige Gewerbetreibende Warenautomaten im räumlichen Zusammenhang mit der Verkaufsstelle eines anderen betrieben werden. Mit der Ergänzung des Wortes „fachüblich" solle aus wirtschaftspolitischen Gründen verhindert werden, dass in einer Verkaufsstelle nur deshalb bestimmte Waren in ganz geringem Umfang geführt würden, um einen Automaten betreiben zu dürfen[866]. Darüber hinaus wurde mit schon bekannten Argumenten vorgeschlagen, Schiffsanlegestellen und Omnibusbahnhöfe in den Entwurf aufzunehmen[867].

In den Kur- und Erholungsorten wollte der Wirtschaftsausschuss die Anzahl der verkaufsoffenen Sonn- und Feiertage gegenüber der Vorlage des Bundestages von 16 auf 26 und die Öffnungszeit von vier auf fünf Stunden erhöhen[868]. Die Anzahl der weiteren Verkaufssonntage für das gesamte Bundesgebiet solle von vier auf zehn erhöht werden[869]. Als letzten wesentlichen Punkt schlug der Wirtschaftsausschuss vor, den Zeitraum für die verkaufsoffenen Sonntage vor Weihnachten wieder zwischen dem 10. und 23. Dezember anzusiedeln und nicht, wie vom Bundestag beschlossen, zwischen dem 8. und 21. Dezember[870].
Neben diesen Änderungsvorschlägen des Wirtschaftsausschusses gingen noch weitere Vorschläge von den Vertretungen der Länder Baden-Württemberg, Nordrhein-Westfalen und Hessen ein.
Baden-Württemberg beantragte, den Vermittlungsausschuss anzurufen, mit der folgenden Begründung: In dem Ausnahmekatalog für die Waren, die auch an Sonntagen und Montagvormittagen, sofern an diesen Tagen geschlossen zu halten war, verkauft werden dürften, sollten Milcherzeugnisse eingeführt

865 BR-Drucks. 416/1/56 vom 16.11.1956, S. 10.
866 BR-Drucks. 416/1/56 vom 16.11.1956, S. 5.
867 vgl. 2. Teil, V 1d) der Arbeit; BR-Drucks. 416/1/56 vom 16.11.1956.
868 BR-Drucks. 416/1/56 vom 16.11.1956, S. 7.
869 BR-Drucks. 416/1/56 vom 16.11.1956, S. 9.
870 BR-Drucks. 416/1/56 vom 16.11.1956, S. 8.

werden. Wie auch die Milch selbst, seien die Milcherzeugnisse leicht verderbliche Waren und seien daher in die Ausnahmeregelung aufzunehmen[871]. Weiterhin sei die Übergangszeit für die Samstagsregelung um ein Jahr bis zum 31. Dezember 1958 zu verlängern. Die Umstellung von Handel und Verbraucherschaft würde eine längere Übergangszeit erfordern, als das vorgesehene eine Jahr[872].

Auch das Land Hessen beantragte, den Vermittlungsausschuss anzurufen. In der Begründung wurde die Regelung über die Warenautomaten angeführt. Die in der Vorlage beibehaltene Unterscheidung zwischen gebundenen und nicht gebundenen Warenautomaten enthalte eine ungerechtfertigte Einschränkung des freien Wettbewerbs und schade den Interessen des Verbrauchers. Die Vorschrift sei eine rein wettbewerbsrechtliche, die nicht auf Überlegungen des Arbeitsschutzes gegründet werden könne[873]. Es wurde daher beantragt, alle Warenautomaten gleichermaßen von den allgemeinen Verkaufszeiten freizustellen.

Nordrhein-Westfalen beantragte eine Änderung nur für den Fall eines Anrufens des Vermittlungsausschusses. Die Strafbarkeit des Arbeitgebers solle gegeben sein, wenn dieser seine Zuwiderhandlung wiederhole, obwohl er durch das Gewerbeaufsichtsamt schriftlich aufgefordert wurde, sie zu unterlassen. Die Worte „obwohl er wusste, oder aus den Umständen entnehmen musste, dass der Arbeitnehmer mit der nach diesem Gesetz unzulässigen Beschäftigung nicht einverstanden war", sollte entfallen. Die Strafbarkeit ergebe sich schon aus dem öffentlich-rechtlichen Charakter der Arbeitsschutzbestimmungen und nicht daraus, dass der Arbeitgeber wusste oder wissen musste, dass der Arbeitnehmer mit der unzulässigen Beschäftigung einverstanden sei oder nicht. Weiter sei das Wissen oder Wissenmüssen des Arbeitgeber nur schwer nachzuweisen, da der in Betracht kommende Arbeitnehmer nur selten gegen seinen Arbeitgeber aussagen würde, wodurch die Durchführung des Gesetzes unverhältnismäßig erschwert werden würde[874].

Der federführende Ausschuss für Arbeit und Sozialpolitik war sich durchaus bewusst, dass die Vorlage keine bis ins letzte befriedigende Ideallösung darstellte. Dass er dennoch empfahl, den Vermittlungsausschuss nicht anzurufen, lag daran, dass er in der Vorlage eine akzeptable Kompromisslösung zwischen den sehr stark differierenden Forderungen der Beteiligten sah. Das Gesetz würde die seit langem angestrebte bundeseinheitliche Regelung des Ladenschlusses schaffen und dazu beitragen, bei der großen Zahl der von diesem Gesetz unmittelbar oder mittelbar Berührten, eine Klärung der Auffassungen und eine Beru-

871 BR-Drucks. 416/2/56 vom 22.11.1956.
872 BR-Drucks. 416/2/56 vom 22.11.1956.
873 BR-Drucks. 416/4/56 vom 22.11.1956.
874 BR-Drucks. 416/3/56 vom 22.11.1956.

higung der Gemüter herbeizuführen[875]. Dennoch verschwieg der Berichterstatter *Weishäuptl (Bayern)* nicht, dass von gewerkschaftlicher Seite Bedenken gegen die beabsichtigte Regelung geäußert wurden. So würden die für den Arbeitnehmer günstigen Bedingungen z.B. in Schleswig-Holstein und München, wo der Samstags-Frühschluss bereits längere Zeit durchgeführt wurde, für die Dauer der Übergangszeit aufgegeben werden und hierdurch vorübergehend eine Verschlechterung eintreten. Andererseits hätten die Wirtschaft und das Verkaufs- und Fremdenverkehrsgewerbe das schwierige Nachwuchsproblem erkannt und seien daher bereit, der Regelung zuzustimmen[876]. Weiterhin würde die jetzt vom Bundestag vorgelegte Fassung der Samstagsregelung der Regelung entsprechen, die der Bundesrat selbst als Stellungnahme zur damaligen Regierungsvorlage vorgeschlagen hatte[877]. Letztlich äußerte *Weishäuptl* die Befürchtung, die Ladenschlussfrage würde zum Gegenstand der Wahlauseinandersetzung erhoben werden, wenn der Entwurf nicht möglichst bald als Gesetz in Kraft trete, was der Findung einer sachgerechten Lösung nicht dienlich sei[878].
Die Abstimmung darüber, ob der Vermittlungsausschuss anzurufen sei, brachte ein sehr knappes Ergebnis:
Mit 21:17 Stimmen lehnte der Bundesrat die Anrufung ab.
Im einzelnen stimmten Berlin, Baden-Württemberg, Hamburg, Hessen und Niedersachsen für die Anrufung des Vermittlungsausschusses; Bayern, Bremen, Nordrhein-Westfalen, Rheinland-Pfalz und Schleswig-Holstein stimmten dagegen[879].
Sodann stimmte der Bundesrat dem Gesetz mit der gleichen Mehrheit zu[880].

VIII. Das Inkrafttreten des Ladenschlussgesetzes

Nachdem auch der Bundesrat dem Gesetz über den Ladenschluss zugestimmt hatte, wurde es vom Bundespräsidenten *Theodor Heuss* ausgefertigt und als Gesetz über den Ladenschluss vom 28. November 1956 im BGBl. 1956 I, S. 875 ff. verkündet. Das neue Gesetz trat einen Monat nach seiner Verkündung in

---

875 *Weishäuptl (Bayern),* Deutscher Bundesrat, Sitzungsberichte 1955-1956, 166. Sitzung vom 23.11.1956, S. 408C.

876 Deutscher Bundesrat, Sitzungsberichte 1955-1956, 166. Sitzung vom 23.11.1956, S. 408B.

877 Deutscher Bundesrat, Sitzungsberichte 1955-1956, 166. Sitzung vom 23.11.1956, S. 407A.

878 Deutscher Bundesrat, Sitzungsberichte 1955-1956, 166. Sitzung vom 23.11.1956, S. 408C.

879 Deutscher Bundesrat, Sitzungsberichte 1955-1956, 166. Sitzung vom 23.11.1956, S. 408D.

880 Deutscher Bundesrat, Sitzungsberichte 1955-1956, 166. Sitzung vom 23.11.1956, S. 409A.

Kraft; die Regelung über die Verkaufssonntage vor Weihnachten galten bereits ab dem 29. November 1956.
Im Saarland wurde das Ladenschlussgesetz erst mit der Verordnung zur Einführung des Gesetzes über den Ladenschluss im Saarland vom 21. November 1963 eingeführt[881].
Wie umstritten das Gesetz bis in die Bundesregierung hinein war, zeigt sich sehr deutlich an zwei Schreiben: Zunächst dankte der Bundesverkehrsminister *Seebohm* dem Abgeordneten *Meyer-Ronnenberg* für dessen „verständnisvolle Mitwirkung bei der parlamentarischen Behandlung des Gesetzes". Er versprach, gemeinsam mit der *Deutschen Bundesbahn* jederzeit dafür einzutreten, dass Auswüchse im Bahnhofshandel bekämpft und abgestellt würden[882].
Ludwig Erhard gab daraufhin folgende Antwort:

> „(...) Ich sehe daraus (Anm. d. Verfassers: aus dem soeben angegebenen Schreiben vom 5. Dezember 1956), dass Sie das Ladenschlussgesetz in der vom Deutschen Bundestag angenommenen Fassung außerordentlich positiv würdigen, während ich dieses Gesetz für eines der schlechtesten halte, das jemals von einem Parlament verabschiedet wurde. In diesem Sinne bedeutet Ihr Brief jedenfalls eine historische politische Dokumentation; die Zukunft wird es ja an den Tag bringen, was an dem Gesetz gut oder schlecht ist. (...)"[883].

---

881 BGBl. 1963 I, S. 844.

882 Schreiben E 1 -Arla- 17 B 56 IV vom 5.12.1956 an *Meyer-Ronnenberg*, BA-Koblenz, B 102, 39407.

883 Schreiben Lu – 3/2443/56 vom 11.12.1956 an den Bundesverkehrsminister *Seebohm*, BA-Koblenz, B 102, 39407.

3. Teil: Die Änderungsgesetze bis 1969

I. Das Gesetz zur Änderung des Ladenschlussgesetzes vom 17. Juli 1957 (BGBl. 1957 I, S. 722)

1. Erste Erfahrungen mit dem Ladenschlussgesetz

Das Ladenschlussgesetz vom 28. November 1956 trat gemäß seines § 31 einen Monat nach seiner Verkündung in Kraft. Von dieser generellen Regelung gab es zwei Ausnahmen: Die geänderten Verkaufszeiten an den verkaufsoffenen Sonntagen vor Weihnachten, wonach nur an den beiden Sonntagen zwischen dem 8. und dem 21. Dezember verkauft werden durfte (§ 13), sollte schon für das Jahr 1956 gelten und trat am Tage nach der Verkündung in Kraft.
Als zweites wurde für die geänderte Ladenschlusszeit am Samstag eine Übergangszeit gewährt. Die endgültige Regelung sollte erst ab dem 1. Januar 1958 in Kraft treten. Bis dahin hatten die Geschäfte am Samstag ab 16 Uhr und am darauffolgenden Montag bis 10 Uhr geschlossen zu halten.
Die ersten Erfahrungen mit diesem Gesetz wurden mit Spannung erwartet. Hierbei zeigten sich sehr schnell zwei Punkte: Erstens wies das Gesetz Lücken auf, war also nicht so praktikabel, wie vermutet. Zweitens aber war es auch nicht so schlecht, wie dies von *Ludwig Erhard* dargestellt worden war. Insbesondere die Samstagsregelung hatte sich im großen und ganzen bewährt. Dies zeigte sich anhand zahlreicher Zuschriften, die *Meyer-Ronnenberg* erhielt und im Februar 1957 zusammengestellt hatte[884]. Hierin drückten gerade die Einzelhandelsverbände aus ganz Deutschland ihre Zufriedenheit mit der Samstagsregelung aus. In einer Zuschrift aus Köln wurde bestätigt, dass insbesondere der Samstagsumsatz nicht zurückgegangen sei[885]. Gleiches konnte der *Fachverband der Badischen Lederhändler* für seine Branche bestätigen. Auch hier hatten die Umsätze in den Monaten Januar und Februar 1957 insgesamt wesentlich über denen der Vergleichsmonate des Vorjahres gelegen[886].
Dieser recht positive Trend setzte sich hinsichtlich des gesamten Gesetzes fort. So bestätigte das *Bayrische Staatsministerium für Wirtschaft und Verkehr*, „dass sich die bisherige Regelung im großen und ganzen bewährt hat, so dass von wesentlichen Änderungen im allgemeinen Abstand genommen werden kann“[887].

---

884 *Meyer-Ronnenberg*, Kleiner Auszug aus zahlreichen Zuschriften, Februar 1957, PA, II/435 B, lfd. Nr. 15.

885 E.D., Köln, zit. nach *Meyer-Ronnenberg*, Kleiner Auszug aus zahlreichen Zuschriften, Februar 1957, PA, II/435 B, lfd. Nr. 15.

886 *Fachverband Badischer Lederhändler*, Rundschreiben vom 19.3.1957 an die Abgeordneten des Deutschen Bundestages, PA, II/435 B, lfd. Nr. 18.

887 Bayrisches Staatsministerium für Wirtschaft und Verkehr, 6603b-II 26-11040 vom 18.2.1957, BA-Koblenz, B 102, 43278.

Trotz dieses im Grundsatz positiven Eindrucks wurde das erste Änderungsgesetz zum Ladenschlussgesetz bereits ein halbes Jahr später im Bundesgesetzblatt verkündet[888]. Neben den positiven Erfahrungen hatten sich sehr schnell einige gravierende Lücken in dem Gesetz gezeigt, die es schnellstens zu beseitigen galt. In erster Linie zeigte sich die Montagsregelung, dass die Geschäfte am Montag erst um 10 Uhr bzw. nach der Übergangszeit nach einem verkaufsoffenen Samstag erst um 13 Uhr geöffnet werden durften, als unpraktikabel. In dem Gesetz selbst waren bereits Ausnahmen für frische Milch, Bäckerwaren, Fleisch- und Wurstwaren vorgesehen, die ab 7 Uhr verkauft werden durften. Dass diese Ausnahmen nicht für die Übergangszeit gelten sollten, war ein Versehen des Gesetzgebers, da die Übergangsregelung erst in der dritten Lesung beschlossen worden war[889]. Zum einen führte diese Ausnahme dazu, dass die Überwachung dieser Regelung kaum noch möglich war. Es gab nur noch vereinzelt Geschäfte mit einem speziellen Warensortiment. Viele Geschäft gingen sogar dazu über, ihr Angebot um frische Milch zu erweitern, um in den Genuss der früheren Öffnungszeiten zu gelangen[890]. Es war dann kaum noch möglich zu beaufsichtigen, ob die Händler während der Ausnahmezeiten nur die erlaubten Waren abgaben. Dies forderte die Händler geradezu heraus, das Gesetz zu übertreten, was sich wiederum sehr negativ auf die Staatsautorität auswirkte[891].

Zum anderen zeigte sich, dass die vorgesehenen Ausnahmen nicht ausreichend waren, um die Bedürfnisse der Bevölkerung zu befriedigen. Zu Beginn der Woche, nach dem Verbrauch der Vorräte vom Samstagmittag bis Sonntagabend, würden viele Lücken im Haushaltsvorrat entstehen, die sofort ergänzt werden müssten[892].

Weiter waren die im Gesetz vorgesehenen Ausnahmen nicht zureichend, um insbesondere den regionalen Unterschieden gerecht zu werden. So konnte in den ländlichen Gebieten ein Verkauf nach Ladenschluss „durch die Hintertür" beobachtet werden[893]. Um diesen Unterschieden in der Bedarfsdeckung gerecht zu werden, forderte das *Bayrische Staatsministerium für Wirtschaft und Verkehr,* den Freigaberahmen der Öffnungszeiten elastischer zu fassen, damit

---

888 BGBl. 1957 I, S. 722.

889 Schulte Langforth/Böhm, § 3, Anm. 7.

890 Begründung zum Entwurf eines Gesetzes zur Änderung des Ladenschlussgesetzes gemäß BT-Drucks. 3137 vom 30.1.1957.

891 *Bundesarbeitsgemeinschaft der Mittel- und Großbetriebe des Deutschen Einzelhandels (Dr. Tessmann)* auf einer Besprechung im Bundesarbeitsministerium am 6.2.1957 über die notwendigen Änderungen des Ladenschlussgesetzes, zitiert nach Vermerk II C-612/57 vom 6.2.1957, *Dr. Rother*, BA-Koblenz, B 102, 43283.

892 Freie und Hansestadt Hamburg, Behörde für Wirtschaft und Verkehr, Az.: WO 302-716.330-2b vom 19.2.1957, S. 4, BA-Koblenz, B 102, 43278.

893 Begründung zum Entwurf eines Gesetzes zur Änderung des Gesetzes über den Ladenschluss gemäß BT-Drucks. 3137 vom 30.1.1957.

nicht nur in Einzelfällen auf § 23 LadSchlG zurückgegriffen werden konnte, der Ausnahmen von den allgemeinen Öffnungszeiten vorsah, soweit diese im öffentlichen Interesse lagen[894]. Einige Länder aber dehnten die Regelung so sehr aus, dass dadurch quasi eine Gesetzesänderung vorgenommen wurde. So hatte das Land Baden-Württemberg eine Ladenöffnungszeit an Montagen während des Winterschlussverkaufs ab 8 Uhr genehmigt[895]. Hierdurch zeigten sich Schwierigkeiten in Südhessen (Bergstrasse), das wirtschaftlich eher zu Baden-Württemberg tendierte. Hier annoncierten die Geschäftsleute aus Baden-Württemberg, dass ihre Geschäfte am Montag schon ab 8 Uhr geöffnet seien[896]. Ein spezieller Fall zu diesem Thema aber war das Land Berlin. Hier bestanden Bestrebungen, die Ladenöffnungszeiten generell auszuweiten. Der Senat setzte sich dafür ein, auf Grund des § 23 LadSchlG die Öffnungszeit für den gesamten Lebensmittel-Einzelhandel, den Tabakwaren-Einzelhandel und den Blumenhandel an Montagen ab 7 Uhr zuzulassen. Es sei beobachtet worden, dass eine Spätöffnung gerade dieser Handelszweige mit dem Arbeitsrhythmus in Berlin nicht zu vereinbaren war. Der Antrag zu einem entsprechenden Senatsbeschluss wurde mit der Drucksache 1072 vom 16. Februar 1957 in den Senat eingebracht[897]. Bereits in der Sitzung vom 18. Februar 1957 wurde der Antrag gebilligt und hatte ab Montag, dem 25. Februar 1957 Gültigkeit[898]. Weiter strebte der Senat eine generelle Öffnungszeit an Montagen ab 7 Uhr für alle Branchen an. Begleitet wurde dieser Beschluss von einem „Alleingang" des Kreuzberger Bezirksbürgermeisters *Willy Kressmann.* Dieser erließ in Absprache mit dem *Gesamtverband des Einzelhandels* für Kreuzberg die Regelung, dass dort alle Geschäfte am Montag ab 7 Uhr geöffnet sein dürften. Dies hatte ab Montag, dem 18. Februar 1957 Geltung, dem Tag also, an dem ohnehin der Senatsbeschluss für ganz Berlin erwartet wurde[899]. Eine gesetzliche Grundlage für diesen Beschluss gab es freilich nicht. Dies mag der Grund dafür gewesen sein, warum *Kressmann* den Senat von seiner Maßnahme nicht unterrichtete und Berlin noch am Sonntag, dem 17. Februar mit unbekanntem Ziel verlassen hatte[900]. An diesem Montag hatte *Kressmann* für erheblichen Aufruhr gesorgt.

---

894 Bayrisches Staatsministerium für Wirtschaft und Verkehr, 6603b – II26- 11040 vom 18.2.1957, S. 1, BA-Koblenz, B 102, 43278.

895 *Dr. W. Reuss*, Staatssekretär in Hessen, Schreiben an *Min.Dir. Dr. Herschel* vom 7.3.1957, S. 1, BA-Koblenz, B 102, 1075.

896 *Dr. W. Reuss*, Staatssekretär in Hessen, Schreiben an *Min.Dir. Dr. Herschel* vom 7.3.1957, S. 2, BA-Koblenz, B 102, 1075.

897 Drucksache des Abgeordnetenhauses von Berlin, II. Wahlperiode Nr. 1072 vom 16.2.1957.

898 Bundesminister für Arbeit, Vertretung Berlin, III a 2 – 7 vom 22.2.1957, BA-Koblenz, B 149, 1075.

899 „Kressmann kam dem Senat zuvor", Die Welt vom 18.2.1957, BA-Koblenz, B 149, 1075.

900 „Illegaler Alleingang „sanft" gestoppt", Der Tagesspiegel vom 19.2.1957, BA-Koblenz, B 149, 1075.

Die Polizei hielt allein in Kreuzberg über 300 Geschäftsinhaber an, ihre Läden bis 10 Uhr geschlossen zu halten. Auch in anderen Bezirken öffneten zahlreiche Läden bereits ab 7 Uhr[901].

2. Die Änderungsvorschläge von Abgeordneten des Bundestages vom 30. Januar 1957 und vom 19. Februar 1957

a) Die Diskussionen auf ministerialer Ebene

Auf Grund der unterschiedlichen Erfahrungen mit dem neuen Gesetz war man schnell der Überzeugung, dass eine Gesetzesänderung noch während der Übergangszeit notwendig sein würde. Gerade die Montagsregelung hatte erhebliche Schwächen offenbart. Zwar sollte diese Regelung nur bis zum 31. Dezember 1957 Bestand haben, danach war die Einführung des „langen Samstages" vorgesehen, nach dem der Verkauf am darauffolgenden Montag erst ab 13 Uhr gestattet war. Hatte sich aber schon der verspätete Verkaufsbeginn an Montagen um 10 Uhr nicht bewährt, so würde sich eine Öffnungszeit ab 13 Uhr erst recht nicht durchsetzen lassen. Die sich bereits jetzt zeigenden Probleme würden eher noch verstärkt werden.

Einen weiteren gravierenden Schwachpunkt des Gesetzes sah man in den mangelnden Anpassungsmöglichkeiten an die regionalen Gegebenheiten. Dies zeigte sich insbesondere an dem Beispiel des Landes Berlin. Die Ermächtigung, aufgrund des § 23 LadSchlG, Ausnahmen im öffentlichen Interesse zuzulassen, wurde hier überspannt. Der Senat der Stadt führte für bestimmte Handelswaren eine Montagsöffnungszeit ab 7 Uhr ein und erweiterte den an sich abschließenden Ausnahmekatalog des Ladenschlussgesetzes. Der Wortlaut des § 23 LadSchlG aber lässt lediglich befristete Ausnahmen in Einzelfällen zu. Mit dem Senatsbeschluss vom 18. Februar 1957 wurde damit faktisch eine Gesetzesänderung vorgenommen. Andererseits aber war das Ladenschlussgesetz gerade bewusst unflexibel ausgestaltet worden, um das verfolgte Ziel überhaupt erreichen zu können, einheitliche Verhältnisse in ganz Deutschland zu schaffen. Durch diese schnell sichtbar gewordenen Unzulänglichkeiten des Gesetzes und den damit verbundenen Diskussionen über Änderungen sahen einige Interessenvertretungen die Möglichkeit, noch einmal Forderungen einzubringen, die schon seinerzeit bei den früheren Gesetzesvorlagen zur Sprache gekommen waren. So regte beispielsweise der *Bundesverband der Deutschen Industrie* an, wieder drei verkaufsoffene Sonntage vor Weihnachten einzuführen[902]. Die Hansestadt Hamburg rief erneut in Erinnerung, dass eigentlich ein Rahmengesetz auf

901 „Endlich Einsicht: Senat erließ neue Montags-Öffnungszeiten", Die Welt vom 19.2.1957, BA-Koblenz, B 149, 1075.

902 *Bundesverband der Deutschen Industrie,* Schreiben vom 4.1.1957 an MinDir. *Prof. Dr. Herschel* im Bundesarbeitsministerium, S. 2, BA-Koblenz, B 102, 43278.

Bundesebene die sinnvollste Lösung gewesen wäre und die letzte Regelung den Ländern zu überlassen sei[903]. Im wesentlichen aber beschränkte sich die Diskussion und die damit verbundenen Änderungsvorschläge zum einen auf die Regelung für die Übergangszeit und dem Ausgleich der verlängerten Samstagsöffnungszeit an den Montagvormittagen.
Zum anderen ging es um die erweiterten Ausnahmemöglichkeiten insbesondere im Rahmen des § 23 LadSchlG und die erweiterten Öffnungszeiten in ländlichen Gebieten im Rahmen des § 11 LadSchlG. Diese Beschränkung der Diskussion hatte durchaus seine Bewandtnis. Trotz der Erfahrungen mit dem Gesetz gab es noch immer eine Reihe von Einzelfragen, die zu weiteren Diskussionen und letztlich auch Gesetzesänderungen Anlass boten. Zum Beispiel sei hier das Problem des Sonntagsverkaufes von Zeitungen und Zeitschriften, die Öffnungszeiten des Friseurhandwerkes und die Regelungen über den Verkauf aus Warenautomaten genannt. Im Vordergrund aber sollte zunächst einmal stehen, dass möglichst noch in der bestehenden Legislaturperiode die notwendigsten Änderungen zügig vorgenommen werden konnten.
Der Grundstein für diese Beschränkung wurde maßgeblich auf einer Besprechung im Bundesarbeitsministerium am 23. Januar 1957 gelegt, an der Vertreter der Arbeitsministerien der Länder teilnahmen. Von Seiten des Bundesarbeitsministeriums wurde deutlich herausgestellt, dass bestimmten Wünschen von Interessenvertretern von vornherein nicht entsprochen werden würde, von denen bereits eine Vielzahl angemeldet worden seien[904]. Hierzu wurden insbesondere folgende Punkte gezählt: Roulierende Freizeitgewährung, Verlängerung der Übergangszeit, Beschränkung der Tankstellen, Zulassung des dritten Verkaufssonntages vor Weihnachten, Erhöhung der Anzahl der Verkaufssonntage in Kur- und Erholungsorten von 16 auf 26.
Sodann wurden die übrigen Punkte paragraphenweise besprochen. Einen Schwerpunkt dabei bildete die Diskussion um den Ladenschluss am Montagvormittag. Es wurde schnell deutlich, dass die bestehenden Ausnahmebefugnisse nicht ausreichend waren, um den Bedürfnissen zu entsprechen. Die stillschweigende Duldung der anhaltenden Übertretungen des Gesetzes aber würden die Staatsautorität gefährden, andererseits fehlten dem Staat die Möglichkeiten, die Einhaltung dieser Vorschrift zu erzwingen[905].
Das Ergebnis dieser Besprechung stellte der Vorsitzende *Min.Dir. Stephany* wie folgt fest: Der Ladenschluss am Montagvormittag sollte sofort beseitigt werden. Der Ausgleich für den „langen Samstag", der ab dem 1. Januar 1958 in Kraft

903 Freie- und Hansestadt Hamburg, *Behörde für Wirtschaft und Verkehr*, Az.: WO 302-716.330-2b vom 19.2.1957, S. 2, BA-Koblenz, B 102, 43278.
904 Niederschrift zur Besprechung über eine Novelle zum Gesetz über den Ladenschluss am 23.1.1957 im Bundesarbeitsministerium, S. 1, *Dr. Böhm*, BA-Koblenz, B 149, 1076.
905 Niederschrift zur Besprechung über eine Novelle zum Gesetz über den Ladenschluss am 23.1.1957 im Bundesarbeitsministerium, S. 3, *Dr. Böhm*, BA-Koblenz, B 149, 1076.

trat, sollte über die Einführung einer Freizeitgewährung erfolgen. Sollte es nicht gelingen, den Montagvormittagladenschluss zu beseitigen, so sollten großzügige Ausnahmen zugelassen werden[906]. Die Mehrheit der Vertreter sprach sich für diesen Plan aus und lehnte gleichzeitig eine Ausweitung der Verkaufszeiten an Samstagen im Dezember und am Karsamstag ab.
Daneben kamen noch zahlreiche weitere Änderungswünsche der Landesvertreter zur Sprache, von denen hier nur noch auf zwei eingegangen werden soll. Es wurde der Wunsch geäußert, in den ländlichen Gebieten einen Spätverkauf auch an Werktagen zuzulassen[907]. Dem hielt *ORR Dr. Böhm* entgegen, dass dieser Vorschlag vom Bundesarbeitsministerium den Ausschüssen nahegelegt worden war, aber im Bundestag keine Mehrheit gefunden habe. Eine derartige Novellierung müsse daher seitens des Bundesrates erfolgen[908].
Letztlich glaubten einige Ländervertreter, dass die Ausnahmemöglichkeiten im Rahmen des § 23 LadSchlG nicht ausreichen würden und wünschten daher, die Worte „im Einzelfall" aus der Norm zu streichen.
Bei der Schlussabstimmung sprachen sich 9 Länder für eine Novellierung des Ladenschlussgesetzes aus. Nordrhein-Westfalen stimmte dagegen, Rheinland-Pfalz enthielt sich der Stimme[909].
Damit wurde der Weg für eine sehr beschränkte Änderung des Ladenschlussgesetzes freigegeben, die an der Grundkonzeption des Gesetzes nichts ändern sollte. Die starre Haltung bezüglich der oben aufgeführten Punkte hielt das Bundesarbeitsministerium die gesamte Zeit bis zum in Kraft treten des ersten Änderungsgesetzes bei.

Im folgenden kam es zu einer Absprache mit dem Bundeswirtschaftsministerium, welche ebenfalls zu einer Reduzierung der Diskussionspunkte führte. Zwar wurde zunächst von Seiten des Bundeswirtschaftsministeriums ein Änderungskatalog entworfen, der in seinen wesentlichen Punkten den Vorschlägen entsprach, die vormals der Bundesratsausschuss für Wirtschaft ausgearbeitet hatte[910]. Als zentrale Punkte waren darin ein genereller Samstagsschluss um 17 Uhr sowie eine verspätete Öffnungszeit an Montagen um 10 Uhr vorgesehen. Auf eine Übergangsregelung sollte insgesamt verzichtet werden. Weiter war für einen Frühverkauf an Montagen ab 7 Uhr ein erweiterter Ausnahmenkatalog

906 Niederschrift zur Besprechung über eine Novelle zum Gesetz über den Ladenschluss am 23.1.1957 im Bundesarbeitsministerium, S. 2, BA-Koblenz, B 149, 1076.
907 Niederschrift zur Besprechung über eine Novelle zum Gesetz über den Ladenschluss am 23.1.1957 im Bundesarbeitsministerium, S. 5, BA-Koblenz, B 149, 1076.
908 Niederschrift zur Besprechung über eine Novelle zum Gesetz über den Ladenschluss am 23.1.1957 im Bundesarbeitsministerium, S. 5, *Dr. Böhm*, BA-Koblenz, B 149, 1076.
909 Niederschrift zur Besprechung über eine Novelle zum Gesetz über den Ladenschluss am 23.1.1957 im Bundesarbeitsministerium, S. 9, BA-Koblenz, B 149, 1076.
910 vgl. 2. Teil VII. der Arbeit.

vorgesehen für den Verkauf von Lebens- und Genussmitteln, Blumen, Kränzen und Zeitungen. Als letzten Punkt enthielt der Vorschlag die Regelung, vor Weihnachten den Verkauf wieder an drei Sonntagen zuzulassen[911]. Die Erfolgsaussichten für dieser Änderungswünsche beurteilte das Bundeswirtschaftsministerium im gleichen Schreiben aber als äußerst gering, zu stark würde der Widerstand des Bundesarbeitsministeriums und der *DAG* sein. Auf Grund einer Besprechung der jeweiligen Sachbearbeiter am 15. Januar 1957 unterbreitete der damalige Wirtschaftsminister *Ludwig Erhard* dem Arbeitsminister *Anton Storch* seine reduzierten Änderungsvorschläge[912]: Es sollte die Samstagsöffnungszeit bis 17 Uhr ausgedehnt werden. Der Verkauf bis 16 Uhr sei von nur geringer Bedeutung, da den Angestellten der Betriebe, die am Samstagmittag schlössen, nur ein bis zwei Stunden für Einkäufe blieben, nachdem sie zu Mittag gegessen hätten. In diesem Zusammenhang sollte die Übergangsregelung für den verlängerten Samstagsverkauf auf zwei Jahre ausgedehnt werden. Es sei aus der Sicht des Bundeswirtschaftsministeriums nicht abzusehen, ob es die wirtschaftliche Entwicklung der Bundesrepublik gestatte, bereits ab dem 1. Januar 1958 generell zu einer 5-Tage-Woche überzugehen. Dies aber sei Voraussetzung für den Samstagsfrühschluss um 14 Uhr und könne nicht umgekehrt durch den Frühschluss erzwungen werden[913].

Weiter wurde vorgeschlagen, auf die Regelung des Montagsausgleiches auch nach der Übergangszeit zu verzichten. Diese Regelung sei auf einhelligen Widerstand gestoßen. Statt dessen wurde angeregt, die Ladeninhaber zu verpflichten, als Ausgleich eine dreistündige Freizeit während der Öffnungszeiten zu gewähren und diese durch ein Arbeitszeit-Verzeichnis zu überwachen. Letztlich beinhaltete der Vorschlag des Bundeswirtschaftsministeriums eine verlängerte Öffnungszeit an den Samstagen vor Weihnachten im Dezember bis 18.30 Uhr, um den weggefallenen dritten Verkaufssonntag auszugleichen. Dies wurde mit den erhöhten Käuferbedürfnissen zu dieser Zeit begründet[914].

Entsprechend wünschte das Bundeswirtschaftsministerium mit den Samstagen innerhalb des Sommer- und Winterschlussverkaufes und dem Karsamstag zu verfahren.

Das Bundesarbeitsministerium konnte nicht allen Vorschlägen folgen, gab aber in wesentlichen Punkten nach. Für die Übergangszeit sollte an dem 16-Uhr-Schluss an Samstagen festgehalten werden. Nach der Übergangszeit sollte dann

---

911 Bundeswirtschaftsministerium, Abt. II, II C 3-5703/56 vom 18.12.1956 mit Anlagen, BA-Koblenz, B 102, 43283.

912 Bundeswirtschaftsministerium, Abt. II, II C 3-347/57 vom 9.2.1957, BA-Koblenz, B 102, 43283.

913 Bundeswirtschaftsministerium, Abt. II, II C 3-347/57 vom 9.2.1957, S. 2, BA-Koblenz, B 102, 43283.

914 Bundeswirtschaftsministerium, Abt. II, II C 3-347/57 vom 9.2.1957, S. 4, BA-Koblenz, B 102, 43283.

ein genereller 14-Uhr-Schluss eingeführt werden. Auch sollte die Übergangszeit lediglich bis zum 31. Dezember 1957 andauern, also nicht auf zwei Jahre verlängert werden. Die Montagsspätöffnung sollte jedoch sowohl während der Übergangszeit als auch danach entfallen. Als Ausgleich sollte der „lange Samstag" am ersten Samstag eines Monats entfallen, um so die Zustimmung der Gewerkschaften zum Fortfall des Montagsausgleiches zu erhandeln[915].
Damit war die große Linie innerhalb der beiden wichtigsten Ministerien in diesem Bereich -und damit letztlich auch der Bundesregierung selbst- festgelegt. Es galt jetzt nur noch, diese Ziele im Bundestag durchzusetzen. Dabei bedurfte es nicht des Weges, selbst ein Änderungsgesetz auszuarbeiten und als Gesetzesinitiative auf den Weg zu bringen, denn aus der Mitte des Bundestages waren bereits zwei Initiativen eingebracht worden.

b) Die BT-Drucksache 3137 vom 30. Januar 1957

Die Anträge gemäß BT-Drucks. 3137 vom 30. Januar 1957 und BT-Drucks. 3213 vom 19. Februar 1957 wurden dem Ausschuss für Arbeit (federführend), dem Ausschuss für Wirtschaft und dem Ausschuss für Mittelstandsfragen zur Beratung überwiesen[916]. Die Gesetzesvorlagen verfolgten jeweils andere Wege, als die zuvor aufgezeigten und vom Bundesarbeitsministerium vorangetriebenen.
Der Initiativantrag gemäß BT-Drucks. 3137 der Abgeordneten *Höcherl (CSU), Wacher (Hof) (CSU), Frau Geisendörfer (CSU), Unertl (CSU), Frau Dr. h.c. Weber (Aachen) (CDU), Hübner (FVP später DP), Schneider (Bremerhaven) (DP)* und Genossen sah eine Änderung des Gesetzes in einem nur sehr geringen Umfange vor. Ziel dieses Entwurfes war es, die Kompetenzen zum Erlass von Rechtsverordnungen vom Bund auf die Länder zu übertragen. So könne eine bessere Anpassung des Gesetzes an die örtlichen Verhältnisse erfolgen[917]. Hierzu wurde vorgeschlagen, in den Regelungen über den Verkauf aus Warenautomaten (§ 7 LadSchlG), über den Verkauf in Personenbahnhöfen (§ 8 LadSchlG) und Flughäfen (§ 9 LadSchlG), über den Verkauf an Sonn- und Feiertagen (§ 12 LadSchlG), über den Schutz der Arbeitnehmer (§ 17 LadSchlG), und über das sonstige gewerbliche Feilhalten (§ 20 LadSchlG) die jeweiligen Bundesorgane durch die Worte „die Landesregierungen" zu ersetzen[918]. Weiter sah der Entwurf vor, die Möglichkeit von Ausnahmen im öffentlichen Interesse nach § 23 LadSchlG zu erweitern. Hierfür sollten die Beschrän-

---

915 Vermerk *Risse*, Bundeswirtschaftsministerium, II C 3-927/57 vom 25.2.1957, BA-Koblenz, B 102, 43283.

916 Stenographischer Bericht des Bundestages, 2. WP, 193. Sitzung vom 21.2.1957, S. 11024.

917 Begründung zum Antrag gemäß BT-Drucks. 3137, S. 3.

918 BT-Drucks. 3137 vom 30.1.1957.

kungen auf befristete Ausnahmen in Einzelfällen wegfallen; die Ladeninhaber sollten aber auch in den Ausnahmefällen verpflichtet bleiben, einen halben Tag in der Woche zu schließen.
Gerade diese letzte Regelung hätte die Möglichkeit für die Länder eröffnet, das roulierende System „durch die Hintertür" einzuführen. Schon die Verlagerung der Verordnungskompetenzen auf die Länder hätte bedeutet, dass die Schaffung von einheitlichen Regelungen in der Bundesrepublik gefährdet worden wäre. Mit der Möglichkeit für die Landesregierungen aber, Ausnahmen so gut wie ohne Begrenzungen zu gewähren, hätte das Ladenschlussgesetz seinen ursprünglichen Sinn verloren.
Selbst den Ländern ging dieser Entwurf daher zu weit. Im allgemeinen wurde keine Notwendigkeit gesehen, von den bisherigen Bundeskompetenzen abzuweichen, da anderenfalls für eine bundeseinheitliche Regelung nicht gesorgt werden könne[919]. Lediglich Hamburg stimmte dem Antrag im Grundsatz zu[920], da sich die Hansestadt ohnehin für eine rahmengesetzliche Regelung durch den Bund eingesetzt hatte.
Etwas gespaltener fielen dagegen die Reaktionen auf den Vorschlag der erweiterten Ausnahmemöglichkeiten nach § 23 LadSchlG aus. Hier sahen die Südländer Bayern und Baden-Württemberg die vorgeschlagene Fassung als Erleichterung an[921], während das Saarland, Niedersachsen und Hamburg die Befürchtung hegten, es werde dadurch eine bundeseinheitliche Regelung im Bezug auf den zentralen Punkt des festen freien Halbtages nicht möglich[922].
Die Bundesregierung, die den Antrag insgesamt ablehnte, befürchtete, dass die Länder eine Vielzahl von Bestimmungen erlassen würden, die fortlaufend zu Schwierigkeiten an den Ländergrenzen führten. Es handele sich außerdem um Vorschriften, die in allen Ländern gleichermaßen durchgeführt werden müssten[923]. Gegen die vorgeschlagene Ausnahmeregelung äußerte die Bundes-

919 Saarland, Ministerium für Arbeit und Wohlfahrt, Tgb. Nr.: IV-171/57 vom 16.2.1957; Sozialministerium Niedersachsen, II/5 Az.: 23.10 vom 18.2.1957; Bayrisches Staatsministerium für Arbeit und soziale Fürsorge, Nr. V 55-645/57 vom 20.2.1957; Arbeitsministerium Baden-Württemberg, Nr. III/3952.1/A/57 vom 21.2.1957, BA-Koblenz, B 149, 1077.

920 Freie und Hansestadt Hamburg, Arbeitsbehörde, Abt. II/427.15-2 zu 958/57 vom 18.2.1957, BA-Koblenz, B 149, 1077.

921 Bayrisches Staatsministerium für Arbeit und soziale Fürsorge, Nr. V 55-645/57 vom 20.2.1957; Arbeitsministerium Baden-Württemberg, Nr. III/3952.1/A/57 vom 21.2.1957, BA-Koblenz, B 149, 1077.

922 Saarland, Ministerium für Arbeit und Wohlfahrt, Tgb. Nr.: IV-171/57 vom 16.2.1957; Sozialministerium Niedersachsen, II/5 Az.: 23.10 vom 18.2.1957; Freie und Hansestadt Hamburg, Arbeitsbehörde, Abt. II/427.15-2 zu 958/57 vom 18.2.1957, BA-Koblenz, B 149, 1077.

923 Entwurf einer Stellungnahme der Bundesregierung zu BT-Drucks. 3137, Anlage b zu III C-2204/57 vom 12.4.1957, BA-Koblenz, B 149, 1077.

regierung auch verfassungsrechtliche Bedenken. Die Vorschrift ermächtigte zu Änderungen oder Ergänzungen des Gesetzes, was hergeleitet aus Art. 129 III GG mit der Verfassung nicht zu vereinbaren sei[924]. Nach dieser Vorschrift seien Ermächtigungen in vorkonstitutionellen Vorschriften, die zur Änderung oder Ergänzung eines Gesetzes ermächtigten, erloschen. Demzufolge seien solche Ermächtigungen auch im neuen Bundes- oder Landesrecht abzulehnen.

c) Die BT-Drucksache 3213 vom 19. Februar 1957

Als eine zweite Gesetzesinitiative wurde die Drucksache 3213 vom 19. Februar 1957 der Abgeordneten *Dr. Böhm (Frankfurt) (CDU), Dr. Dresbach (CDU), Kühltau (CDU)* und Genossen in den Bundestag eingebracht. Im Gegensatz zur BT-Drucksache 3137 beabsichtigte diese Vorlage nicht lediglich eine Gesetzesänderung, sondern richtete sich auf ein völlig neues Gesetz. Entsprechend wurde der Antrag mit „Entwurf eines zweiten Gesetzes über den Ladenschluss" betitelt. Inhaltlich unterschied er sich von der geltenden Regelung in zwei wesentlichen Punkten:

Der Samstagsfrühschluss sollte wegfallen und einem 18-Uhr-Ladenschluss weichen. An Stelle des Frühschlusses sollten die Inhaber der Verkaufsstellen verpflichtet werden, in jeder Woche einen Halbtag geschlossen zu halten. Dieser Halbtag war dem Gewerbeaufsichtsamt schriftlich sechs Wochen vorher mitzuteilen[925]. Dieser Entwurf gab mithin die Möglichkeit der Einführung des roulierenden Systems.

Als zweites sollten zahlreiche Bundeskompetenzen an die Länder gegeben werden[926]. Im Gegenzug blieben einige Bereiche ungeregelt. Es fehlten beispielsweise Bestimmungen über Zeitungen und Zeitschriften in Kiosken, Warenautomaten, Verkaufsstellen auf Personenbahnhöfen und Flughäfen, Marktverkehr auf Wochenmärkten und das sonstige gewerbliche Feilhalten.

Die Reaktionen auf diesen Entwurf fielen entsprechend aus. Das roulierende System wurde von allen Seiten als unpraktikabel abgelehnt. Es sei nicht möglich, seine Einhaltung zu überprüfen. Ferner sei der notwendige Verwaltungsaufwand nicht verhältnismäßig. Auch sei es den Verbrauchern nicht zuzumuten, sich für jedes einzelne Geschäft die Öffnungszeiten zu merken[927]. Gerade die

924 Entwurf einer Stellungnahme der Bundesregierung zu BT-Drucks. 3137, Anlage b zu III C-2204/57 vom 12.4.1957, BA-Koblenz, B 149, 1077.

925 BT-Drucks. 3213 vom 19.2.1957, § 4.

926 BT-Drucks. 3213 vom 19.2.1957, § 7.

927 Vermerk *Risse* (BMWi) II C 3-927/57 vom 25.2.1957, S. 3, BA-Koblenz, B 102, 43283; Stellungnahme der Bundesregierung, Entwurf vom 12.4.1957, S. 2, BA-Koblenz, B 102, 43283; Arbeitsministerium Baden-Württemberg, Nr. 3952/A/57 vom 7.3.1957, S. 3, BA-Koblenz, B 149, 1077; Arbeitsbehörde der Freien und Hansestadt Hamburg, Abt. II/427.15-2 vom 14.3.1957, S. 5 f., BA-Koblenz, B 149, 1077.

nördlichen Bundesländer würden schon seit geraumer Zeit den Samstagsfrühschluss praktizieren, so dass ein Samstag-Ladenschluss um 18 Uhr hier als ein sozialer Rückschritt empfunden werden würde[928]. Hinsichtlich der neuen Kompetenzverteilungen zeigte sich Hamburg offen. Hamburg strebte eine Rahmenregelung auf Bundesebene an, wo die letzte Ausgestaltung den Ländern überlassen bleiben sollte. Daher hegte man gegen diese Verlagerung im Grundsatz keine Bedenken[929]. Jedoch wurde auch dies mit Einschränkungen versehen: „Es müsse die Frage gestellt werden, ob der Änderungsvorschlag eine so wesentliche Verbesserung gegenüber dem geltenden Recht darstelle, dass man dieses bereits jetzt wieder abändern sollte." Gesetze sollten schließlich nicht ohne zwingenden Grund novelliert werden[930].
Von Seiten der Bundesregierung wurden ebenfalls Bedenken gegen diesen Vorschlag geäußert. Es sei zweckmäßig, bestimmte Kompetenzen nicht auf die Länder zu übertragen[931].
Trotz dieser grundlegenden Ablehnung der beiden Gesetzesinitiativen und deren äußerst geringen Erfolgsaussichten wurden beide Anträge mit Beschluss des Bundestages vom 21. Februar 1957[932] an den Ausschuss für Arbeit (federführend), den Ausschuss für Wirtschaftspolitik und den Ausschuss für Mittelstandsfragen überwiesen. Dabei stand jedoch wegen der Absprachen der Ministerien mit dem 1. Vorsitzenden des Arbeitsausschusses *Sabel* außer Frage, auf welcher Grundlage die Ausschüsse dem Bundestag eine Empfehlung unterbreiten würden.

3. Die Behandlung der Anträge in den Ausschüssen[933]

a) Ausschuss für Sonderfragen des Mittelstandes

Der Ausschuss für Sonderfragen des Mittelstandes beschäftigte sich lediglich in seiner Sitzung vom 21. März 1957 mit den Gesetzesinitiativen. Hier beschloss der Ausschuss zunächst, die BT-Drucks. 3137 als Beratungsgrundlage zu wählen, den Entwurf eines zweiten Gesetzes über den Ladenschluss gemäß

928 Arbeitsbehörde der Freien und Hansestadt Hamburg, Abt. II/427.15-2 vom 13.3.1957, S. 5, BA-Koblenz, B 149, 1077.

929 Arbeitsbehörde der Freien und Hansestadt Hamburg, Abt. II/427.15-2 vom 13.3.1957, S. 6, BA-Koblenz, B 149, 1077.

930 Arbeitsbehörde der Freien und Hansestadt Hamburg, Abt. II/427.15-2 vom 13.3.1957, S. 7, BA-Koblenz, B 149, 1077.

931 Stellungnahme der Bundesregierung, Entwurf 12.4.1957, S. 2 f., BA-Koblenz, B 102, 43283.

932 193. Sitzung des Bundestages vom 21.2.1957, Stenographischer Bericht des Bundestages, 2. WP, S. 11024.

933 Der Ausschuss für Wirtschaftspolitik hat die Beratungen über die Gesetzesvorlage nicht aufgenommen.

BT-Drucks. 3213 also nicht zu beraten[934]. Weiter wurde beschlossen, auf eine Abänderung dieser Vorlage zu verzichten und lediglich die Gesichtspunkte zu bezeichnen, deren Berücksichtigung durch den federführenden Ausschuss für notwendig gehalten wurden.
Hierbei kam der Ausschuss zunächst überein, dass die Ladenöffnungszeiten am Montag nicht anders geregelt sein dürften, als an den sonstigen Werktagen, außer am Samstag[935]. Weiter wurden folgende Themen behandelt:

1. der Zusammenhang der Ladenöffnungszeiten mit der allgemeinen Arbeitszeitregelung und der Frage, wie weit sich die Öffnungszeiten an Samstagen in Anlehnung an die fortschreitende Arbeitszeitverkürzung reduzieren lassen, ohne den Verbraucher zu belasten,
2. die Frage, ob an Samstagen die verlängerte Ladenöffnungszeit über die in dem Ladenschlussgesetz vorgesehene Übergangszeit bis zum 1. Januar 1958 hinaus gelten soll,
3. der Zusammenhang der Ladenöffnungszeiten im Einzelhandel mit Backwaren und dem Nachtbackverbot,
4. die Frage, ob generell Lebensmittelläden länger als andere Läden geöffnet sein sollten.

Als Ergebnis seiner Beratung teilte der Vorsitzende des Ausschusses *Stücklen* dem Vorsitzenden des Arbeitsausschusses *Sabel* folgende zu berücksichtigenden Gesichtspunkte mit:

1. An Montagen sollten die Ladenöffnungszeiten nicht anders als an jedem anderen Wochentag -außer Samstag- geregelt sein.
2. An Samstagen sollten Verkaufsstellen vom 1. Januar 1958 an ab 14 Uhr geschlossen sein; abweichend von dieser Regelung sollten Verkaufsstellen für Lebensmittel an Samstagen von 16 Uhr an geschlossen sein.
3. Von der Möglichkeit einer landesrechtlichen Regelung soll in allen geeigneten Fällen erweiterter Gebrauch gemacht werden, insbesondere aber hinsichtlich des § 11 LadSchlG (Verkäufe in ländlichen Gebieten).
4. Friseure sollten hinsichtlich der Dienstleistungen, nicht aber hinsichtlich der Einzelhandelstätigkeit von den Bestimmungen des Gesetzes ausgenommen werden[936].

934 Protokoll der 42. Sitzung des Ausschusses für Mittelstandsfragen vom 21.3.1957, S. 3, PA, II/435 A, lfd. Nr. 7.
935 Protokoll der 42. Sitzung des Ausschusses für Mittelstandsfragen vom 21.3.1957, S. 3, PA, II/435 A, lfd. Nr. 7.

b) Ausschuss für Arbeit

Der Ausschuss für Arbeit beschäftigte sich in zwei Sitzungen mit den vorgeschlagenen Gesetzesänderungen[937]. Die grundlegende Vorbereitung der späteren Beschlussfassung wurde auf der 137. Sitzung am 6. Mai 1957 vorgenommen. Der Ausschuss kam unter dem Vorsitz des Abg. *Sabel* überein, zunächst nur die aufgetretenen Mängel des Ladenschlussgesetzes zu bereinigen, ohne jedoch die Grundkonzeption des Gesetzes zu verändern[938]. Es wurde einer Minimallösung anhand der im Ladenschlussgesetz aufgetretenen Probleme in Form eines schriftlichen Berichtes zugestimmt, aus dem im Interesse einer schnellen Verabschiedung alle grundsätzlichen Probleme ausgeklammert werden sollten[939]. *Sabel* war der Auffassung, es könne der weiteren Entwicklung überlassen bleiben, Änderungen auf der Grundlage der BT-Drucks. 3137 oder 3213 vorzunehmen[940]. Damit erteilte der Ausschuss den beiden Drucksachen eine Absage und beriet diese nicht. Statt dessen legte *Sabel* dem Ausschuss Formulierungsvorschläge für eine Änderung des Gesetzes vor, die vom Bundesarbeitsministerium erarbeitet worden waren und von *ORR Böhm (BMA)* vorgestellt wurden[941]. Über diese Vorschläge beriet der Ausschuss, ohne jedoch endgültige Beschlüsse zu fassen.

Im wesentlichen handelte es sich dabei um folgende Punkte:

Der Ausschuss folgte dem Vorschlag des Bundesarbeitsministeriums, die Montagsregelung aufzuheben, was nach den vorausgegangenen Diskussionen auch nicht anders zu erwarten war. Lediglich der „lange Samstag“ sollte beibehalten werden. An der Dauer der Übergangszeit wurde nichts verändert[942].

Hinsichtlich des § 5 LadSchlG, der die Regelung über den Verkauf von Zeitungen und Zeitschriften enthielt, wurde von *ORR Ringhandt (Bundesrat-Berlin)* auf die Situation in Berlin hingewiesen. Hier sei ein verstärktes Bedürfnis für einen Zeitungsverkauf an Sonntagen, wegen der dort erscheinenden Sonntagsausgaben. Gerade der Verkauf an die Bewohner Ost-Berlins an Sonntagen dürfe

---

936 Übermittlung der Ergebnisse des Ausschusses für Sonderfragen des Mittelstandes an den Arbeitsausschuss vom 21.3.1957, PA, II/435 A, lfd. Nr. 8.

937 137. Sitzung vom 6.5.1957 und 141. Sitzung vom 27.6.1957.

938 Protokoll der 137. Sitzung des Ausschusses für Arbeit vom 6.5.1957, S. 2, PA, II/435 A, lfd. Nr. 10.

939 Protokoll der 137. Sitzung des Ausschusses für Arbeit vom 6.5.1957, S. 2, PA, II/435 A, lfd. Nr. 10.

940 Protokoll der 137. Sitzung des Ausschusses für Arbeit vom 6.5.1957, S. 2, PA, II/435 A, lfd. Nr. 10.

941 Anlage zum Protokoll der 137. Sitzung des Ausschusses für Arbeit vom 6.5.1957, PA, II/435 A, lfd. Nr. 10.

942 Protokoll der 137. Sitzung des Ausschusses für Arbeit vom 6.5.1957, S. 3, PA, II/435 A, lfd. Nr. 10.

nicht behindert werden[943]. Er konnte sich mit diesem Anliegen jedoch nicht durchsetzen.
Weiteren Handlungsbedarf sah der Ausschuss hinsichtlich der Regelungen über den Verkauf in ländlichen Gebieten. Hier sollte der Erlass von Rechtsverordnungen an die Mittelbehörden delegiert werden. Zugleich sollte das Bundesarbeitsministerium einen Formulierungsvorschlag erarbeiten, um einen längeren Verkauf an Werktagen in Bestell- und Erntezeiten zu ermöglichen[944].
Keine Einigung konnte für eine Änderung des § 18 LadSchlG erzielt werden, der die Regelung für das Friseurhandwerk enthielt. Die bisherige Regelung stellte Friseurbetriebe grundsätzlich den Geschäften gleich, jedoch durften sie samstags bis 18 Uhr geöffnet sein, hatten dafür aber an Montagen bis 13 Uhr geschlossen zu halten. Das Bundesarbeitsministerium hatte demgegenüber vorgeschlagen, die Landesregierungen zum Erlass von entsprechenden Rechtsverordnungen zu ermächtigen, um einheitliche Öffnungszeiten festzulegen. Weiter schlug der Ausschuss vor, eine Möglichkeit einzuräumen, statt des Ladenschlusses am Montagvormittag einen anderen Halbtag der Woche ab 13 Uhr zu bestimmen[945]. Der Abgeordnete *Lange (SPD)* sprach sich für eine Streichung des gesamten § 18 LadSchlG aus, da Friseurbetriebe keine Verkaufsstellen, sondern Handwerksbetriebe seien. Sollte man sich für die vorgeschlagene Fassung aussprechen, so würden ähnliche Forderungen auch von anderen Geschäftssparten entstehen[946].
Die Abgeordnete *Rudoll (SPD)* wandte sich gegen eine Änderung der bestehenden Regelung, da sich die Praxis gerade eingespielt hätte[947]. Daraufhin stellte *Sabel* fest, dass die Auffassungen zu sehr differieren würden und derzeit keine Bereitschaft zu einer Änderung der Regelung bestünde[948].
Schließlich hatte das Bundesarbeitsministerium vorgeschlagen, in § 23 LadSchlG (Ausnahmen im öffentlichen Interesse) die Worte „in Einzelfällen" zu streichen[949]. Hierdurch wären generell Ausnahmen im öffentlichen Interesse ermöglicht worden, was zu einer starken Ausdehnung der Vorschrift über ihren

943 Protokoll der 137. Sitzung des Ausschusses für Arbeit vom 6.5.1957, S. 3 f., PA, II/435 A, lfd. Nr. 10.
944 Protokoll der 137. Sitzung des Ausschusses für Arbeit vom 6.5.1957, S. 5, PA, II/435 A, lfd. Nr. 10.
945 Anlage zum Protokoll der 137. Sitzung des Ausschusses für Arbeit vom 6.5.1957, S. 3, PA, II/435 A, lfd. Nr. 10.
946 Protokoll der 137. Sitzung des Ausschusses für Arbeit vom 6.5.1957, S. 6, PA, II/435 A, lfd. Nr. 10.
947 Protokoll der 137. Sitzung des Ausschusses für Arbeit vom 6.5.1957, S. 6, PA, II/435 A, lfd. Nr. 10.
948 Protokoll der 137. Sitzung des Ausschusses für Arbeit vom 6.5.1957, S. 6, PA, II/435 A, lfd. Nr. 10.
949 Anlage zu Protokoll der 137. Sitzung des Ausschusses für Arbeit vom 6.5.1957, S. 4, PA, II/435 A, lfd. Nr. 10.

Sinn hinaus hätte führen müssen. Der Ausschuss sah hierin die Gefahr einer unkontrollierten Ausweitung der Ausnahmegenehmigungen und lehnte diesen Vorschlag ab[950]; dies wohl auch zu Recht, wie sich anhand des Beispieles Berlins gezeigt hatte.

Für die abschließende 141. Sitzung vom 27. Juni 1957 legte das Bundesarbeitsministerium eine deutlich reduzierte Fassung seiner Änderungsvorschläge vor. Diese bezogen sich lediglich noch auf die §§ 3, 11 und 18 LadSchlG. *Sabel* stellte gleich zu Beginn der Sitzung klar, dass die notwendigsten Korrekturen diejenigen in den §§ 3 und 11 LadSchlG seien, nämlich der Wegfall der Montagsregelung und die Verlängerung der Verkaufszeiten in ländlichen Gebieten zur Zeit der Feldbestellung und der Ernte durch Offenhalten der Läden an Sonn- und Feiertagen bis zu zwei Stunden und an Werktagen durch eine Verlängerung der Öffnungszeiten um eine Stunde[951]. Mit diesen Änderungen zeigte sich der Abgeordnete *Odenthal (SPD)* namens seiner Fraktion einverstanden, sprach sich zugleich aber gegen die vorgeschlagene Änderung des § 18 LadSchlG aus. Auch der Vertreter des *GB/BHE, Kutschera,* erklärte sich mit den Änderungsvorschlägen zu den §§ 3 und 11 LadSchlG einverstanden. Der Ausschuss nahm daraufhin einstimmig die vorgeschlagenen Änderungen der §§ 3 und 11 LadSchlG an[952].
In seinem schriftlichen Bericht an den Bundestag teilte *Sabel* demzufolge mit, dass der Ausschuss empfehle, auf die Montagsregelung zu verzichten und allen Geschäften den Verkauf ab 7 Uhr zu gestatten. Weiter empfahl er, durch eine Änderung des § 11 LadSchlG in ländlichen Gebieten den Verkauf für die Zeit der Feldbestellung und Ernte an Werktagen um eine Stunde zu verlängern, worüber die Landesregierungen zu entscheiden hätten[953]. Entsprechende Formulierungsvorschläge waren dem Bericht beigefügt.

4. Die Behandlung im Plenum des Bundestages

Der Bundestag befasste sich in zweiter und dritter Lesung in der 220. Sitzung am 29. Juni 1957 mit den Änderungsanträgen zum Ladenschlussgesetz. In Abweichung zu den Debatten im Bundestag über das Ladenschlussgesetz selbst setzte sich bei dem ersten Änderungsgesetz der Trend fort, möglichst alle streiti-

---

950 Protokoll der 137. Sitzung des Ausschusses für Arbeit vom 6.5.1957, S. 7, PA, II/435 A, lfd. Nr. 10.

951 Protokoll der 141. Sitzung des Ausschusses für Arbeit vom 27.6.1957, S. 2, PA, II/435 A, lfd. Nr. 11.

952 Protokoll der 141. Sitzung des Ausschusses für Arbeit vom 27.6.1957, S. 3, PA, II/435 A, lfd. Nr. 11.

953 Erster schriftlicher Bericht des Ausschusses für Arbeit über die BT-Drucks. 3237 und 3213 gemäß BT-Drucks. 3692 vom 27.6.1957.

gen Punkte herauszulassen und nur die wichtigsten Punkte zu berücksichtigen, hinsichtlich derer ohnehin kein Streit bestand. Diese wichtigsten Punkte, die denen entsprachen, die der Ausschuss für Arbeit in seinem schriftlichen Bericht gemäß BT-Drucks. 3692 vorgelegt hatte, sollten noch in der zweiten Legislaturperiode verabschiedet werden, die im Sommer 1957 kurz vor ihrer Beendigung stand. Aus diesem Grunde war im Ältestenrat kurz vorher unter den Fraktionen vereinbart worden, zu dem Gesetz keine Änderungsanträge zu stellen und es ohne Diskussion zu verabschieden[954]. Diese Vereinbarung schien jedoch nicht allen Fraktionen zur Kenntnis gelangt zu sein, denn es wurden dennoch insgesamt drei Änderungsanträge gestellt.

Für die Fraktion der FDP gab der Abgeordnete *Dr. Bucher* zu, es habe sich um ein Versehen seinerseits gehandelt, zu der Vereinbarung, die er nicht als eine Vereinbarung aufgefasst habe, zu schweigen[955]. Weiter erklärte der Abgeordnete *Dr. Eickhoff (DP)*, zu spät von dieser Vereinbarung unterrichtet worden zu sein[956]. *Eickhoff* ging es um die Legalisierung von derzeit vorherrschenden illegalen Zuständen[957]. Er schlug vor, die Öffnungszeiten in ländlichen Gebieten während der Zeit der Feldbestellung und der Ernte an Wochentagen bis 20 Uhr auszudehnen[958]. Als zweiten Punkt wollte er in der Regelung über das sonstige gewerbliche Feilhalten die Landesregierungen ermächtigen, weitere Ausnahmen für leicht verderbliche Waren zum sofortigen Verzehr zuzulassen[959]. *Eickhoff* begründete diese Anträge damit, dass die Verlängerung der Öffnungszeiten notwendig sei, da die Bauern innerhalb der vom Ausschuss für Arbeit vorgeschlagenen Zeit ihre Einkäufe nicht tätigen könnten. Weiter hatte er den Sonntagsverkauf von geräucherten Aalen sowie den Eisverkauf im Auge, der wohl unbeabsichtigt durch das Gesetz verboten worden sei[960].

Die beiden weiteren Änderungsanträge wurden von der Fraktion der FDP gestellt. Der erste beschäftigte sich mit der Situation in Berlin und in Urlaubsorten. *Dr. Atzenroth (FDP)* beabsichtigte, den Senat der Stadt Berlin zu ermächtigen, den Verkauf von Zeitungen und Zeitschriften an Sonn- und Feiertagen an Kiosken bereits vor 11 Uhr zu gestatten[961] und begründete dies mit den in Berlin erscheinenden Sonntagsausgaben der Wochenendausgaben, die im übrigen

---

954 *Sabel*, Stenographischer Bericht des Bundestages, 2. WP, 220. Sitzung, S. 13005 (C).

955 *Dr. Bucher*, Stenographischer Bericht des Bundestages, 2. WP, 220. Sitzung, S. 13006 (A).

956 *Dr. Eickhoff*, Stenographischer Bericht des Bundestages, 2. WP, 220. Sitzung, S. 13006 (D).

957 *Dr. Eickhoff*, Stenographischer Bericht des Bundestages, 2. WP, 220. Sitzung, S. 13005 (B).

958 BT-Umdruck 1247 vom 29.6.1957, Antrag der Abg. *Eickhoff* und Genossen.

959 BT-Umdruck 1247 vom 29.6.1957, Antrag der Abg. *Eickhoff* und Genossen.

960 *Dr. Eickhoff*, Stenographischer Bericht des Bundestages, 2. WP, 220. Sitzung, S. 13005 (B).

961 BT-Umdruck 1245 vom 29.6.1957, Antrag der Fraktion der FDP.

Bundesgebiet als Samstagsausgaben erscheinen würden. Es sah die politische Gefahr, dass die Berliner dann auf die Zeitungen aus dem sowjetischen Sektor Berlins angewiesen seien[962].
Der weitere Antrag dieses BT-Umdruckes betraf die Fremdenverkehrsorte. Hier würden 16 Sonntage im Jahr, an denen der Verkauf gestattet ist, nicht ausreichen, um ganzjährig den Bedarf der Touristen zu befriedigen. Er wollte daher die Anzahl der verkaufsoffenen Sonntage auf 26 und die Dauer der Öffnungszeit von vier auf sieben Stunden erhöht wissen. An Samstagen sollte statt um 18 Uhr erst um 20 Uhr geschlossen werden[963]. *Dr. Atzenroth* begründete dieses Begehren mit den Zuständen in Königswinter. Hier sei es zu heftigem Unmut unter den Ladeninhabern und den ausländischen Touristen gekommen, weil an Sonntagen nicht verkauft werden durfte, da die vorgesehenen 16 Sonntage bereits aufgebraucht waren. Zudem sei dort geäußert worden, dass an Sonntagen Angestellte ohnehin nicht beschäftigt werden würden[964].
Der letzte Änderungsantrag stammte von dem Abgeordneten *Rademacher (FDP)*, der diesen für die Fraktion der FDP stellte. Der Antrag wurde nicht schriftlich an die Abgeordneten gegeben, sondern lediglich dem Bundestag verlesen und daher nicht mit einer Nummer versehen. Der Antrag sah vor, die Landesregierungen zu ermächtigen, den Verkauf von Gegenständen des täglichen Bedarfs in Orten an Bundeswasserstraßen an Besatzungsmitglieder von Binnenschiffen und deren an Bord lebenden Angehörigen an Werktagen bis 21 Uhr zu gestatten[965].
In der Debatte über die gestellten Anträge gaben insbesondere die Abgeordneten *Sabel (CDU/CSU)* und *Lange (SPD)* zu erkennen, sich an die Vereinbarung im Ältestenrat zu halten und den drei Änderungsanträgen nicht zuzustimmen. Es seien zwar eine Reihe von kritischen Punkten in dem Ladenschlussgesetz enthalten, jedoch sei es vorrangig, in dieser laufenden Legislaturperiode zunächst die gröbsten Fehler herauszubekommen[966]. *Sabel* wies darauf hin, dass die angesprochenen Punkte im Ausschuss nicht diskutiert worden seien. Es sei daher empfehlenswert, es zunächst bei den beiden Punkten der Vorlage des Ausschusses für Arbeit zu belassen, welche der Ausschuss einstimmig beschlossen habe[967].

---

962 *Dr. Atzenroth*, Stenographischer Bericht des Bundestages, 2. WP, 220. Sitzung, S. 13007 (A).
963 BT-Umdruck 1245 vom 29.6.1957, Antrag der Fraktion der FDP.
964 *Dr. Atzenroth*, Stenographischer Bericht des Bundestages, 2. WP, 220. Sitzung, S. 13007 (B).
965 *Rademacher*, Stenographischer Bericht des Bundestages, 2. WP, 220. Sitzung, S. 13006 (C).
966 *Lange*, Stenographischer Bericht des Bundestages, 2. WP, 220. Sitzung, S. 13008 (B).
967 *Sabel*, Stenographischer Bericht des Bundestages, 2. WP, 220. Sitzung, S. 13005 (C).

Auf diese Weise gelang es, weitere Diskussionen zu unterbinden. Alle drei Änderungsanträge wurden in der Abstimmung mit großer Mehrheit abgelehnt, die Vorlage des Ausschusses für Arbeit hingegen wurde angenommen[968].
In der sich direkt anschließenden dritten Lesung wurden keine neuen Änderungsanträge mehr gestellt. Die Vorlage des Ausschusses für Arbeit wurde hier ohne Gegenstimmen oder Enthaltungen einstimmig angenommen[969].
Dieser Beschluss wurde dem Bundesrat am gleichen Tage, dem 29. Juni 1957 zugesandt und dort als BR-Drucks. 301/57 geführt.

5. Die Behandlung im Bundesrat

Ohne die Vorlage noch eingehend zu erörtern, gab der Bundesrat in seiner 180. Sitzung vom 12. Juli 1957 den Änderungsvorschlägen seine Zustimmung. Einzig der Vertreter des Landes Berlin, *Dr. Klein,* wies noch einmal auf die besondere Situation seines Landes hinsichtlich des Verkaufes von Zeitungen und Zeitschriften an Sonntagen hin. Diese Sonntagsausgaben würden besonders durch die Bewohner des Ostsektors und der ostzonalen Randgebiete Berlins gekauft werden. Er gab seine Erwartung zum Ausdruck, dass bis zum Ablauf der Übergangsregelung eine gesetzliche Regelung für das Anliegen des Landes Berlins durch den Bundestag erfolgt sein werde[970].

6. Das Inkrafttreten des Gesetzes zur Änderung des Ladenschlussgesetzes vom 17. Juli 1957 (BGBl. 1957 I, S. 722)

Der Beschluss des Bundesrates wurde dem Bundeskanzler mit Schreiben vom 12. Juli 1957 übersandt. Unterzeichnet vom Bundespräsidenten *Theodor Heuss*, dem stellvertretenden Bundeskanzler *Blücher* und dem Bundesminister des Inneren *Dr. Schröder* für den Bundesminister für Arbeit wurde das Gesetz zur Änderung des Gesetzes über den Ladenschluss am 17. Juli 1957 im Bundesgesetzblatt verkündet und trat gemäß seines Artikels 4 eine Woche darauf in Kraft[971].

---

968 Stenographischer Bericht des Bundestages, 2. WP, 220. Sitzung, S. 13008 (C).

969 Stenographischer Bericht des Bundestages, 2. WP, 220. Sitzung, S. 13009 (A).

970 *Dr. Klein,* Stenographischer Bericht des Bundesrates, 180. Sitzung vom 12.7.1957, S. 731 (B).

971 BGBl. 1957 I, S. 722.

II. Das zweite Änderungsgesetz vom 14. November 1960 (BGBl. 1960 I, S. 845)

1. Reaktionen nach dem ersten Änderungsgesetz

Die erste Novellierung des Ladenschlussgesetzes, so war allen Beteiligten bewusst, sollte nicht die letzte gewesen sein. Zum Ende der Legislaturperiode des zweiten deutschen Bundestages war auf Diskussionen verzichtet und lediglich dasjenige verändert worden, was unbedingt notwendig war. Es sollte dem nun folgenden dritten Bundestag vorbehalten bleiben, weitere Änderungen des Gesetzes vorzunehmen, die sich auch in die streitigen Bereiche hineinzogen. Entsprechend wurden Vorschläge eingereicht, die von geringen Änderungen bis hin zu einer völligen Aufhebung des Gesetzes reichten. Dennoch erreichten die verschiedenen Punkte in der Breite nicht mehr das Ausmaß der Diskussionen, welches die Diskussionen vor dem Inkrafttreten des Gesetzes im Jahre 1956 angenommen hatten. In erster Linie waren es die Vertreter der Verkaufsstellen in Fremdenverkehrsorten, die auf eine Novellierung des Ladenschlussgesetzes drängten. Vor dem Inkrafttreten des Gesetzes hatte die Möglichkeit bestanden, während der Saison vom 1. März bis zum 15. Oktober in den Fremdenverkehrsorten den Verkauf an Sonntagen bis zu acht Stunden freizugeben. Dies war durch das Ladenschlussgesetz auf 16 Sonntage mit einer Verkaufszeit bis zu vier Stunden eingeschränkt worden. Die betroffenen Inhaber der Verkaufsstellen beklagten nunmehr einen erheblichen Umsatzrückgang, der an einigen Orten 20 bis 30% erreichte[972]. Weiter war in Grenzgebieten zu beobachten, dass mehr Bundesbürger ins benachbarte Ausland reisten und dort ihr Geld ausgaben. So legte der *Bundesfachverband des Trinkhallengewerbes, der Kioskleiter und -Pächter Deutschlands e.V.* [973]folgende Zahlen vor:

Gegenüber 1957 seien die Bundesbürger 1958 um 51,2 % mehr ins Ausland gereist und hätten dort 1,4 Mrd. DM ausgegeben, 51,1 % mehr als im Vorjahr. Der Inlandsverkehr hingegen hätte um 2,2 % abgenommen. Die Händler in den Andenkengeschäften seien auf den Fremdenverkehr angewiesen und müssten ihren gesamten Jahresumsatz in den Saisonmonaten erwirtschaften. Einen Großteil des Fremdenverkehrs machten Erholungssuchende aus den Industriestädten aus, die vorwiegend an den Wochenenden in die Ausflugsorte fuhren.

Der zurückgehende Absatz hatte zudem Auswirkungen auf die Industrie. Ansichtskartenverleger, Reiseandenkengrossisten und Produzenten vermeldeten abnehmende Umsatzzahlen und wachsende Lagerbestände, so dass es zu Liqui-

972 Schreiben des *Bundesverbandes der Verkaufsstellen in Ausflugs- und Fremdenverkehrsgebieten e.V.* an den Bundestag und –rat vom 3.9.1958, S. 6, PA, III/250 A, lfd. Nr. 54.

973 Schreiben des *Bundesfachverbandes des Trinkhallengewerbes, der Kioskleiter und -Pächter Deutschlands e.V.* an den Ältestenrat des Bundestages vom 24.2.1959, S. 1, PA, III/250 A, lfd. Nr. 55.

ditätsschwierigkeiten und Entlassungen gekommen war[974]. Entsprechend wurde gefordert, die Anzahl der verkaufsoffenen Sonntage in den Fremdenverkehrsgebieten wieder zu erhöhen[975].

2. Die Gesetzesinitiative aus dem Bundesrat gemäß BR-Drucksache 206/57 vom 15. Mai 1957

a) Die Gesetzesinitiative nach dem Vorschlag des Landes Baden-Württemberg und der Beschluss des Bundesrates auf der 178. Sitzung vom 7. Juni 1957

Bereits zur Zeit, als auf Bundesebene noch über das erste Änderungsgesetz zum Ladenschlussgesetz diskutiert wurde, hatte das Land Baden-Württemberg einen umfangreichen Änderungsvorschlag eingebracht. Der Vorschlag beinhaltete folgende wesentliche Punkte:

Wie im ersten Änderungsgesetz sollte die besondere Regelung über Montage entfallen und die Verkaufszeiten in ländlichen Gebieten zur Zeit der Feldbestellung und der Ernte verlängert werden. Darüber hinaus sollten Warenautomaten, Friseurbetriebe und der Marktverkehr gänzlich aus dem Regelungswerk herausfallen. Die verlängerten Öffnungszeiten an Samstagen sollte an allen Samstagen im Dezember vor Weihnachten Platz greifen und die Anzahl der verkaufsoffenen Sonn- und Feiertage in Ausflugs- und Erholungsorten auf 20 erhöht werden[976].

Mit der Beratung dieser Eingabe wurden die Ausschüsse für Arbeit und Sozialpolitik (federführend), für Wirtschaftspolitik und für Agrarpolitik betraut. Diese Änderungsvorschläge wurden dem Bundesrat in der 178. Sitzung vom 7. Juni 1957, also noch vor dem Inkrafttreten des ersten Änderungsgesetzes, vom Berichterstatter *Dr. Farny* (Baden-Württemberg) erläutert.

Der Bundesrat beschloss, den Entwurf des Landes Baden-Württemberg als Gesetzesinitiative des Bundesrates über die Bundesregierung in den Bundestag einzubringen[977]. Die Initiative erreichte den Bundestag jedoch nie.

---

974 Schreiben des *Bundesverbandes der Verkaufsstätten in Ausflugs- und Fremdenverkehrsgebieten e.V.* an den Bundestag und -rat vom 26.7.1958, S. 6, PA, III/250 A, lfd. Nr. 54.

975 Schreiben des *Deutschen Industrie und Handelstages* und der *Hauptgemeinschaft des Deutschen Einzelhandels* an die CDU/CSU-Fraktion vom 19.5.1959, S. 2, PA, III/250 A, lfd. Nr. 56.

976 BR-Drucks. 206/57 vom 15.5.1957.

977 Sitzungsberichte des Bundesrates, 178. Sitzung vom 7.6.1957, S. 682 (B).

b) Der Antrag Baden-Württembergs vom 13. November 1957 auf erneute Beschlussfassung

Mit der Verabschiedung des ersten Änderungsgesetzes durch den Bundestag am 29. Juni 1957 ergab sich eine neue Situation. Zwar waren nun einige Punkte der Entwurfes überflüssig geworden, doch ging die Novellierung nach Ansicht Baden-Württembergs nicht weit genug. Baden-Württemberg stellte daher mit Schreiben vom 13. November 1957 beim Bundesrat den Antrag, eine erneute Beschlussfassung über die Initiative herbeizuführen[978]. Es sollten hier die notwendigen Änderungen in die Gesetzesinitiative eingefügt werden. Der Bundesrat überwies die Angelegenheit zunächst erneut in die Ausschüsse.
Der Wirtschaftsausschuss und auch der Agrarausschuss behandelten die Gesetzesinitiative unter anderem in ihren jeweiligen Sitzungen am 29. Mai 1958[979]. Beide Ausschüsse hatten schon in ihren vorherigen Sitzungen beschlossen, die Initiative in den Bundestag einzubringen, diese aber mit einigen Änderungen versehen, und erhielten diese Beschlüsse nun aufrecht[980]. Im Agrarausschuss wurde die Auffassung vertreten, das Ladenschlussgesetz sei in vielen Punkten reformbedürftig. Die Novellierung durch das erste Änderungsgesetz sei in nur beschränktem Umfange erfolgt. Es sei nicht notwendig, noch weitere Erfahrungen mit dem Gesetz zu sammeln. Der Bundesrat solle daher von seinem Initiativrecht Gebrauch machen[981]. Der Agrarausschuss hob dies deshalb hervor, da der federführende Ausschuss für Arbeit und Sozialpolitik zwischenzeitlich auf seiner 151. Sitzung vom 8. Mai 1958 beschlossen hatte, dem Bundesrat zu empfehlen, derzeit auf eine erneute Eingabe in den Bundestag zu verzichten. Der Ausschuss war der Auffassung, das Gesetz habe einen sozialpolitischen Fortschritt gebracht, der durch ein weiteres Änderungsgesetz nicht gefährdet werden dürfe. Auch sei der anfänglich starke Widerspruch in der Öffentlichkeit abgeklungen und es sei eine Gewöhnung an die neuen Ladenzeiten eingetreten. Es müssten daher weitere Erfahrungen mit dem Gesetz gesammelt werden[982]. Auf seiner abschließenden 153. Sitzung vom 25. Juni 1958 hielt der federführende Ausschuss seinen Vorschlag, von einer Eingabe in den Bundestag abzusehen, primär aufrecht. Für den Fall der Ablehnung dieser Empfehlung

---

978 Schreiben des Ministers für Angelegenheiten des Bundesrates des Landes Baden-Württemberg an den Bundesrat vom 13.11.1957, PA, III/250 A, lfd. Nr. 4.

979 158. Sitzung des Wirtschaftsausschusses und 162. Sitzung des Agrarausschusses.

980 Protokoll der 158. Sitzung des Wirtschaftsausschusses vom 29.5.1958, S. 3, BA-Koblenz, B 149, 1078; Protokoll der 162. Sitzung des Agrarausschusses vom 29.5.1958, S. 3, BA-Koblenz, B 149, 1078.

981 Protokoll der 162. Sitzung des Agrarausschusses vom 29.5.1958, S. 4, BA-Koblenz, B 149, 1078.

982 Protokoll der 151. Sitzung des Ausschusses für Arbeit und Sozialpolitik vom 8.5.1958, BA-Koblenz, B 149, 1078; Bericht des Ausschusses für Arbeit und Sozialpolitik, BR-Drucks. 206/1/57 vom 10.7.1958.

durch den Bundesrat wurden Änderungsvorschläge zum Antrag gemäß BR-Drucks. 206/57 erarbeitet[983].
Der Vollständigkeit halber sei noch erwähnt, dass für die 196. Sitzung des Bundesrates neben den Ausschussberichten noch zwei weitere Änderungsvorschläge eingebracht wurden, die hier jedoch nicht näher behandelt werden sollen. Zum einen handelte es sich um den Antrag Hamburgs vom 16. Juli 1958 betreffend den ambulanten Handel[984], zum anderen um einen Antrag des Landes Bayerns vom 16. Juli 1958 betreffend den Marktverkehr an Sonntagen[985]. Dieser Antrag wurde als Eventualantrag gestellt, falls dem Antrag des Ausschusses für Arbeit und Sozialpolitik nicht entsprochen werden würde.

Die zunächst erwartete Diskussion auf der 196. Sitzung des Bundesrates vom 18. Juli 1958 blieb aus. Da das Land Nordrhein-Westfalen zu dieser Sitzung nicht erschienen war, stellte der Vertreter Baden-Württembergs *Hohlwegler* den Antrag, dem auch entsprochen wurde, den Tagesordnungspunkt abzusetzen[986].

c) Der Beschluss der 197. Sitzung des Bundesrates vom 24. Oktober 1958

Zur Beratung wurde die BR-Drucks. 206/57 nun auf die Tagesordnung der 196. Sitzung vom 24. Oktober 1958 gesetzt. Für diese Sitzung hatte Bayern außerdem einen weiteren Änderungsvorschlag, betreffend die Regelung für Kur-, Erholungs- und Ausflugsorte, eingereicht[987].
Zunächst aber stellte der Berichterstatter des Ausschusses für Arbeit und Sozialpolitik *Strenkert (Bayern)* den Bericht des federführenden Ausschusses vor. Er warb insbesondere dafür, gemäß der Empfehlung des Ausschusses, den Antrag Baden-Württembergs abzulehnen. Begründet wurde dies mit den auf der 151. Sitzung des Ausschusses für Arbeit und Sozialpolitik vorgebrachten Argumenten. Er wies darauf hin, dass auch im Bundestag Bestrebungen zu einem weiteren Änderungsgesetz im Gange seien und der Bundesrat erst dann tätig zu werden brauche, wenn eine entsprechende Novelle ihm zugeleitet werden würde[988]. Die einzelnen Änderungsvorschläge des Ausschusses für den Fall des Scheiterns des Hauptantrages stellte *Strenkert* nicht mehr vor, sondern fasste diese lediglich in zwei Gruppen zusammen. In der ersten Gruppe befänden sich die aus dem Inkrafttreten des ersten Änderungsgesetzes zum Ladenschlussgesetz

983 Protokoll der 153. Sitzung des Ausschusses für Arbeit und Sozialpolitik vom 25.6.1958, S. 3 ff., BA-Koblenz, B 149, 1078.
984 BR-Drucks. 206/2/57 vom 16.7.1958.
985 BR-Drucks. 206/3/57 vom 16.7.1958.
986 Sitzungsbericht des Bundesrates, 196. Sitzung vom 18.7.1958, S. 184.
987 BR-Drucks. 206/4/57 vom 22.10.1958.
988 Sitzungsberichte des Bundesrates, 197. Sitzung vom 24.10.1958, S. 207 (B).

sich ergebenden Modifizierungen, in der zweiten Gruppe seien die Änderungen materiellrechtlicher Art enthalten[989].
Sodann ergriff der Berichterstatter des Wirtschaftsausschusses *Dr. Klein (Berlin)* das Wort. Er erklärte, die bisherige Regelung der Ladenschlusszeiten habe zu einer Reihe von Beanstandungen in der Praxis geführt, deren Beseitigung sein Ausschuss für erforderlich halte[990].
Schließlich meldete sich *Hohlwegler* für das Land Baden-Württemberg zu Wort. Er warb dafür, nicht auf eine Vorlage des Bundestages zu warten, sondern selbst aktiv zu werden[991] und stellte die Kernpunkte des Antrages heraus. Dies waren drei „lange Samstage" vor Weihnachten, eine weitere Verlängerung der Verkaufszeiten in ländlichen Gebieten zur Zeit der Ernte und der Feldbestellung sowie der Frühverkauf in diesen Gebieten vor 7 Uhr (dieser würde bereits illegal stattfinden) und die Verlagerung von Kompetenzen von den Ministerien auf die unteren Verwaltungsbehörden[992].
In der abschließenden Abstimmung konnte sich der Antrag Baden-Württembergs nicht durchsetzen. Stattdessen beschloss der Bundesrat, der Empfehlung des Ausschusses für Arbeit und Sozialpolitik zu folgen und lehnte eine erneute Einbringung des Initiativentwurfes in den Bundestag ab[993]. Über die Änderungsvorschläge brauchte nicht mehr beraten zu werden.
Damit war das Land Baden-Württemberg mit seinem Antrag gescheitert.

3. Die Initiativen der FDP-Bundestagsfraktion

Zwischenzeitlich war auch der Bundestag nicht untätig geblieben. Hier gab es ebenfalls Bestrebungen, das Ladenschlussgesetz ein zweites Mal zu überarbeiten. Die FDP-Fraktion brachte hierzu zwei Gesetzesentwürfe in den Bundestag ein:

a) Entwurf eines Gesetzes zur Aufhebung des Ladenschlussgesetzes

Bereits im Februar 1958 brachte die FDP-Fraktion mit der BT-Drucks. 184 vom 11. Februar 1958 einen Entwurf zur Aufhebung des Ladenschlussgesetzes ein. Dieser Vorschlag enthielt lediglich drei Paragraphen, in denen nur geregelt war, dass das Ladenschlussgesetz aufgehoben wird. Dass dieser Antrag keinerlei Aussicht auf Erfolg haben würde, mussten auch die Antragsteller erkennen. Vermutlich verfolgten sie mit dem Antrag das Ziel, die Diskussion um das

989 Sitzungsberichte des Bundesrates, 197. Sitzung vom 24.10.1958, S. 207 (C).
990 Sitzungsberichte des Bundesrates, 197. Sitzung vom 24.10.1958, S. 207 (D).
991 Sitzungsberichte des Bundesrates, 197. Sitzung vom 24.10.1958, S. 208 (D).
992 Sitzungsberichte des Bundesrates, 197. Sitzung vom 24.10.1958, S. 208 (A-C).
993 Sitzungsberichte des Bundesrates, 197. Sitzung vom 24.10.1958, S. 209 (A).

Ladenschlussgesetz aufs neue zu entflammen. Am 23. Juni 1959 jedenfalls zogen sie den Antrag zurück[994].

b) Entwurf eines Gesetzes zur Änderung des Ladenschlussgesetzes

Am selben Tag, dem 23. Juni 1959, zog die FDP-Fraktion nicht nur den Antrag gemäß BT-Drucks. 184 zurück, sondern brachte auch einen weiteren Antrag in den Bundestag ein. Dieser Vorschlag sah grundlegende Änderungen im Ladenschlussgesetz vor. Im Kern enthielt der Entwurf die Zulassung von „langen Samstagen" vor Weihnachten, Ostern und Pfingsten, den Wegfall der Beschränkungen für Warenautomaten, Kur- und Erholungsorte und Friseurbetriebe sowie der Regelungen über den Verkauf an bestimmten Tagen bzw. in bestimmten Gebieten. All diese Ausnahmen sollten nicht bundeseinheitlich, sondern durch die Landesregierungen oder von ihnen bestimmten Stellen geregelt werden[995]. Doch auch dieser sehr weit gehende Entwurf gelangte nicht zur weiteren Beratung in die Ausschüsse. Er wurde am 14. Juni 1960 zurückgezogen[996].

4. Die Initiativen aus den Reihen der CDU/CSU und der SPD

Neben den Anträgen der FDP-Fraktion wurden im Jahre 1960 zwei weitere Anträge in den Bundestag eingebracht, die den Weg zur Beratung in den Ausschüssen finden sollten. Hierbei handelte es sich zum einen um einen Antrag von CDU/CSU-Abgeordneten gemäß BT-Drucks. 1666 vom 9. März 1960 und um einen Antrag von SPD-Abgeordneten gemäß BT-Drucks. 1929 vom 21. Juni 1960.

a) Der Antrag aus den Reihen der CDU/CSU gemäß BT-Drucksache 1666 vom 9. März 1960

Der Antrag gemäß BT-Drucks. 1666 wurde eingereicht von den CDU/CSU-Abgeordneten *Horn, Scheppmann, Diebäcker, Baier (Mosbach)* und Genossen. Er sah vor, das Ladenschlussgesetz an vier Stellen zu ändern. Zunächst sollten die verkaufsoffenen Sonntage vor Weihnachten wegfallen. Als Ausgleich dafür schlugen die Antragsteller vor, an den Dezembersamstagen bis 18 Uhr zu öffnen. Ebenso sollte ein „langer Samstag" vor Ostern und Pfingsten eingeführt werden.

---

994 Bekanntgegeben im Stenographischen Bericht des Bundestages, 3. WP, 79. Sitzung vom 25. Juni 1959, S. 4307, wurde nicht verlesen.

995 BT-Drucks. 1192 vom 23.6.1959.

996 Bekanntgegeben im Stenographischen Bericht des Bundestages, 3. WP, 121. Sitzung vom 29.6.1960, S. 6949, wurde nicht verlesen.

Um der Situation in den Kur- und Erholungsorten gerecht zu werden, sah der Entwurf vor, die Dauer der zulässigen Öffnungszeit an Sonn- und Feiertagen von vier auf sechs Stunden auszuweiten, die Anzahl von 16 Sonn- und Feiertagen aber nicht abzuändern. Ferner wurde angeregt, Ausnahmen vom Verbot des sonstigen gewerblichen Feilhaltens für leichtverderbliche Waren, Waren zum sofortigen Verzehr, Gebrauch oder Verbrauch zuzulassen, welche von den zuständigen Landesbehörden ausgesprochen werden könnten[997]. Diese Ausnahmeregelung sollte als neuer Absatz 3 des § 20 LadSchlG aufgenommen werden.

b) Der Antrag aus den Reihen der SPD gemäß BT-Drucksache 1929 vom 21. Juni 1960

Der Antrag der SPD-Abgeordneten *Odenthal, Lange (Essen), Killat (Unterbach)* und Genossen ähnelte dem CDU/CSU-Antrag in zwei Regelungskomplexen. Auch hier war vorgesehen, die verkaufsoffenen Sonntage vor Weihnachten zu streichen. Als Ausgleich schlugen die SPD-Abgeordneten jedoch vor, nur die Samstage im Dezember vor Weihnachten als „lange Samstage" einzurichten. Die langen Samstage am ersten eines jeden Monats sollten demgegenüber wegfallen. Weiter übernahm der SPD-Antrag die Ausnahmen vom Verbot des sonstigen gewerblichen Feilhaltens wortgleich dem CDS/CSU-Antrag.
Neu war der Vorschlag, bestimmte Warengruppen gänzlich aus dem Anwendungsbereich des Gesetzes herauszunehmen. Dies sollte durchgeführt werden durch die Aufnahme eines neuen § 20a LadSchlG. Als solche Warengruppen waren Zeitungen (nicht Zeitschriften, deren Verkauf auch weiterhin an die Ladenzeiten gebunden sein sollte), Reiseandenken und Waren, die für bestimmte Fremdenverkehrs- und Ausflugsgebiete kennzeichnend waren, vorgesehen. Die Bestimmung der Waren der letzten Gruppe sollte durch Landesverordnungen festgelegt werden[998].

c) Die Überweisung an die Ausschüsse

Die beiden Vorlagen der BT-Drucks. 1666 und 1929 wurden auf der 118. Sitzung des Bundestages am 22. Juni 1960 an die Ausschüsse für Arbeit (federführend), für Wirtschaft und für Mittelstandsfragen überwiesen[999].

---

997 BT-Drucks. 1666 vom 9.3.1960.
998 BT-Drucks. 1929 vom 21.6.1960.
999 Stenographischer Bericht des Bundestages, 3. WP, 118. Sitzung vom 22.6.1960, S. 6865.

5. Die Behandlung in den Ausschüssen

a) Ausschuss für Sonderfragen des Mittelstandes

Der Ausschuss für Sonderfragen des Mittelstandes befasste sich in seiner 27. Sitzung vom 29. September 1960 mit den beiden Vorlagen. In der allgemeinen Aussprache über die Änderungsvorschläge wurde schnell deutlich, dass sich eine Mehrheit für die Streichung des § 13 LadSchlG und damit für den Fortfall der verkaufsoffenen Sonntage vor Weihnachten aussprechen würde. Lediglich der Vertreter der FDP, *Imle,* äußerte Bedenken und wollte den Sonntagsverkauf zumindest in den Grenzgebieten aufrechterhalten.
Uneinigkeit herrschte dagegen über die notwendige Ausgleichsregelung für die wegfallenden Verkaufssonntage. Hier zeigte sich die CDU/CSU bereit, den Vorschlag des langen Samstag vor Pfingsten zurückzuziehen, nicht aber den vor Ostern. Der „lange Samstag" am ersten Samstag des Monats sollte beibehalten werden. Auch wurde der Vorschlag, vier lange Samstage vor Weihnachten vorzusehen, aufgegriffen[1000]. Der Abgeordnete *Lange (SPD)* sah die langen Samstage vor Weihnachten als ausreichend an. Für weitere verkaufsoffene Samstagnachmittage sei infolge der fortschreitenden Entwicklung zur 5-Tage-Woche kein Bedürfnis mehr gegeben[1001]. Der Vorschlag der FDP, zumindest in Grenzorten den Sonntagsverkauf vor Weihnachten auch weiterhin zuzulassen, fand keinen größeren Zuspruch. *RegDir Dr. Böhm (Bundesarbeitsministerium)* wies hier auf die bestehende Ausnahmemöglichkeit für Orte in Grenzgebieten hin, an Samstagen einen verlängerten Verkauf zu gestatten. Hier sei es zu unterschiedlichen Durchführungsregelungen durch die Länder gekommen, was zu Unzuträglichkeiten geführt habe[1002]. Dennoch stimmte der Ausschuss über den Vorschlag *Imles* nicht ab, sondern teilte dem Ausschuss für Arbeit lediglich seine Bedenken mit[1003]. Hingegen wurde der Fortfall der verkaufsoffenen Sonntage vor Weihnachten mit dem Ausgleich der vier langen Samstage vor Weihnachten und einem weiteren vor Ostern als Empfehlung angenommen[1004].
Keine Diskussion gab es bezüglich der in den beiden Vorlagen gleichlautenden Anträge über die Einführung eines § 20 Abs. 3 LadSchlG, der Ausnahmen für

1000 *Burgemeister (CDU),* Kurzprotokoll der 27. Sitzung des Ausschusses für Mittelstandsfragen vom 29.9.1960, S. 4, PA, III/250 A, lfd. Nr. 21.

1001 *Lange (SPD),* Kurzprotokoll der 27. Sitzung des Ausschusses für Mittelstandsfragen vom 29.9.1960, S. 4, PA, III/250 A, lfd. Nr. 21.

1002 *RegDir. Dr. Böhm (BMA),* Kurzprotokoll der 27. Sitzung des Ausschusses für Mittelstandsfragen vom 29.9.1960, S. 6, PA, III/250 A, lfd. Nr. 21.

1003 Empfehlung des Ausschusses für Mittelstandsfragen an den Ausschuss für Arbeit, BT-21. Ausschuss Drucks. 47 vom 29.9.1960, S. 2, PA, III/250 A, lfd. Nr. 22.

1004 Empfehlung des Ausschusses für Mittelstandsfragen an den Ausschuss für Arbeit, BT-21. Ausschuss Drucks. 47 vom 29.9.1960, PA, III/250 A, lfd. Nr. 22.

unter anderem leichtverderbliche Waren vorsehen sollte. Dieser Vorschlag wurde einstimmig angenommen[1005].

Der Vorschlag der SPD hinsichtlich einer Ausnahme für bestimmte Warengruppen dagegen stieß nicht auf ungeteilte Zustimmung. *Dr. Böhm* vom Bundesarbeitsministerium hielt die Formulierung für zu weitgehend. Es stelle sich zunächst die Frage, ob die Bestimmung nur für den ambulanten Handel oder auch für feste Verkaufsstellen gelten solle. Im letzteren Falle käme es zu einer Überschneidung mit § 10 LadSchlG (Verkauf an Sonn- und Feiertagen in Kur- und Erholungsorten), der einen identischen Warenkreis enthalte. Letztlich sei bei der vorgeschlagenen Formulierung ein erheblicher Einbruch in die Sonntagsruhe zu befürchten[1006].

Dr. Rother (Bundeswirtschaftsministerium) hingegen sah in der Regelung eine Ausnahme lediglich für Einmann- und Familienbetriebe, die nicht mit § 10 LadSchlG kollidiere[1007]. Die Mitglieder des Ausschusses ließen sich davon überzeugen und stimmten dem SPD-Vorschlag einstimmig zu[1008].

In der Einzelberatung wurde noch ein Vorschlag des *Zentralverbandes des Kraftfahrzeughandels und -gewerbes* diskutiert, für Tankstellen, die nicht an Autobahnen lagen, eine der Regelung für Apotheken angelehnte turnusmäßige Öffnung einzuführen[1009]. Der Ausschuss lehnte jedoch eine über den bestehenden § 6 LadSchlG hinausgehende Sonderregelung ab[1010].

Im wesentlichen wurden also folgende Empfehlungen beschlossen:

- Die Öffnungszeit des Samstags vor Ostern soll bis 18 Uhr festgesetzt werden.
- Auf eine Sonderregelung für den Samstag vor Pfingsten soll verzichtet werden.
- Auf die verkaufsoffenen Sonntage vor dem 24. Dezember soll verzichtet werden und zum Ausgleich hierfür sollen die vier Samstage vor dem 24. Dezember mit einer Öffnungszeit bis 18 Uhr zugelassen werden.

1005 Kurzprotokoll der 27. Sitzung des Ausschusses für Mittelstandsfragen vom 29.9.1960, S. 11, PA, III/250 A, lfd. Nr. 21.

1006 *Dr. Böhm (BMA)*, Kurzprotokoll der 27. Sitzung des Ausschusses für Mittelstandsfragen vom 29.9.1960, S. 6, PA, III/250 A, lfd. Nr. 21.

1007 *Dr. Rother (BMWi)*, Kurzprotokoll der 27. Sitzung des Ausschusses für Mittelstandsfragen vom 29.9.1960, S. 6 f., PA, III/250 A, lfd. Nr. 21.

1008 Kurzprotokoll der 27. Sitzung des Ausschusses für Mittelstandsfragen vom 29.9.1960, S. 11, PA, III/250 A, lfd. Nr. 21.

1009 Schreiben des *Zentralverbandes des Kraftfahrzeughandels und –gewerbes*, an den Ausschuss für Mittelstandsfragen Dr. K/H.-801 vom 29.6.1960, III/250 A, Anlage zu lfd. Nr. 21.

1010 Kurzprotokoll der 27. Sitzung des Ausschusses für Mittelstandsfragen vom 29.9.1960, S. 10, PA, III/250 A, lfd. Nr. 21.

- Es wird entsprechend der BT-Drucks. 1929 die Einführung eines § 20a LadSchlG empfohlen. In dieser Vorschrift soll zusätzlich neben den Fremdenverkehrs- und Ausflugsgebieten auch für die Wallfahrtsorte eine Sonderregelung vorgesehen werden. Durch diese Regelung erübrigt sich die Änderung des § 10 LadSchlG nach BT-Drucks. 1666.

b) Ausschuss für Wirtschaft

Nachdem der Ausschusses für Mittelstandsfragen seine Empfehlungen beschlossen hatte, befasste sich noch am selben Tage der Ausschuss für Wirtschaft in seiner 81. Sitzung mit dieser Vorlage. Die Empfehlungen wurden dem Ausschuss kurz vorgestellt und ohne weitere Diskussion von diesem angenommen[1011].

c) Ausschuss für Arbeit

Der federführende Ausschuss für Arbeit beriet die beiden Gesetzesinitiativen in einer einzigen Sitzung am 6. Oktober 1960, der 82. Ausschusssitzung. Als Beratungsgrundlage wählte er die Ausschussdrucksache Nr. 45, eine Synopse, die das geltende Recht, die Drucksache 1666 und die Drucksache 1929 gegenüberstellte. Ohne eine allgemeine Aussprache wurde gleich mit der Einzelberatung begonnen.

Hier beschloss der Ausschuss zunächst einstimmig, den Wegfall der beiden verkaufsoffenen Sonntage vor Weihnachten zu empfehlen. Der Vorschlag des Ausschusses für Mittelstandsfragen, Ausnahmen für die Grenzgebiete vorzunehmen, wurde abgelehnt[1012]. Hinsichtlich der Ausgleichsregel aber gab es verschiedene Ansichten. Zunächst lehnte der Ausschuss den Vorschlag der SPD ab, generell den langen ersten Samstag eines jeden Monats entfallen zu lassen. Für diesen Verkaufsnachmittag würde auch weiterhin gerade in ländlichen Gebieten ein Bedürfnis bestehen. Auch müsse der Samstagnachmittag als „Familieneinkaufstag“ erhalten bleiben[1013]. Sodann schlug der Abg. *Diebäcker (CDU/CSU)* vor, als Ausgleich für die vorweihnachtlichen Verkaufssonntage die vier Samstagnachmittage vor dem 24. Dezember zu wählen. Dieser Vorschlag stieß jedoch auf Bedenken bei der Abg. *Rudoll (SPD),* die äußerte, dass in den meisten Jahren ein Samstag in den November fallen würde und es dadurch zu einer Ausweitung des geltenden Rechtes käme. Weiter würden die

---

1011 Kurzprotokoll der 81. Sitzung des Ausschusses für Wirtschaft vom 29.9.1960, S. 10, PA, III/250 A, lfd. Nr. 19.

1012 Protokoll der 82. Sitzung des Ausschusses für Arbeit vom 6.10.1960, S. 10, PA, III/250 A, lfd. Nr. 23.

1013 *Dr. Hoven (FDP), Fr. Dr. Bleyer und Diebäcker (CDU/CSU)*, Protokoll der 82. Sitzung des Ausschusses für Arbeit vom 6.10.1960, S. 4, PA, III/250 A, lfd. Nr. 23.

Gehälter und Weihnachtszuwendungen schon frühzeitig ausgezahlt werden, so dass für eine solche Ausweitung kein Grund bestehen würde[1014]. Diese Ausweitung würde entgegen den Bestrebungen des Arbeitsschutzes eine Arbeitszeitverlängerung bedeuten. Bei vier Samstagen vor Weihnachten sei eine Arbeitszeit von über 45 Stunden möglich[1015]. Folglich stellte *Odenthal (SPD)* den Antrag, lediglich die Samstagnachmittage im Dezember vor dem 24. freizugeben.
Beide Anträge lehnte der Ausschuss mit 10:10 Stimmen ab. Damit aber ergab sich nur noch die Möglichkeit, über die Vorlage der CDU/CSU abzustimmen. Hier brachte der Vorsitzende *Scheppmann (CDU/CSU)* den Vorschlag ein, den Antrag der CDU/CSU anzunehmen und lediglich auf den Samstagnachmittag vor Pfingsten zu verzichten, was auf energische Ablehnung des Abg. *Odenthal* stieß. Letztlich schlug der Abg. *Illerhaus (CDU/CSU)* vor, die Anträge zu koppeln und die Worte „sowie an den vier aufeinanderfolgenden Sonnabenden vor dem 24. Dezember" einzufügen. Diese Lösung würde sowohl den Zuspruch des *DGB* als auch den aus den Kreisen des Einzelhandels bekommen[1016]. *Odenthal (SPD)* zeigte sich mit dieser Lösung als im Grundsatz einverstanden und ermöglichte so deren Annahme.

Auch im Ausschuss für Arbeit wurde der Wunsch des *Zentralverbandes des Kraftfahrzeughandels und -gewerbes e.V.* und des *Fachverbandes Tankstellen und Garagen* vorgestellt, für die Tankstellen einen den Apotheken ähnlichen Dienst einzuführen[1017]. Aber auch in diesem Ausschuss wurde der Antrag abgelehnt. Die Tankstellenbesitzer und -pächter könnten unter sich eine Regelung finden[1018].

Hinsichtlich der Regelungen über die Warenautomaten (§ 7 LadSchlG) lag dem Ausschuss ein Antrag des *Deutschen Tabakgroßhandels e.V.*, Köln und des *Vereins Deutscher Automatenfachleute zur Förderung und Pflege des Münzautomatenwesens e.V.*, Köln-Lindenthal vor, aus dem Anwendungsbereich des Gesetzes Warenautomaten herauszunehmen, die in Gaststätten oder Betrieben aufgestellt waren[1019]. Der Ausschuss hielt dieses Anliegen für begründet und

---

1014 *Fr. Rudoll (SPD),* Protokoll der 82. Sitzung des Ausschusses für Arbeit vom 6.10.1960, S. 5, PA, III/250 A, lfd. Nr. 23.

1015 *Odenthal(SPD),* Protokoll der 82. Sitzung des Ausschusses für Arbeit vom 6.10.1960, S. 5, PA, III/250 A, lfd. Nr. 23.

1016 *Illerhaus (CDU/CSU),* Protokoll der 82. Sitzung des Ausschusses für Arbeit vom 6.10.1960, S. 6, PA, III/250 A, lfd. Nr. 23.

1017 Schreiben der beiden Verbände vom 29.6.1960, PA, III/250 A, Anlage zu lfd. Nr. 21.

1018 *Scheppmann (CDU/CSU),* Protokoll der 82. Sitzung des Ausschusses für Arbeit vom 6.10.1960, S. 7, PA, III/250 A, lfd. Nr. 23.

1019 Schreiben der beiden Verbände vom 28.9.1960, PA, III/250 A, Anlage 2 zu lfd. Nr. 23.

beschloss entsprechend. Es würde sich nicht um einen Verkauf an jedermann handeln, sondern um einen bestimmten Personenkreis. Auch werde der Arbeitsschutz durch diese Änderung nicht berührt werden[1020].
Als nächsten Schwerpunkt diskutierte der Ausschuss die Regelung für die Kur- und Erholungsorte. Diese Vorschrift stand im engen Zusammenhang mit dem von der SPD vorgeschlagenen Modell eines § 20 a, durch den einzelne Warengruppen aus dem Gesetz herausgenommen werden sollten. Hierbei ging es den Antragstellern vornehmlich darum, Kleingewerbetreibenden ohne Angestellten die Möglichkeit zu geben, ihre Waren an jedem Sonntag im Jahr verkaufen zu können. Entsprechende Warengruppen wurden in dem Vorschlag vorgesehen. Es handelte sich um Zeitungen und Waren, die für Ausflugs- und Fremdenverkehrsorte kennzeichnend waren. Es sollte damit eine Existenzsicherung der Andenkenverkaufsbuden in den besagten Gebieten erreicht werden.
Der Ausschuss beschloss jedoch, den Sonntagsverkauf gegenüber dem geltenden Recht nicht weiter auszuweiten[1021]. *RegDir. Dr. Böhm* (Bundesarbeitsministerium) sah diesen Beschluss durch die Formulierung des § 20 a gefährdet. Hiernach könne eine Verkaufsstelle dann am Sonntag öffnen, wenn sie eine der aufgeführten Waren anbieten würde. Der Schutz des § 17 LadSchlG für Angestellte würde dadurch praktisch wegfallen[1022]. Weiter würde eine Unterscheidung zwischen Verkaufsstellen mit und ohne Personal einen Einbruch in die bisherige Auffassung bedeuten, der nicht hinnehmbar sei. Auch die Kirchen hätten Bedenken gegen eine Störung der Sonntagsarbeit vorgetragen[1023].
Auch der *Min.Rat Dr. Rother (Bundeswirtschaftsministerium)* sprach sich gegen den Vorschlag des § 20 a aus. Diese Bestimmung würde in Konkurrenz zu § 10 LadSchlG stehen. Er regte an, statt dessen den Warenkatalog des § 10 LadSchlG zu erweitern[1024]. Ein entsprechender Vorschlag wurde sodann von dem Abg. *Diebäcker (CDU/CSU)* vorgetragen. Mit diesem Gedanken erklärte sich *Odenthal (SPD)* einverstanden. Der Abg. *Storch (CDU/CSU)* betonte, dass einer Öffnung an allen Sonntagen im Jahr nicht zugestimmt werden könne. Er halte es aber nicht für zweckmäßig, dass die Länder die 16 Sonntage terminmäßig festlegen, um so diese besser ausnutzen zu können[1025]. Daraufhin wurde der

1020 Schriftlicher Bericht des Ausschusses für Arbeit, BT-Drucks. 2127 vom 11.10.1960, S. 3, PA, III/250 A, lfd. Nr. 24.

1021 Protokoll der 82. Sitzung des Ausschusses für Arbeit vom 6.10.1960, S. 10, PA, III/250 A, lfd. Nr. 23.

1022 *RegDir. Dr. Böhm (BMA),* Protokoll der 82. Sitzung des Ausschusses für Arbeit vom 6.10.1960, S. 9, PA, III/250 A, lfd. Nr. 23.

1023 *RegDir. Dr. Böhm (BMA),* Protokoll der 82. Sitzung des Ausschusses für Arbeit vom 6.10.1960, S. 9, PA, III/250 A, lfd. Nr. 23.

1024 *MinRat Dr. Rother (BMWi),* Protokoll der 82. Sitzung des Ausschusses für Arbeit vom 6.10.1960, S. 9, PA, III/250 A, lfd. Nr. 23.

1025 *Storch (CDU/CSU),* Protokoll der 82. Sitzung des Ausschusses für Arbeit vom 6.10.1960, S. 10, PA, III/250 A, lfd. Nr. 23.

SPD-Antrag eines § 20 a LadSchlG mit 10:11 Stimmen abgelehnt und der Antrag *Diebäcker* mit 13 Stimmen angenommen.
Weiter stimmte der Ausschuss dem übereinstimmenden Vorschlag von CDU/CSU und SPD zu, eine Ausnahmeklausel für den Verkauf von leichtverderblichen Waren und Waren zum sofortigen Verzehr, Gebrauch oder Verbrauch in § 20 LadSchlG einzubauen[1026].
Als letzter größerer Punkt wurde eine Eingabe des *Vereins zur Wahrung der Rheinschifferinteressen e.V.* vom 4. Mai 1960 beraten. Hier wurde der Wunsch geäußert, eine Ausnahme von den werktäglichen Ladenschlusszeiten für Verkaufsstellen, die in unmittelbarer Nähe von Schiffsliegeplätzen oder Plätzen, an denen aus ähnlichem Anlass ein Bedürfnis zur Versorgung der Schiffsbesatzungen mit lebensnotwendigem Bedarf bestand, zuzulassen[1027]. Der Ausschuss war jedoch der Auffassung, eine solche Ausnahme sei über die soeben angenommene Änderung des § 20 LadSchlG möglich und bedürfe daher keiner besonderen Klausel[1028].

Insgesamt wurden dem Bundestag mit dem schriftlichen Bericht[1029] folgende Änderungen empfohlen:

1. § 3 wird wie folgt geändert:

   a) In Absatz 1 Nr. 3 werden vor den Worten „ab 18 Uhr" eingefügt die Worte „sowie an den vier aufeinanderfolgenden Sonnabenden vor dem 24. Dezember".
   b) Absatz 2 (Übergangsregelung für die Samstagsöffnung) wird gestrichen

2. § 7 (Warenautomaten) wird wie folgt geändert:
   In Absatz 2 wird nachstehender Satz angefügt:

   „Warenautomaten, die in Gaststätten oder Betrieben aufgestellt sind, unterliegen nicht dem Ladenschlussgesetz"

3. In § 10 Abs. 1 (Kur- und Erholungsorte) wird hinter das Wort „aufzuführenden" das Wort „Ausflugs-" gesetzt; ferner werden die Worte „Andenken- und Badegegenstände, Devotionalien, Tabak-

---

1026 Protokoll der 82. Sitzung des Ausschusses für Arbeit vom 6.10.1960, S. 11, PA, III/250 A, lfd. Nr. 23.

1027 Schreiben des Verbandes vom 4.5.1960, Anlage 3 zu PA, III/250 A, lfd. Nr. 23.

1028 Protokoll der 82. Sitzung des Ausschusses für Arbeit vom 6.10.1960, S. 4, PA, III/250 A, lfd. Nr. 23.

1029 BT-Drucks. 2127 vom 13.10.1960.

waren, Frischobst, Obstsäfte, Süßigkeiten, Blumen und Zeitungen" ersetzt durch die Worte „Badegegenstände, Devotionalien, frische Früchte, alkoholfreie Getränke, Milch und Milcherzeugnisse im Sinne des § 4 Abs. 2 des Milch- und Fettgesetzes in der Fassung vom 10. Dezember 1952 (BGBl. I S. 811), Süßwaren, Tabakwaren, Blumen und Zeitungen sowie Waren, die für diese Orte kennzeichnend sind".

4. § 13 (Verkaufssonntage vor Weihnachten) wird gestrichen.

5. § 20 (Sonstiges gewerbliches Feilhalten) wird wie folgt geändert: Nach Abs. 2 wird folgender neuer Absatz 2a eingefügt:

   „(2a) Die nach Landesrecht zuständige Verwaltungsbehörde kann abweichend von den Vorschriften der Absätze 1 und 2 Ausnahmen für das Feilhalten von leichtverderblichen Waren zum sofortigen Verzehr, Gebrauch oder Verbrauch zulassen, sofern dies zur Befriedigung örtlich auftretender Bedürfnisse notwendig ist und diese Ausnahmen im Hinblick auf den Arbeitsschutz unbedenklich sind."

6. Die zweite Lesung in der 129. Bundestagssitzung vom 26. Oktober 1960
Die zweite Lesung der Anträge gemäß BT-Drucks. 1666 und 1929 wurde auf die Tagesordnung der 129. Sitzung des Bundestages vom 26. Oktober 1960 gesetzt. Beratungsgrundlage war der schriftliche Bericht des federführenden Ausschusses für Arbeit, zu dem noch zehn Änderungsvorschläge eingereicht wurden. Zwei weitere Anträge wurden noch während der Sitzung gestellt.
Hauptdiskussionspunkt in der Sitzung waren die Ausgleichsregelung für die wegfallenden verkaufsoffenen Sonntage vor Weihnachten, die Herausnahme bestimmter Warengruppen aus dem Anwendungsbereich des Gesetzes (Einführung eines § 20a) sowie der Verkauf bestimmter Waren an Sonn- und Feiertagen. Da die zu ändernden Regelungen eng mit anderen gesetzlichen Regelungen zusammenhingen, hätte die Zustimmung zu einer Änderung auch die Zustimmung zu anderen Änderungen zur Folge gehabt oder hätte weitere, noch nicht bedachte Änderungen erfordert. Aus diesem Grunde herrschte zeitweise bei den Abgeordneten große Verwirrung und veranlasste den Vizepräsidenten *Dr. Schmid* wiederholt zu der Frage, ob überhaupt Klarheit bestünde, worüber gerade abgestimmt werde[1030].

1030 z.B. Stenographischer Bericht des Bundestages, 3. WP, 129. Sitzung vom 26.10.1960, S. 7448 (C).

Es lag dem Hause ein Antrag der Abg. *Killat (SPD)* und Genossen vor, entgegen der Ausschussempfehlung als „langen Samstag“ nur Samstage im Dezember vor dem 24. freizugeben[1031]. Dieser Antrag rief eine heftige Diskussion hervor, in der die schon bekannten Argumente bezüglich der Arbeitszeit ausgetauscht wurden, in deren Verlauf sich aber die SPD-Abgeordneten, die dem Ausschuss für Arbeit angehörten, für die Ausschussvorlage als Kompromiss aussprachen. So wurde dieser Antrag letztlich auch abgelehnt[1032]. Es blieb also bei der durch den Ausschuss für Arbeit vorgeschlagenen Ausgleichsregelung der vier langen Samstage vor dem 24. Dezember.

Anschließend befasste sich der Bundestag mit einem Antrag des Abg. *Lange (Essen) (SPD)* und Genossen. *Lange* wollte der Empfehlung des Ausschusses für Arbeit nicht folgen, anstatt eines neuen § 20 a den Katalog des § 10 LadSchlG zu erweitern. § 10 LadSchlG ermögliche nicht die Offenhaltung der Verkaufsbuden für Andenken in den Ausflugs- und Fremdenverkehrsorten an allen Sonntagen des Jahres. Aus diesem Grunde brachte er den Antrag gemäß BT-Umdr. 698 (neu) vom 21. Oktober 1960 ein, der die Einführung des § 20 a und die dadurch notwendig werdenden Änderungen in vorherigen Paragraphen vorsah. *Lange* begründete seinen Antrag mit der Sorge um ca. 30.000 Betriebe in den Fremdenverkehrs- und Ausflugsorten, die ihren Hauptumsatz an den Wochenenden verdienen würden und deren Existenz anderenfalls gefährdet sein würde[1033]. Er unterstrich, dass es sich bei den betroffenen Betrieben in der übergroßen Zahl um Familienbetriebe handeln würde und daher die Notwendigkeit, aus Arbeitsschutzgründen Einschränkungen vorzunehmen, nicht bestehen würde[1034]. Mit dieser Argumentation konnte er sich durchsetzen, was zur Folge hatte, dass nun auch seine weiteren Anträge angenommen werden mussten und auch angenommen wurden.

Als letzter größerer Themenkomplex, auf den hier noch eingegangen werden soll, brachten die Abg. *Scheppmann, Diebäcker und Franzen (alle CDU/CSU)* und Genossen den Antrag gemäß BT-Umdr. 701 vom 26. Oktober 1960 ein, § 14 Abs. 3 LadSchlG zu streichen. In diesem Satz war das Verbot geregelt, Verkaufstage an Sonn- und Feiertagen im Dezember freizugeben. Die Vorschrift stand im Zusammenhang mit § 14 Abs. 1 LadSchlG für Markt- und Messeorte. Konnte also in Marktorten oder bei Messen das ambulante Gewerbe verkaufen,

1031 BT-Umdr. 703 vom 26.10.1960, PA, III/250 A, lfd. Nr. 31.

1032 Stenographischer Bericht des Bundestages, 3. WP, 129. Sitzung vom 26.10.1960, S. 7444 (D).

1033 *Lange (Essen) (SPD),* Stenographischer Bericht des Bundestages, 3. WP, 129. Sitzung vom 26.10.1960, S. 7446 (A).

1034 *Lange (Essen) (SPD),* Stenographischer Bericht des Bundestages, 3. WP, 129. Sitzung vom 26.10.1960, S. 7445 (D).

sollten auch die Einzelhandelsgeschäfte offen halten dürfen. Der Abg. *Killat (Unterbach) (SPD)* befürchtete, durch die Annahme dieses Antrages würden die Verkaufssonntage vor Weihnachten doch wieder eingeführt werden[1035]. Selbst die Antragsteller vermochten diesen Verdacht nicht zu widerlegen. Es wurde darauf verwiesen, dass im Jahr vier Sonntage anlässlich von Messen und Märkten freigegeben werden durften, was eine Verbesserung zu den vormals erlaubten vier plus zwei weiteren vor Weihnachten sei[1036].
Trotz dieser doch recht dürftigen Begründung wurde der Antrag angenommen. Freilich schienen sich jedoch nicht alle Abgeordneten über die Konsequenz im Klaren zu sein, was durch einen Zuruf mit dem Hinweis, man habe den Gesetzestext nicht vorliegen, auch belegt wurde[1037]. Aufgrund dieser und noch weiterer Unklarheiten hielt es der Vizepräsident *Dr. Schmid* nicht für möglich, die dritte Lesung sofort im Anschluss vorzunehmen. Auf den entsprechenden Antrag des Abg. *Rasner (CDU/CSU)* setzte der Bundestag die dritte Beratung aus und nahm diese erst zwei Tage später, in der 130. Sitzung vom 28. Oktober 1960 auf.
Die Beschlüsse dieser zweiten Lesung wurden in der BT-Drucks. 2166 vom 26. Oktober 1960 zusammengefasst und den Empfehlungen des Ausschusses für Arbeit synoptisch gegenübergestellt.

7. Die dritte Lesung in der 130. Bundestagssitzung vom 28. Oktober 1960

In der kurzen Zeit von zwei Tagen zwischen der zweiten und dritten Lesung erhielten die Abgeordneten Gelegenheit, sich mit der Materie eingehender vertraut zu machen. Auch wurde den Abgeordneten vor der Sitzung in einer Fragestunde Gelegenheit gegeben, sich weiter zu informieren. Das Ergebnis konnte am Verlauf der Sitzung klar abgelesen werden. Die großen Unklarheiten der zweiten Lesung waren behoben. Die Diskussionen wurden in logischer Reihenfolge geordnet nach Themengebieten geführt. Änderungsanträge wurden nur vier gestellt.
An der Spitze der Diskussionen stand das Thema der Einführung eines § 20 a, die in der zweiten Lesung beschlossen worden war. Nun stellten Vertreter der CDU/CSU-Fraktion den Änderungsantrag, diesen Beschluss rückgängig zu machen[1038]. Dieser Antrag war der am stärksten diskutierte der Debatte, da sich einige weitere Anträge zwangsläufig aus diesem ergaben. Die Gegner des § 20 a

---

1035 *Killat (Unterbach) (SPD),* Stenographischer Bericht des Bundestages, 3. WP, 129. Sitzung vom 26.10.1960, S. 7448 (D).

1036 *Franzen (CDU/CSU), Stingl (CDU/CSU),* Stenographischer Bericht des Bundestages, 3. WP, 129. Sitzung vom 26.10.1960, S. 7449.

1037 Stenographischer Bericht des Bundestages, 3. WP, 129. Sitzung vom 26.10.1960, S. 7449 (C).

1038 BT-Umdr. 712 vom 27.10.1960, Ziff. 5, PA, III/250 A lfd. Nr. 40.

argumentierten damit, dass die Regelung es gestatte, ohne jede Beschränkung den Laden zu öffnen, wenn nur Zeitungen oder Reiseandenken verkauft würden, was dazu führe, dass die Ladenzeiten in Fremdenverkehrs- und Ausflugsorten praktisch abgeschafft werden würden[1039]. Eine Kontrolle der Abgabe nur der erlaubten Waren sei nicht möglich[1040]. Auch würden die Gesichtspunkte des Arbeitsschutzes gegen den § 20 a sprechen. Es würden alle Verkaufsstellen unter die Formvorschrift fallen, die zumindest eine der genannten Waren verkaufen würde, egal wie viele Angestellte beschäftigt würden[1041]. Diese Verkaufsstellen wären dann berechtigt, während des ganzen Jahres an allen Tagen zu verkaufen und auch Angestellte zu beschäftigen[1042].
Seitens der Befürworter des § 20 a wurde angeführt, dass eine Kollision mit dem Arbeitnehmerschutz gar nicht bestehe, da die betroffenen Läden zu 95 % keine Angestellten beschäftigen würden[1043]. Es gehe einzig um die Existenzsicherung des entsprechenden Gewerbezweiges.
Die Mehrheit der anwesenden Abgeordneten entschied sich für den Weg der Antragsteller des BT-Umdruckes 712 und stimmte der Streichung des § 20 a zu. Damit gaben sie den Weg frei, den entsprechenden Gewerbezweig der kleineren Souvenirverkäufer auf andere Art und Weise zu schützen, wie es der Ausschuss für Arbeit empfohlen hatte[1044]. Es wurde beschlossen, in § 10 LadSchlG, der Ausnahmevorschrift für Kur- und Erholungsorte, den Warenkatalog der an Sonn- und Feiertagen zu verkaufenden Waren leicht zu erweitern und in diese Vorschrift insgesamt auch Ausflugsorte einzubeziehen[1045]. Fast logisch war dann die Folge, aufgrund des allgemein anerkannten erhöhten Schutzbedürfnisses dieser Gewerbe, die Anzahl der freizugebenden Sonn- und Feiertage zu erhöhen. Die Antragsteller des BT-Umdruckes 712 schlugen dafür die Zahl zweiundzwanzig vor, die vom Bundestag auch angenommen wurde[1046].

Damit war der umfangreichste Themenkomplex abgeschlossen. Es folgten noch einige weitere kleine Themen. Ein wichtiger Punkt war die Öffnungszeit an den

1039 *Scheppmann (CDU/CSU)*, Stenographischer Bericht des Bundestages, 3. WP, 130. Sitzung vom 28.10.1960, S. 7500 (B).

1040 *Franzen (CDU/CSU)*, Stenographischer Bericht des Bundestages, 3. WP, 130. Sitzung vom 28.10.1960, S. 7502 (A).

1041 *Illerhaus (CDU/CSU)*, Stenographischer Bericht des Bundestages, 3. WP, 130. Sitzung vom 28.10.1960, S. 7502 (A).

1042 *Franzen (CDU/CSU)*, Stenographischer Bericht des Bundestages, 3. WP, 130. Sitzung vom 28.10.1960, S. 7502 (C).

1043 *Lange (Essen) (SPD)*, Stenographischer Bericht des Bundestages, 3. WP, 130. Sitzung vom 28.10.1960, S. 7501 (B).

1044 vgl. BT-Drucks. 2166 Nr. 3 vom 26.10.1960.

1045 BT-Umdr. 712 Nr. 2, vom 27.10.1960, PA, III/250 A, lfd. Nr. 40.

1046 Stenographischer Bericht des Bundestages, 3. WP, 130. Sitzung vom 28.10.1960, S. 7505 (C).

Samstagen im Dezember. Durch das Abschaffen der Verkaufssonntage vor Weihnachten erhoffte man sich eine Entlastung der Angestellten in der Vorweihnachtszeit. Nun hatte aber der Bundestag in der zweiten Lesung beschlossen, die Sperrklausel des § 14 Abs. 3 S. 1 LadSchlG, nach der Geschäfte anlässlich von Märkten und Messen an insgesamt vier Sonntagen, die nicht im Dezember liegen, öffnen dürften, abzuschaffen. Hiergegen wandten sich Vertreter der SPD-Fraktion, die eine erneute Einführung des Sonntagsverkaufes im Dezember quasi durch die Hintertür befürchteten.
Ihr erster Antrag nach dem BT-Umdruck 713 vom 27. Oktober 1960 enthielt daher den Vorschlag, in Abs. 1 dieser Vorschrift den Zusatz einzufügen, dass kein Sonntag nach einem „langen Samstag“ zum Verkauf freigegeben werden dürfe. Hiergegen wandte sich der *Abg. Seidel (CDU/CSU)*, der gerade auf die Situation auf dem Lande hinwies. Dies mit Erfolg, denn der Antrag wurde abgelehnt[1047].
Für diesen Fall aber hatte die SPD einen Alternativvorschlag eingebracht, der vorsah, dass ein Geschäft nur dann am Sonntag solle öffnen können, wenn es an dem vorherigen Samstag bereits um 14 Uhr geschlossen hatte[1048]. Hiermit erklärte sich auch die CDU/CSU einverstanden und der Vorschlag wurde angenommen[1049].
Nun aber sah der CDU/CSU-Antrag gemäß BT-Umdruck 712 Ziffer 3 vor, die Sperrklausel im § 14 Abs. 3 LadSchlG zu belassen. Diesen Antrag stellten die Vertreter CDU/CSU, nachdem die Erhöhung der Verkaufssonntage in Kur- und Erholungsgebieten auf 22 angenommen worden war[1050]. *Franzen (CDU/CSU)* sah die Sperrklausel nunmehr als erforderlich an. Die Mehrheit des Bundestages gab ihm Recht[1051].

Insgesamt wurde das Änderungsgesetz mit knapper Mehrheit angenommen[1052] und dem Bundesrat mit Schreiben vom 29. Oktober 1960 zugeleitet und diesem als BR-Drucksache 326/60 vorgelegt.

1047 Stenographischer Bericht des Bundestages, 3. WP, 130. Sitzung vom 28.10.1960, S. 7504 (C).

1048 BT-Umdr. 715 vom 28.10.1960, PA, III/250 A, lfd. Nr. 42.

1049 Stenographischer Bericht des Bundestages, 3. WP, 130. Sitzung vom 28.10.1960, S. 7505 (B).

1050 *Franzen (CDU/CSU)*, Stenographischer Bericht des Bundestages, 3. WP, 130. Sitzung vom 28.10.1960, S. 7505 (B).

1051 Stenographischer Bericht des Bundestages, 3. WP, 130. Sitzung vom 28.10.1960, S. 7505 (C).

1052 Stenographischer Bericht des Bundestages, 3. WP, 130. Sitzung vom 28.10.1960, S. 7507 (A).

8. Die Behandlung im Bundesrat

Im Bundesrat wurde die BR-Drucksache 326/60 vom 29. Oktober 1960 den Ausschüssen für Arbeit und Sozialpolitik (federführend) und dem Ausschuss für Wirtschaft zugeleitet. Bereits am 4. November 1960 legte der federführende Ausschuss den Bericht gemäß BR-Drucksache 326/1/60 mit der Empfehlungen der beiden Ausschüsse vor.

Der Bundesrat behandelte die Vorlage in der 225. Sitzung vom 11. November 1960, denn es war vorgesehen, dass das Änderungsgesetz noch vor der Weihnachtszeit in Kraft treten sollte. Der Wirtschaftsausschuss hatte dem Bundesrat empfohlen, dem Änderungsgesetz zuzustimmen. Der Ausschuss für Arbeit und Sozialpolitik hingegen befürwortete die Einberufung des Vermittlungsausschusses[1053]. Die Empfehlung des federführenden Ausschusses begründete der Berichterstatter *Hemsath (Hessen)*.

Ausgehend von der Grundintention des Ladenschlussgesetzes, einen Kompromiss zwischen dem notwendigen Schutz der Arbeitnehmer und dem Schutz des Einzelhandels zu finden, sah die Mehrheit des Ausschusses für Arbeit und Sozialpolitik eine Novellierung des Gesetzes zu diesem Zeitpunkt als nicht erforderlich an[1054]. Die vorliegenden Änderungen würden keine Weiterentwicklung der ursprünglichen schutzrechtlichen Konzeption des Ladenschlussgesetzes bringen. Die Vorschläge seien rein wirtschaftlich ausgelegt und würden durch die Sonderregelungen für den Sonntagsverkauf zu einer nicht mehr kontrollierbaren Erweiterung des Sonntagsverkaufes führen[1055]. Der Ausschuss kam daher zu folgender Begründung für die Empfehlung, den Vermittlungsausschuss anzurufen:

Als erstes wandte sich der Ausschuss gegen die Freigabe von vier Samstagnachmittagen vor Weihnachten als Ersatz für die wegfallenden zwei Verkaufssonntage. Es würde tatsächlich eine Verschlechterung zur geltenden Rechtslage eintreten, denn an den beiden Sonntagen wären die Angestellten acht bis höchstens zehn Stunden beschäftigt worden, durch die Neuregelung würden diese durch mindestens zwölf Stunden ersetzt werden[1056]. Der erste Samstag im Dezember wäre ohnehin als erster Samstag im Monat ein „langer Samstag", so dass nur die übrigen drei Samstage anzurechnen seien. Für eine derartige Regelung aber läge nach Auffassung des Ausschusses kein Bedürfnis vor. Es hätten die Erfahrungen gezeigt, dass infolge der allgemeinen Arbeitszeitverkürzung und der vorzeitigen Auszahlung der Weihnachtsgelder der Weihnachtsverkauf

1053 BR-Drucks. 326/1/60 vom 4.11.1960.

1054 *Hemsath (Hessen),* Sitzungsberichte des Bundesrates, 225. Sitzung vom 11.11.1960, S. 528 (C).

1055 *Hemsath (Hessen),* Sitzungsberichte des Bundesrates, 225. Sitzung vom 11.11.1960, S. 528 (D).

1056 BR-Drucks. 326/1/60 vom 4.11.1960, S. 2.

sehr früh einsetzen würde. Es sei daher mit zwei zusätzlichen Verkaufssamstagen auszukommen[1057], wozu der erste Dezembersamstag kommen würde.
Als zweites hatte der federführende Ausschuss Bedenken gegen die Ausweitung des Sonntagsverkaufes. Durch die Änderung würde es zu einer Ausweitung des Sonntagsverkaufes in räumlicher, sachlicher und zeitlicher Hinsicht kommen.
Die Initiative sah vor, den § 10 LadSchlG, der Sondervorschrift für Kur-, Erholungs- und Wallfahrtsorte, um die Ausflugsorte zu erweitern. Hierdurch würde es zu einer unübersehbaren Anzahl an Anträgen von Orten nicht nur mit angeblichen oder tatsächlichen landschaftlichen Vorzügen kommen, sondern auch von mittleren und größeren Städten, die mehr und mehr Anziehungspunkte für den Fremdenverkehr werden würden[1058]. Der Ausschuss wies daher darauf hin, dass durch diese Ausweitung des Samstagsverkaufes ein regelrechter Touristenrummel gefördert würde und damit eine Profanierung des Sonntages eintrete, dessen Heiligung von den Kirchen und auch von der Bundesregierung in anderen Fällen strengstens gefordert worden wäre[1059]. Der Ausschuss empfahl demnach, das Wort „Ausflugsorte“ zu streichen[1060].
Weiter sah der Ausschuss die Gefahr der sachlichen Ausweitung der Sonntagsarbeit durch das Ersetzen des Wortes „Andenken“ in § 10 Abs. 1 LadSchlG durch die Worte „Waren, die für diese Orte kennzeichnend sind“. Dieser Begriff sei derart unbestimmt, dass er sehr schnell einen unübersehbaren Umfang annehmen würde[1061] und ein Warenkatalog nur schwerlich zu erstellen wäre. Aus diesem Grunde empfahl der Ausschuss, das Wort „Andenken“ beizubehalten.
In zeitlicher Hinsicht empfahl der Ausschuss, keine Ausweitung der Sonntagsarbeit vorzunehmen. Dies sah die Vorlage dadurch vor, dass in Kur-, Erholungs- und Wallfahrtsorten statt bisher an 16 Sonntagen nun an 22 Sonntagen bis zu vier Stunden geöffnet werden können sollte. Die allgemeine Freigabe von zusätzlichen sechs Sonn- und Feiertagen sei nicht erforderlich und widerspreche dem Sinn des Ladenschlussgesetzes als Arbeitsschutzgesetz[1062]. Ein Bedürfnis für eine Ausdehnung dieser Art sah der Ausschuss lediglich für Kur- und Erholungsorte mit Sommer- und Wintersaison. Hier empfahl er insgesamt 20 Sonn- und Feiertage, im übrigen 16 Sonn- und Feiertage zuzulassen[1063].

1057 *Hemsath (Hessen),* Sitzungsberichte des Bundesrates, 225. Sitzung vom 11.11.1960, S. 529 (A).
1058 BR-Drucks. 326/1/60 vom 4.11.1960, S. 3.
1059 *Hemsath (Hessen),* Sitzungsberichte des Bundesrates, 225. Sitzung vom 11.11.1960, S. 529 (B).
1060 BR-Drucks. 326/1/60 vom 4.11.1960, S. 2.
1061 *Hemsath (Hessen),* Sitzungsberichte des Bundesrates, 225. Sitzung vom 11.11.1960, S. 529 (C).
1062 BR-Drucks. 326/1/60 vom 4.11.1960, S. 3.
1063 BR-Drucks. 326/1/60 vom 4.11.1960, S. 3.

Letztlich empfahl der federführende Ausschuss, eine Ausnahmemöglichkeit von den werktäglichen Öffnungszeiten für Verkaufsstellen in unmittelbarer Nähe von Schiffsanlegestellen zuzulassen, um die Versorgung der Schiffer sicherzustellen[1064].

Der Berichterstatter war sich darüber bewusst, dass eine Annahme der Empfehlungen des Ausschusses für Arbeit und Sozialpolitik eine Verzögerung der Verabschiedung des Gesetzes bedeuten würde, die ein Inkrafttreten noch im Jahre 1960 verhindern würde. Diese zeitliche Verzögerung nahm er aber aufgrund der schwerwiegenden Bedenken in Kauf[1065].

Zur Sitzung des Bundesrates wurden noch zwei Änderungsvorschläge eingebracht, die ebenfalls die Einberufung des Vermittlungsausschusses bedeutet hätten.

Das Land Bayern beabsichtigte, eine Regelung aufzunehmen, nach der Sonntage im Dezember für den Verkauf freigegeben werden dürfen, soweit dies anlässlich eines traditionellen Marktes in Gemeinden über 20.000 Einwohnern geschieht[1066].

Das Land Nordrhein-Westfalen stellte den Antrag, das Änderungsgesetz einen Tag nach seiner Verkündung in Kraft treten zu lassen, da sich der Bundesrat erst am 2. Dezember 1960 erneut mit der Sache befassen könne[1067].

Beide Anträge wurden während dieser 225. Sitzung zurückgezogen[1068].

In der Beschlussfassung konnte sich der federführende Ausschuss nicht durchsetzen. Der Bundesrat lehnte mehrheitlich die Einberufung des Vermittlungsausschusses ab und stimmte anschließend, bei Enthaltung des Landes Niedersachsen, dem Änderungsgesetz zu[1069].

9. Die Verkündung des zweiten Änderungsgesetzes

Mit Schreiben vom 11. November 1960 übersandte der Präsident des Bundesrates *Dr. Meyers* das Änderungsgesetz dem Bundeskanzler[1070]. Es wurde am 14. November 1960, unterzeichnet vom Bundespräsidenten *Lübke,* dem stellvertretenden Bundeskanzler *Erhard* und dem Bundesminister für Arbeit und Sozialordnung *Blank,* im Bundesgesetzblatt 1960 I, S. 845 verkündet und trat eine Woche später in Kraft.

1064 *Hemsath (Hessen),* Sitzungsberichte des Bundesrates, 225. Sitzung vom 11.11.1960, S. 529 (D).

1065 *Hemsath (Hessen),* Sitzungsberichte des Bundesrates, 225. Sitzung vom 11.11.1960, S. 529 (D).

1066 BR-Drucks. 326/2/60 vom 9.11.1960.

1067 BR-Drucks. 326/3/60 vom 9.11.1960.

1068 Sitzungsberichte des Bundesrates, 225. Sitzung vom 11.11.1960, S. 530 (A).

1069 Sitzungsberichte des Bundesrates, 225. Sitzung vom 11.11.1960, S. 530 (B).

1070 BR-Drucks. 326/60 (Beschluss), vom 11.11.1960.

III. Gesetzesänderung durch Urteil des Bundesverfassungsgerichtes

Kurz vor dem Inkrafttreten des zweiten Änderungsgesetzes wurden insgesamt fünf Verfassungsbeschwerden erhoben, über die das Bundesverfassungsgericht in vier Verfahren entschied. Weiter kam es zu einem Vorlagebeschluss durch das Amtsgericht Rüdesheim. Alle Verfahren wurden in einer einzigen mündlichen Verhandlung am 13. Juni 1961 verhandelt.

1. Die Verfassungsbeschwerde eines Kaufmannes aus Düsseldorf

Der Beschwerdeführer betrieb Warenautomaten, die in keinem räumlichen Zusammenhang mit einer Verkaufsstelle standen. Nach § 7 LadSchlG waren diese Automaten an die Ladenzeiten des § 3 LadSchlG gebunden. Eine Ausnahme von den allgemeinen Ladenzeiten galt nur für die sog. verbundenen Warenautomaten. Der Beschwerdeführer rügte eine Verletzung seiner Grundrechte aus Art. 12 Abs. 1 und 3 Abs. 1 GG.

Die Bundesregierung sah im Vorwege von einer Stellungnahme zu dem Verfahren ab, da hier verfassungsrechtliche Bedenken vorherrschten[1071]. Für die mündliche Verhandlung schließlich wurde dem Bundesarbeitsministerium eine Stellungnahme des Bundeswirtschaftsministeriums zugesandt, in der die Regelung als verfassungskonform angesehen wurde, ohne dass diese Auffassung jedoch begründet wurde. Die Ladenzeitregelung stelle sich als eine Berufsausübungsregelung im Sinne des Art. 12 Abs. 1, S. 2 GG dar. Solche Regelungen seinen zulässig, soweit vernünftige Erwägungen des Allgemeinwohls sie rechtfertigen[1072]. Diese Gründe wurden in dem Schutz des Einzelhandels vor einem „unerträglichen Wettbewerb durch Nichtladeninhaber" gesehen. Die Ausnahme für die verbundenen Automaten bezwecke ein Gegengewicht gegen die Sonderstellung der Verkaufsstellen auf Eisenbahngelände und der Warenverkäufe in Gast- und Schankwirtschaften. Weiter solle dem Verbraucher ermöglicht werden, dringende Kaufbedürfnisse auch während der Ladenschlusszeiten zu befriedigen.

Das Bundesverfassungsgericht vermochte dem nicht zu folgen und sah in seiner Entscheidung vom 21. Februar 1962 den Satzteil in § 7 LadSchlG „falls sie von dem Inhaber einer Verkaufsstelle oder mit seiner Zustimmung von einem anderen in räumlichem Zusammenhang mit dieser aufgestellt und in ihnen Waren feilgehalten werden, die auch in der offenen Verkaufsstelle selbst geführt werden" als mit Art. 12 Abs. 1 GG nicht vereinbar und damit nichtig an[1073]. Es sah die Existenz der Ladengeschäfte durch den Automatenbetrieb als nicht gefährdet an. Automaten würden eine untergeordnete Rolle spielen. Dies ergebe

1071 Entwurf einer Stellungnahme der Bundesregierung zu den Verfassungsbeschwerden gegen das Ladenschlussgesetz, ohne Datum, BA-Koblenz, B 149, 10735, S. 32.

1072 BMWi, II B 1-2261/61 vom 7.6.1961, S. 2, BA-Koblenz, B 149, 10735, S. 110 (111).

1073 BVerfGE 14, S. 19 ff., BGBl. 1962 I, S. 166.

sich aus den begrenzten Verwendungsmöglichkeiten der Warenautomaten. Weiter könnten die Ladeninhaber die Konkurrenz durch eigene Warenautomaten selbst abwehren[1074]. So aber würden selbständige Warenautomaten vom Markt ferngehalten, da sie rentabel nicht in größerem Umfange betrieben werden könnten.
Das Bundesverfassungsgericht stellte in dieser Entscheidung fest, dass eine Einbeziehung der Warenautomaten danach weitgehend an Bedeutung verlor, überließ es aber dem Gesetzgeber, ob er die Warenautomaten ganz aus dem Gesetz herausnehmen will oder -mit Rücksicht auf andere Einzelbestimmungen- Anpassungen vornehmen will.
Diese Frage wurde vom Bundesarbeitsministerium mit „nein" beantwortet. Man war hier der Auffassung, dass die Einbeziehung der Warenautomaten dennoch von Bedeutung sei. Zwar würden die Ladenzeiten nicht mehr für die Warenautomaten gelten, gemäß § 17 Abs. 5 LadSchlG dürften aber verbundene Warenautomaten nur während der Ladenzeiten beschickt werden, nicht aber an Sonn- und Feiertagen. Dass selbständige Automaten rund um die Uhr von Angestellten beschickt werden dürften, wurde für unbedenklich gehalten, da eine Arbeitszeitüberschreitung dennoch nicht zu befürchten wäre[1075]. Weiter hätten über § 7 Abs. 2 S. 1 LadSchlG auch die Regelungen für Verkaufsstellen auf Personenbahnhöfen und Flughäfen Geltung für Warenautomaten.
Trotz der weitreichenden Folgen für den Betrieb von Warenautomaten durch die Entscheidung des Bundesverfassungsgerichts, die zur Folge hatte, dass Warenautomaten ohne Rücksicht auf ihre Verbindung mit einem Ladengeschäft an allen Tagen während des ganzen Tages benutzbar sein dürfen, wurde die entsprechende Regelung im Hinblick auf die Arbeitsschutzbestimmung des § 17 LadSchlG nicht aus dem Anwendungsbereich des Ladenschlussgesetzes herausgenommen.

2. Weitere Verfassungsbeschwerden

Die weiteren vier Verfassungsbeschwerden wurden in drei Urteilen, vom 29. November 1961, zurückgewiesen[1076]. Angegriffen waren die allgemeinen Ladenzeitregelungen des § 3 LadSchlG[1077] und die Regelung für Bahnhofsapotheken in § 8 Abs. 3 LadSchlG[1078].
Das Bundesverfassungsgericht stellte in diesen Urteilen fest, dass die Materie des Ladenschlussgesetzes Gegenstand der konkurrierenden Gesetzgebung

---

1074 BVerfGE 14, S. 19.
1075 BMA, III b 3/ 765/ 62, Vfg. vom 13.3.1962, BA-Koblenz, B 149, 1078.
1076 BVerfGE 13, S. 225; 13, S. 230 und 13, S. 237.
1077 Verfassungsbeschwerde zweier berufstätiger Frauen (BVerfGE 13, S. 230) und eines Universitätsbuchhändlers (BVerfGE 13, S. 237).
1078 Verfassungsbeschwerde eines Betreibers einer Bahnhofsapotheke (BVerfGE 13, 225).

gemäß Art. 72 Abs. 2 GG sei, indem es dem Gewerberecht (Art. 74 Nr. 11 GG) und dem Arbeitsschutz (Art. 74 Nr. 12 GG) zuzuordnen sei. Der Gesetzgeber könne auch dann von seiner Kompetenz Gebrauch machen, wenn einheitliche Verhältnisse bereits bestehen würden. Es sei eine politische Entscheidung, das Maß der Einheitlichkeit im Sozialleben zu bestimmen, die vom Bundesverfassungsgericht zu akzeptieren sei. Die Prüfung des Gerichtes beschränke sich daher darauf, ob der Gesetzgeber die Rechtsbegriffe in Art. 72 Abs. 2 Nr. 3 GG im Prinzip zutreffend ausgelegt habe, was hier nicht zu beanstanden sei, da die Länder selbst auf eine einheitliche Regelung durch den Bund gedrängt hätten[1079]. Weiter stellte das Bundesverfassungsgericht heraus, dass zwar im Laufe der Ladenzeitregelungen das Arbeitsschutzinteresse immer weiter zurückgegangen sei, dafür aber das Motiv der Wettbewerbsgleichheit stärker geworden sei. Das Ladenschlussgesetz sei notwendig, um einen Ausgleich zwischen den zahlreichen widerstreitenden Interessen herbeizuführen[1080]. Das Gericht sah die Verkürzung der Ladenzeiten als einen zumutbaren Eingriff in Art. 12 GG an. Die Verkürzung der Ladenzeiten im Vergleich zu § 22 AZO falle kaum ins Gewicht, da sich die Arbeitszeiten im gleichen Zeitraum in noch stärkerem Maße verkürzt hätten[1081]. Letztlich sah das Bundesverfassungsgericht auch die Regelung des § 8 Abs. 3 LadSchlG als verfassungskonform an, auch wenn diese zur damaligen Zeit nur für eine einzige Apotheke galt. Zum einen sei eine Apotheke nicht mit anderen Bahnhofsverkaufsstellen gleichzusetzen, da die Apotheke die Versorgung der Bevölkerung mit Arzneimitteln zu gewähren habe, während andere Verkaufsstellen den Reisebedarf von Reisenden befriedigen müssten[1082]. Weiter sei das Einzelfallgesetzverbot nicht verletzt, da die Vorschrift so gestaltet sei, dass auch zukünftige Bahnhofsapotheken unter sie fallen würden. Der Gesetzgeber hätte bei den Beratungen gewusst, dass das Gesetz anfänglich nur für eine einzige Apotheke gelte, sei aber von weiteren Bahnhofsapotheken ausgegangen.

3. Der Vorlagebeschluss des Amtsgerichtes Rüdesheim

Der Vorlagebeschluss des Amtsgerichtes Rüdesheim über die Verfassungsmäßigkeit des § 18 Abs. 2 LadSchlG, wonach Friseurbetriebe samstags bis 18 Uhr geöffnet sein durften und „statt dessen" montags bis 13 Uhr geschlossen halten mussten, wurde zwar in der mündlichen Verhandlung vom 13. Juni 1961 mitberaten, das Bundesverfassungsgericht brauchte jedoch in der Sache nicht zu entscheiden. Das vorlegende Amtsgericht hatte den Beschluss aufgehoben,

---

1079 BVerfGE 13, S. 230 ff..
1080 BVerfGE 13, S. 230 ff..
1081 BVerfGE 13, S. 237 ff..
1082 BVerfGE 13, S. 225 ff..

nachdem der dortige Beschwerdeführer seinen Antrag auf gerichtliche Entscheidung zurückgenommen hatte.

Streit gab es über die Auffassung der Worte „statt dessen“ in der genannten Vorschrift. Das Bundesarbeitsministerium vertrat die Auffassung, die Regelung sei zwingend[1083]. Das Bundeswirtschaftsministerium und das Bundesjustizministerium hingegen sahen in diesen Worten eine Wahlmöglichkeit für den Friseurbetrieb, entweder am Samstag bis 18 Uhr geöffnet zu halten, dafür aber am Montag bis 13 Uhr geschlossen zu halten oder am Samstag bereits um 14 Uhr zu schließen und dafür am Montag vor 13 Uhr, frühestens jedoch um 7 Uhr zu öffnen[1084].

In der Rechtsprechung setzte sich zunehmend die Auffassung durch, dass § 18 Abs. 2 LadSchlG unter Zugrundelegung der letztgenannten Auslegungsmöglichkeit verfassungskonform sei. Das Oberlandesgericht Hamm hielt § 18 Abs. 2 LadSchlG zunächst auch ohne Auslegung der Worte „statt dessen“ für verfassungskonform und verwies auf die vom Bundesverfassungsgericht angeführten Argumente zu § 3 LadSchlG[1085]. Das Bundesverwaltungsgericht ließ in seiner Entscheidung vom 13. Juni 1963[1086] diese Frage noch offen, gestattete jedoch Friseurbetrieben in Warenhäusern, die schon vor Inkrafttreten des Ladenschlussgesetzes bestanden hatten, das Offenhalten am Montagvormittag, wenn ihr Geschäft nur über das Innere des Warenhauses zu betreten war. Das Bayerische Oberste Landesgericht ging als erstes Obergericht weiter und legte die Norm generell als eine Wahlmöglichkeit für die Inhaber der Friseurbetriebe aus[1087]. Diese Auffassung fand letztlich durch das Bundesverfassungsgericht seine Bestätigung in der Entscheidung vom 9. Februar 1982[1088].

IV. Das dritte Änderungsgesetz vom 23. Juli 1969 (BGBl. 1969 I S. 945)

1. Die BT-Drucksache V/3606 vom 5. Dezember 1968

Nachdem das zweite Änderungsgesetz vom 13. November 1960 in Kraft getreten war, nahmen die Bestrebungen, das Gesetz über den Gesetzgeber zu ändern, zunächst ab. Eine an die Arbeitsminister der Länder gerichtete Anfrage des Bundesarbeitsministeriums ergab lediglich für das Land Nordrhein-Westfalen,

---

1083 Entwurf einer Stellungnahme der Bundesregierung zu den Verfassungsbeschwerden gegen das Ladenschlussgesetz, ohne Datum, BA-Koblenz, B 149, 10735, S. 32; so auch Schulte Langforth/Böhm, Anm. 3 zu § 18.

1084 Entwurf einer Stellungnahme der Bundesregierung zu den Verfassungsbeschwerden gegen das Ladenschlussgesetz, ohne Datum, BA-Koblenz, B 149, 10735, S. 32.

1085 Beschluss vom 11.12.1961, AP Nr. 1 zu § 18 LadSchlG.

1086 AP Nr. 2 zu § 18 LadSchlG.

1087 Beschluss vom 6.5.1976, AP Nr. 3 zu § 18 LadSchlG.

1088 BVerfGE 59, S. 336.

dass hier nicht mit einer Einstellung der Bemühungen um Gesetzesänderungen zu rechnen sei[1089]. Alle übrigen Länder vermeldeten keine oder keine ernstzunehmenden Aktivitäten in dieser Richtung[1090]. Erst gegen Ende der 60er Jahre erhöhte sich der Druck auf den Gesetzgeber erneut. Hatte man im zweiten Änderungsgesetz die Anzahl der zum Verkauf freizugebenden Sonn- und Feiertage in Ausflugs-, Erholungs- und Wallfahrtsorten von 16 auf 22 erhöht, so zeigte sich nun, dass diese Maßnahme nicht ausreichend war. In Folge der während der 60er Jahre zunehmenden Motorisierung verlagerte sich der Reise- und Ausflugsverkehr immer mehr auf die Straße. Die dadurch bedingte Mobilität der Bevölkerung brachte den genannten Orten einen erhöhten Zustrom an Ausflugsgästen und Touristen. Zudem war das Interesse ausländischer Reisenden an der Bundesrepublik gestiegen, die ebenfalls immer zahlreicher in die Tourismuszentren strömten[1091]. Das Bedürfnis nach verlängerten Öffnungsmöglichkeiten bestand vor allem in Orten mit Sommer- und Wintersaison. Dies war schon in den Diskussionen zum zweiten Änderungsgesetz vom Bundestag erkannt worden. Der *Bundesfachverband der Reiseandenken-Branche* gab den Gesamtumsatz der rd. 30.000 Einzelhändler mit ca. 300 Millionen DM an. In Gebieten mit besonders vielen ausländischen Touristen hätte der Devisenanteil bei bis zu 40 % des Gesamtumsatzes gelegen[1092]. Der Fachverband glaubte nachweisen zu können, dass der Umsatz um ca. 150 % gegenüber den jetzigen Umsätzen an Sonntagen gesteigert werden könnte, wenn die Verkaufszeitbeschränkung an den Sonn- und Feiertagen von vier Stunden wegfallen würde. Der *Bundesfachverband der Reiseandenken-Branche*, der das von ihm vertretene Gewerbe dem Gesamtkomplex des Tourismus zuordnete, regte an, die Verkaufszeiten folgendermaßen festzulegen[1093]:

a) an Samstagen oder Sonntagen mindestens acht Stunden,
b) an allen Wochentagen mindestens zwei Stunden länger als die allgemeinen Verkaufszeiten,

1089 Arbeits- und Sozialministerium Nordrhein-Westfalen, III B 2-8340, Tgb. Nr. 53/61 vom 21.3.1961, BA-Koblenz, B 149, 1078, S. 10.

1090 Antwortschreiben der Länder, vgl. BA-Koblenz, B 149, 1078, S. 8,9, 11-17.

1091 „Die Situation der Verkaufsstellen für Reiseandenken in Fremdenverkehrsorten im Hinblick auf das Ladenschlussgesetz", *Bundesverband der Reiseandenken-Branche*, ohne Datum, vermutl. 1968, PA, V 367 A, lfd. Nr. 16.

1092 „Die Situation der Verkaufsstellen für Reiseandenken in Fremdenverkehrsorten im Hinblick auf das Ladenschlussgesetz", *Bundesverband der Reiseandenken-Branche*, ohne Datum, vermutl. 1968, PA, V 367 A, lfd. Nr. 16.

1093 „Die Situation der Verkaufsstellen für Reiseandenken in Fremdenverkehrsorten im Hinblick auf das Ladenschlussgesetz", *Bundesverband der Reiseandenken-Branche*, ohne Datum, vermutl. 1968, PA, V 367 A, lfd. Nr. 16.

c) die in § 10 Abs. 2 LadSchlG festgelegte Bestimmung, dass bei genehmigten Öffnungszeiten am Samstag an einem anderen Tage der Woche um 14 Uhr zu schließen sei, solle wegfallen.

Als Eventuallösung wurde angeboten:

a) an jährlich höchstens 40 Sonn- und Feiertagen bis zur Dauer von mindestens acht Stunden,
b) samstags bis mindestens 19 Uhr,
c) werktags bis mindestens 20 Uhr.

Die in den Diskussionen zum zweiten Änderungsgesetz geäußerten Bedenken, gegen eine Ausweitung branchenmäßig und geographisch, zum anderen im Hinblick auf den Arbeitnehmerschutz, sah der Bundesfachverband spätestens jetzt als unbegründet an. Bei der überwiegenden Anzahl der Verkaufsstellen handele es sich um kleine Unternehmen, in denen nur sehr selten festangestelltes Personal beschäftigt sei. In Stoßzeiten werde der erhöhte Bedarf an Arbeitskräften durch Familienangehörige gedeckt.
In geographischer Hinsicht hätte sich die Abgrenzung im Rahmen der bisherigen Regelung eingespielt. Die Gefahr einer Ausweitung bestünde lediglich in größeren Städten, in denen aber die Gewerbeaufsichtsämter die Genehmigungen auf bestimmte Bezirke beschränkt hätten (z.B. um den Kölner Dom herum)[1094].
Auch branchenmäßig wurde vom Bundesverband keine Ausweitung befürchtet. So sei vom Einzelhandel bestätigt worden, dass der Umsatz an anderen Artikeln selten 2 % des Tagesumsatzes erreiche[1095]. Der Grund dafür wurde in dem Wunsch der Touristen gesehen, in den Gastgeberorten fast zu 100 % lediglich die in dem Ladenschlussgesetz angeführten Artikel zu kaufen.
Der Bundesgesetzgeber hatte das Bedürfnis nach einer erweiterten Ausnahmeregelung für Ausflugs-, Erholungs- und Wallfahrtsorte bereits im Grundsatz anerkannt und stellte sich diesmal einer erneuten Erweiterung nicht entgegen. Unter den Fraktionen wurde schnell eine Einigung gefunden, das Ladenschlussgesetz nur in diesem Punkt und in keinem anderen zu ändern[1096], um umständliche und zeitraubende Diskussionen zu vermeiden.
So ging dem Bundestag die von den Abgeordneten *Schwabe (SPD), Erhard (Bad Schwalbach) (CDU), Spitzmüller (FDP), Franke (Hannover) (SPD), Dr. von Nordenskjöld (CDU), Lange (SPD), Ehnes (CDU)* und Genossen einge-

1094 Der Verkauf im Reiseverkehr - Unterschiede und Abgrenzungen, *Bundesverband der Reiseandenken-Branche,* ohne Datum, vermutlich aus 1968, PA, V 367 A, lfd. Nr. 17.
1095 Der Verkauf im Reiseverkehr - Unterschiede und Abgrenzungen, *Bundesverband der Reiseandenken-Branche,* ohne Datum, vermutlich aus 1968, PA, V 367 A, lfd. Nr. 17.
1096 *Illerhaus (CDU),* Stenographischer Bericht des Bundestages, 5. WP, 238. Sitzung, S. 13224 (B).

reichte Drucksache V/3606 vom 5. Dezember 1968 zu. Der hierin unterbreitete Vorschlag für eine Gesetzesänderung griff den Eventualvorschlag des *Bundesverbandes der Reiseandenken-Branche* auf, ohne diesem jedoch insgesamt zu folgen. Es sollten den Landesregierungen jährlich höchstens 40 statt bisher 22 Sonn- und Feiertage zur Freigabe zu Verfügung gestellt werden. Die tägliche Verkaufsdauer sollte von vier auf höchstens acht Stunden ausgeweitet werden. Der Verkaufsschluss an Samstagen wurde von 18 Uhr auf 20 Uhr verschoben. Weiter sah die Vorlage eine Regelung über den Arbeitsschutz durch einen zusätzlichen Absatz in § 17 LadSchlG vor, die sicherstellen sollte, dass die Arbeitnehmer nicht über das jetzt zulässige Maß hinaus beschäftigt werden. Der vorgeschlagene neue Absatz 3 des § 17 LadSchlG sollte folgenden Wortlaut erhalten:

> „(3) Die Arbeitszeit für Arbeitnehmer, die in Verkaufsstellen gemäß § 10 und die hierauf gestützten Vorschriften beschäftigt werden, darf an 22 Sonn- und Feiertagen vier Stunden und an Samstagen 18 Uhr nicht überschreiten.“[1097]

2. Erste Lesung im Bundestag und Behandlung in den Ausschüssen

Die Gesetzesinitiative gemäß BT-Drucks. V/3606 wurde in der 109. Bundestagssitzung vom 17. Januar 1969 in erster Lesung beraten und an die Ausschüsse überwiesen. Auf Vorschlag des Ältestenrates wurde erstmalig nicht der Ausschuss für Arbeit sondern der Ausschuss für Wirtschaft und Mittelstandsfragen zum federführenden Ausschuss in der Frage des Ladenschlusses bestimmt[1098].

a) Ausschuss für Arbeit

Der, diesmal nur mitberatende, Ausschuss für Arbeit setzte die Beratung der BT-Drucksache V/3606 auf die Tagesordnung seiner 81. Sitzung vom 26. Februar 1969. Zunächst wurde der Antrag durch den Abgeordneten *Schwabe (SPD)* begründet. Dieser griff dabei Argumente auf, die schon der *Bundesverband der Reiseandenken-Branche* angeführt hatte. Es hätte sich gezeigt, dass die vorhandene Möglichkeit, 22 Sonn- und Feiertage zum Verkauf freizugeben, sowie ein Ladenschluss am Samstag um 18 Uhr, nicht ausreichend seien. Gerade in Orten mit einer ganzjährigen Saison sei es immer wieder zu Schwierigkeiten gekommen. Dabei habe sich gezeigt, dass die örtlich zuständigen Behörden in den einzelnen Bundesländern unterschiedliche Maßstäbe hinsichtlich der Verfolgung von Zuwiderhandlungen gegen das Gesetz angewandt hätten. Auch

---

1097 BT-Drucks. V/3606 vom 5.12.1968.

1098 Stenographischer Bericht des Bundestages, 5. WP, 209. Sitzung vom 17.1.1969, S. 11299.

müsse man den Bedürfnissen des Tourismus entgegenkommen, wenn man auf der anderen Seite bestrebt sei, dafür Sorge zu tragen, dass die Kurorte eine ganzjährige Saison hätten[1099].
Hinsichtlich der Möglichkeit einer geographischen Ausdehnung wies *Schwabe* darauf hin, dass es Ländersache sei, diese zu verhindern. Hier seien bereits entsprechende Vorkehrungen getroffen worden; z.B. sei die Erlaubnis nach § 10 LadSchlG in der Großstadt Wiesbaden nur für den Bezirk rund um das Kurhaus erteilt worden[1100].
Die Formulierung der Regelung über den Arbeitsschutz hingegen hielt *MinRat Dr. Zmarzlik (BMA)* für nicht gelungen. Inhaltlich erklärte er sich mit der Vorschrift einverstanden, schlug aber folgende Fassung vor:

> „(2a) In Verkaufsstellen, die gemäß § 10 oder den hierauf gestützten Vorschriften an Sonn- und Feiertagen sowie an Sonnabenden geöffnet sein dürfen, dürfen Arbeitnehmer an jährlich 22 Sonn- und Feiertagen und sonnabends höchstens bis 18 Uhr beschäftigt werden. Ihre Arbeitszeit an Sonn- und Feiertagen darf 4 Stunden nicht überschreiten.“[1101]

Zmarzlik war der Auffassung, dass damit die Situation der Arbeitnehmer nicht verschlechtert würde und dass die betroffenen Gewerbe in aller Regel als Familienbetriebe geführt würden, die keine Arbeitnehmer beschäftigten[1102].
Damit stimmte der Ausschuss einstimmig der BT-Drucksache V/3606 mit der vom Bundesarbeitsministerium vorgelegten Änderung zu.

b) Ausschuss für Wirtschaft und Mittelstandsfragen

Im Ausschuss für Wirtschaft und Mittelstandsfragen wurde der Beschluss des Ausschusses für Arbeit zur BT-Drucksache V/3606 in der 111. Sitzung vom 14. Mai 1969 besprochen. Es wurden dabei gegen die vorgeschlagene Erweiterung insbesondere deswegen keine Bedenken geäußert, da sichergestellt war, dass hierdurch keine Auswirkungen auf den Arbeitnehmerschutz zu

1099 *Schwabe (SPD),* Protokoll der 81. Sitzung des Ausschusses für Arbeit vom 26.2.1969, S. 5, PA, V/367 A, lfd. Nr. 4.

1100 *Schwabe (SPD),* Protokoll der 81. Sitzung des Ausschusses für Arbeit vom 26.2.1969, S. 6, PA, V/367 A, lfd. Nr. 4.

1101 Anlage zum Protokoll der 81. Sitzung des Ausschusses für Arbeit vom 26.2.1969, PA, V/367 A, lfd. Nr. 4.

1102 *MinRat Dr. Zmarzlik,* Protokoll der 81. Sitzung des Ausschusses für Arbeit vom 26.2.1969, S. 7, PA, V/367 A, lfd. Nr. 4.

befürchten waren[1103]. Auch in der Argumentation folgte der Ausschuss dem Ausschuss für Arbeit[1104].
Der Abgeordnete *Dr. Wieninger (CDU/CSU)* beantragte, eine zusätzliche Änderung vorzunehmen. Er wollte in § 11 Abs. 1 LadSchlG die Worte „während der Zeit der Feldbestellung und der Ernte" streichen[1105]. Dies hätte zur Folge gehabt, dass die Landesbehörden für ländliche Gebiete auch außerhalb der Zeit der Feldbestellung und der Ernte Ausnahmen von den allgemeinen Ladenzeiten gewähren könnten. Auch diesem Änderungsantrag stimmte der Ausschuss ohne weitere Diskussion zu[1106].

3. Die zweite und dritte Lesung in der 238. Sitzung des Bundestages vom 13. Juni 1969

Der so von den Ausschüssen beschlossene Änderungsvorschlag wurde dem Bundestag zur zweiten und dritten Lesung zurückgesandt, die in der 238. Sitzung vom 13. Juni 1969 erfolgten.
Die Abgeordneten *Gewandt (CDU), Burgemeister (CDU), Lampersbach (CDU), Illerhaus (CDU)* und Genossen legten einen Änderungsvorschlag vor, nach dem der Antrag des Abg. *Wieninger (CDU/CSU),* die Ausnahmemöglichkeiten in ländlichen Gebieten von der Zeit der Feldbestellung und der Ernte zu lösen, wieder herausgenommen werden sollte[1107]. Es sei unter den Fraktionen abgesprochen worden, außer der Regelung für Kurorte keine weiteren Änderungen vorzunehmen. Die weitere Änderung sei nur deshalb hineingekommen, da einige Fachleute, die besonders dazu hätten Stellung nehmen können, bei der entsprechenden Ausschusssitzung nicht anwesend gewesen wären[1108]. Deshalb beschloss der Bundestag, den Vorschlag *Wieningers* wieder zu streichen und stimmte im übrigen in der zweiten und dritten Lesung der Änderung zu[1109].
Dieser Beschluss ging dem Bundesrat als BR-Drucksache 366/69 vom 18. Juni 1969 zu.

1103 Protokoll zur 111. Sitzung des Ausschusses für Wirtschaft und Mittelstandsfragen vom 14.5.1969, S. 5, PA, V/367 A, lfd. Nr. 6.

1104 vgl. Schriftlicher Bericht des Ausschusses für Wirtschaft und Mittelstandsfragen, BT-Drucks. V/4243 vom 30.5.1969.

1105 *Dr. Wieninger,* Protokoll zur 111. Sitzung des Ausschusses für Wirtschaft und Mittelstandsfragen vom 14.5.1969, S. 5, PA, V/367 A, lfd. Nr. 6.

1106 Protokoll zur 111. Sitzung des Ausschusses für Wirtschaft und Mittelstandsfragen vom 14.5.1969, S. 6, PA, V/367 A, lfd. Nr. 6.

1107 BT-Umdr. 700 vom 12.6.1969.

1108 *Illerhaus (CDU/CSU),* Stenographischer Bericht des Bundestages, 5. WP, 238. Sitzung vom 13.6.1969, S. 13224.

1109 Stenographischer Bericht des Bundestages, 5. WP, 238. Sitzung vom 13.6.1969, S. 13224.

4. Die Behandlung im Bundesrat

Der Änderungsantrag gemäß BR-Drucksache 366/69 vom 18. Juni 1969 wurde dem Ausschuss für Arbeit und Sozialpolitik[1110] und dem Ausschuss für Wirtschaft[1111] überwiesen. Beide Ausschüsse empfahlen dem Bundesrat, dem Änderungsgesetz zuzustimmen. Diese Zustimmung erfolgte ohne Wortmeldungen oder Widerspruch in der 342. Sitzung des Bundesrates vom 10. Juli 1969[1112].

5. Das Inkrafttreten des Gesetzes

Das dritte Änderungsgesetz vom 23. Juli 1969 wurde vom Bundespräsidenten *Heinemann*, Bundeskanzler *Kiesinger* und dem Bundesminister der Justiz *Ehmke* für den Bundesminister für Arbeit und Sozialordnung unterzeichnet und im Bundesgesetzblatt 1969 I, S. 945 veröffentlicht. Enthalten waren folgende Änderungen:

1. In § 10 Abs. 1 (Kur- und Erholungsorte) erhalten die Nummern 1 und 2 folgende Fassung:

   „1. an jährlich höchstens 40 Sonn- und Feiertagen bis zur Dauer von acht Stunden,
   2. sonnabends bis spätestens 20 Uhr."

2. In § 17 (Besonderer Schutz der Arbeitnehmer) wird folgender Absatz 2a eingefügt:

   „(2a) In Verkaufsstellen, die gemäß § 10 oder den hierauf gestützten Vorschriften an Sonn- und Feiertagen sowie an Sonnabenden geöffnet sein dürfen, dürfen Arbeitnehmer an jährlich 22 Sonn- und Feiertagen und sonnabends höchstens bis 18 Uhr beschäftigt werden. Ihre Arbeitszeit an Sonn- und Feiertagen darf 4 Stunden nicht überschreiten."

1110 Beratung in der 282. Sitzung vom 2.7.1969.

1111 Beratung in der 289. Sitzung vom 2.7.1969.

1112 Stenographischer Bericht des Bundesrates, 342. Sitzung vom 10.7.1969, S. 196.

4. Teil: Die weiteren Änderungen im Überblick und Ausblick auf die weitere Entwicklung der Ladenzeitregelung

I. Weitere Gesetzesänderungen von 1969 bis heute im Überblick

Nach dem dritten Änderungsgesetz folgten weitere Änderungen des Ladenschlussgesetzes[1113]. Zu beachten ist hierbei eine Trendwende. Hatte man bei älteren Gesetzgebungsverfahren versucht, die Ladenöffnungszeiten den Arbeitszeiten der Angestellten anzupassen, wurde langsam das Bestreben auch der Legislative deutlich, sich von diesem System zu lösen und die Verkaufszeiten wieder auszudehnen. Dieser nun aufkommende Trend brachte weitere Probleme hinsichtlich des Zweckes des Ladenschlussgesetzes mit sich.

Die wohl umfangreichsten Änderungen erfolgten durch das *Gesetz zur Einführung eines Dienstleistungsabends* vom 10. Juli 1989[1114] und durch *das Gesetz zur Änderung des Gesetzes über den Ladenschluss und zur Neuregelung der Arbeitszeit in Bäckereien und Konditoreien* vom 30. Juli 1996[1115].

Durch das *Gesetz zur Einführung eines Dienstleistungsabends* wurde der Beginn des Ladenschlusses am Donnerstagabend von 18.30 Uhr auf 20.30 Uhr verlagert und als Ausgleich an den langen Samstagen in den Monaten April bis September von 18 Uhr auf 16 Uhr vorverlegt. Zugleich wurde den Verkaufsstellen empfohlen, von der Lockerung des Ladenschlusses am Donnerstag Gebrauch zu machen und einen Dienstleistungsabend einzurichten[1116].

Durch das Änderungsgesetz von 1996 wurden die Ladenöffnungszeiten weiter erheblich verlängert: Montags bis freitags 6 bis 20 Uhr, samstags 6 bis 16 Uhr, an den vier Samstagen vor Weihnachten bis 18 Uhr und am 24. Dezember, wenn dieser Tag auf einen Werktag fällt, von 6 bis 14 Uhr.

1113 Kleinere Änderungen erfolgten durch die Änderungen oder Neueinführungen anderer Gesetze:
EG StGB vom 2.3.1974, Art. 243, BGBl. 1974 I, 469 (609);
Gesetz zur Erleichterung der Verwaltungsreform in den Ländern (Zuständigkeitslockerungsgesetz) vom 10.3.1975, Art. 23, BGBl. 1975 I, 685 (689);
Gesetz zur Änderung des Titels IV und anderer Vorschriften der Gewerbeordnung vom 5.7.1976, Art 5 (3), BGBl. 1976 I, S. 1773 (1777);
Gesetz zur Änderung wirtschafts-, verbraucher-, arbeits- und sozialrechtlicher Vorschriften vom 25.7.1986, Art. 9, BGBl. 1986 I, S. 1169 (1173);
Änderungsgesetz vom 18.12.1987 bez. Bahnhöfe und Flughäfen, BGBl. 1987 I, S. 2793;
Gesetz zur Neuordnung des Eisenbahnwesens vom 27.12.1993, Art. 6 (88), BGBl. 1993 I, S. 2378 (2414);
Gesetz zur Vereinheitlichung und Flexibilisierung des Arbeitszeitrechts vom 6.6.1994, Art. 8, BGBl. 1994 I, 1170 (1178).

1114 BGBl. 1989 I, S. 1382.

1115 BGBl. 1996 I, S. 1186.

1116 Zmarzlik, Gesetz über den Ladenschluss, in: Das deutsche Bundesrecht, S. 16.

Der morgendliche Verkaufsbeginn wurde einheitlich auf 6 Uhr gelegt, um Verkaufsstellen eine frühe Öffnung zur Versorgung von Arbeitnehmern im Schichtsystem zu ermöglichen[1117]. Hinsichtlich des einheitlichen Ladenschlusses am Samstagnachmittag wurde auf die im Gesetzgebungsverfahren zunächst vorgesehene Rechtsverordnungsermächtigung für die Landesregierungen, das Ende der Ladenöffnungszeit an Samstagen um bis zu zwei Stunden vor- oder zurückzuverlegen, verzichtet, um regional unterschiedliche Ladenöffnungszeiten und damit möglicherweise verbundene Wettbewerbsverzerrungen zu vermeiden[1118]. Durch diese Gesetzesänderung wurde die zulässige Gesamtöffnungszeit auf 80 Stunden erhöht.

Noch einen Schritt weiter ging die Bundesregierung durch das *Gesetz zur Verlängerung der Ladenöffnungszeiten am Samstag*[1119]. Durch dieses Gesetz wurden die Öffnungszeiten am Samstag ausgedehnt und denen an Werktagen angepasst.

II. Motive für die Regelung der Ladenzeiten im Wandel der Zeit

Die ältesten Ladenzeitregelungen basierten ausschließlich auf religiösen Motiven und dienten daher lediglich dazu, die Läden an Sonntagen und kirchlichen Feiertagen geschlossen zu halten. Erst im späten 19. Jahrhundert kam der Gesichtspunkt des Arbeitsschutzes hinzu und überlagerte bald die religiösen Motive, die ab jetzt nur noch eine zu vernachlässigende Rolle spielen sollten[1120]. In den 30er Jahren des 20. Jahrhunderts kamen schließlich die wettbewerblichen Motive einer Ladenzeitregelung hinzu. Damit aber war der Wandel der Motivation noch nicht abgeschlossen. Bis in die heutige Zeit hinein wird diskutiert, welche Beweggründe dem heutigen Ladenschlussgesetz zugrunde liegen und ob diese einer verfassungsrechtlichen Überprüfung standhalten.

Dem Ladenschlussgesetz von 1956 lagen, wie dargestellt, Arbeitsschutzmotive zu Grunde. Um einen wirksamen Arbeitnehmerschutz vor überlangen Arbeitszeiten sicherzustellen, kamen ursprünglich die Beweggründe der Wettbewerbsneutralität und der wirksamen Verwaltungskontrolle hinzu. Insbesondere die Zielsetzung der Wettbewerbsneutralität erfuhr im weiteren eine gewisse Selbständigkeit. Ursprünglich hatte sie nur die Aufgabe, eine Gleichstellung von Läden mit und ohne Verkaufspersonal zu bewirken. Dies war zum damaligen Zeitpunkt als notwendig angesehen worden, um eine Wettbewerbsgleichheit zu erreichen. Ebenso diente die Verwaltungskontrolle dem Zweck, den Arbeitsschutz durchzusetzen. Zum Zeitpunkt der Entstehung des Ladenschlussgesetzes

---

1117 BT-Drucks. 13/4245, S. 8.

1118 Anzinger, Die neuen Ladenöffnungszeiten ab dem 1.11.1996, Betrieb und Wirtschaft 1996, S. 831 (833).

1119 BGBl. 2003 I, S. 658.

1120 Aengenendt, S. 11.

war es aus verwaltungsorganisatorischen Gründen nicht möglich, die anderen vorgeschlagenen Modelle zu überprüfen. Die Tatsache hingegen, ob ein Laden geschlossen ist oder nicht, konnte auch damals leicht festgestellt werden.
Die Wertigkeit dieser Motive hat sich im folgenden immer wieder geändert und verschoben. Wie in der Entscheidung des Bundesverfassungsgerichtes von 1962[1121] dargestellt, hat das Gericht in dem Gesetz eine eigenständige wettbewerbsrechtliche Komponente gesehen, indem es die Verkaufsstellen ohne Angestellte einbezieht und so gleiche Chancen im Wettbewerb schaffen will. Dieser Gesichtspunkt war auch schon im Urteil von 1961 angeführt und dort damit begründet worden, dass ein Ausgleich zwischen den widerstreitenden Interessen herbeigeführt werden sollte[1122].
Heute werden zum Teil die älteren Motive weiter vertreten, es sind aber auch neue hinzugekommen. Noch immer schütze, so *Theis*, das Ladenschlussgesetz vor überlangen Arbeitszeiten, insbesondere an Wochenenden und in den Abend- und Nachtstunden. Die zulässige Arbeitszeit solle auf die Tageszeiten der Werktage verteilt werden[1123]. Weiter solle es die Einhaltung der Arbeitsschutzbestimmungen sichern. Auch solle in Folge der größer werdenden Betriebe im Einzelhandel ein Schutz der kleineren Betriebe vor den großen Betrieben erreicht und so gleiche Wettbewerbschancen geschaffen werden[1124].
Schon während der Diskussionen im Bundestag war der Gesichtspunkt der Schutzrichtung des Ladenschlussgesetzes zur Sprache gekommen. Die Begründung der BR-Drucks. 310/54 vom 24. September 1954 sah das Ladenschlussgesetz als ein Schutzgesetz im Sinne des § 823 Abs. 2 BGB an. Es schütze einmal die Angestellten in dem Betrieb und weiter den Betrieb selbst vor ungleichen Wettbewerbsbedingungen[1125]. Um die Schutzrichtung des Ladenschlussgesetzes zu bestimmen, verwies die Begründung der Regierungsvorlage[1126] auf einen Aufsatz von *Peters*[1127]. Dieser hatte die Zulässigkeit von Arbeitsschutznormen sowohl für Betriebe ohne Angestellte als auch für Betriebe mit Mehrschichtsystemen untersucht, zu denen auch die „Großen" Betriebe gehören. Diese Normen wären dann nicht erforderlich gewesen, wenn bei einem Schichtsystem in größeren Betrieben die Überschreitung der zulässigen Arbeitszeiten nicht zu befürchten gewesen wäre und bei Betrieben ohne Personal diese Gefahr überhaupt nicht bestanden hätte. *Peters* war jedoch zu dem Ergebnis gekommen, dass die Gefahr einer übermäßigen Beanspruchung von Personal auch in den größeren Betrieben bestand bzw. der Anreiz von Betrieben ohne

1121 BVerfGE 13, 230 ff..
1122 BVerfGE 1, 283 ff..
1123 Theis, Rn. 26 ff..
1124 Zmarzlik/Roggendorff Rn. 9; Anzinger, Das neue Ladenschlussrecht, Rn. 19.
1125 BR-Drucks. 310/54 vom 24.9.1954, Begründung S. 3.
1126 BR-Drucks. 310/54 vom 24.9.1954.
1127 Peters, BABl. 1954, S. 205 ff. und S. 241 ff..

Angestellte gegeben war, Arbeitnehmer zumindest kurzzeitig zu beschäftigen und diese über die zulässige Arbeitszeit hinaus einzusetzen. Er hielt daher die Ladenzeitregelungen der AZO insgesamt für verfassungsgemäß[1128]. Dass die Begründung mit diesem Verweis auf den Aufsatz von *Peters* eine Schutzrichtung der „Großen" vor den „Kleinen" vorgibt, wie teilweise von Autoren behauptet wurde, ist aus diesem Zusammenhang jedenfalls nicht zu entnehmen.
1982 vertrat *Söhn* die Ansicht, der Wettbewerbsschutz sei mittlerweile unmittelbarer Gesetzeszweck, der gleichrangig neben dem Arbeitsschutz stehen würde[1129]. Das Ladenschlussgesetz wahre die wettbewerbliche Chancengleichheit und diene dem Schutz des kleinen Einzelhandels vor der Konkurrenz durch Großmärkte und Kaufhäuser. Daneben stellte *Schunder* fest, der Wettbewerbsschutz sei ein mittelbarer, jedoch dem Arbeitsschutz gleichrangiger Gesetzeszweck[1130]. Dies ergebe sich aus einer Tendenz in der Rechtsprechung, nach welcher der Gedanke der Wettbewerbsneutralität zunehmend in den Vordergrund getreten sei. Der Regelungszweck erschöpfe sich aber in der Wahrung gleicher Wettbewerbsbedingungen. Eine qualitative Bewertung der Wettbewerbsverhältnisse sei dem Gesetz nicht zu entnehmen[1131]. In jüngerer Zeit werden zudem städtebauliche Aspekte angeführt[1132], auch wenn diese als weitgehend untergeordnet anzusehen sind[1133]. Hinzuweisen ist auf die Veränderung der Innenstädte durch Einkaufszentren auf der „Grünen Wiese". Dieses Problem trat vorwiegend nach der Wiedervereinigung in den neuen Bundesländern auf. Aber auch das Urteil des Bundesverwaltungsgerichtes, durch das eine Ausnahmegenehmigung, die die Stadt Stuttgart gemäß § 23 LadSchlG für die unterirdisch gelegene „Klett-Passage" erlassen hatte, aufgehoben wurde[1134], ist in diesem Zusammenhang von Bedeutung. Die Genehmigung sollte der Belebung der Passage und der Vorbeugung von Kriminalität dienen. Das Bundesverwaltungsgericht akzeptierte diese Belange nicht als solche des besonderen öffentlichen Interesses im Sinne des § 23 LadSchlG.
Die Frage der Zielrichtung des Ladenschlussgesetzes aber bildet nur einen Teil der Diskussion. In gleicher Weise stellt sich die Frage, ob die angeführten Beweggründe ausreichend sind, um einer verfassungsrechtlichen Prüfung standzuhalten. Die Angriffe richten sich vor allem gegen das Argument des Arbeitsschutzes. Gegenüber den 50er Jahren haben sich heute die Ladenzeiten und die Arbeitszeiten weit voneinander entfernt. Mit der letzten Novelle wurden

1128 Peters, BABl. 1954, S. 205 ff. und S. 241 ff..
1129 Söhn, NJW 1982, 319 (320).
1130 Schunder, Das Ladenschlussgesetz - heute, S. 34 f..
1131 vgl. hierzu auch die Darstellung bei Kehrberg, GewArch 2001, S. 14 ff..
1132 Träger, Vogel-Ludwig, Munz, Das deutsche Ladenschlussgesetz auf dem Prüfstand, Ifo-Schriftenreihe Nr. 139, 1995, S. 367.
1133 Schmitz, BauR 2001, S. 1274 ff..
1134 BVerwG, NJW 1982, 1513 ff..

die Ladenzeiten auf ein gesetzlich zugelassenes Maß von 80 Stunden/ Woche erhöht. Es fragt sich daher in der Tat, ob das Ladenschlussgesetz dem ursprünglichen Gedanken, den Arbeitnehmer vor überlangen Arbeitszeiten zu schützen und diesem ein zusammenhängendes Wochenende zu gewährleisten, noch gerecht werden kann oder ob nicht mittlerweile andere Regularien diese Aufgabe übernommen haben. *Träger* sieht in dem Ladenschlussgesetz inzwischen eine Privilegierung des Einzelhandels, für die heute die gesamtgesellschaftliche und wirtschaftspolitische Rechtfertigung fehle[1135].

Mittlerweile finden sich zahlreiche Stimmen, nach denen das Ladenschlussgesetz heute als verfassungswidrig anzusehen ist[1136]. Nach Meinung der Bundesregierung enthielt das Ladenschlussgesetz - zumindest bis ins Jahr 1998 - einen mit der Verfassung zu vereinbarenden und erforderlichen Kompromiss, um einen Ausgleich zwischen den Interessen des Einzelhandels, den hier Beschäftigten und den Verbrauchern zu finden[1137].

III. Das Ladenschlussgesetz in Abhängigkeit vom Wandel der Zeit

Für eine Prognose, in welche Richtung sich das Ladenschlussgesetz bewegen wird, ist es unumgänglich, einen Blick auf die Entstehungsgeschichte des Gesetzes zu werfen. Das Ladenschlussgesetz von 1956 selbst war der vorläufige Höhepunkt eines bereits länger anhaltenden Prozesses. Wie die Untersuchung gezeigt hat, haben sich die Argumentationen eines Für und Wider von Ladenzeitregelungen im Laufe der Jahre nicht wesentlich verändert. Verändert aber hat sich die Gesellschaft und damit auch die Gewichtung der Argumente eines Für und Wider der Ladenzeitregelung. War es beispielsweise in den Anfängen der Weimarer Republik nicht möglich, eine absolute Sonntagsruhe einzuführen, ohne eine Ausnahme für frische Milch und ähnliche Lebensmittel bzw. Eis zuzulassen, so lag dies an mangelnden Möglichkeiten der Frischhaltung. Dank des heute in allen Haushalten befindlichen Kühlschrankes haben sich die Umstände grundlegend geändert.

Von Anfang an waren die Arbeitszeiten der Verbraucher maßgeblich für die Dauer der Ladenöffnungszeiten, musste doch jedem Arbeitnehmer die Möglichkeit gegeben werden, nach Feierabend seinen Bedarf an Lebensmitteln und

---

1135 Träger, Überprüfung des Ladenschlussgesetzes vor dem Hintergrund der Erfahrungen im In- und Ausland (Zusammenfassung), S. 29.

1136 u.a. Hufen, NJW 1986, S. 1291 ff.; Schunder, Festschrift für Wlatzke, S. 599 ff.; Stober, JZ 1996, S. 541 ff.; Kehrberg, GewArch 2002, S. 14 ff.; Böttner, NJ 1999, S. 518 ff.; Kirste, NJW 2001, S. 790 ff.;
als verfassungsmäßig beurteilen das Gesetz hingegen u.a. Anzinger, Das neue Ladenschlussrecht, Rn. 20; Zmazlik/Roggendorff, Rn. 16.

1137 Das neue Ladenschlussgesetz, Hrsg. Bundesministerium für Arbeit und Sozialordnung, S. 8.

anderen Gütern zu decken. Am deutlichsten zeigte sich dies am Ringen um den Samstags-Frühschluss. Letztlich konnte dieser nur deshalb 1956 eingeführt werden, weil die meisten Betriebe bereits zur 5-Tage-Woche übergegangen waren. Die Versorgungsfunktion des Einzelhandels war dadurch nicht in Gefahr. Selbst zu dieser Zeit folgte man noch der langen Tradition, dass Ladenzeiten und Arbeitszeiten als Einheit gesehen wurden. So konnte den Angestellten des Einzelhandels ein zusammenhängendes Wochenende gewährt werden. Gleichzeitig wurde dem Nachwuchsproblem entgegengesteuert, unter dem der Einzelhandel in jener Zeit aufgrund der im Vergleich zu anderen Branchen ungünstigeren Arbeitszeiten litt.
In der heutigen Zeit ist die durchschnittliche wöchentliche Arbeitszeit auf unter 40 Stunden gesunken. Weiter ist die Teilzeitarbeit vermehrt aufgekommen und auch in weiten Teilen des Einzelhandels eingeführt worden. Eine Gleichheit von Laden- und Arbeitszeiten ist daher längst nicht mehr gegeben. Nach der Umfrage des *ifo-Institutes* bildete die größte Gruppe derer, die Öffnungszeiten nach 20 Uhr wünschen, mit 30 % Schüler, Studenten und Auszubildende[1138]. Zutreffend ist, dass der Einzelhandel mittlerweile nicht mehr nur eine Versorgungsfunktion übernimmt. Die Anforderungen an die Ladenzeiten müssen sich heute im Zuge flexiblerer Arbeitszeiten und einer zunehmenden Dynamisierung der Gesellschaft an anderen Werten messen lassen. Diesen veränderten Anforderungen trug der Gesetzgeber letztmalig mit dem Gesetz zur Änderung des Gesetzes über den Ladenschluss von 1996 Rechnung. Diese Reform war in Anbetracht der geänderten gesellschaftlichen Verhältnisse längst überfällig. Vor Einführung des Dienstleistungsabends 1989 erfolgte keine Anpassung im größeren Umfange an die sich ändernden Umstände in der Gesellschaft. Mit den 1996 festgelegten neuen Öffnungszeiten blieb der Gesetzgeber allerdings hinter den Vorschlägen des *ifo-Institutes* zurück, das werktags eine Öffnungszeit von 6 bis 22 Uhr und samstags von 6 bis 18 Uhr forderte[1139]. Es war also abzusehen, dass die Gesetzesnovelle von 1996 nicht das Ende des Streites um die Ladenzeiten bedeuten würde.

IV. Eine Prognose für eine Weiterentwicklung der Ladenzeitregelung

Das Ladenschlussgesetz war von Anfang an auch innerhalb der Bundesregierung, wie diese Untersuchungen gezeigt haben, nie unumstritten gewesen. Insbesondere das Bundeswirtschaftsministerium unter *Ludwig Erhard* sprach sich lange gegen das Gesetz aus[1140]. Zwar räumte *Erhard* 1959 ein, „dass das

---

1138 *Ifo-Institut*, Effekte der Liberalisierung des deutschen Ladenschlussgesetzes auf den Einzelhandel und auf das Verbraucherverhalten, S. 58.

1139 Träger, Überprüfung des Ladenschlussgesetzes vor dem Hintergrund der Erfahrungen im In- und Ausland (Zusammenfassung), S. 30.

1140 vgl. 2. Teil, VIII. der Arbeit, Zitat *Erhard*.

Ladenschlussgesetz ein Faktum sei, mit dem man rechnen müsse; es sei wirklichkeitsfremd, an eine revolutionierende Änderung des Gesetzes zu denken“[1141], jedoch blieb das Wirtschaftsministerium seiner Linie gegen das Gesetz zunächst treu, was sich noch einmal bei den Verfassungsbeschwerden von 1961 zeigte[1142]. *Dr. Rother (BMWi),* 1961 in einer Ressortbesprechung auf die Äußerung *Erhards* angesprochen, erklärte, diese sei lediglich aus praktischen Erwägungen erfolgt. Jedenfalls sei das Wirtschaftsministerium der Auffassung, eine Regelung der Ladenöffnungszeiten sei auch auf andere Weise als durch das Ladenschlussgesetz möglich. Es könne dem Bundesverfassungsgericht überlassen bleiben zu entscheiden, ob es richtig sei, die mit dem Ladenschlussgesetz verfolgten Ziele in dieser Art und Weise zu erreichen[1143].

Die Angriffe gegen das Ladenschlussgesetz sind mit längerer Geltungsdauer zahlreicher geworden. Auch die Interessenvertreter, die sich zwischenzeitlich mit dem Gesetz abgefunden hatten, änderten ihren Kurs. Hatte sich die *HDE* beispielsweise als Reaktion auf die *ifo*-Studie von 1995 noch dafür ausgesprochen, die damaligen Ladenzeiten des Dienstleistungsabends unverändert beizubehalten[1144], tritt sie heute für die Aufhebung der Ladenzeitregelung ein[1145].

Das *ifo-Institut* hatte als Ergebnis seiner Studie von 1995 über die Überprüfung des Dienstleistungsabends empfohlen, die täglichen Öffnungszeiten auf 6 bis 22 Uhr werktags und 6 bis 18 Uhr samstags auszuweiten. Der Bundesgesetzgeber reagierte darauf mit dem Änderungsgesetz von 1996, in dem er der *ifo*-Empfehlung jedoch nicht ganz folgte. In der Studie von 1999 über die neuen Öffnungszeiten ging das Institut weiter und empfahl[1146]:

a) Aufhebung der gesetzlichen Ladenzeiten von Montag bis Samstag,
b) bundeseinheitliche Öffnung an den vier Adventssonntagen,
c) Übertragung der Entscheidung über die Sonn- und Feiertagsöffnung auf die kommunalen Gebietskörperschaften.

1141 Vermerk (Abt. III/BMA) betr. Besprechung über Reform des Ladenschlussgesetzes in der von den Arbeitskreisen II und IV der CDU/CSU-Fraktion gebildeten Unterkommission, BA-Koblenz, B 149/1077.

1142 vgl. hierzu Scheybani, S. 412, der schon seit 1959 eine zunehmend gemäßigtere Rolle des Bundeswirtschaftsministeriums sieht.

1143 MinRat *Dr. Rother*, Niederschrift über die Ressortbesprechung am 15. Mai 1961 zu den Fragen des Bundesverfassungsgerichtes über das Ladenschlussgesetz, S. 3, BA-Koblenz, B 149, 10735.

1144 Stellungnahme der *HDE* zum Gutachten des *ifo-Institutes für Wirtschaftsforschung*, Köln 1995, S. 16.

1145 Pressemeldung bei www.n-tv.de „Streit um Ladenschluss hält an“ vom 30.8.2000

1146 Effekte der Liberalisierung des deutschen Ladenschlussgesetzes auf den Einzelhandel und auf das Verbraucherverhalten, S. 251 ff..

Ob der Bundesgesetzgeber dem zu folgen vermag, kann derzeit bezweifelt werden. Im Februar 2003 legte die Bundesregierung eine Initiative vor[1147], nach der die Öffnungszeiten von Montag bis Samstag auf 6 bis 20 Uhr ausgedehnt und die Warenautomaten und die Friseurbetriebe ganz aus dem Ladenschlussgesetz herausgenommen werden. Damit blieb die Bundesregierung weit hinter den Forderungen des ifo-Institutes zurück. Entsprechend fielen die Reaktionen auf diesen Vorschlag aus. Während die Gewerkschaft *ver.di* und der *DBG* Widerstand gegen die Reformpläne ankündigten[1148], wurden die Pläne der Bundesregierung von der *DIHK* und dem *Deutschen Städte- und Gemeindebund* als halbherzig bezeichnet[1149]. Der Bundesrat lehnte die Reformpläne der Bundesregierung ebenfalls ab. Es wurde vielmehr eine Empfehlung der Bundesländer Saarland, Bayern, Baden-Württemberg und Sachsen-Anhalt angenommen, nach der die Länder äußerten, es sei kein Bedürfnis mehr für eine bundeseinheitliche Ladenzeitregelung gegeben. Damit wäre die Ladenzeitregelung kein Gegenstand der konkurrierenden Gesetzgebung. Als Folge beschloss der Bundesrat ebenfalls auf Antrag der genannten Bundesländer, eine Initiative in den Bundestag einzubringen, nach der das Ladenschlussgesetz abgeschafft werden soll, um den Weg für eine Regelung durch die Länder zu ermöglichen[1150].

Schon die Initiative des Bundesrates aus den Jahren 1999/2000 war ohne Ergebnis geblieben. Hier hatte das Land Berlin vorgeschlagen, die Ladenzeiten werktags, von Montag bis Samstag, auf 22 Uhr auszudehnen[1151]. Auch in diesem Verfahren konnten sich die Länder nicht durchsetzten. Der Entwurf der Bundesregierung wurde nach heftigem Ringen unter Anrufung des Vermittlungsausschusses auch vom Bundesrat angenommen[1152]. Damit dürfte vorläufig Ruhe um die Diskussion der Ladenöffnungszeiten eintreten; ein Ende aber wird dies freilich nicht bedeuten.

Bestrebungen, das Ladenschlussgesetz auszuhöhlen oder zu umgehen, wurden in der Vergangenheit immer wieder unternommen. Insbesondere die neuen Bundesländer versuchten, die Ausnahmemöglichkeit des § 23 LadSchlG zu überspannen, im Ergebnis ohne Erfolg. § 23 Abs. 1 LadSchlG gestattet seinem eindeutigen Wortlaut nach nur befristete Ausnahmen von den allgemeinen Ladenzeiten in Einzelfällen, wenn die Ausnahme im öffentlichen Interesse dringend erforderlich ist. Bestrebungen, in den Änderungsgesetzen auch die Streichung der Worte „in Einzelfällen befristete“ vorzunehmen, scheiterten. Bei dem öffentlichen Interesse handelt es sich um das Versorgungs-, ggf. auch das

---

1147 BT-Drucks. 15/369 vom 3.2.2003.

1148 Pressemeldung bei www.n-tv.de „Gelockerter Ladenschluss“ vom 3.12.2002.

1149 Pressemeldung bei www.n-tv.de „Gerangel und Ladenschluss“ vom 12.12.2002.

1150 BR-Drucks. 4/5/03 vom 13.2.2003 und BR-Drucks. 21/4/03 vom 13.2.2003.

1151 BR-Drucks. 324/99 vom 28.5.1999.

1152 BR-Drucks. 178/03 (Beschluss) vom 11.04.2003; BGBl. 2003 I, S. 658.

Verwertungsinteresse der Bevölkerung, das unmittelbar durch den Warenerwerb während der verlängerten Öffnungszeiten befriedigt werden kann. Das Interesse der öffentlichen Sicherheit und Ordnung, der Arbeitsplatzbeschaffung, der Förderung strukturschwacher Gebiete, der Förderung notleidender Branchen oder der Förderung des Fremdenverkehrs hingegen rechtfertigen keine Ausnahmen nach § 23 Abs. 1 LadSchlG[1153]. Die Rechtsprechung tendierte ebenfalls zu einer restriktiven Auslegung der Norm. Das Bundesverwaltungsgericht hat in seinem Urteil zur Stuttgarter „Klett-Passage" diese Grundsätze strikt angewandt[1154]. Andere Gerichte sind dem gefolgt. Insbesondere in den neuen Bundesländern waren die Verwaltungsgerichte gefordert. Die sogenannten „Fremdenverkehrsregelungen" in Mecklenburg-Vorpommern[1155] und Sachsen[1156] sorgten dabei für Diskussionen. In diesen Fremdenverkehrsregelungen wurden Ausnahmen für weite Teile des jeweiligen Landes gestattet. Samstags wurde eine Öffnungszeit bis 20 Uhr, sonntags bis 18.30 Uhr erlaubt. *Rozek*[1157] stellte deutlich heraus, dass es keine Rechtsgrundlage für derartige Ausnahmen im Ladenschlussgesetz gebe und diese Regelungen daher insgesamt rechtswidrig seien. Weder § 10 LadSchlG kann hierzu herangezogen werden, da er einen enummerativen Warenkatalog für die Waren enthält, die in den Ausnahmezeiten verkauft werden dürfen. Auch § 23 LadSchlG scheidet als Rechtsgrundlage aus, da es sich nicht um zeitlich begrenzte Ausnahmen im Einzelfall handelt, für die ein öffentliches Interesse i.S.d. Ladenschlussgesetzes besteht. Auch Kettenverwaltungsakte, die faktisch zu einer unbegrenzten Dauer führen, vermögen daran nichts zu ändern[1158]. In gleicher Weise wurde der Versuch des *Kaufhof-Warenhauses* Berlin-Alexanderplatz unterbunden, die Ladenzeiten eigenmächtig auszuweiten. Am 1. August 1999 öffnete das Kaufhaus am Sonntag und versah alle verkauften Artikel mit dem Aufkleber „Berlin-Souvenir", um so den Andenkencharakter des § 10 Abs. 1 LadSchlG i.V.m. § 1 Abs. 1 Berliner Verordnung über den Ladenschluss in Ausflugs- und Erholungsgebieten[1159] herzustellen. Die Wiederherstellung der aufschiebenden Wirkung eines Widerspruches gegen die Untersagungsverfügung lehnte das Verwaltungsgericht Berlin ab[1160]. Das

1153 Zmarzlik, Gesetz über den Ladenschluss in: Das deutsche Bundesrecht, Anm. zu § 23 LadSchlG, Gaisbauer, GewArch 1978, 215 (219), Rozek, NJW 1999, S. 2921 (2924).

1154 BVerwG, NJW 1982, S. 1513 ff..

1155 „Bäder- und Fremdenverkehrsregelung 1999-2003" des Wirtschaftsministeriums Mecklenburg-Vorpommern vom 22.7.1998.

1156 hier wurde die Ermächtigung des § 23 I LadSchlG durch § 1 I Verordnung der sächsischen Staatsregierung über die Zuständigkeit auf dem Gebiet des sozialen und medizinischen Arbeitsschutzes vom 8.7.1993 (SächsGVBl. 1993, S. 565) i.V.m. der laufenden Nr. 1.6.5 Anlage SmAsZuVO auf die Landratsämter und kreisfreien Städte übertragen.

1157 NJW 1999, S. 2921 ff..

1158 vgl. hierzu BVerwG, NJW 1982, 2513 ff..

1159 Berliner GVBl. 1983, S. 983 in der Fassung vom 16.7.1999, GVBl. 1999, S. 411.

1160 VG Berlin, NJW 1999, 2988.

Anbringen der Aufkleber an Waren aller Art sei eine „durchsichtige Umgehung des Verbotes, sonntags jegliche Waren feilzubieten“. Der Antrag des *Kaufhof-Konzerns* auf Zulassung der Beschwerde wurde vom Oberverwaltungsgericht Berlin abgelehnt. Es berühre der aktuelle rechtspolitische Streit um eine weitere Liberalisierung des Ladenschlussgesetzes das geltende Recht und das Interesse an seiner Durchsetzung nicht[1161].
Das Gesetz auf diese Art und Weise auszuhöhlen, jedenfalls kann nicht der richtige Weg sein, um das Ladenschlussgesetz zu ändern, so berechtigt die Interessen auch immer sein mögen.
Weiter muss für eine Prognose der Weiterentwicklung im Zuge der Europäisierung der Blick auch über die Grenzen des Bundesgebietes gerichtet werden. Hier ist auffällig, dass alle Mitgliedsstaaten der EU, bis auf Spanien, in der jüngeren Vergangenheit ihre Ladenzeitregelungen, soweit überhaupt welche vorhanden waren, liberalisiert haben[1162]. Es erscheint deshalb auch in dem Zusammenhang fraglich, ob das Ladenschlussgesetz in seiner jetzigen Form bestehen bleiben kann.
Endlich bleibt darauf hinzuweisen, dass die Gegner des Ladenschlussgesetzes wieder verstärkt den Gang zum Bundesverfassungsgericht suchen. Bereits im Januar 2002 hatte das Bundesverfassungsgericht § 14 Abs. 4 LadSchlG, nach dem Apotheken an einem verkaufsoffenen Sonntag nicht generell teilnehmen dürfen, sondern nur im Rahmen des Notdienstes, als mit Art. 12 GG nicht vereinbar und damit für verfassungswidrig erklärt[1163]. Weiter hat der *Kaufhof-Konzern* Verfassungsbeschwerde eingereicht, über deren Annahme das Bundesverfassungsgericht im Verlauf des Jahres 2003 entscheiden will. Fest steht jedoch, dass die jetzige Ladenzeitregelung keinen Bestand wird haben können. Ebenso steht fest, dass sich eine Aussage *Werner Ursels* aus dem Jahre 1972 bereits bewahrheitet hat und von unveränderter Aktualität geblieben ist:

„Man muss also erkennen, dass Gegner des Ladenschlussgesetzes es leichter haben, sich verbraucherfreundlich und fortschrittlicher zu geben als diejenigen, die mit nüchternem Verstand am alten Kompromiss festhalten wollen, weil sie wissen, dass auch ein neuer Kompromiss nicht besser werden kann, sondern mit Sicherheit neue Schwierigkeiten und Probleme und auch neue Kritik bringen würde.“[1164]

1161 OVG Berlin, Beschluss vom 6.8.1999 - 1 SN 74/99.

1162 vgl. hierzu die Übersicht bei Schunder, Arbeit und Arbeitsrecht 1996, S. 410 (412 ff.).

1163 Urteil vom 16.1.2002, BVR 1236/99.

1164 Handelsblatt vom 10.6.1972, zit. aus: *DAG*, Ladenschlussgesetz im Kreuzfeuer der Meinungen, S. 30.

Literaturverzeichnis

Aengenendt, Renate, Ladenöffnungszeiten im Einzelhandel, -Abhandlungen zur Mittelstandsforschung Bd. 47-, Köln 1971

Albers, Carl, Bestandteil und Zubehör im deutschen Verwaltungsrecht, Diss., Kiel 1923

Anzinger, Rudolf, Das neue Ladenschlussrecht, München 1996

ders., Die neuen Ladenöffnungszeiten ab dem 1.11.1996, in: Betrieb und Wirtschaft 1996, S. 831-835

Birkenmaier, Adolf, Die Krämer in Freiburg i.Br. und Zürich im Mittelalter bis zur Wende des 16. Jahrhunderts, Diss., Freiburg i.Br. 1914

Böttner, Friedrich, Das Ladenschlussgesetz und die Freiheitsgrundrechte von Einzelhandel, Tarifvertragsparteien und Verbrauchern, in: Neue Justiz 1999, S. 518-521

Bundesministerium für Arbeit und Sozialforschung, Das neue Ladenschlussgesetz, Januar 1998

Butenuth, Wanda, Die Entwicklung und heutige Regelung des wöchentlichen Ruhetages in den verschiedenen Staaten, wirtschafts- und sozialwissenschaftliche Diss., Köln 1920

DAG, Ladenschlussgesetz im Kreuzfeuer der Meinungen, Berufsgruppe –Kaufmännischer Angestellter- Hrsg.: DAG 1978

Denecke, Johannes, Arbeitszeitordnung, -Kommentar- 1. Auflage, München, Berlin 1950

ders., Arbeitszeitordnung, -Kommentar- 3. Auflage, München, Berlin 1955

ders., Ladenschlussgesetz, -Kommentar- 1. Auflage, München, Berlin 1957

Dudel, Hermann, Die privatrechtliche Bedeutung der Ladenschlusszeiten, Diss., Frankfurt a.M. 1973

Gaisbauer, Georg, Die Rechtsprechung zum Ladenschlussrecht 1973 bis 1976, in: Gewerbearchiv 1978, S. 215-219

Hoffmann, Egon, Gesetz über den Ladenschluss vom 28.11.1956 -Kommentar-, in: von Brauchitsch, Verwaltungsgesetze des Bundes und der Länder, Bd. VIII, 2. Halbband, Wirtschaftsveraltungsrecht II, S. 850-927, Köln, Berlin, Bonn, München 1964-1966

Hübner, Arthur, Kommunale Sozialpolitik -Der 8-Uhr-Ladenschluss-, Schriften des Verbandes Deutscher Handlungsgehülfen zu Leipzig, Bd. 22, Leipzig 1908

Hufen, Friedhelm, Ladenschluss: Zum verfassungsrechtlichen Kern eines politischen Dauerthemas, in: Neue Juristische Wochenschrift 1986, S. 1291-1301

Ipsen, Hans Peter, Wochenend' und Grundgesetz, in: Deutsches Verwaltungsblatt 1950, S. 385-390

Isensee, Josef / Kirchhof, Paul, Handbuch des Staatsrechts der Bundesrepublik Deutschland, Bd. II: Demokratische Willensbildung -Staatsorgane des Bundes-, Heidelberg 1987

Jellinek, Walter, Verwaltungsrecht 3. Auflage, Offenburg 1948

Kahlenberg, Friedrich P., Die Kabinettsprotokolle der Bundesregierung Band 7: 1954, Boppard am Rhein 1993

Kahlenberg, Friedrich P., Die Kabinettsprotokolle der Bundesregierung Band 8: 1955, Boppard am Rhein 1993

Kehrberg, Jan, Schutzzweck und Verfassungsmäßigkeit des Ladenschlussgesetzes, in: Gewerbearchiv 2001, S. 14-23

Keussen, Hermann, Köln im Mittelalter -Topographie und Verfassung-, Bonn 1918

Kirste, Stephan, Flexibilisierung des Ladenschlusses zum Segen des Sonn- und Feiertagsschutzes, in: Neue Juristische Wochenschrift 2001, S. 790-793

Köhler, Erich, Einzelhandel im Mittelalter, Stuttgart, Berlin 1938, Beiträge zur betriebs- und sozialwissenschaftlichen Struktur der mittelalterlichen Krämerei

Kommission für Arbeiterstatistik, Erhebung über Arbeitszeit, Kündigungsfristen und Lehrlingsverhältnisse im Einzelhandel, überarbeitet vom Statistischen Reichsamt und erschienen als: Drucksachen der Kommission für Arbeiterstatistik, Teil 1 (Nr. 2 der Drucksachen), Berlin 1893, Teil 2 (Nr. 5 der Drucksachen), Berlin 1894

Landmann, Robert von / Rohmer, Gustav, Kommentar zur Gewerbeordnung für das Deutsche Reich, Bd. II, 7. Auflage, München 1925

Lexikon des Mittelalters, Band 7, Hrsg.: Angermann, Norbert, München 1995

Michel, Elmar, Das Gaststättengesetz -Kommentar-, 4. Auflage, Köln, Berlin 1952

Nübling, Eugen, Ulms Handel und Gewerbe im Mittelalter, Heft 5, Ulm 1900

Peters, Hans, Ist es verfassungsrechtlich zulässig, dass der Staat durch bestimmte Arbeitsschutzvorschriften auch Personen erfasst, die keine oder nur solche Arbeitnehmer beschäftigen, welche infolge der Art oder Organisation des Betriebes insoweit nicht schutzbedürftig sind?, in: Bundesarbeitsblatt 1954, S. 205-210 und S. 241-248

Philippi, Friedrich, Zur Verfassungsgeschichte der westfälischen Bischofsstädte, Osnabrück 1894

Ramsauer, Hermann, Die Ladenschlussgesetzgebung in der Bundesrepublik Deutschland, staatswissenschaftliche Diss., Graz 1957

Reichert, Klaus, Das Ladenschlussproblem in der Bundesrepublik Deutschland, wirtschaftswissenschaftliche Diss., Graz 1971

Ritzel, Heinrich / Koch, Helmut, Geschäftsordnung des Deutschen Bundestages -Kommentar-, Frankfurt a.M. 1952

Rohlfing, Theodor / Kiskalt, Hans, Handkommentar zur Gewerbeordnung, Berlin, Frankfurt a.M. 1953

Rörig, Fritz, Hanseatische Beiträge zur Deutschen Wirtschaftsgeschichte, -Schriften der Baltischen Kommission zu Kiel- Band 9, Breslau 1928

Rozek, Jochen, Vorsprung durch Rechtsbruch?, in: Neue Juristische Wochenschrift 1999, S. 2921-2929

Sänger, Fritz (Hrsg.), Die Volksvertretung, Handbuch des Deutschen Bundestages, Stuttgart 1949

Scheybani, Abdolreza, Handwerk und Kleinhandel in der Bundesrepublik Deutschland: sozialökonomischer Wandel und Mittelstandspolitik 1949-1961, München 1996

Schmitz, Holger, Städtebauliche Relevanz von Ladenöffnungszeiten - Verfassungsrechtliche Vorgaben für eine zeitliche Differenzierung nach Belegenheit der Verkaufsstelle, in: Baurecht 2001, 1274-1286

Schoneweg, Rüdiger, Entwicklung und Probleme der Geschäftszeitenregelung im Einzelhandel, Köln, Opladen 1955

Schulte Langfort, Marie / Böhm, Hans-Herbert, Ladenschlussgesetz (vom 28.11.1956), Berlin, Frankfurt a.M. 1957

Schunder, Achim, Das Ladenschlussgesetz - eine verfassungswidrige Beschränkung der Berufsfreiheit?, in: Festschrift für Otfried Wlotzke, München 1996

ders., Das Ladenschlussgesetz im europäischen Vergleich, in: Arbeit und Arbeitsrecht 1996, S. 410-414

ders., Das Ladenschlussgesetz - heute, Studien zum öffentlichen Recht und zur Verwaltungslehre, Bd. 56, München 1994

Sigl, Richard, Ladenschlussgesetz, Stuttgart 1960

Söhn, Stefan, Änderung der Rechtsprechung zum Ladenschlussgesetz, in: Neue Juristische Wochenschrift 1982, S. 319-320

Stern, Klaus, Das Staatsrecht der Bundesrepublik Deutschland, Bd. II, Staatsorgane, Staatsfunktion, Finanz- und Haushaltsverfassung, Notstandsverfassung, München 1980

Stober, Rolf, Das Ladenschlussgesetz - ein Auslaufmodel?, in: Juristenzeitung 1996, S. 541-549

Theis, Horst E., Ladenschlussgesetz -Kommentar-, Baden, Berlin 1991

Träger, Uwe Christian, Überprüfung des Ladenschlussgesetzes vor dem Hintergrund der Erfahrungen im In- und Ausland (Zusammenfassung), Hrsg.: ifo Institut für Wirtschaftsforschung, München 1995

Träger, Uwe Christian / Vogler-Ludwig, Kurt / Munz, Sonja, Das deutsche Ladenschlussgesetz auf dem Prüfstand, Schriftenreihe des ifo-Instituts für Wirtschaftsforschung Nr. 139, Berlin, München 1995

Träger, Uwe Christian / Halk, Karin / Plötscher, Claudia / Rottmann, Horst, Effekte der Liberalisierung des deutschen Ladenschlussgesetzes auf den Einzelhandel und auf das Verbraucherverhalten, ifo Studien zu Handels- und Dienstleistungsfragen, Nr. 58, München 2000

Trossmann, Hans, Parlamentsrecht des Deutschen Bundestages -Kommentar-, München 1977

Vierhaus, Rudolf / Herbst, Ludolf, Biographisches Handbuch der Mitglieder des Deutschen Bundestages 1949 – 2002 Band 1: A – M, München 2002

Weider, Manfred, Das Recht der deutschen Kaufmannsgilden des Mittelalters, Untersuchungen zur deutschen Staats- und Rechtsgeschichte, Bd. 141, Breslau 1931

Zmarzlik, Johannes, Gesetz über den Ladenschluss, -Kommentar-, in: Das deutsche Bundesrecht (Loseblatt) Stand 808. Lieferung, September 1998

ders., Zweifelsfragen beim Ladenschluss, in: Arbeitsschutz (Beilage zum BABl.) 1961, S. 151-153

Zmarzlik, Johannes / Roggendorff, Peter, Kommentar zum Ladenschlussgesetz, 2. Auflage, Heidelberg 1997

Anhang

1. Entwurf eines Gesetzes über den werktäglichen Ladenschluss, BT-Drucks. 1879 vom 3. Februar 1951

2. 1. Referentenentwurf eines Gesetzes über den Ladenschluss vom 12. Mai 1951

3. Regierungsvorlage eines Gesetzes über den Ladenschluss, BR-Drucks. 310/54 vom 24. September 1954

4. Entwurf eines Gesetzes über den Ladenschluss (*Meyer-Ronnenberg)*, BT-Drucks. 1461 vom 14. Juni 1955

5. Entwurf eines Gesetzes über den freien Halbtag im Einzelhandel *(Kühltau)*, BT-Drucks. 1943 vom 9. Dezember 1955

6. Das Ladenschlussgesetz vom 28. November 1956, BGBl. 1956 I, S. 875, darin aufgeführt:

   a) Erstes Gesetz zur Änderung des Gesetzes über den Ladenschluss vom 17. Juli 1957, BGBl. 1957 I, S. 722

   b) Zweites Gesetz zur Änderung des Gesetzes über den Ladenschluss vom 14. November 1960, BGBl. 1960 I, S. 845

   c) Drittes Gesetz zur Änderung des Ladenschlussgesetzes vom 23. Juli 1969, BGBl. 1969 I, S. 945

   d) Entscheidung des Bundesverfassungsgerichtes zu § 7 Abs. 1 LadSchlG vom 21. Februar 1962, BGBl. 1962 I, S. 166

Anhang 1

Entwurf eines Gesetzes über den werktäglichen Ladenschluss BT-Drucksache Nr. 1879 vom 3. Februar 1951[1165]

Der Bundestag hat das folgende Gesetz beschlossen:

Artikel I
Die §§ 22 und 23 der Arbeitszeitordnung vom 30. April 1938 (RGBl. I. S. 447) erhalten folgende Fassung:

§ 22 Offene Verkaufsstellen
(1) Offene Verkaufsstellen jeder Art, mit Ausnahme der Apotheken und der Tankstellen, müssen von neunzehn bis sieben Uhr für den geschäftlichen Verkehr geschlossen sein, sofern nicht von den Obersten Landesbehörden ein früherer Schluss der Verkaufszeiten festgelegt wird. Die beim Ladenschluss anwesenden Kunden dürfen noch bedient werden.

(2) An Samstagen, mit Ausnahme des ersten Samstages im Monat, und am 24. Dezember müssen offene Verkaufsstellen, abweichend von der Vorschrift in Absatz 1 Satz 1, bereits ab vierzehn Uhr für den geschäftlichen Verkehr geschlossen sein; fällt der erste Samstag im Monat auf einen gesetzlichen Feiertag, dürfen die Verkaufsstellen am darauffolgenden Samstag bis neunzehn Uhr geöffnet sein. Die Vorschriften des Satzes 1 gelten nicht für Apotheken, Tankstellen und am 24. Dezember außerdem für den Handel mit Weihnachtsbäumen.

(3) Die örtliche Polizeidienststelle kann für jährlich höchstens zwanzig Tage, davon höchstens vier Samstage, jedoch nicht für den ersten Samstag im Monat, längere Öffnungszeiten bewilligen, die an Samstagen spätestens um neunzehn Uhr, an den übrigen Werktagen spätestens um einundzwanzig Uhr enden müssen.

(4) Vor sieben Uhr, jedoch nicht vor fünf Uhr, dürfen Lebensmittelgeschäfte nach näherer Bestimmung der örtlichen Polizeidienststelle geöffnet sein.

(5) Die örtlichen Polizeidienststellen haben vor der Bewilligung von Ausnahmen nach den Absätzen 3 und 4 die Äußerung des Gewerbeaufsichtsamtes einzuholen und ihm die erteilte Ausnahmebewilligung in Abschrift mitzuteilen. Hält das Gewerbeaufsichtsamt die Ausnahmebewilligung für nicht vereinbar mit dem Schutz der Arbeitnehmer, so hat es unverzüglich die Entscheidung des für den Arbeitsschutz zuständigen Landesministers herbeizuführen.

(6) Die vorstehenden Vorschriften gelten auch für den Einzelhandel, auf Wochenmärkten und in den Markthallen.

1165 Es handelte sich bei diesem Entwurf im wesentlichen um den Entwurf gemäß BT-Drucks. 1386 vom 28. September 1950, den der Ausschuss für Arbeit erstellte, aber mangels Kompetenz nicht in den Bundestag einbringen konnte, da die dem Ausschuss überwiesene Vorlage selbst kein Gesetzesentwurf war. Vgl. 2. Teil, II 2 a) aa) der Arbeit.

(7) Die Vorschriften der Absätze 1 bis 5 finden keine Anwendung auf den Verkauf von Waren aus selbsttätigen Verkaufseinrichtungen (Warenautomaten), die von dem Inhaber einer zum dauernden Betrieb eingerichteten offenen Verkaufsstelle in räumlichem Zusammenhang mit dieser aufgestellt und in denen nur Waren feilgeboten werden, die auch in der offenen Verkaufsstelle selbst geführt werden. Die Wartung der Warenautomaten darf nur innerhalb der nach den Absätzen 1 bis 5 für den Verkauf aus offenen Verkaufsstellen an Werktagen allgemein zulässigen Zeiten erfolgen. Der Bundesminister für Arbeit wird ermächtigt, im Einvernehmen mit dem Bundesminister für Wirtschaft und mit Zustimmung des Bundesrates Rechtsverordnungen zur Durchführung der Sätze 1 und 2 zu erlassen, die den Verkauf aus Warenautomaten während der Ladenschlusszeiten näher regeln; sie können insbesondere bestimmte Arten von Verkaufsstellen oder Waren von dem Verkauf aus Warenautomaten ausschließen.

(8) Zu den offenen Verkaufsstellen im Sinne der vorstehenden Vorschriften gehören auch, falls nicht in begründeten Ausnahmefällen auf Antrag der Eisenbahndirektion der für den Arbeitsschutz zuständige Landesminister etwas anderes anordnet, Bahnhofsverkaufsstellen, soweit sie eine Verkaufstätigkeit außerhalb der Bahnsteigsperre ausüben.

§ 23 Sonstige Verkaufsstellen

Während der Zeit, in der nach § 22 die Verkaufsstellen geschlossen sein müssen, ist das Feilbieten von Waren auf öffentlichen Wegen, Straßen, Plätzen oder anderen öffentlichen Orten oder ohne vorherige Bestellung von Haus zu Haus im stehenden Gewerbebetrieb sowie im Umherziehen (Gewerbeordnung § 42b Absatz 1 Nr. 1 und § 55 Absatz 1 Nr. 2) verboten. Ausnahmen können von der örtlichen Polizeidienststelle zugelassen werden. Der Bundesminister für Arbeit kann mit Zustimmung des Bundesrates über die Voraussetzungen und Bedingungen für die Zulassung von Ausnahmen nähere Bestimmungen erlassen.

Artikel II

(1) Dieses Gesetz tritt eine Woche nach seiner Verkündung in Kraft.

(2) Mit dem Inkrafttreten dieses Gesetzes treten die Verordnung über den Ladenschluss vom 21. Dezember 1939 (RGBl. I S. 2471) in der Fassung der Verordnung vom 9. Januar 1942 (RGBl. I S. 24), die auf Grund dieser Verordnung ergangenen Anordnungen außer Kraft.

Der Antrag wurde von den *Abgeordneten Degener (CDU/CSU), Richter (Frankfurt) (SPD), Determann (Zentrum)* und weiteren 26 Abgeordneten, vorwiegend aus den Reihen der SPD, unterzeichnet.

Anhang 2

Entwurf eines Gesetzes über den Ladenschluss
Referentenentwurf vom 12. Mai 1951

Begriffsbestimmungen
§ 1
(1) Offene Verkaufsstellen im Sinne dieses Gesetzes sind alle ständigen Einrichtungen, in denen von einer festen, allgemein zugänglichen Stelle aus im stehenden Gewerbebetrieb Waren für jedermann (im Einzelhandel) feilgeboten werden.

(2) Feiertage im Sinne dieses Gesetzes sind nur die gesetzlich anerkannten Feiertage. Um den Arbeitnehmern auch an anderen Feiertagen Arbeitsruhe zu verschaffen, können die Landesregierungen durch Rechtsverordnung, zu der sie der Zustimmung des Bundesrates nicht bedürfen, bestimmen, dass die Vorschriften der §§ 2 bis 4 ganz oder teilweise auch auf sonstige Feiertage Anwendung finden.

Allgemeine Ladenschlusszeiten
§2
(1) Offene Verkaufsstellen jeder Art müssen, vorbehaltlich der Vorschriften der §§ 3 bis 8, zu folgenden Zeiten für den geschäftlichen Verkehr geschlossen sein:

a) an Sonn- und Feiertagen;
b) an Werktagen ab 19 bis 7 Uhr;
an Mittwochen ab 13 Uhr;
c) am 24. Dezember ab 17 Uhr.

(2) In den Fällen des Abs. 1 Buchst. b) dürfen die beim Ladenschluss anwesenden Kunden noch bedient werden.

Ausnahmen vom Sonntagsladenschluss
§ 3
Abweichend von den Vorschriften des § 2 Abs. 1 Buchst. a) dürfen an Sonn- und Feiertagen für den geschäftlichen Verkehr geöffnet sein:

a) Apotheken,
Gestattet ist nur die Abgabe von Arznei- und Heilmitteln und Gegenständen der Krankenpflege. Die höhere Verwaltungsbehörde kann für eine Gemeinde mit mehreren Apotheken während der Ladenschlusszeiten (§2 Abs. 1) die abwechselnde Schließung eines Teils der Apotheken anordnen; die Schließung kann bis 8 Uhr des nächsten Tages ausgedehnt werden. In den geschlossenen Apotheken ist an sichtbarer Stelle ein Aushang anzubringen, welcher die zur Zeit offenen Apotheken bekanntgibt;
b) Tankstellen,
Gestattet ist nur die Abgabe von Betriebsstoffen und Ersatzteilen für Kraftfahrzeuge, soweit dies für die Erhaltung oder sofortige Wiederherstellung der Fahrbereitschaft notwendig ist;
c) selbsttätige Verkaufseinrichtungen (Warenautomaten),

falls sie von dem Inhaber einer zum dauernden Betrieb eingerichteten offenen Verkaufsstelle in räumlichem Zusammenhang mit dieser aufgestellt und in ihnen nur Waren feilgehalten werden, die auch in der offenen Verkaufsstelle selbst geführt werden. Für Warentomaten, die gleichzeitig Bahnhofsverkaufsstellen im Sinne des Buchst. d) sind, gelten nur die Vorschriften des Buchst. d). Ein Warenautomat darf nur während der Öffnungszeit, die für die mit ihm in räumlichem Zusammenhang stehende offene Verkaufsstelle zugelassen ist, gewartet werden. Der Bundesminister für Arbeit wird ermächtigt, im Einvernehmen mit dem Bundesminister für Wirtschaft Rechtsverordnungen zur Durchführung dieser Vorschrift zu erlassen, die den Verkauf aus Warenautomaten während der Ladenschlusszeiten (§ 2 Abs. 1) näher regeln; sie dürfen insbesondere einzelne Arten von Verkaufsstellen oder Waren von dem Verkauf aus Warenautomaten ausschließen. Die Ausführungsverordnung zum Gesetz über den Verkauf von Waren aus Automaten -mit Ausnahme der Nr. 4- vom 14.8.1934 (RGBl. I S. 814) und die 2. AVO zu dem genannten Gesetz vom 22.8.1936 (RGBL. I S. 645) bleiben in Kraft, bis sie durch Vorschriften auf Grund der vorstehenden Ermächtigung ersetzt werden;

d) Bahnhofsverkaufsstellen,
falls sie auf einem Personenbahnhof -auf Vorort- und Stadtbahnhöfen innerhalb der Bahnsteigsperre- liegen, ausschließlich Reisebedarf feilhalten und ausschließlich der Befriedigung des Reisebedarfs der Reisenden zu dienen bestimmt sind. Gestattet ist nur die Abgabe von Reisebedarf, nur in geringen, das durchschnittliche Reisebedürfnis nicht übersteigenden Mengen und nur an Reisende. Der Bundesminister für Arbeit wird ermächtigt, im Einvernehmen mit den Bundesministern für Wirtschaft und für Verkehr durch Rechtsverordnung
   I. Ladenschlusszeiten für die Bahnhofsverkaufsstellen vorzuschreiben, um die Dauer der Verkaufstätigkeit auf den Bahnhöfen dem von den Bedürfnissen des Reiseverkehrs geforderten Maß anzupassen,
   II. zur Durchführung der Sätze 1 und 2 die Abgabe von Waren in Bahnhofsverkaufsstellen während der Ladenschlusszeiten (§ 2 Abs. 1) näher zu regeln, insbesondere zu bestimmen, was als Reisebedarf anzusehen ist;

e) sonstige offenen Verkaufsstellen,
an jährlich höchstens sechs von der unteren Verwaltungsbehörde (oder: dem GAA) und an weiteren höchstens vier von der für den Arbeitsschutz zuständigen obersten Landesbehörde im Einvernehmen mit der für die Wirtschaft zuständigen obersten Landesbehörde festgesetzten Tagen, an denen besondere Verhältnisse einen erweiterten Geschäftsverkehr erforderlich machen. Bei der Festsetzung kann die Behörde die Öffnung auf einzelne Arten von Verkaufsstellen und auf bestimmte Bezirke beschränken und muss den Zeitraum, während dem die Verkaufsstellen geöffnet sein dürfen, angeben. Dieser Zeitraum darf sechs Stunden nicht überschreiten, muss spätestens um 18 Uhr enden und soll nach Möglichkeit außerhalb der Zeit des Hauptgottesdienstes liegen. Vor der Festsetzung hat die Behörde die beteiligten Arbeitgeber- und Arbeitnehmerverbände zu hören.

§ 4

(1) Damit die Bevölkerung tägliche oder an Sonn- und Feiertagen besonders hervortretende Kaufbedürfnisse befriedigen kann, kann der Bundesminister für Arbeit im Einvernehmen mit dem Bundesminister für Wirtschaft durch Rechtsverordnung bestimmen, dass und unter welchen Voraussetzungen alle oder einzelne Arten von offenen Verkaufsstellen an Sonn- und

Feiertagen zur Befriedigung solcher Bedürfnisse geöffnet sein dürfen; er kann dabei die Öffnung auf bestimmte Bezirke und auf bestimmte Sonn- und Feiertage oder Jahreszeiten und die Abgabe von Waren während der Öffnungszeiten auf bestimmte Waren und Mengen beschränken sowie den Inhabern für den Fall, dass sie die Verkaufsstellen offenhalten, sonstige Verpflichtungen auferlegen. Eine Öffnungszeit von länger als zwei Stunden sowie eine Öffnung am zweiten Weihnachts-, Oster- und Pfingstfeiertag soll er nach Möglichkeit nicht zulassen. Die Lage der zugelassenen Öffnungszeit wird unter Berücksichtigung der Zeit des Hauptgottesdienstes von der unteren Verwaltungsbehörde (oder: GAA) festgesetzt. Solange und soweit der Bundesminister für Arbeit solche Vorschriften nicht getroffen hat, steht die Befugnis zu ihrem Erlass den Landesregierungen zu; sie bedürfen hierzu nicht der Zustimmung des Bundesrates.

(2) Damit in Kur- und Badeorten und in Orten, die an Sonn- und Feiertagen einen besonders starken Fremdenverkehr aufweisen, die Kaufbedürfnisse der Fremden befriedigt werden können, können die Landesregierungen durch Rechtsverordnung, zu der sie der Zustimmung des Bundesrates nicht bedürfen, bestimmen, dass und unter welchen Voraussetzungen in derartigen von ihnen zu bestimmenden Orten oder Ortsteilen einzelne Arten von offenen Verkaufsstellen an jährlich höchstens 26 Sonn- und Feiertagen bis zur Dauer von fünf Stunden geöffnet sein dürfen; sie können dabei die Abgabe von Waren während der Öffnungszeit auf bestimmte Waren und Mengen beschränken und den Inhabern der Verkaufsstellen für den Fall, dass sie die Verkaufsstelle offenhalten, sonstige Verpflichtungen auferlegen. Abs. 1 Satz 3 und 4 finden Anwendung.

(3) Die bisher getroffenen Anordnungen über die Zulassung von Ausnahmen von der Sonntagsruhe in den Bedürfnisgewerben sowie in Bade- und Ausflugsorten bleiben in Kraft, bis sie durch Vorschriften auf Grund der Ermächtigungen in den Absätzen 1 und 2 ersetzt werden.

Besonderer Schutz der Arbeitnehmer
§ 5
(1) Außerhalb der nach den §§ 3 und 4 zugelassenen Öffnungszeiten dürfen Arbeitnehmer in offenen Verkaufsstellen an Sonn- und Feiertagen nicht beschäftigt werden. Die Vorschriften der §§ 105c und 105f GewO bleiben unberührt. Die Beschäftigung während der Öffnungszeiten steht § 105b Abs. 2 Satz 1 der GewO nicht entgegen.

(2) Die Dauer der Beschäftigungszeit des einzelnen Arbeitnehmers an Sonn- und Feiertagen darf acht Stunden nicht überschreiten; das GAA kann in besonderen Fällen Ausnahmen zulassen. Für die Gewährung von Ruhepausen gelten §§ 12 Abs. 2, 18 AZO, § 15 JSchuG entsprechend. Die Vorschriften dieses Absatzes finden auf Apotheken keine Anwendung.

(3) Die an Sonn- und Feiertagen in offenen Verkaufsstellen gemäß § 3 Buchst. a), b) und d) und § 4 beschäftigten Arbeitnehmer sind, wenn sie länger als drei Stunden beschäftigt werden, an einem Werkstag der nächsten Woche ab 14 Uhr, wenn sie länger als sechs Stunden beschäftigt werden, den ganzen Tag von der Arbeit freizustellen; die Ruhezeit darf nicht am Mittwoch gewährt werden, falls die Verkaufsstelle an diesem Tag um 13 Uhr geschlossen wird. Mindestens jeder dritte Sonntag muss beschäftigungsfrei bleiben. Das GAA kann in besonderen Fällen (oder: aus wichtigen Gründen) Ausnahmen von den vorstehenden Vorschriften zulassen. Bei dreischichtigen Betrieben bewendet es bei den Vorschriften des § 10 AZO. Die Vorschriften des § 18 JSchG bleiben unberührt.

Ausnahmen vom Werktagsladenschluss

§ 6

Abweichend von den Vorschriften des § 2 Abs. 1 Buchst. b) dürfen an Werktagen ab 19 bis 7 Uhr, an Mittwochen ab 13 Uhr, für den geschäftlichen Verkehr geöffnet sein:

a) Apotheken,
b) Tankstellen,
c) Warenautomaten,
d) Bahnhofsverkaufsstellen,

Zu a) bis d): § 3 Buchst. a) bis d) finden Anwendung.

e) Lebensmittelgeschäfte
nach näherer Zulassung durch die untere Verwaltungsbehörde (oder: GAA) frühestens ab 5 Uhr. Die Zulassung kann nur einheitlich für alle Lebensmittelgeschäfte erteilt, jedoch auf bestimmte Bezirke beschränkt werden;
f) sonstige offene Verkaufsstellen
an höchstens zwölf von der unteren Verwaltungsbehörde (oder: GAA) festgesetzten Tagen bis spätestens 21 Uhr, an Mittwochen bis spätestens 19 Uhr. Bei der Festsetzung kann die Behörde die Öffnung auf einzelne Arten von Verkaufsstellen und auf bestimmte Bezirke beschränken. Vor der Festsetzung hat sie die beteiligten Arbeitgeber- und Arbeitnehmerverbände zu hören.

§ 7

(1) Damit in ländlichen Bezirken die Bevölkerung während der Zeit der Feldbestellung und der Ernte dringende Kaufbedürfnisse befriedigen kann, kann der Bundesminister für Arbeit im Einvernehmen mit dem Bundesminister für Wirtschaft durch Rechtsverordnung bestimmen, dass und unter welchen Voraussetzungen die unteren Verwaltungsbehörden (oder: GAA) in ländlichen Bezirken allen oder einzelnen Arten von offenen Verkaufsstellen eine Öffnung bis längstens 21 Uhr an Werktagen erlauben dürfen, und kann gleichzeitig den Inhabern der Verkaufsstellen für den Fall, dass sie die Verkaufsstelle offenhalten, Verpflichtungen auferlegen.

(2) Solange und soweit der Bundesminister für Arbeit Vorschriften nach Abs. 1 nicht getroffen hat, steht die Befugnis zum Erlass solcher Vorschriften den Landesregierungen zu; sie bedürfen hierzu nicht der Zustimmung des Bundesrates.

(3) Die bisher getroffenen Anordnungen über die Zulassung von Ausnahmen vom Ladenschluss in ländlichen Gebieten bleiben in Kraft, bis sie durch Vorschriften auf Grund der Ermächtigung in den Absätzen 1 und 2 ersetzt werden.

(4) In offenen Verkaufsstellen, denen gemäß der vorstehenden Vorschriften eine längere Öffnungszeit erlaubt wird, dürfen Jugendliche unter 18 Jahren nur bis 19 Uhr beschäftigt werden.

Ausnahmen vom Ladenschluss am 24. Dezember

§ 8

Abweichend von den Vorschriften des § 2 Buchst. c) dürfen am 24. Dezember für den geschäftlichen Verkehr geöffnet sein:

a) Apotheken. § 3 Buchst. a) findet Anwendung,
b) Warenautomaten. § 3 Buchst. c) findet Anwendung.

Einzelhandel auf Wochenmärkten und Markthallen
§ 9
(1) Während der Ladenschlusszeiten (§ 2 Abs. 1) dürfen auf Wochenmärkten und in Markthallen Waren zum Verkauf an den letzten Verbraucher (oder: im Einzelhandel) nicht feilgeboten werden; jedoch kann die zuständige Verwaltungsbehörde im Rahmen einer gemäß § 3 Buchst. e), § 4, § 6 Buchst. e) oder f) oder § 7 zugelassenen Öffnung den Verkaufsstellen einen geschäftlichen Verkehr auf Wochenmärkten und in Markthallen zulassen. Die Vorschriften des § 5 Abs. 2 und 3 und des § 7 Abs. 4 gelten entsprechend.

(2) Am 24. Dezember dürfen nach 17 Uhr Waren auch im sonstigen Marktverkehr nicht feilgeboten werden.

(3) Im übrigen bewendet es bei den Vorschriften der §§ 64 bis 71 GewO.

Straßen- und Hausierhandel
§ 10
(1) Während der Ladenschlusszeiten (§ 2 Abs. 1) ist das Feilhalten von Waren zum Verkauf an den letzten Verbraucher (oder: im Einzelhandel) auf öffentlichen Wegen, Straßen, Plätzen und an anderen öffentlichen Orten oder von Haus zu Haus im stehenden Gewerbebetrieb sowie im Gewerbebetrieb im Umherziehen (§ 42b Abs. 1 Nr. 1, § 55 Abs. 1 Nr. 1 GewO) verboten.

(2) Die eine Öffnung außerhalb der Ladenschlusszeiten gemäß § 3 Buchst. e), § 4, § 6 Buchst f) oder § 7 zulassenden Stellen können gleichzeitig bestimmen, ob und in welchem Umfang auch die in Absatz 1 genannten Tätigkeiten ausgeübt werden dürfen. Darüber hinaus kann die untere Verwaltungsbehörde (oder: das GAA) im Falle eines dringenden Bedürfnisses weitere Ausnahmen zulassen.

(3) Der Bundesminister für Arbeit kann im Einvernehmen mit dem Bundesminister für Wirtschaft durch Rechtsverordnung Vorschriften über die Voraussetzungen für die Zulassung von Ausnahmen durch die untere Verwaltungsbehörde (oder: das GAA) erlassen. Solange und soweit der Bundesminister für Arbeit solche Vorschriften nicht getroffen hat, steht die Befugnis zu ihrem Erlass den Landesregierungen zu; sie bedürfen hierzu nicht der Zustimmung des Bundesrates. Die bisher auf Grund der GewO oder der AZO getroffenen Anordnungen über die Voraussetzungen und Bedingungen für die Zulassung von Ausnahmen bleiben in Kraft, bis sie durch Vorschriften auf Grund der Ermächtigung in den Sätzen 1 und 2 ersetzt werden.

(4) Die Vorschriften der §§ 5 und 7 Abs. 4 gelten entsprechend.

Abgrenzung von Hilfsbetrieben
§ 11
(ohne Text)

Aushang und Verzeichnisse
§ 12
Der Inhaber einer offenen Verkaufsstelle, in der regelmäßig mindestens ein Arbeiter beschäftigt wird, ist verpflichtet,

a) einen Abdruck dieses Gesetzes und der auf Grund dieses Gesetzes erlassenen Rechtsverordnungen, mit Ausnahme der sich auf Verkaufsstellen anderer Art beziehenden Vorschriften, an gegebener Stelle in der Verkaufsstelle auszulegen oder auszuhängen,
b) ein Verzeichnis über Name, Tag, Beschäftigungsart und -dauer der an Sonn- und Feiertagen beschäftigten Arbeitnehmer und über die diesen gemäß § 5 Abs. 3 als Ersatz für die Beschäftigung an diesen Tagen gewährte Freizeit zu führen. Die Landesregierungen können durch Rechtsverordnung eine einheitliche Form für das Verzeichnis vorschreiben.

Strafen und Bußen
§ 13
(1) Wer vorsätzlich den Vorschriften des § 5, des § 7 Abs. 4 oder einer den Schutz der Arbeitnehmer bezweckenden Vorschrift in den auf Grund dieses Gesetzes erlassenen Rechtsverordnungen zuwiderhandelt, wird mit Gefängnis bis zu drei Monaten oder mit Geldstrafe bestraft. In besonders schweren Fällen ist die Strafe Gefängnis und Geldstrafe oder eine dieses Strafen.

(2) Ist die Zuwiderhandlung fahrlässig begangen, so ist die Strafe Geldstrafe bis zu 150,- DM oder Haft.

(3) Die Tat wird nur auf Verlangen der Aufsichtsbehörde verfolgt. Das Verlangen kann zurückgenommen werden.

§ 14
Wer vorsätzlich oder fahrlässig den Vorschriften dieses Gesetzes -ausgenommen die in § 13 genannten Vorschriften- oder einer auf Grund dieses Gesetzes erlassenen Rechtsverordnung zuwiderhandelt, kann durch das Gewerbeaufsichtsamt mit einer Geldstrafe bis zu 10.000,- DM belegt werden.

§ 15
Der Inhaber einer offenen Verkaufsstelle kann mit der Erfüllung der Pflichten, die ihm nach diesem Gesetz oder den auf Grund dieses Gesetzes erlassenen Vorschriften obliegen, andere Personen beauftragen. Handeln diese den in dem § 13 genannten Vorschriften zuwider, so trifft sie die Strafe oder Geldbuße.

(2) Wird die Zuwiderhandlung durch einen Beauftragten begangen, so kann wegen Verletzung der Aufsichtspflicht eine Geldbuße bis zu 500,- DM gegen den Inhaber der Verkaufsstelle festgesetzt werden, wenn dieser oder, falls er eine juristische Person oder eine Handelsgesellschaft ist, der zur gesetzlichen Vertretung Berechtigte nicht die im Verkehr erforderliche Sorgfalt angewendet hat, um die Zuwiderhandlung zu verhüten.

§ 16
Auf die Geldbuße (§§ 14 und 15 Abs. 2) finden die §§ 28 bis 30, 32, 55 Abs. 1, 57, 66 bis 98 und 101 des Wirtschaftsstrafgesetzes vom 26.7.1949 (Gesetzblatt für die Verwaltung des Vereinigten Wirtschaftsgebietes S. 193) in der Fassung der Gesetze vom 29.3.1950 (BGBl. S. 78) und vom 30.3.1951 (BGBl. I S. 223) Anwendung.

Aufsicht und Auskunft

§ 17

(1) Die Aufsicht über die Ausführung der Vorschriften dieses Gesetzes und der auf Grund dieses Gesetzes erlassenen Bestimmungen obliegen den Gewerbeaufsichtsämtern und den örtlichen Polizeidienststellen. Die Landesregierungen treffen nähere Anordnungen über die Abgrenzung der Tätigkeitsbereiche dieser Behörden und deren Zusammenarbeit.

(2) Auf die Befugnisse und Obliegenheiten der Gewerbeaufsichtsämter finden die Vorschriften des § 139b GewO entsprechende Anwendung. Die örtlichen Polizeidienststellen haben den Gewerbeaufsichtsämtern bei der Durchführung dieses Gesetzes und der auf Grund dieses Gesetzes erlassenen Bestimmungen Amtshilfe zu leisten.

(3) Die Inhaber offener Verkaufsstellen, ihre Beauftragen (§ 15 Abs. 1) und die in § 10 Abs. 1 genannten Gewerbetreibenden sind verpflichtet, den Aufsichtsbehörden auf Verlangen

a) die zur Erfüllung ihrer Aufgaben erforderlichen Angaben wahrheitsgemäß und vollständig zu machen,
b) das Verzeichnis gemäß § 12 Buchst. b), alle Unterlagen, aus denen Namen, Beschäftigungsart und -zeiten der Arbeitnehmer ersichtlich sind sowie sonstige Unterlagen, die sich auf die nach Buchst. a) zu machenden Angaben beziehen, vorzulegen oder zur Einsicht einzusenden. Die Nachweise und Unterlagen sind mindestens bis zum Ablauf eines Jahres nach der letzten Eintragung aufzubewahren.

(4) Die Auskunftspflicht nach Abs. 3 Buchst. a) obliegt auch den Beschäftigten.

Änderung von Gesetzen

§ 18

(1) Die Gewerbeordnung für das Deutsche Reich wird wie folgt geändert:

a) § 41a fällt weg,
b) § 55a Abs. 1 erhält folgende Fassung:
„An Sonn- und Feiertagen (§105a Abs. 2) ist der Gewerbebetrieb im Umherziehen soweit er unter § 55 Abs. 1 Nr. 2 und 3 fällt, sowie der Gewerbebetrieb der im § 42b bezeichneten Personen, soweit er nicht unter § 42b Nr. 1 fällt, verboten."
c) § 105a Abs. 1 erhält folgende Fassung:
„Zum Arbeiten an Sonn- und Festtagen können die Gewerbetreibenden die Arbeiter nicht verpflichten. Arbeiten, die nach den Bestimmungen dieses Gesetzes oder des Gesetzes über den Ladenschluss vom ...... (BGBl. I S. .....) auch an Sonn- und Festtagen vorgenommen werden dürfen, fallen unter die vorstehenden Bestimmungen nicht."

(2) Die Arbeitszeitverordnung vom 30.4.1938 (RGBl. I S. 447) wird wie folgt geändert:

a) §§ 22 und 23 fallen weg.
b) in § 27 Abs. 1 fällt der zweite Satz weg.

(3) Das Gesetz über die Kinderarbeit und die Arbeitszeit der Jugendlichen (Jugendschutzgesetz) vom 30.4.1938 (RGBl. I S. 437) wird wie folgt geändert:

a) § 18 Abs. 4 Satz 2 erhält folgende Fassung:

„Zulässig ist ferner die Beschäftigung von Jugendlichen in offenen Verkaufsstellen an höchstens sechs Sonn- und Feiertagen im Kalenderjahr, soweit an diesen nach den Vorschriften des Gesetzes über den Ladenschluss vom ..... (BGBl. I S. ....) § 3 Buchst. e) offenen Verkaufsstellen geöffnet sein dürfen."

(4) In der Verordnung über Sonntagsruhe im Handelsgewerbe und in Apotheken vom 5.2.1919 (RGBl. S. 176) fällt Art. 3 weg.

Aufhebung von Gesetzen
§ 19
(1) Vorschriften, die den Vorschriften dieses Gesetzes entsprechen oder widersprechen, werden aufgehoben. Insbesondere werden aufgehoben, soweit sie nicht bereits außer Kraft getreten sind:

a) die Verordnung über den Ladenschluss vom 21.12.1939 (RGBl. I S. 2471) in der Fassung der Verordnung vom 9.1.1942 (RGBl. I S. 24) und die auf Grund dieser Verordnung erlassenen Bestimmungen,
b) das bremische Gesetz über die Ladenverkaufszeiten vom 18.7.1950 (Gesetzblatt der Freien Hansestadt Bremen S. 87),
c) die württemberg-hohenzollernsche Verordnung über die Öffnungszeiten offener Verkaufsstellen an Werktagen (Ladenschlussverordnung) vom 22.9.1948 (Reg. Bl. Für das Land Württemberg-Hohenzollern S. 126),
d) das badische Landesgesetz über den Ladenschluss vom 28.2.1951 (Badisches Gesetz- und Verordnungsblatt 1951 S. 67).

(2) Verweisungen auf Vorschriften, die nach Absatz 1 außer Kraft getreten sind, gelten als Verweisungen auf die entsprechenden Vorschriften dieses Gesetzes und der auf Grund dieses Gesetzes erlassenen Rechtsverordnungen.

Inkrafttreten
§ 20
Dieses Gesetz tritt eine Woche nach der Verkündung in Kraft.

Anhang 3

Regierungsentwurf eines Gesetzes über den Ladenschluss
BR-Drucksache 310/54 vom 24. September 1954

ERSTER ABSCHNITT
Begriffsbestimmungen

§ 1 Verkaufsstellen
(1) Verkaufsstellen im Sinne dieses Gesetzes sind

1. Ladengeschäfte aller Art einschließlich der Verkaufsstellen von Konsumvereinen, ferner Apotheken, Tankstellen, Warenautomaten und Bahnhofsverkaufsstellen,
2. sonstige Verkaufsstände und -buden, Kioske, Basare und ähnliche Einrichtungen, falls in ihnen ebenfalls von einer festen Stelle aus ständig Waren zum Verkauf an jedermann feilgehalten werden. Dem Feilhalten steht das Zeigen von Mustern, Proben und ähnlichem gleich, wenn Warenbestellungen in der Einrichtung entgegengenommen werden.

(2) Zur Herbeiführung einer einheitlichen Handhabung des Gesetzes kann der Bundesminister für Arbeit im Einvernehmen mit dem Bundesminister für Wirtschaft durch Rechtsverordnung mit Zustimmung des Bundesrates bestimmen, welche Einrichtungen Verkaufsstellen gemäß Absatz 1 sind.

§ 2 Feiertage
Feiertage im Sinne dieses Gesetzes sind die gesetzlichen Feiertage.

ZWEITER ABSCHNITT
Ladenschlusszeiten

§ 3 Allgemeine Ladenschlusszeiten
(1) Verkaufsstellen müssen vorbehaltlich der Vorschriften der §§ 4 bis 16, zu folgenden Zeiten für den geschäftlichen Verkehr mit den Kunden geschlossen sein:

1. an Sonn- und Feiertagen,
2. an Werktagen von neunzehn bis sieben Uhr, mittwochs ab dreizehn Uhr, am 24. Dezember ab fünfzehn Uhr.

Die beim Ladenschluss anwesenden Kunden dürfen noch bedient werden.

(2) Die Landesregierungen können durch Rechtsverordnung bestimmen, dass abweichend von der Vorschrift des Absatzes 1 Nr. 2 der Ladenschluss an allen oder an bestimmten Werktagen von neunzehn Uhr auf frühestens achtzehn Uhr vorverlegt wird, sofern die Befriedigung der Kaufbedürfnisse der Bevölkerung gesichert ist. Sie können die Regelung auf bestimmte Bezirke und Handelszweige beschränken.

§ 4 Apotheken

(1) Abweichend von den Vorschriften des § 3 dürfen Apotheken an allen Tagen während des ganzen Tages geöffnet sein. An Werktagen während der allgemeinen Ladenschlusszeiten (§ 3) und an Sonn- und Feiertagen ist nur die Abgabe von Arznei-, Heil- und Krankenpflegemitteln gestattet.

(2) Die höhere Verwaltungsbehörde kann für eine Gemeinde oder für benachbarte Gemeinden mit mehreren Apotheken anordnen, dass während der allgemeinen Ladenschlusszeiten (§ 3) abwechselnd ein Teil der Apotheken geschlossen sein muss. An den geschlossenen Apotheken ist an sichtbarer Stelle ein Aushang anzubringen, der die zur Zeit offenen Apotheken bekanntgibt.

§ 5 Tankstellen

(1) Abweichend von den Vorschriften des § 3 dürfen Tankstellen, die an Bundesautobahnen, an Bundesstraßen, an sonstigen Straßen mit Durchgangsverkehr oder in Gemeinden mit mehr als 10.000 Einwohnern liegen, an allen Tagen während des ganzen Tages, andere Tankstellen an allen Tagen zwischen 6 und 22 Uhr geöffnet sein; die obersten Verwaltungsbehörden der Länder bestimmen, welche Straßen als Straßen mit Durchgangsverkehr gelten.

(2) An Werktagen während der allgemeinen Ladenschlusszeiten (§ 3) und an Sonn- und Feiertagen ist nur die Abgabe von Ersatzteilen für Kraftfahrzeuge, soweit dies für die Erhaltung oder Wiederherstellung der Fahrbereitschaft notwendig ist, sowie die Abgabe von Betriebsstoffen gestattet.

§ 6 Warenautomaten

(1) Abweichend von den Vorschriften des § 3 dürfen selbsttätige Verkaufseinrichtungen (Warenautomaten) an allen Tagen während des ganzen Tages geöffnet sein, falls sie von dem Inhaber einer Verkaufsstelle in räumlichem Zusammenhang mit dieser aufgestellt und in ihnen nur Waren feilgehalten werden, die auch in der offenen Verkaufsstelle selbst geführt werden.

(2) Für Warenautomaten, die Verkaufsstellen auf Personenbahnhöfen oder auf Flughäfen im Sinne der §§ 7 und 8 sind, treten an die Stelle der Vorschriften des Absatzes 1 die Vorschriften der §§ 7 und 8.

(3) Der Bundesminister für Arbeit wird ermächtigt, im Einvernehmen mit dem Bundesminister für Wirtschaft zur Durchführung der Vorschriften des Absatzes 1 Rechtsverordnungen mit Zustimmung des Bundesrates zu erlassen, die den Verkauf aus Warenautomaten während der allgemeinen Ladenschlusszeiten (§ 3) näher regeln.

§ 7 Verkaufsstellen auf Personenbahnhöfen

(1) Abweichend von den Vorschriften des § 3 dürfen Verkaufsstellen auf Personenbahnhöfen

1. der Deutschen Bundesbahn, soweit sie Nebenbetriebe dieser Bahn im Sinne des § 41 des Bundesbahngesetzes vom 13. Dezember 1951 (BGBl. I S. 955) sind,
2. der nichtbundeseigenen Eisenbahnen, soweit sie den Bedürfnissen des Betriebs und Verkehrs dieser Bahnen zu dienen bestimmt sind (Nebenbetriebe der nichtbundeseigenen Eisenbahnen),

an allen Tagen während des ganzen Tages geöffnet sein, am 24. Dezember jedoch nur bis 17 Uhr.

(2) Der Bundesminister für Verkehr wird ermächtigt, im Einvernehmen mit den Bundesministern für Arbeit und für Wirtschaft durch Rechtsverordnung mit Zustimmung des Bundesrates Ladenschlusszeiten für die Verkaufsstellen auf Personenbahnhöfen der nichtbundeseigenen Eisenbahnen vorzuschreiben, die sicherstellen, dass die Dauer der Offenhaltung nicht über das von den Bedürfnissen des Reiseverkehrs geforderte Maß hinausgeht; er kann ferner die Abgabe von Waren in den genannten Verkaufsstellen während der allgemeinen Ladenschlusszeiten (§ 3) auf bestimmte Waren beschränken.

§ 8 Verkaufsstellen auf Flughäfen

(1) Abweichend von den Vorschriften des § 3 dürfen Verkaufsstellen auf Flughäfen an allen Tagen während des ganzen Tages geöffnet sein, am 24. Dezember jedoch nur bis 17 Uhr. An Werktagen während der allgemeinen Ladenschlusszeiten (§ 3) und an Sonn- und Feiertagen ist nur die Abgabe von Reisebedarf an Reisende gestattet.

(2) Der Bundesminister für Verkehr wird ermächtigt, im Einvernehmen mit den Bundesministern für Arbeit und für Wirtschaft durch Rechtsverordnung mit Zustimmung des Bundesrates Ladenschlusszeiten für die in Absatz 1 genannten Verkaufsstellen vorzuschreiben und die Abgabe von Waren näher zu regeln.

§ 9 Kur- und Erholungsorte

(1) Die Landesregierungen können durch Rechtsverordnung bestimmen, dass und unter welchen Voraussetzungen und Bedingungen in Kurorten und solchen Wallfahrts- und Erholungsorten, die einen besonders starken Fremdenverkehr aufweisen, zur Befriedigung dringender Kaufbedürfnisse der Fremden bestimmte Arten von Verkaufsstellen abweichend von den Vorschriften des § 3

1. an jährlich höchstens 22 Sonn- und Feiertagen bis zur Dauer von 5 Stunden,
2. an Werktagen bis spätestens 22 Uhr

geöffnet sein dürfen.

(2) In den nach Absatz 1 erlassenen Rechtsverordnungen kann die Offenhaltung auf bestimmte Ortsteile und die Abgabe von Waren auf bestimmte Arten beschränkt werden. Die Lage der zugelassenen Öffnungszeit wird unter Berücksichtigung der Zeit des Hauptgottesdienstes von der nach Landesrecht zuständigen Behörde festgesetzt. Wird die Offenhaltung am Mittwochnachmittag zugelassen, so muss gleichzeitig angeordnet werden, dass die Verkaufsstellen, die am Mittwochnachmittag offenhalten dürfen, an einem bestimmten Nachmittag derselben Woche ab 13 Uhr geschlossen sein müssen.

(3) Die bisher getroffenen Anordnungen über Ausnahmen von den Ladenschlussvorschriften in Kur-, Wallfahrts- und Erholungsorten bleiben in Kraft, bis sie durch Vorschriften auf Grund der Ermächtigung in Absatz 1 ersetzt sind, längstens jedoch bis zum 31. Dezember 1955.

§ 10 Ländliche Gebiete

(1) Die Landesregierungen können durch Rechtsverordnung bestimmen, dass und unter welchen Voraussetzungen und Bedingungen in ländlichen Gebieten während der Zeit der

Feldbestellung und der Ernte abweichend von den Vorschriften des § 3 eine Offenhaltung aller oder bestimmter Arten von Verkaufsstellen

1. an Sonn- und Feiertagen bis zur Dauer von 2 Stunden,
2. an Werktagen bis spätestens 21 Uhr

zugelassen werden kann, falls dies zur Befriedigung dringender Kaufbedürfnisse der Landbevölkerung erforderlich ist.

(2) Die bisher getroffenen Anordnungen über Ausnahmen von den Ladenschlusszeiten in ländlichen Gebieten bleiben in Kraft, bis sie durch Vorschriften auf Grund der Ermächtigung in Absatz 1 ersetzt sind, längstens jedoch bis zum 31. Dezember 1955.

§ 11 Sonntagsverkauf bestimmter Waren (z.B. Milch, Blumen, Konditorwaren, Zeitungen)

(1) Der Bundesminister für Arbeit kann im Einvernehmen mit den Bundesministern für Wirtschaft und für Ernährung, Landwirtschaft und Forsten durch Rechtsverordnung mit Zustimmung des Bundesrates bestimmen, dass und unter welchen Voraussetzungen und Bedingungen Verkaufsstellen abweichend von den Vorschriften des § 3 Abs. 1 Nr. 1 an Sonn- und Feiertagen geöffnet sein dürfen, soweit dies zur Befriedigung täglicher oder an Sonn- und Feiertagen besonders hervortretender Kaufbedürfnisse der Bevölkerung oder zur Vermeidung des Verderbens von Erzeugnissen der Landwirtschaft, des Gartenbaus und der Fischerei erforderlich ist.

(2) In den nach Absatz 1 erlassenen Rechtsverordnungen kann die Offenhaltung auf bestimmte Sonn- und Feiertage oder Jahreszeiten und die Abgabe von Waren auf bestimmte Arten beschränkt werden. Eine Offenhaltung am 2. Weihnachts-, Oster- und Pfingstfeiertag soll nach Möglichkeit nicht zugelassen werden. Die Lage der zugelassenen Öffnungszeit wird unter Berücksichtigung der Zeit des Hauptgottesdienstes von der nach Landesrecht zuständigen Behörde festgesetzt.

(3) Solange der Bundesminister für Arbeit Vorschriften nach Absatz 1 nicht erlassen hat, steht die Befugnis zu ihrem Erlass den Landesregierungen zu.

(4) Die bisher getroffenen Anordnungen über den Sonntagsverkauf bestimmter Waren im Sinne des Absatzes 1 bleiben in Kraft, bis sie durch Vorschriften auf Grund der Ermächtigung in Absatz 1 ersetzt sind, längstens jedoch bis zum 31. Dezember 1955.

§ 12 Verkaufssonntage vor Weihnachten

(1) Abweichend von den Vorschriften des § 3 Abs. 1 Nr. 1 dürfen Verkaufsstellen an den beiden zwischen dem 8. und 21. Dezember einschließlich der genannten Tage liegenden Sonntagen geöffnet haben.

(2) Die nach Landesrecht zuständige Behörde bestimmt den Zeitraum, während dessen die Verkaufsstellen geöffnet sein dürfen. Dieser Zeitraum darf 5 Stunden nicht überschreiten, muss spätestens um 18 Uhr enden und soll nach Möglichkeit außerhalb der Zeit des Hauptgottesdienstes liegen.

(3) Für Apotheken bleibt es bei den Vorschriften des § 4.

§ 13 Weitere Verkaufssonntage
(1) Abweichend von den Vorschriften des § 3 Abs. 1 Nr. 1 dürfen Verkaufsstellen an jährlich höchstens 6 Sonn- und Feiertagen, an denen besondere örtliche Verhältnisse eine Offenhaltung rechtfertigen und die aus diesem Grunde von der nach Landesrecht zuständigen Behörde freigegeben worden sind, geöffnet sein.

(2) Sonn- und Feiertage im Dezember dürfen nicht freigegeben werden. Bei der Freigabe kann die Behörde die Offenhaltung auf bestimmte Bezirke und Handelszweige beschränken und muss den Zeitraum angeben, während dessen die Verkaufsstellen geöffnet sein dürfen. § 12 Abs. 2 Satz 2 findet Anwendung.

(3) Für Apotheken bleibt es bei den Vorschriften des § 4.

§ 14 Sonntagsverkauf am 24. Dezember
Abweichend von den Vorschriften des § 3 Abs. 1 Nr. 1 dürfen, wenn der 24. Dezember auf einen Sonntag fällt,

1. Verkaufsstellen, die gemäß § 11 oder den hierauf gestützten Vorschriften an Sonn- und Feiertagen geöffnet sein dürfen,
2. Verkaufsstellen, die überwiegend Lebensmittel feilhalten,
3. alle Verkaufsstellen für die Abgabe von Weihnachtsbäumen,

während höchstens 3 Stunden, die von der nach Landesrecht zuständigen Behörde bestimmt worden sind, bis längstens 14 Uhr geöffnet sein.

§ 15 Verkauf an Werktagen vor 7 Uhr
(1) Abweichend von den Vorschriften des § 3 Abs. 1 Nr. 2 dürfen Verkaufsstellen, die überwiegend Lebens- und Genussmittel oder Zeitungen und Zeitschriften feilhalten, frühestens ab 6 Uhr geöffnet sein, falls sie hierzu von der nach Landesrecht zuständigen Behörde die Genehmigung erhalten haben.

(2) Die Genehmigung kann nur einheitlich für jeden der in Absatz 1 genannten Handelszweige erteilt, jedoch auf bestimmte Bezirke beschränkt werden.

§ 16 Verkauf an Werktagen nach 19 Uhr
(1) Abweichend von den Vorschriften des § 3 Abs. 1 Nr. 2, Abs. 2 dürfen Verkaufsstellen an jährlich höchstens 12 Werktagen, die von der nach Landesrecht zuständigen Behörde freigegeben worden sind, bis spätestens 21 Uhr, mittwochs bis spätestens 19 Uhr geöffnet sein.

(2) Bei der Freigabe kann die Behörde die Offenhaltung auf bestimmte Bezirke und Handelszweige beschränken.

(3) Für Apotheken bleibt es bei den Vorschriften des § 4.

DRITTER ABSCHNITT

§ 17 Besonderer Schutz der Arbeitnehmer
(1) In Verkaufsstellen dürfen Arbeitnehmer an Sonn- und Feiertagen nur während der ausnahmsweise zugelassenen Öffnungszeiten (§§ 4 bis 14 und die hierauf gestützten Vorschrif-

ten) und, falls dies zur Erledigung von Vorbereitungs- und Abschlussarbeiten unerlässlich ist, während insgesamt weiterer dreißig Minuten beschäftigt werden.

(2) Die Dauer der Beschäftigungszeit des einzelnen Arbeitnehmers an Sonn- und Feiertagen darf acht Stunden nicht überschreiten.

(3) Arbeitnehmer, die an Sonn- und Feiertagen in Verkaufsstellen gemäß §§ 4, 5, 7 bis 11, 13 und 14 und den hierauf gestützten Vorschriften beschäftigt werden, sind, wenn die Beschäftigung länger als drei Stunden dauert, an einem Werktage derselben Woche ab dreizehn Uhr, wenn sie länger als sechs Stunden dauert, an einem ganzen Werktage derselben Woche von der Arbeit freizustellen; mindestens jeder dritte Sonntag muss beschäftigungsfrei bleiben. Werden sie bis zu drei Stunden beschäftigt, so muss jeder zweite Sonntag oder in jeder zweiten Woche ein Nachmittag ab dreizehn Uhr beschäftigungsfrei bleiben. Die Freizeit darf nicht an einem Mittwoch gewährt werden, falls die Verkaufsstelle an diesem Tage um dreizehn Uhr geschlossen werden muss.

(4) Mit dem Beschicken von Warenautomaten dürfen Arbeitnehmer außerhalb der Öffnungszeiten, die für die mit dem Warenautomaten in räumlichem Zusammenhang stehende Verkaufsstelle gelten, nicht beschäftigt werden.

(5) Weitergehende Vorschriften zum Schutz der Arbeitnehmer in anderen Gesetzen werden durch die Vorschriften der Absätze 1 bis 4 nicht berührt. Unberührt bleiben auch die Vorschriften des § 105c der Gewerbeordnung; jedoch dürfen Arbeitnehmer an den nach Absatz 3 freizuhaltenden Sonntagen nur in Notfällen nach Abs. 1 Nr. 1 des § 105c beschäftigt werden.

(6) Der Bundesminister für Arbeit wird ermächtigt, zum Schutz der Arbeitnehmer in Verkaufsstellen vor übermäßiger Inanspruchnahme ihrer Arbeitskraft oder sonstiger Gefährdung ihrer Gesundheit durch Rechtsverordnung mit Zustimmung des Bundesrates zu bestimmen,

1. dass während der ausnahmsweise zugelassenen Öffnungszeiten (§§ 4 bis 16 und die hierauf gestützten Vorschriften) bestimmte Arbeitnehmer nicht oder die Arbeitnehmer nicht mit bestimmten Arbeiten beschäftigt werden dürfen,
2. dass den Arbeitnehmern für Sonn- und Feiertagsarbeit über die Vorschrift des Absatzes 3 hinaus ein Ausgleich zu gewähren ist,
3. dass die Arbeitnehmer während der Ladenschlusszeiten an Werktagen (§ 3 Abs. 1 Nr. 2, Abs. 2, §§ 5, 7 bis 10, 15 und 16 und die hierauf gestützten Vorschriften) nicht oder nicht mit bestimmten Arbeiten beschäftigt werden dürfen.
4. dass die Inhaber von Verkaufsstellen sonstige Maßnahmen zum Schutze der Gesundheit und der Arbeitskraft ihrer Arbeitnehmer zu treffen haben.

(7) Das Gewerbeaufsichtsamt kann in begründeten Einzelfällen Ausnahmen von den Vorschriften der Absätze 1 bis 4 bewilligen. Die Bewilligung kann jederzeit widerrufen werden.

(8) Die Vorschriften der Absätze 1 bis 7 finden auf pharmazeutisch vorgebildete Arbeitnehmer in Apotheken keine Anwendung.

VIERTER ABSCHNITT
Bestimmungen für einzelne Gewerbezweige und für den Marktverkehr

§ 18 Friseurbetriebe
(1) Auf Betriebe des Friseurhandwerks und die in ihnen Beschäftigten finden die Vorschriften dieses Gesetzes mit der Maßgabe Anwendung, dass dem Feilhalten von Waren das Anbieten von Dienstleistungen gleichgestellt wird.

(2) Nicht unter dieses Gesetz fällt die Ausübung des Friseurhandwerks
1. in der Wohnung und der Arbeitsstätte der Kunden,
2. auf Personenbahnhöfen und Flughäfen.

§ 19 Marktverkehr
(1) Während der allgemeinen Ladenschlusszeiten (§ 3) dürfen auf behördlich genehmigten Wochenmärkten Waren zum Verkauf an den letzten Verbraucher nicht feilgehalten werden; jedoch kann die für den Wochenmarktverkehr zuständige Behörde in den Grenzen einer gemäß §§ 9 bis 16 oder den hierauf gestützten Vorschriften zulässigen Öffnung der Verkaufsstellen einen geschäftlichen Verkehr auf Wochenmärkten zulassen.

(2) Am 24. Dezember dürfen nach fünfzehn Uhr Waren auch im sonstigen Marktverkehr nicht feilgehalten werden.

(3) Im übrigen bleibt es bei den Vorschriften der §§ 64 bis 71 der Gewerbeordnung.

§ 20 Sonstiges gewerbliches Feilhalten
(1) Während der allgemeinen Ladenschlusszeiten (§ 3) ist auch das gewerbliche Feilhalten von Waren zum Verkauf an jedermann außerhalb von Verkaufsstellen verboten; dies gilt nicht für das Feilhalten von Tageszeitungen an Werktagen einschließlich der Mittwoche vom Zeitpunkt des Ladenschlusses an bis einundzwanzig Uhr. Dem Feilhalten steht das Zeigen von Mustern, Proben und ähnlichem gleich, wenn dazu Räume benutzt werden, die für diesen Zweck besonders bereitgestellt sind, und dabei Warenbestellungen entgegengenommen werden.

(2) Soweit für Verkaufsstellen gemäß §§ 9 bis 16 oder den hierauf gestützten Vorschriften Abweichungen von den Ladenschlusszeiten des § 3 zugelassen sind, gelten diese Abweichungen unter denselben Voraussetzungen und Bedingungen auch für das Feilhalten gemäß Absatz 1.
(3) Die Vorschriften des § 17 Abs. 1 bis 3 gelten entsprechend.

(4) Der Bundesminister für Arbeit kann durch Rechtsverordnung mit Zustimmung des Bundesrates zum Schutze der Arbeitnehmer vor übermäßiger Inanspruchnahme ihrer Arbeitskraft oder sonstiger Gefährdung ihrer Gesundheit Vorschriften, wie in § 17 Abs. 6 genannt, erlassen.

§ 21 Trinkhallen
Außerhalb der Öffnungszeiten, die für Lebensmittelgeschäfte nach den §§ 3, 9 bis 16 und den hierauf gestützten Vorschriften zugelassen sind, dürfen in Trinkhallen, Erfrischungshallen, Selterwasserbuden, Imbisshallen und ähnlichen Einrichtungen außer zubereiteten Speisen und

offenen Getränken nur Tabakwaren einschließlich Zündhölzern, Obst einschließlich Süd- und Trockenfrüchten sowie Süßwaren (Schokolade, Schokoladenerzeugnisse, Zuckerwaren und Dauerbackwaren) in geringen Mengen zum alsbaldigen Verzehr an Ort und Stelle und nur zusammen mit zubereiteten Speisen oder offenen Getränken abgegeben werden.

FÜNFTER ABSCHNITT
Durchführung des Gesetzes

§ 22 Auslage des Gesetzes, Verzeichnisse

(1) Der Inhaber einer Verkaufsstelle, in der regelmäßig mindestens ein Arbeitnehmer beschäftigt wird, ist verpflichtet,

1. einen Abdruck dieses Gesetzes und der auf Grund dieses Gesetzes erlassenen Rechtsverordnungen mit Ausnahme der Vorschriften, die Verkaufsstellen anderer Art betreffen, an geeigneter Stelle in der Verkaufsstelle auszulegen oder auszuhängen,
2. ein Verzeichnis über Name, Tag, Beschäftigungsart und -dauer der an Sonn- und Feiertagen beschäftigten Arbeitnehmer und über die diesen gemäß § 17 Abs. 3 als Ersatz für die Beschäftigung an diesen Tagen gewährte Freizeit zu führen; dies gilt nicht für die pharmazeutisch vorgebildeten Arbeitnehmer in Apotheken. Die Landesregierungen können durch Rechtsverordnung eine einheitliche Form für das Verzeichnis vorschreiben.

(2) Die Verpflichtung nach Absatz 1 Nr. 2 obliegt auch den in § 20 genannten Gewerbetreibenden.

§ 23 Aufsicht und Auskunft

(1) Die Aufsicht über die Ausführung der Vorschriften dieses Gesetzes und der auf Grund dieses Gesetzes erlassenen Vorschriften üben, soweit es sich nicht um Wochenmärkte (§ 19) und um Verkaufsstellen auf Personenbahnhöfen der Deutschen Bundesbahn (§ 7 Abs. 1 Nr. 1) handelt, die Gewerbeaufsichtsämter aus; ob und inwieweit andere Dienststellen an der Aufsicht beteiligt werden, bestimmen die obersten Landesbehörden. Die Aufsicht über die Verkaufsstellen auf Personenbahnhöfen der Deutschen Bundesbahn üben die Gewerbeaufsichtsämter und die Dienststellen der Deutschen Bundesbahn aus.

(2) Auf die Befugnisse und Obliegenheiten der Gewerbeaufsichtsämter finden die Vorschriften des § 139b der Gewerbeordnung entsprechend Anwendung.

(3) Die Inhaber von Verkaufsstellen, ihre Beauftragten (§ 27) und die in § 20 genannten Gewerbetreibenden sind verpflichtet, den Behörden, denen auf Grund des Absatzes 1 die Aufsicht obliegt, auf Verlangen,

1. die zur Erfüllung der Aufgaben dieser Behörden erforderlichen Angaben wahrheitsgemäß und vollständig zu machen,
2. das Verzeichnis gemäß § 22 Abs. 1 Nr. 2, die Unterlagen, aus denen Namen, Beschäftigungsart und -zeiten der Arbeitnehmer sowie Lohn- und Gehaltszahlungen ersichtlich sind, und alle sonstigen Unterlagen, die sich auf die nach Nummer 1 zu machenden Angaben beziehen, vorzulegen oder zur Einsicht einzusenden. Die Verzeichnisse und Unterlagen sind mindestens bis zum Ablauf eines Jahres nach der letzten Eintragung aufzubewahren.

(4) Die Auskunftspflicht nach Absatz 3 Nr. 1 obliegt auch den in Verkaufsstellen oder beim Feilhalten gemäß § 20 beschäftigten Arbeitnehmern sowie den Inhabern der in § 21 genannten Betriebe.

§ 24 Ausnahmen im öffentlichen Interesse
(1) Die Obersten Landesbehörden können in Einzelfällen befristete Ausnahmen von den Vorschriften der §§ 3 bis 16 und 18 bis 22 dieses Gesetzes bewilligen, wenn die Ausnahmen im öffentlichen Interesse dringend nötig werden. Sie können diese Befugnis auf andere Stellen übertragen. Die Bewilligung kann jederzeit widerrufen werden.

(2) Der Bundesminister für Arbeit kann im Einvernehmen mit dem Bundesminister für Wirtschaft durch Rechtsverordnung mit Zustimmung des Bundesrates Vorschriften über die Voraussetzungen und Bedingungen für die Bewilligung von Ausnahmen im Sinne des Absatzes 1 erlassen.

SECHSTER ABSCHNITT
Straftaten und Ordnungswidrigkeiten

§ 25 Straftaten
Wer vorsätzlich den Vorschriften des § 17 Abs. 1 bis 3, auch im Falle des § 20 Abs. 3, oder einer auf Grund des § 17 Abs. 6 oder des § 20 Abs. 4 erlassenen Rechtsverordnung, sofern sie ausdrücklich auf diese Bestimmung verweist, zuwiderhandelt und

1. dadurch eine Person, die durch ein Arbeitsverhältnis von ihm abhängt, ausbeutet oder
2. dadurch eine ernsthafte Gefahr für die Arbeitskraft oder Gesundheit einer solchen Person herbeiführt oder
3. diese Zuwiderhandlung hartnäckig wiederholt, obwohl er durch das Gewerbeaufsichtsamt schriftlich aufgefordert war, sie zu unterlassen, oder, obwohl er wusste oder aus den Umständen entnehmen musste, dass der Arbeitnehmer mit der nach diesem Gesetz unzulässigen Beschäftigung nicht einverstanden war,

wird mit Gefängnis bis zu einem Jahr und mit Geldstrafe oder einer dieser Strafen bestraft.

§ 26 Ordnungswidrigkeiten
Eine Ordnungswidrigkeit begeht, wer, ohne nach § 25 strafbar zu sein, vorsätzlich oder fahrlässig den Vorschriften dieses Gesetzes oder einer auf Grund dieses Gesetzes erlassenen Rechtsverordnung, sofern sie ausdrücklich auf diese Bestimmung verweist, zuwiderhandelt. Die Ordnungswidrigkeit kann mit einer Geldbuße geahndet werden.

§ 27 Organe, Vertreter und Beauftragte
(1) Die Straf- und Bußgeldandrohungen der §§ 25 und 26 gelten auch dem, der als Organ oder Stellvertreter für einen anderen handelt oder zu handeln verpflichtet ist.

(2) Hat der Inhaber einer Verkaufsstelle die Erfüllung von Pflichten, die ihm dieses Gesetz oder die auf Grund dieses Gesetzes erlassenen Vorschriften auferlegen, einem Angehörigen seines Betriebes ausdrücklich übertragen und handelt dieser den in den §§ 25 und 26 genannten Vorschriften zuwider, so trifft diesen die Strafe oder Geldbuße.

(3) Begeht ein Beauftragter im Sinne des Absatzes 2 eine durch dieses Gesetz mit Strafe oder Geldbuße bedrohte Handlung, so kann gegen den Inhaber der Verkaufsstelle oder, falls der Inhaber eine juristische Person oder eine Personengesellschaft des Handelsrechts ist, gegen diese eine Geldbuße festgesetzt werden, wenn der Inhaber oder der zur gesetzlichen Vertretung Berechtigte vorsätzlich oder fahrlässig seine Pflicht zur sorgfältigen Auswahl des Beauftragten oder seine allgemeine Aufsichtspflicht verletzt hat und der Verstoß hierauf beruht.

SIEBENTER ABSCHNITT
Schlussbestimmungen

§ 28 Vorbehalt für die Landesgesetzgebung
Unberührt bleiben die landesrechtlichen Vorschriften, durch die der Gewerbebetrieb und die Beschäftigung von Arbeitnehmern in Verkaufsstellen an anderen Festtagen als an Sonn- und Feiertagen beschränkt werden.

§ 29 Änderung des Jugendschutzgesetzes
§ 18 Abs. 4 Satz 2 des Gesetzes über die Kinderarbeit und über die Arbeitszeit der Jugendlichen (Jugendschutzgesetz) vom 13. April 1938 (RGBl. I S. 437) erhält folgende Fassung:

> „Zulässig ist ferner die Beschäftigung von Jugendlichen in offenen Verkaufsstellen an höchstens sechs Sonn- und Feiertagen im Kalenderjahr, soweit an diesen nach §§ 12 und 13 des Gesetzes über den Ladenschluss vom..... (BGBl. I S. ....) Verkaufsstellen geöffnet sein dürfen."

§ 30 Inkrafttreten; Aufhebung bisher geltenden Rechts
(1) Dieses Gesetz tritt einen Monat nach seiner Verkündung in Kraft.

(2) Mit dem Zeitpunkt des Inkrafttretens des Gesetzes treten nachstehende Vorschriften außer Kraft, soweit dies nicht bereits geschehen ist:

1. §§ 22, 23 und 27 Abs. 1 Satz 2 der Arbeitszeitordnung vom 30. April 1938 (RGBl. I S. 447),
2. § 41a der Gewerbeordnung für das Deutsche Reich,
3. Artikel 3 der Verordnung über Sonntagsruhe im Handelsgewerbe und in Apotheken vom 5. Februar 1919 (RGBl. S. 176),
4. Nummern 1, 2, 4 und 5 der Ausführungsverordnung zum Gesetz über den Verkauf von Waren aus Automaten vom 14. August 1934 (RGBl. I S. 814) und die zweite Ausführungsverordnung zu dem genannten Gesetz vom 22. August 1936 (RGBl. I S. 645),
5. die Anordnung des Reichswirtschaftsministers zur Verhinderung von Ladenzeitverkürzungen vom 31. Mai 1939 (Ministerialblatt für Wirtschaft S. 363),
6. die Verordnung über den Ladenschluss vom 21. Dezember 1939 (RGBl. I S. 2471) in der Fassung der Verordnung zur Änderung der Verordnung über den Ladenschluss vom 9. Januar 1942 (RGBl. I S. 24) und die auf Grund dieser Verordnung erlassenen Bestimmungen,
7. das bremische Gesetz über die Ladenverkaufszeiten vom 18. Juli 1950 (Gesetz- und Verordnungsblatt der Freien Hansestadt Bremen S. 87) in der Fassung des

Gesetzes vom 17. Oktober 1950 (Gesetz- und Verordnungsblatt der Freien Hansestadt Bremen S. 111),

8. das badische Landesgesetz über den Ladenschluss vom 28. März 1951 (Badisches Gesetz- und Verordnungsblatt S. 67),

9. die württemberg-hohenzollernsche Verordnung über die Öffnungszeiten offener Verkaufsstellen an Werktagen (Ladenschlussverordnung) vom 22. September 1948 (Regierungsblatt für das Land Württemberg-Hohenzollern S. 126).

Außerdem treten alle Vorschriften, die den Vorschriften dieses Gesetzes widersprechen, außer Kraft.

(3) Verweisungen auf Vorschriften, die nach Absatz 2 außer Kraft getreten sind, gelten als Verweisungen auf die entsprechenden Vorschriften dieses Gesetzes und der auf Grund dieses Gesetzes erlassenen Rechtsverordnungen.

§ 31 Geltung in Berlin

Dieses Gesetz gilt nach Maßgabe des § 13 Abs. 1 des Dritten Überleitungsgesetzes vom 4. Januar 1952 (BGBl. I S. 1) auch im Lande Berlin. Rechtsverordnungen des Bundes, die auf Grund dieses Gesetzes erlassen werden, gelten im Land Berlin nach § 14 des Dritten Überleitungsgesetzes.

Entwurf eines Gesetzes über den Ladenschluss
BT-Drucksache 1461 vom 14. Juni 1955

ERSTER ABSCHNITT
Begriffsbestimmungen

§ 1 Verkaufsstellen

(1) Verkaufsstellen im Sinne dieses Gesetzes sind

1. Laden- und Etagengeschäfte aller Art einschließlich der Verkaufsstellen von Konsumvereinen, ferner Apotheken, Tankstellen, Warenautomaten und Bahnhofsverkaufsstellen,
2. sonstige Verkaufsstände in Gaststätten, Arbeitsstätten, Verkaufswagen sowie Kioske, Basare und ähnliche Einrichtungen, falls in ihnen von einer festen Stelle aus ständig Waren zum Verkauf an jedermann feilgehalten werden. Dem Feilhalten steht das Zeigen von Mustern, Proben und ähnlichem gleich, wenn Warenbestellungen in der Einrichtung entgegengenommen werden.

(2) Zur Herbeiführung einer einheitlichen Handhabung des Gesetzes kann der Bundesminister für Arbeit im Einvernehmen mit dem Bundesminister für Wirtschaft durch Rechtsverordnung mit Zustimmung des Bundesrates bestimmen, welche Einrichtungen Verkaufsstellen gemäß Absatz 1 sind.

§ 2 Feiertage

Feiertage im Sinne dieses Gesetzes sind die gesetzlichen Feiertage.

ZWEITER ABSCHNITT
Ladenschlusszeiten

§ 3 Allgemeine Ladenschlusszeiten

(1) Verkaufsstellen müssen vorbehaltlich der Vorschriften der §§ 4 bis 14 und unter Wahrung der Bestimmungen der §§ 3 ff. der Arbeitszeitordnung vom 30. April 1938 (RGBl. I S. 447),zu folgenden Zeiten für den geschäftlichen Verkehr mit den Kunden geschlossen sein:

1. an Sonn- und Feiertagen,
2. an Werktagen von Montag bis Freitag von achtzehn bis sieben Uhr,
3. sonnabends ab vierzehn Uhr,
4. am 24. Dezember ab dreizehn Uhr.

Die beim Ladenschluss anwesenden Kunden dürfen noch bedient werden.

§ 4 Apotheken

(1) Abweichend von den Vorschriften des § 3 dürfen Apotheken an allen Tagen während des ganzen Tages geöffnet sein. An Werktagen während der allgemeinen Ladenschlusszeiten (§ 3) und auch an Sonn- und Feiertagen ist nur die Abgabe von Arznei-, Heil- und Krankenpflegemitteln gestattet.

(2) Die höhere Verwaltungsbehörde kann für eine Gemeinde oder für benachbarte Gemeinden mit mehreren Apotheken anordnen, dass während der allgemeinen Ladenschlusszeiten (§ 3) abwechselnd ein Teil der Apotheken geschlossen sein muss. An den geschlossenen Apotheken ist an sichtbarer Stelle ein Aushang anzubringen, der die zur Zeit offenen Apotheken bekanntgibt.

§ 5 Tankstellen

(1) Abweichend von den Vorschriften des § 3 dürfen Tankstellen an allen Tagen während des ganzen Tages geöffnet sein.

(2) An Werktagen während der allgemeinen Ladenschlusszeiten (§ 3) und an Sonn- und Feiertagen ist nur die Abgabe von Ersatzteilen für Kraftfahrzeuge, soweit dies für die Erhaltung oder Wiederherstellung der Fahrbereitschaft notwendig ist, sowie die Abgabe von Betriebsstoffen gestattet.

§ 6 Warenautomaten

(1) Abweichend von den Vorschriften des § 3 dürfen selbsttätige Verkaufseinrichtungen (Warenautomaten) an allen Tagen während des ganzen Tages geöffnet sein, falls sie von dem Inhaber einer Verkaufsstelle in räumlichem Zusammenhang mit dieser aufgestellt und in ihnen nur Waren feilgehalten werden, die auch in der offenen Verkaufsstelle selbst geführt werden.

(2) Für Warenautomaten, die Verkaufsstellen auf Personenbahnhöfen oder auf Flughäfen im Sinne der §§ 7 und 8 sind, treten an die Stelle der Vorschriften des Absatzes 1 die Vorschriften der §§ 7 und 8.

(3) Der Bundesminister für Arbeit wird ermächtigt, im Einvernehmen mit dem Bundesminister für Wirtschaft zur Durchführung der Vorschriften des Absatzes 1 Rechtsverordnungen mit Zustimmung des Bundesrates zu erlassen, die den Verkauf aus Warenautomaten während der allgemeinen Ladenschlusszeiten (§ 3) näher regeln.

§ 7 Verkaufsstellen auf Personenbahnhöfen

Abweichend von den Vorschriften des § 3 dürfen Verkaufsstellen auf Personenbahnhöfen

1. der Deutschen Bundesbahn, die Nebenbetriebe dieser Bahn im Sinne des § 41 des Bundesbahngesetzes vom 13. Dezember 1951 (BGBl. I S. 955) sind,
2. der nichtbundeseigenen Eisenbahnen, soweit sie den Bedürfnissen des Betriebs und Verkehrs dieser Bahnen zu dienen bestimmt sind (Nebenbetriebe der nichtbundeseigenen Eisenbahnen),

soweit sie hinter der Sperre oder auf den Bahnsteigen liegen, an allen Tagen während des ganzen Tages geöffnet sein, am 24. Dezember jedoch nur bis siebzehn Uhr.

§ 8 Verkaufsstellen auf Flughäfen

(1) Abweichend von den Vorschriften des § 3 dürfen Verkaufsstellen auf Flughäfen an allen Tagen während des ganzen Tages geöffnet sein, am 24. Dezember jedoch nur bis vierzehn Uhr. An Werktagen während der allgemeinen Ladenschlusszeiten (§ 3) und an Sonn- und Feiertagen ist nur die Abgabe von Reisebedarf an Reisende gestattet.

(2) Der Bundesminister für Verkehr wird ermächtigt, im Einvernehmen mit den Bundesministern für Arbeit und für Wirtschaft durch Rechtsverordnung mit Zustimmung des Bundesrates Ladenschlusszeiten für die in Absatz 1 genannten Verkaufsstellen vorzuschreiben und die Abgabe von Waren näher zu regeln.

§ 9 Kur- und Erholungsorte, Grenzgebiete
(1) Die Landesregierungen können durch Rechtsverordnung bestimmen, dass und unter welchen Voraussetzungen und Bedingungen in Kurorten und solchen Wallfahrts- und Erholungsorten, die einen besonders starken Fremdenverkehr aufweisen, zur Befriedigung dringender Kaufbedürfnisse der Fremden bestimmte Arten von Verkaufsstellen abweichend von den Vorschriften des § 3

1. an jährlich bis zu sechzehn, in besonderen Fällen bis zu zweiundzwanzig Sonn- und Feiertagen bis zur Dauer von vier Stunden,
2. sonnabends bis spätestens achtzehn Uhr

geöffnet sein dürfen.
Bei der Festsetzung der Zahl der Verkaufssonntage soll die Dauer der Saison in den betreffenden Orten maßgebend sein. Werden nach § 13 dieses Gesetzes über die Zahl der vor Weihnachten zugelassenen Sonntage hinaus jährlich höchstens vier Sonn- und Feiertage von der nach Landesrecht zuständigen Behörde für den Verkauf freigegeben, so wird deren Zahl in die Zahl sechzehn bzw. zweiundzwanzig eingerechnet.

(2) Ferner können die Landesregierungen durch Rechtsverordnung für einzelne Orte, die in unmittelbarer Nähe der Bundesgrenzen liegen, zur Befriedigung dringender Kaufbedürfnisse durchreisender Fremder bestimmen, dass bestimmte Arten von Verkaufsstellen, abweichend von den Vorschriften des § 3, sonnabends bis spätestens achtzehn Uhr geöffnet sein dürfen.

(3) Wird die Offenhaltung am Sonnabendnachmittag zugelassen, so muss gleichzeitig angeordnet werden, dass die Verkaufsstellen, die am Sonnabendnachmittag offenhalten dürfen, an einem bestimmten anderen Nachmittag derselben Woche ab dreizehn Uhr geschlossen sein müssen.

(4) In den nach Absatz 1 und 2 erlassenen Rechtsverordnungen kann die Offenhaltung von Verkaufsstellen in bestimmten Ortsteilen und die Abgabe von Waren auf bestimmte Arten beschränkt oder wechselweise festgelegt werden. Die Lage der zugelassenen Öffnungszeit ist unter Berücksichtigung der Zeit des Hauptgottesdienstes festzusetzen. Die Landesregierungen können durch Rechtsverordnung die Festsetzung der zugelassenen Öffnungszeiten auf andere Stellen übertragen.

(5) Die bisher getroffenen Anordnungen über Ausnahmen von den Ladenschlussvorschriften in Kur-, Wallfahrts- und Erholungsorten bleiben in Kraft, bis sie durch Vorschriften auf Grund der Ermächtigung in Absatz 1 ersetzt sind, längstens jedoch bis zum 31. Dezember 1955.

§ 10 Ländliche Gebiete
(1) Die Landesregierungen können durch Rechtsverordnung bestimmen, dass und unter welchen Voraussetzungen und Bedingungen in ländlichen Gebieten während der Zeit der Feldbestellung und der Ernte abweichend von den Vorschriften des § 3 eine Offenhaltung aller oder bestimmter Arten von Verkaufsstellen an Sonn- und Feiertagen bis zur Dauer von

zwei Stunden zugelassen werden kann, falls dies zur Befriedigung dringender Kaufbedürfnisse der Landbevölkerung erforderlich ist.

(2) Die bisher getroffenen Anordnungen über Ausnahmen von den Ladenschlusszeiten in ländlichen Gebieten bleiben in Kraft, bis sie durch Vorschriften auf Grund der Ermächtigung in Absatz 1 ersetzt sind, längstens jedoch bis zum 31. Dezember 1955.

§ 11 Sonntagsverkauf bestimmter Waren
(z.B. Milch, Blumen, Konditorwaren, Zeitungen)

(1) Der Bundesminister für Arbeit kann im Einvernehmen mit den Bundesministern für Wirtschaft und für Ernährung, Landwirtschaft und Forsten durch Rechtsverordnung mit Zustimmung des Bundesrates bestimmen, dass und unter welchen Voraussetzungen und Bedingungen Verkaufsstellen abweichend von den Vorschriften des § 3 Abs. 1 Nr. 1 an Sonn- und Feiertagen geöffnet sein dürfen, soweit dies zur Befriedigung täglicher oder an Sonn- und Feiertagen besonders hervortretender Kaufbedürfnisse der Bevölkerung oder zur Vermeidung des Verderbens von Erzeugnissen der Landwirtschaft, des Gartenbaus und der Fischerei erforderlich ist.

(2) In den nach Absatz 1 erlassenen Rechtsverordnungen kann die Offenhaltung auf bestimmte Sonn- und Feiertage oder Jahreszeiten und die Abgabe von bestimmten Waren auf bestimmte Arten von Verkaufsstellen beschränkt werden. Eine Offenhaltung am 2. Weihnachts-, Oster- und Pfingstfeiertag soll nicht zugelassen werden. Die Öffnungszeit wird von den Landesregierungen oder von den von ihnen bestimmten Stellen durch Rechtsverordnung festgesetzt.

(3) Solange der Bundesminister für Arbeit Vorschriften nach Absatz 1 nicht erlassen hat, steht die Befugnis zu ihrem Erlass den Landesregierungen zu.

(4) Die bisher getroffenen Anordnungen über den Sonntagsverkauf bestimmter Waren im Sinne des Absatzes 1 bleiben in Kraft, bis sie durch Vorschriften auf Grund der Ermächtigung in Absatz 1 ersetzt sind, längstens jedoch bis zum 31. Dezember 1955.

§ 12 Verkaufssonntage vor Weihnachten

(1) Abweichend von den Vorschriften des § 3 Abs. 1 Nr. 1 dürfen Verkaufsstellen an den beiden zwischen dem 10. und 23. Dezember einschließlich der genannten Tage liegenden Sonntagen geöffnet haben.

(2) Die Landesregierungen oder die von ihnen bestimmten Stellen setzen durch Rechtsverordnung den Zeitraum fest, währenddessen die Verkaufsstellen geöffnet sein dürfen. Dieser Zeitraum darf fünf Stunden nicht überschreiten, muss spätestens um achtzehn Uhr enden und soll nach Möglichkeit außerhalb der Zeit des Hauptgottesdienstes liegen.

(3) Für Apotheken bleibt es bei den Vorschriften des § 4.

§ 13 Weitere Verkaufssonntage

(1) Abweichend von den Vorschriften des § 3 Abs. 1 Nr. 1 dürfen Verkaufsstellen an jährlich höchstens vier Sonn- und Feiertagen, an denen besondere örtliche Verhältnisse eine Offen-

haltung rechtfertigen und die aus diesem Grunde von der nach Landesrecht zuständigen Behörde freigegeben worden sind, geöffnet sein.

(2) Sonn- und Feiertage im Dezember dürfen über die nach § 12 genehmigten Sonntage hinaus nicht freigegeben werden. Bei der Freigabe kann die Behörde die Offenhaltung auf bestimmte Bezirke und Handelszweige beschränken und muss den Zeitraum angeben, währenddessen die Verkaufsstellen geöffnet sein dürfen. § 12 Abs. 2 Satz 2 findet Anwendung.

(3) Für Apotheken bleibt es bei den Vorschriften des § 4.

§ 14 Sonntagsverkauf am 24. Dezember
Abweichend von den Vorschriften des § 3 Abs. 1 Nr. 1 dürfen, wenn der 24. Dezember auf einen Sonntag fällt,

1. Verkaufsstellen, die gemäß § 11 oder den hierauf gestützten Vorschriften an Sonn- und Feiertagen geöffnet sein dürfen,
2. Verkaufsstellen, die überwiegend Lebensmittel feilhalten,
3. alle Verkaufsstellen für die Abgabe von Weihnachtsbäumen,

während höchstens drei Stunden, die von der nach Landesrecht zuständigen Behörde bestimmt worden sind, bis längstens vierzehn Uhr geöffnet sein. Die zugelassenen Öffnungszeiten werden von den Landesregierungen oder von den von ihnen bestimmten Stellen durch Rechtsverordnung festgesetzt.

DRITTER ABSCHNITT

§ 15 Besonderer Schutz der Arbeitnehmer
(1) In Verkaufsstellen dürfen Arbeitnehmer an Sonn- und Feiertagen nur während der ausnahmsweise zugelassenen Öffnungszeiten (§§ 4 bis 14 und die hierauf gestützten Vorschriften) und, falls dies zur Erledigung von Vorbereitungs- und Abschlussarbeiten unerlässlich ist, während insgesamt weiterer dreißig Minuten beschäftigt werden.

(2) Die Dauer der Beschäftigungszeit des einzelnen Arbeitnehmers an Sonn- und Feiertagen darf sieben Stunden nicht überschreiten.

(3) Arbeitnehmer, die an Sonn- und Feiertagen in Verkaufsstellen gemäß §§ 4, 5, 7 bis 11, 13 und 14 und den hierauf gestützten Vorschriften beschäftigt werden, sind, wenn die Beschäftigung länger als drei Stunden dauert, an einem Werktage derselben Woche ab dreizehn Uhr, wenn sie länger als sechs Stunden dauert, an einem ganzen Werktage derselben Woche von der Arbeit freizustellen; mindestens jeder dritte Sonntag muss beschäftigungsfrei bleiben. Werden sie bis zu drei Stunden beschäftigt, so muss jeder zweite Sonntag oder in jeder zweiten Woche ein Nachmittag ab dreizehn Uhr beschäftigungsfrei bleiben.

(4) Mit dem Beschicken von Warenautomaten dürfen Arbeitnehmer außerhalb der Öffnungszeiten, die für die mit dem Warenautomaten in räumlichem Zusammenhang stehende Verkaufsstelle gelten, nicht beschäftigt werden.

(5) Weitergehende Vorschriften zum Schutz der Arbeitnehmer in anderen Gesetzen werden durch die Vorschriften der Absätze 1 bis 4 nicht berührt. Unberührt bleiben auch die Vor-

schriften des § 105c der Gewerbeordnung; jedoch dürfen Arbeitnehmer an den nach Absatz 3 freizuhaltenden Sonntagen nur in Notfällen nach Abs. 1 Nr. 1 des § 105c beschäftigt werden.

(6) Der Bundesminister für Arbeit wird ermächtigt, zum Schutz der Arbeitnehmer in Verkaufsstellen vor übermäßiger Inanspruchnahme ihrer Arbeitskraft oder sonstiger Gefährdung ihrer Gesundheit durch Rechtsverordnung mit Zustimmung des Bundesrates zu bestimmen,

1. dass während der ausnahmsweise zugelassenen Öffnungszeiten (§§ 4 bis 14 und die hierauf gestützten Vorschriften) bestimmte Arbeitnehmer nicht oder die Arbeitnehmer nicht mit bestimmten Arbeiten beschäftigt werden dürfen,
2. dass den Arbeitnehmern für Sonn- und Feiertagsarbeit über die Vorschrift des Absatzes 3 hinaus ein Ausgleich zu gewähren ist,
3. dass die Arbeitnehmer während der Ladenschlusszeiten an Werktagen (§ 3 Abs. 1 Nr. 2 bis 3, Abs. 2, §§ 5,7, bis 10 und die hierauf gestützten Vorschriften) nicht oder nicht mit bestimmten Arbeiten beschäftigt werden dürfen,
4. dass die Inhaber von Verkaufsstellen sonstige Maßnahmen zum Schutze der Gesundheit und der Arbeitskraft ihrer Arbeitnehmer zu treffen haben.

(7) Das Gewerbeaufsichtsamt kann in begründeten Einzelfällen Ausnahmen von den Vorschriften der Absätze 1 bis 4 bewilligen. Die Bewilligung kann jederzeit widerrufen werden.

(8) Die Vorschriften der Absätze 1 bis 7 finden auf pharmazeutisch vorgebildete Arbeitnehmer in Apotheken keine Anwendung.

VIERTER ABSCHNITT
Bestimmungen für einzelne Gewerbezweige und für den Marktverkehr

§ 16 Friseurbetriebe

(1) Auf Betriebe des Friseurhandwerks und die in ihnen Beschäftigten finden die Vorschriften dieses Gesetzes mit der Maßgabe Anwendung, dass dem Feilhalten von Waren das Anbieten von Dienstleistungen gleichgestellt wird.

(2) Nicht unter dieses Gesetz fällt die Ausübung des Friseurhandwerks

1. in der Wohnung und der Arbeitsstätte der Kunden,
2. auf Personenbahnhöfen und Flughäfen.

§ 17 Wochenmärkte

(1) Während der allgemeinen Ladenschlusszeiten (§ 3) dürfen auf behördlich genehmigten Wochenmärkten Waren zum Verkauf an den letzten Verbraucher nicht feilgehalten werden; jedoch kann die für den Wochenmarktverkehr zuständige Behörde in den Grenzen einer gemäß §§ 9 bis 14 oder den hierauf gestützten Vorschriften zulässigen Öffnung der Verkaufsstellen einen geschäftlichen Verkehr auf Wochenmärkten zulassen.

(2) Am 24. Dezember dürfen nach vierzehn Uhr Waren auch im sonstigen Marktverkehr nicht feilgehalten werden.

(3) Im übrigen bleibt es bei den Vorschriften der §§ 64 bis 71 der Gewerbeordnung.

§ 18 Sonstiges gewerbliches Feilhalten
(1) Während der allgemeinen Ladenschlusszeiten (§ 3) ist auch das gewerbliche Feilhalten von Waren zum Verkauf an jedermann außerhalb von Verkaufsstellen verboten; dies gilt nicht für das Feilhalten von Tageszeitungen an Werktagen. Dem Feilhalten steht das Zeigen von Mustern, Proben und ähnlichem gleich, wenn dazu Räume benutzt werden, die für diesen Zweck besonders bereitgestellt sind und dabei Warenbestellungen entgegengenommen werden.

(2) Soweit für Verkaufsstellen gemäß §§ 9 bis 14 oder den hierauf gestützten Vorschriften Abweichungen von den Ladenschlusszeiten des § 3 zugelassen sind, gelten diese Abweichungen unter denselben Voraussetzungen und Bedingungen auch für das Feilhalten gemäß Absatz 1.

(3) Die Vorschriften des § 15 Abs. 1 bis 3 gelten entsprechend.

(4) Der Bundesminister für Arbeit kann durch Rechtsverordnung mit Zustimmung des Bundesrates zum Schutze der Arbeitnehmer vor übermäßiger Inanspruchnahme ihrer Arbeitskraft oder sonstiger Gefährdung ihrer Gesundheit Vorschriften, wie in § 15 Abs. 6 genannt, erlassen.

§ 19 Trink- und Imbisshallen
(1) Außerhalb der Öffnungszeiten, die für Lebensmittelgeschäfte nach den §§ 3, 9 bis 14 und den hierauf gestützten Vorschriften zugelassen sind, dürfen in Trinkhallen, Erfrischungshallen, Selterwasserbuden, Imbisshallen und ähnlichen Einrichtungen außer zubereiteten Speisen und offenen Getränken nur Tabakwaren einschließlich Zündhölzern, Obst einschließlich Süd- und Trockenfrüchten sowie Süßwaren (Schokolade, Schokoladenerzeugnisse, Zuckerwaren und Dauerbackwaren) in geringen Mengen nur zum sofortigen Verbrauch oder Verzehr an Ort und Stelle und nur zusammen mit zubereiteten Speisen oder offenen Getränken abgegeben werden.

(2) Die in Absatz 1 genannten Einrichtungen, deren Umsatz an zubereiteten Speisen und Getränken 50 v.H. des Gesamtumsatzes nicht erreicht, müssen während der für Lebensmittelgeschäfte geltenden Ladenschlusszeiten für den Kundenverkehr geschlossen sein.

FÜNFTER ABSCHNITT
Durchführung des Gesetzes

§ 20 Aufsicht und Auskunft
(1) Die Aufsicht über die Ausführung der Vorschriften dieses Gesetzes und der auf Grund dieses Gesetzes erlassenen Vorschriften üben, soweit es sich nicht um Wochenmärkte (§ 17) und um Verkaufsstellen auf Personenbahnhöfen der Deutschen Bundesbahn (§ 7 Nr. 1) handelt, die Gewerbeaufsichtsämter aus; ob und inwieweit andere Dienststellen an der Aufsicht beteiligt werden, bestimmen die obersten Landesbehörden. Die Aufsicht über die Verkaufsstellen auf Personenbahnhöfen der Deutschen Bundesbahn üben die Gewerbeaufsichtsämter und die Dienststellen der Deutschen Bundesbahn aus.

(2) Auf die Befugnisse und Obliegenheiten der Gewerbeaufsichtsämter finden die Vorschriften des § 139b der Gewerbeordnung entsprechend Anwendung.

(3) Die Inhaber von Verkaufsstellen, ihre Beauftragten (§ 23) und die in § 18 genannten Gewerbetreibenden sind verpflichtet, den Behörden, denen auf Grund des Absatzes 1 die Aufsicht obliegt, auf Verlangen,

1. die zur Erfüllung der Aufgaben dieser Behörden erforderlichen Angaben wahrheitsgemäß und vollständig zu machen,
2. den Nachweis über die an Sonn- und Feiertagen beschäftigten Arbeitnehmer sowie die als Ersatz gewährte Freizeit zu erbringen.

Die zu diesem Zweck angelegten schriftlichen Unterlagen sind den Aufsichtsorganen auf Verlangen vorzuzeigen.

(4) Die Auskunftspflicht nach Absatz 3 Nr. 1 obliegt auch den in Verkaufsstellen oder beim Feilhalten gemäß § 18 beschäftigten Arbeitnehmern sowie den Inhabern der in § 19 genannten Betriebe.

SECHSTER ABSCHNITT
Straftaten und Ordnungswidrigkeiten

§ 21 Straftaten
Wer vorsätzlich den Vorschriften des § 15 Abs. 1 bis 4, auch im Falle des § 18 Abs. 3, oder einer auf Grund des § 15 Abs. 7 erlassenen Rechtsverordnung, sofern sie ausdrücklich auf diese Bestimmung verweist, zuwiderhandelt und diese Zuwiderhandlung wiederholt, obwohl er durch das Gewerbeaufsichtsamt schriftlich aufgefordert war, sie zu unterlassen, wird mit einer Geldstrafe bestraft.

§ 22 Ordnungswidrigkeiten
Ordnungswidrig handelt, wer, ohne nach § 21 strafbar zu sein, vorsätzlich oder fahrlässig den Vorschriften dieses Gesetzes oder einer auf Grund dieses Gesetzes erlassenen Rechtsverordnung, sofern sie ausdrücklich auf diese Bestimmung verweist, zuwiderhandelt. Die Ordnungswidrigkeit kann mit einer Geldstrafe bis zu 10.000 Deutsche Mark geahndet werden.

§ 23 Organe, Vertreter und Beauftragte
(1) Die Straf- und Bußgeldandrohungen der §§ 21 und 22 gelten auch dem, der als Organ oder Stellvertreter für einen anderen handelt oder zu handeln verpflichtet ist.

(2) Hat der Inhaber einer Verkaufsstelle die Erfüllung von Pflichten, die ihm dieses Gesetz oder die auf Grund dieses Gesetzes erlassenen Vorschriften auferlegen, einem Angehörigen seines Betriebes ausdrücklich übertragen und handelt dieser den in den §§ 21 und 22 genannten Vorschriften zuwider, so trifft diesen die Strafe oder Geldbuße.

(3) Begeht ein Beauftragter im Sinne des Absatzes 2 eine durch dieses Gesetz mit Strafe oder Geldbuße bedrohte Handlung, so kann gegen den Inhaber der Verkaufsstelle oder, falls der Inhaber eine juristische Person oder eine Personengesellschaft des Handelsrechts ist, gegen diese eine Geldbuße festgesetzt werden, wenn der Inhaber oder der zur gesetzlichen Vertretung Berechtigte vorsätzlich oder fahrlässig seine Pflicht zur sorgfältigen Auswahl des

Beauftragten oder seine allgemeine Aufsichtspflicht verletzt hat und der Verstoß hierauf beruht.

SIEBENTER ABSCHNITT
Schlussbestimmungen

§ 24 Vorbehalt für die Landesgesetzgebung

(1) Unberührt bleiben die landesrechtlichen Vorschriften, durch die der Gewerbebetrieb und die Beschäftigung von Arbeitnehmern in Verkaufsstellen an anderen Festtagen als an Sonn- und Feiertagen beschränkt werden.

(2) Soweit in diesem Gesetz auf die nach Landesrecht zuständige Verwaltungsbehörde verwiesen wird, bestimmt die Landesregierung durch Verordnung, welche Behörden zuständig sind.

§ 25 Änderung des Jugendschutzgesetzes

§ 18 Abs. 4 Satz 2 des Gesetzes über die Kinderarbeit und über die Arbeitszeit der Jugendlichen (Jugendschutzgesetz) vom 13. April 1938 (RGBl. I S. 437) sowie § 20 Abs. 4 des Arbeitsschutzgesetzes für Jugendliche des Landes Niedersachsen in der Fassung des Änderungsgesetzes vom 16. Mai 1949 (Niedersächsisches Gesetz- und Verordnungsblatt S. 116) in der Fassung des Bundesgesetzes zur Änderung des Niedersächsischen Arbeitsschutzgesetzes für Jugendliche vom 21. Juni 1951 (BGBl. I S. 399) erhalten folgende Fassung:

> „Zulässig ist ferner die Beschäftigung von Jugendlichen in offenen Verkaufsstellen an höchstens zwei Sonn- und Feiertagen im Kalenderjahr, soweit an diesen nach § 12 des Gesetzes über den Ladenschluss vom..... (BGBl. I S. ....) Verkaufsstellen geöffnet sein dürfen."

§ 26 Geltung in Berlin

(1) Dieses Gesetz gilt nach Maßgabe des § 13 Abs. 1 des Dritten Überleitungsgesetzes vom 4. Januar 1952 (BGBl. I S. 1) auch im Lande Berlin. Rechtsverordnungen des Bundes, die auf Grund dieses Gesetzes erlassen werden, gelten im Land Berlin nach § 14 des Dritten Überleitungsgesetzes.

(2) Die Regelung des § 7 Nr. 1 gilt sinngemäß für Verkaufsstellen auf Personenbahnhöfen in Berlin.

§ 27 Inkrafttreten; Aufhebung bisher geltenden Rechts

(1) Dieses Gesetz tritt einen Monat nach seiner Verkündung in Kraft.

(2) Mit dem Zeitpunkt des Inkrafttretens des Gesetzes treten nachstehende Vorschriften außer Kraft, soweit dies nicht bereits geschehen ist:

1. §§ 22, 23 und 27 Abs. 1 Satz 2 der Arbeitszeitordnung vom 30. April 1938 (RGBl. I S. 447),
2. § 41a der Gewerbeordnung für das Deutsche Reich,
3. Artikel 3 der Verordnung über Sonntagsruhe im Handelsgewerbe und in Apotheken vom 5. Februar 1919 (RGBl. S. 176),

4. Nummern 1, 2, 4 und 5 der Ausführungsverordnung zum Gesetz über den Verkauf von Waren aus Automaten vom 14. August 1934 (RGBl. I S. 814) und die zweite Ausführungsverordnung zu dem genannten Gesetz vom 22. August 1936 (RGBl. I S. 645),
5. die Anordnung des Reichswirtschaftsministers zur Verhinderung von Ladenzeitverkürzungen vom 31. Mai 1939 (Ministerialblatt für Wirtschaft S. 363),
6. die Verordnung über den Ladenschluss vom 21. Dezember 1939 (RGBl. I S. 2471) in der Fassung der Verordnung zur Änderung der Verordnung über den Ladenschluss vom 9. Januar 1942 (RGBl. I S. 24) und die auf Grund dieser Verordnung erlassenen Bestimmungen,
7. das bremische Gesetz über die Ladenverkaufszeiten vom 18. Juli 1950 (Gesetz- und Verordnungsblatt der Freien Hansestadt Bremen S. 87) in der Fassung des Gesetzes vom 17. Oktober 1950 (Gesetz- und Verordnungsblatt der Freien Hansestadt Bremen S. 111),
8. das badische Landesgesetz über den Ladenschluss vom 28. März 1951 (Badisches Gesetz- und Verordnungsblatt S. 67),
9. die württemberg-hohenzollernsche Verordnung über die Öffnungszeiten offener Verkaufsstellen an Werktagen (Ladenschlussverordnung) vom 22. September 1948 (Regierungsblatt für das Land Württemberg-Hohenzollern S. 126),
10. das Berliner Gesetz über den werktäglichen Ladenschluss vom 8. November 1951 (Gesetz- und Verordnungsblatt für Berlin S. 1085).

Außerdem treten alle Vorschriften, die den Vorschriften dieses Gesetzes widersprechen, außer Kraft.

(3) Verweisungen auf Vorschriften, die nach Absatz 2 außer Kraft getreten sind, gelten als Verweisungen auf die entsprechenden Vorschriften dieses Gesetzes und der auf Grund dieses Gesetzes erlassenen Rechtsverordnungen.

Der Antrag wurde von den Abgeordneten *Meyer-Ronnenberg (CDU/CSU), Schneider (Hamburg) (CDU/CSU), Odenthal (SPD), Lange (Essen) (SPD), Eberhard (FDP), Frau Finselberger (GB/BHE), Eickhoff (DP)* und weiteren 189 Abgeordneten unterzeichnet.

Anhang 5

Entwurf eines Gesetzes über den freien Halbtag im Einzelhandel
BT-Drucksache 1943 vom 9. Dezember 1955

Der Bundestag hat mit der Zustimmung des Bundesrates das folgende Gesetz beschlossen:

§ 1 Verkaufsstellen
(1) Verkaufsstellen im Sinne dieses Gesetzes sind

1. Laden und Etagengeschäfte aller Art, einschließlich der Verkaufsstellen von Genossenschaften, Apotheken, Tankstellen sowie Verkaufsstellen auf Bahnhöfen, an Schiffsanlegestellen und auf Flughäfen,
2. sonstige Verkaufsstände in Gaststätten und an Arbeitsstätten sowie Verkaufswagen, Kioske, Basare und ähnliche Einrichtungen, falls in ihnen von einer festen Stelle aus ständig Waren zum Verkauf an jedermann feilgehalten werden. Dem Feilhalten steht das Zeigen von Mustern, Proben und ähnlichem gleich, wenn Warenbestellungen in der Einrichtung entgegengenommen werden.

(2) Zur Herbeiführung einer einheitlichen Handhabung dieses Gesetzes kann der Bundesminister für Arbeit im Einvernehmen mit dem Bundesminister für Wirtschaft durch Rechtsverordnung mit Zustimmung des Bundesrates bestimmen, welche Einrichtungen Verkaufsstellen gemäß Absatz 1 sind.

§ 2 Feiertage
Feiertage im Sinne dieses Gesetzes sind die gesetzlichen Feiertage.

§ 3 Freier Halbtag
(1) Den Arbeitnehmern, die in Verkaufsstellen (§ 1) beschäftigt sind, steht, wenn sie normalerweise 48 Stunden beschäftigt sind, in jeder Woche ein freier Halbtag zu.

(2) Dieser freie Halbtag kann entweder an Vor- oder Nachmittagen oder - für zwei Wochen zusammengezogen - als voller freier Tag gewährt werden.

§ 4 Gewerbeaufsicht
Die Aufsicht über die Durchführung des freien Halbtages obliegt den Gewerbeaufsichtsämtern. Sie können in besonderen Fällen Ausnahmen von § 3 bewilligen.

§ 5 Freizeitbuch
(1) Der Inhaber einer Verkaufsstelle ist verpflichtet, ein Freizeitbuch zu führen, in dem der freie Halbtag der vorangegangenen Woche zu vermerken ist.

(2) Arbeitgeber und Arbeitnehmer müssen die Richtigkeit der Eintragung durch ihre Unterschrift bestätigen. In Betrieben, die einen Betriebsrat haben, kann die Unterschrift der einzelnen Arbeitnehmer durch die Unterschrift eines Mitgliedes des Betriebsrates ersetzt werden.

(3) Der Führung des Freizeitbuches bedarf es nicht, wenn der freie Halbtag durch Schließung der Verkaufsstelle gewährt wird.

§ 6 Aushang, Auskunftserteilung
Die Inhaber von Verkaufsstellen sind verpflichtet,

1. das Gesetz an sichtbarer Stelle in den Betriebsräumen auszuhängen,
2. den Beamten der Gewerbeaufsichtsämter Auskunft und Einblick in das Freizeitbuch zu gewähren,
3. auf Anforderung dem zuständigen Gewerbeaufsichtsamt Abschrift des Freizeitbuches und sonstige Unterlagen über die Freizeitgewährung zu übersenden.

§ 7 Ordnungswidrigkeiten, Zuständigkeit
(1) Wer gegen die Bestimmungen dieses Gesetzes vorsätzlich oder fahrlässig verstößt, handelt ordnungswidrig. Die Ordnungswidrigkeit entfällt für den Arbeitnehmer.

(2) Die Ordnungswidrigkeit kann mit einer Geldbuße geahndet werden.

(3) Zuständig sind die Arbeitsgerichte.

§ 9 Geltung im Lande Berlin
Dieses Gesetz gilt nach Maßgabe des § 13 Abs. 1 des Dritten Überleitungsgesetzes vom 4. Januar 1952 (BGBl. I S. 1) auch im Lande Berlin. Rechtsverordnungen des Bundes, die auf Grund dieses Gesetzes erlassen werden, gelten im Land Berlin nach § 14 des Dritten Überleitungsgesetzes.

§ 9 Inkrafttreten
Dieses Gesetz tritt am Ersten des auf die Verkündung folgenden zweiten Monats in Kraft.

Der Antrag wurde von den Abgeordneten *Kühltau (CDU), Welter (Aachen) (CDU), Graaff (Elze) (FDP), Dr. Elbrächter (CDU)* und weiteren 34 Abgeordneten unterzeichnet.

Gesetz über den Ladenschluss vom 28. November 1956

ERSTER ABSCHNITT Begriffsbestimmungen

§ 1 Verkaufsstellen

Verkaufsstellen im Sinne dieses Gesetzes sind

1. Ladengeschäfte aller Art, Apotheken, Tankstellen, Warenautomaten und Bahnhofsverkaufsstellen,
2. sonstige Verkaufsstände und -buden, Kioske, Basare und ähnliche Einrichtungen, falls in ihnen ebenfalls von einer festen Stelle aus ständig Waren zum Verkauf an jedermann feilgehalten werden. Dem Feilhalten steht das Zeigen von Mustern, Proben und ähnlichem gleich, wenn Warenbestellungen in der Einrichtung entgegengenommen werden,
3. Verkaufsstellen von Genossenschaften.

(2) Zur Herbeiführung einer einheitlichen Handhabung des Gesetzes kann der Bundesminister für Arbeit im Einvernehmen mit dem Bundesminister für Wirtschaft durch Rechtsverordnung mit Zustimmung des Bundesrates bestimmen, welche Einrichtungen Verkaufsstellen gemäß Absatz 1 sind.

§ 2 Feiertage

Feiertage im Sinne dieses Gesetzes sind die gesetzlichen Feiertage.

ZWEITER ABSCHNITT Ladenschlusszeiten

§ 3 Allgemeine Ladenschlusszeiten

(1) Verkaufsstellen müssen, vorbehaltlich der Vorschriften der §§ 4 bis 16, zu folgenden Zeiten für den geschäftlichen Verkehr mit dem Kunden geschlossen sein:

1. an Sonn- und Feiertagen,
2. montags bis freitags bis sieben Uhr und ab achtzehn Uhr dreißig Minuten,
3. sonnabends bis sieben Uhr und ab vierzehn Uhr, am ersten Sonnabend im Monat ab achtzehn Uhr und am darauffolgenden Montag bis dreizehn Uhr,

geändert durch das erste Änderungsgesetz vom 17. Juli 1957:

3. sonnabends bis sieben Uhr und ab vierzehn Uhr, am ersten Samstag im Monat oder, wenn dieser Tag auf einen Feiertag fällt, am zweiten Samstag im Monat ab achtzehn Uhr.

geändert durch das zweite Änderungsgesetz vom 14. November 1960:

3. *sonnabends bis sieben Uhr und ab vierzehn Uhr, am ersten Samstag im Monat oder, wenn dieser Tag auf einen Feiertag fällt, am zweiten Samstag im Monat* ***sowie an den vier aufeinanderfolgenden Sonnabenden vor dem 24. Dezember*** *ab achtzehn Uhr.*

4. am 24. Dezember , wenn dieser Tag auf einen Werktag fällt, ab vierzehn Uhr.

Die beim Ladenschluss anwesenden Kunden dürfen noch bedient werden.

(2) Fällt der erste Samstag im Monat auf einen Feiertag, so gilt die Regelung nach Absatz 1 Nr. 3 für den zweiten Sonnabend im Monat und den darauffolgenden Montag.

Abs. 2 durch das erste Änderungsgesetz vom 17. Juli 1957 weggefallen

(3) An Montagen, an denen gemäß Absatz 1 Nr. 3 und Absatz 2 die Verkaufsstellen geschlossen sein müssen, dürfen frische Milch, Bäckerwaren, Fleisch und Wurstwaren ab sieben Uhr verkauft werden.

Abs. 3 durch das erste Änderungsgesetz vom 17. Juli 1957 weggefallen

(4) Absatz 1 Nr. 3 und Absatz 2 gelten ab 1. Januar 1958. Bis dahin müssen Verkaufsstellen sonnabends bis sieben Uhr und ab sechzehn Uhr und montags bis zehn Uhr geschlossen sein.

geändert durch das erste Änderungsgesetz vom 17. Juli 1957:
(2) Absatz 1 Nr. 3 gilt ab dem 1. Januar 1958. Bis dahin müssen Verkaufsstellen sonnabends bis sieben Uhr und ab sechszehn Uhr geschlossen sein.

Abs. 2 durch das zweite Änderungsgesetz vom 14. November 1960 weggefallen

§ 4 Apotheken

(1) Abweichend von den Vorschriften des § 3 dürfen Apotheken an allen Tagen während des ganzen Tages geöffnet sein. An Werktagen während der allgemeinen Ladenschlusszeiten (§ 3) und an Sonn- und Feiertagen ist nur die Abgabe von Arznei-, Krankenpflege-, Säuglingspflege- und Säuglingsnährmitteln, hygienischen Artikeln sowie Desinfektionsmitteln gestattet.

(2) Die nach Landesrecht zuständige Verwaltungsbehörde hat für eine Gemeinde oder für benachbarte Gemeinden mit mehreren Apotheken anzuordnen, dass während der allgemeinen Ladenschlusszeiten (§ 3), und darüber hinaus montags bis sonnabends von sieben bis acht Uhr, abwechselnd ein Teil der Apotheken geschlossen sein muss. An den geschlossenen Apotheken ist an sichtbarer Stelle ein Aushang anzubringen, der die zur Zeit offenen Apotheken bekanntgibt. Dienstbereitschaft der Apotheken steht der Offenhaltung gleich.

§ 5 Zeitungen und Zeitschriften

Abweichend von den Vorschriften des § 3 dürfen Kioske für den Verkauf von Zeitungen und Zeitschriften

1. an allen Werktagen durchgehend von sechs bis neunzehn Uhr,
2. an Sonn- und Feiertagen von elf Uhr bis dreizehn Uhr geöffnet sein.

§ 6 Tankstellen
(1) Abweichend von den Vorschriften des § 3 dürfen Tankstellen an allen Tagen während des ganzen Tages geöffnet sein.

(2) An Werktagen während der allgemeinen Ladenschlusszeiten (§ 3) und an Sonn- und Feiertagen ist nur die Abgabe von Ersatzteilen für Kraftfahrzeuge, soweit dies für die Erhaltung oder Wiederherstellung der Fahrbereitschaft notwendig ist, sowie die Abgabe von Betriebsstoffen gestattet.

§ 7 Warenautomaten
(1) Abweichend von den Vorschriften des § 3 dürfen Warenautomaten an allen Tagen während des ganzen Tages benutzbar sein, falls sie von dem Inhaber einer Verkaufsstelle in räumlichem Zusammenhang mit dieser aufgestellt und in ihnen nur Waren feilgehalten werden, die auch in der offenen Verkaufsstelle selbst geführt werden.

geändert durch das zweite Änderungsgesetz vom 14. November 1960:
(1) Abweichend von den Vorschriften des § 3 dürfen Warenautomaten an allen Tagen während des ganzen Tages benutzbar sein, falls sie von dem Inhaber einer Verkaufsstelle ***oder mit seiner Zustimmung von einem anderen*** *in räumlichem Zusammenhang mit dieser aufgestellt und in ihnen nur Waren feilgehalten werden, die auch in der offenen Verkaufsstelle selbst geführt werden.*

der Satzteil:
„falls sie von dem Inhaber einer Verkaufsstelle oder mit seiner Zustimmung von einem anderen in räumlichem Zusammenhang mit dieser aufgestellt und in ihnen nur Waren feilgehalten werden, die auch in der offenen Verkaufsstelle selbst geführt werden."
durch Urteil des Bundesverfassungsgerichts vom 21. Februar 1962 - 1 BvR 198/57 - für nichtig erklärt (BGBl. 1962 I S. 166)

(2) Für Warenautomaten, die Verkaufsstellen auf Personenbahnhöfen oder Flughäfen im Sinne der §§ 8 und 9 sind, treten an die Stelle der Vorschriften des Absatzes 1 die Vorschriften der §§ 8 und 9.

durch das zweite Änderungsgesetz vom 14. November 1960 wurde nachstehender Satz angefügt:
Warenautomaten, die in Gaststätten oder Betrieben aufgestellt sind, unterliegen nicht den Vorschriften dieses Gesetzes.

(3) Der Bundesminister für Arbeit wird ermächtigt, im Einvernehmen mit dem Bundesminister für Wirtschaft zur Durchführung der Vorschrift des Absatzes 1 Rechtsverordnungen mit Zustimmung des Bundesrates zu erlassen, die den Verkauf aus Warenautomaten während der allgemeinen Ladenschlusszeiten (§ 3) näher regeln.

§ 8 Verkaufsstellen auf Personenbahnhöfen
(1) Abweichend von den Vorschriften des § 3 dürfen Verkaufsstellen auf Personenbahnhöfen
1. der Deutschen Bundesbahn, soweit sie Nebenbetriebe dieser Bahn im Sinne des § 41 des Bundesbahngesetzes vom 13. Dezember 1951 (BGBl. I S. 955) sind,

2. der nichtbundeseigenen Eisenbahnen, soweit sie den Bedürfnissen des Betriebs und Verkehrs dieser Bahnen zu dienen bestimmt sind (Nebenbetriebe der nichtbundeseigenen Eisenbahnen),

an allen Tagen während des ganzen Tages geöffnet sein, am 24. Dezember jedoch nur bis siebzehn Uhr.

(2) Der Bundesminister für Verkehr wird ermächtigt, im Einvernehmen mit den Bundesministern für Wirtschaft und für Arbeit durch Rechtsverordnung mit Zustimmung des Bundesrates Ladenschlusszeiten für die Verkaufsstellen auf Personenbahnhöfen der nichtbundeseigenen Eisenbahnen vorzuschreiben, die sicherstellen, dass die Dauer der Offenhaltung nicht über das von den Bedürfnissen des Reiseverkehrs geforderte Maß hinausgeht; er kann ferner die Abgabe von Waren in den genannten Verkaufsstellen während der allgemeinen Ladenschlusszeiten (§ 3) auf bestimmte Waren beschränken.

(3) Für Apotheken bleibt es bei den Vorschriften des § 4.

§ 9 Verkaufsstellen auf Flughäfen

(1) Abweichend von den Vorschriften des § 3 dürfen Verkaufsstellen auf Flughäfen an allen Tagen während des ganzen Tages geöffnet sein, am 24. Dezember jedoch nur bis siebzehn Uhr. An Werktagen während der allgemeinen Ladenschlusszeiten (§ 3) und an Sonn- und Feiertagen ist nur die Abgabe von Reisebedarf an Reisende gestattet.

(2) Der Bundesminister für Verkehr wird ermächtigt, im Einvernehmen mit den Bundesministern für Wirtschaft und für Arbeit durch Rechtsverordnung mit Zustimmung des Bundesrates Ladenschlusszeiten für die in Absatz 1 genannten Verkaufsstellen vorzuschreiben und die Abgabe von Waren näher zu regeln.

§ 10 Kur- und Erholungsorte

(1) Die Landesregierungen können durch Rechtsverordnungen bestimmen, dass und unter welchen Voraussetzungen und Bedingungen in Kurorten und in einzeln aufzuführenden Erholungs- und Wallfahrtsorten mit besonders starkem Fremdenverkehr, Andenken- und Badegegenstände, Devotionalien, Tabakwaren, Frischobst, Obstsäfte, Süßigkeiten, Blumen und Zeitungen abweichend von den Vorschriften des § 3 Abs. 1 Nr. 1 und 3

1. an jährlich höchstens sechzehn Sonn- und Feiertagen bis zur Dauer von vier Stunden,
2. sonnabends bis spätestens achtzehn Uhr

verkauft werden dürfen. Sie können durch Rechtsverordnung die Festsetzung der zugelassenen Öffnungszeiten auf andere Stellen übertragen. Bei der Festsetzung der Öffnungszeiten ist auf die Zeit des Hauptgottesdienstes Rücksicht zu nehmen.

geändert durch das zweite Änderungsgesetz vom 14. November 1960:

(1) Die Landesregierungen können durch Rechtsverordnungen bestimmen, dass und unter welchen Voraussetzungen und Bedingungen in Kurorten und in einzeln aufzuführenden Ausflugs-, Erholungs- und Wallfahrtsorten mit besonders starkem Fremdenverkehr, ***Badegegenstände, Devotionalien, frische Früchte, alkoholfreie Getränke, Milch und Milcherzeugnisse im Sinne des § 4 Abs. 2 des Milch- und Fettgesetzes in der Fassung vom 10. Dezember 1952 (BGBl. I S. 811), Süßwaren, Tabakwaren, Blumen und Zeitungen sowie Waren, die***

***für diese Orte kennzeichnend sind** abweichend von den Vorschriften des § 3 Abs. 1 Nr. 1 und 3*

1. *an jährlich höchstens **zweiundzwanzig** Sonn- und Feiertagen bis zur Dauer von vier Stunden,*
2. *sonnabends bis spätestens achtzehn Uhr*

verkauft werden dürfen. Sie können durch Rechtsverordnung die Festsetzung der zugelassenen Öffnungszeiten auf andere Stellen übertragen. Bei der Festsetzung der Öffnungszeiten ist auf die Zeit des Hauptgottesdienstes Rücksicht zu nehmen.

geändert durch das dritte Änderungsgesetz vom 23. Juli 1969:

1. *an jährlich höchstens **vierzig** Sonn- und Feiertagen bis zur Dauer von **acht** Stunden,*
2. *sonnabends bis spätestens **zwanzig** Uhr*

(2) In den nach Absatz 1 erlassenen Rechtsverordnungen kann die Offenhaltung auf bestimmte Ortsteile beschränkt werden. Wird die Offenhaltung am Sonnabendnachmittag zugelassen, so muss gleichzeitig angeordnet werden, dass die Verkaufsstellen, die am Sonnabendnachmittag offenhalten dürfen, an einem bestimmten anderen Nachmittag derselben Woche ab vierzehn Uhr geschlossen sein müssen.

(3) Die Landesregierungen können durch Rechtsverordnung bestimmen, dass in einzeln aufzuführenden Orten, die in der Nähe der Bundesgrenze liegen, die Verkaufsstellen an Sonnabenden abweichend von den Vorschriften des § 3 Abs. 1 Nr. 3 bis achtzehn Uhr geöffnet sein dürfen. In diesem Falle muss gleichzeitig angeordnet werden, dass die Verkaufsstellen an einem bestimmten anderen Nachmittag derselben Woche ab vierzehn Uhr geschlossen sein müssen.

(4) Die bisher getroffenen Anordnungen über Ausnahmen von Ladenschlussvorschriften in Kur-, Wallfahrts- und Erholungsorten bleiben in Kraft, bis sie durch Vorschriften auf Grund der Ermächtigung in Absatz 1 ersetzt sind, längstens jedoch bis zum 31. Dezember 1957.

§ 11 Verkauf in ländlichen Gebieten

(1) Die Landesregierungen können durch Rechtsverordnung bestimmen, dass und unter welchen Voraussetzungen und Bedingungen in ländlichen Gebieten während der Zeit der Feldbestellung und der Ernte abweichend von den Vorschriften des § 3 Abs. 1 Nr. 1 alle oder bestimmte Arten von Verkaufsstellen an Sonn- und Feiertagen bis zur Dauer von zwei Stunden geöffnet sein dürfen, falls dies zur Befriedigung dringender Kaufbedürfnisse der Landbevölkerung erforderlich ist.

geändert durch das erste Änderungsgesetz vom 17. Juli 1957:

(1) Die Landesregierungen oder die von ihnen bestimmten Stellen können durch Rechtsverordnung bestimmen, dass und unter welchen Voraussetzungen und Bedingungen in ländlichen Gebieten während der Zeit der Feldbestellung und der Ernte abweichend von den Vorschriften des § 3 alle oder bestimmte Arten von Verkaufsstellen

1. *an Sonn- und Feiertagen bis zur Dauer von zwei Stunden,*
2. *an Werktagen eine Stunde länger, als nach § 3 Abs. 1 Nr. 2 und 3 und Abs. 2 zulässig ist,*

geöffnet sein dürfen, falls dies zur Befriedigung dringender Kaufbedürfnisse der Landbevölkerung erforderlich ist.

(2) Die bisher getroffenen Anordnungen über Ausnahmen von den Ladenschlussvorschriften in ländlichen Gebieten bleiben in Kraft, bis sie durch Vorschriften auf Grund der Ermächtigung in Absatz 1 ersetzt sind, längstens jedoch bis zum 31. Dezember 1957.

§ 12 Verkauf bestimmter Waren an Sonntagen

(1) Der Bundesminister für Arbeit bestimmt im Einvernehmen mit den Bundesministern für Wirtschaft und für Ernährung, Landwirtschaft und Forsten durch Rechtsverordnung mit Zustimmung des Bundesrates, dass und wie lange an Sonn- und Feiertagen abweichend von den Vorschriften des § 3 Abs. 1 Nr. 1 Verkaufsstellen für die Abgabe von frischer Milch, Bäcker- und Konditorwaren, Frischobst, Blumen und Zeitungen geöffnet sein dürfen.

geändert durch das zweite Änderungsgesetz vom 14. November 1960:

(1) Der Bundesminister für Arbeit bestimmt im Einvernehmen mit den Bundesministern für Wirtschaft und für Ernährung, Landwirtschaft und Forsten durch Rechtsverordnung mit Zustimmung des Bundesrates, dass und wie lange an Sonn- und Feiertagen abweichend von den Vorschriften des § 3 Abs. 1 Nr. 1 Verkaufsstellen für die Abgabe von ***Milch und Milcherzeugnissen im Sinne des § 4 Abs. 2 des Milch- und Fettgesetzes in der Fassung vom 10. Dezember 1952****, Bäcker- und Konditorwaren,* ***frischen Früchten****, Blumen und Zeitungen geöffnet sein dürfen.*

(2) In den nach Absatz 1 erlassenen Rechtsverordnungen kann die Offenhaltung auf bestimmte Sonn- und Feiertage oder Jahreszeiten sowie auf bestimmte Arten von Verkaufsstellen beschränkt werden. Eine Offenhaltung am 2. Weihnachts-, Oster- oder Pfingsfeiertag soll nicht zugelassen werden. Die Lage der zugelassenen Öffnungszeiten wird unter Berücksichtigung der Zeit des Hauptgottesdienstes von den Landesregierungen oder von den von ihnen bestimmten Stellen durch Rechtsverordnung festgesetzt.

(3) Die bisher getroffenen Anordnungen über den Sonntagsverkauf der in Absatz 1 genannten Waren bleiben in Kraft, bis sie durch Vorschriften auf Grund der Ermächtigung in Absatz 1 ersetzt sind, längstens jedoch bis zum 31. Dezember 1957.

§ 13 Verkaufssonntage vor Weihnachten

(1) Abweichend von den Vorschriften des § 3 Abs. 1 Nr. 1 dürfen Verkaufsstellen an den beiden zwischen dem 8. und 21. Dezember einschließlich der genannten Tage liegenden Sonntagen geöffnet sein.

(2) Die Landesregierungen oder die von ihnen bestimmten Stellen setzen durch Rechtsverordnung den Zeitraum fest, während dessen die Verkaufsstellen geöffnet sein dürfen. Dieser Zeitraum darf fünf zusammenhängende Stunden nicht überschreiten, muss spätestens um achtzehn Uhr enden und soll außerhalb der Zeit des Hauptgottesdienstes liegen.
(3) Für Apotheken bleibt es bei den Vorschriften des § 4.

§ 13 durch das zweite Änderungsgesetz vom 14. November 1960 weggefallen

§ 14 Weitere Verkaufssonntage
(1) Abweichend von den Vorschriften des § 3 Abs. 1 Nr. 1 dürfen Verkaufsstellen aus Anlass von Märkten, Messen oder ähnlichen Veranstaltungen an jährlich höchstens vier Sonn- und Feiertagen geöffnet sein. Diese Tage werden von den Landesregierungen oder den von ihnen bestimmten Stellen durch Rechtsverordnung freigegeben.

geändert durch das zweite Änderungsgesetz vom 14. November 1960:
(1) Abweichend von den Vorschriften des § 3 Abs. 1 Nr. 1 dürfen Verkaufsstellen aus Anlass von Märkten, Messen oder ähnlichen Veranstaltungen an jährlich höchstens vier Sonn- und Feiertagen geöffnet sein. ***Wird hiervon Gebrauch gemacht, so müssen die offenen Verkaufsstellen an den jeweils vorausgehenden Sonnabenden ab vierzehn Uhr geschlossen sein.*** *Diese Tage werden von den Landesregierungen oder den von ihnen bestimmten Stellen durch Rechtsverordnung freigegeben.*

(2) Bei der Freigabe kann die Offenhaltung auf bestimmte Bezirke und Handelszweige beschränkt werden. Der Zeitraum, während dessen die Verkaufsstellen geöffnet sein dürfen, ist anzugeben. § 13 Abs. 2 Satz 2 findet Anwendung.

geändert durch das zweite Änderungsgesetz vom 14. November 1960:
(2) Bei der Freigabe kann die Offenhaltung auf bestimmte Bezirke und Handelszweige beschränkt werden. Der Zeitraum, während dessen die Verkaufsstellen geöffnet sein dürfen, ist anzugeben. ***Er darf fünf zusammenhängende Stunden nicht überschreiten, muss spätestens um achtzehn Uhr enden und soll außerhalb der Zeit des Hauptgottesdienstes liegen.***

(3) Sonn- und Feiertage im Dezember dürfen nicht freigegeben werden. In Orten, für die eine Regelung nach § 10 Abs. 1 Satz 1 getroffen ist, dürfen Sonn- und Feiertage nach Absatz 1 nur freigegeben werden, soweit die Zahl dieser Tage zusammen mit den nach § 10 Abs. 1 Nr. 1 freigegebenen Sonn- und Feiertagen sechzehn nicht übersteigt.

geändert durch das zweite Änderungsgesetz vom 14. November 1960:
(3) Sonn- und Feiertage im Dezember dürfen nicht freigegeben werden. In Orten, für die eine Regelung nach § 10 Abs. 1 Satz 1 getroffen ist, dürfen Sonn- und Feiertage nach Absatz 1 nur freigegeben werden, soweit die Zahl dieser Tage zusammen mit den nach § 10 Abs. 1 Nr. 1 freigegebenen Sonn- und Feiertagen ***zweiundzwanzig*** *nicht übersteigt.*

(4) Für Apotheken bleibt es bei den Vorschriften des § 4.

§ 15 Sonntagsverkauf am 24. Dezember
Abweichend von den Vorschriften des § 3 Abs. 1 Nr. 1 dürfen, wenn der 24. Dezember auf einen Sonntag fällt,

1. Verkaufsstellen, die gemäß § 12 oder den hierauf gestützten Vorschriften an Sonn- und Feiertagen geöffnet sein dürfen,
2. Verkaufsstellen, die überwiegend Lebens- und Genussmittel feilhalten,
3. alle Verkaufsstellen für die Abgabe von Weihnachtsbäumen

während höchstens drei Stunden bis längstens vierzehn Uhr geöffnet sein. Die Öffnungszeiten werden von den Landesregierungen oder den von ihnen bestimmten Stellen durch Rechtsverordnung festgesetzt.

§ 16 Verkauf an Werktagen nach achtzehn Uhr dreißig Minuten
(1) Abweichend von den Vorschriften des § 3 Abs. 1 Nr. 2 und 3 und Abs. 2 dürfen Verkaufsstellen aus Anlass von Märkten, Messen oder ähnlichen Veranstaltungen an jährlich höchstens zwölf Werktagen bis spätestens einundzwanzig Uhr geöffnet sein. Diese Tage werden durch die Landesregierungen oder die von ihnen bestimmten Stellen durch Rechtsverordnung freigegeben.

(2) Bei der Freigabe kann die Offenhaltung auf bestimmte Bezirke und Handelszweige beschränkt werden.

(3) Für Apotheken bleibt es bei den Vorschriften des § 4.

DRITTER ABSCHNITT
Besonderer Schutz der Arbeitnehmer

§ 17 Besonderer Schutz der Arbeitnehmer
(1) In Verkaufsstellen dürfen Arbeitnehmer an Sonn- und Feiertagen nur während der ausnahmsweise zugelassenen Öffnungszeiten (§§ 4 bis 15 und die hierauf gestützten Vorschriften) und, falls dies zur Erledigung von Vorbereitungs- und Abschlussarbeiten unerlässlich ist, während insgesamt weiterer dreißig Minuten beschäftigt werden.

(2) Die Dauer der Beschäftigungszeit des einzelnen Arbeitnehmers an Sonn- und Feiertagen darf acht Stunden nicht überschreiten.

durch das dritte Änderungsgesetz vom 23. Juli 1969 neu eingefügt:
(2a) In Verkaufsstellen, die gemäß § 10 oder den hierauf gestützten Vorschriften an Sonn- und Feiertagen sowie an Sonnabenden geöffnet sein dürfen, dürfen Arbeitnehmer an jährlich höchstens 22 Sonn- und Feiertagen und sonnabends höchstens bis 18 Uhr beschäftigt werden. Ihre Arbeitszeit an Sonn- und Feiertagen darf vier Stunden nicht überschreiten.

(3) Arbeitnehmer, die an Sonn- und Feiertagen in Verkaufsstellen gemäß §§ 4 bis 6, 8 bis 12, 14 und 15 und den hierauf gestützten Vorschriften beschäftigt werden, sind, wenn die Beschäftigung länger als drei Stunden dauert, an einem Werktage derselben Woche ab dreizehn Uhr, wenn sie länger als sechs Stunden dauert, an einem ganzen Werktage derselben Woche von der Arbeit freizustellen; mindestens jeder dritte Sonntag muss beschäftigungsfrei bleiben. Werden sie bis zu drei Stunden beschäftigt, so muss jeder zweite Sonntag oder in jeder zweiten Woche ein Nachmittag ab dreizehn Uhr beschäftigungsfrei bleiben. Statt an einem Nachmittag darf die Freizeit an einem Sonnabend- oder Montagvormittag bis vierzehn Uhr gewährt werden. Während der Zeiten, zu denen die Verkaufsstelle geschlossen sein muss, darf die Freizeit nicht gegeben werden.

(4) Arbeitnehmer, die an einem Montagvormittag in Verkaufsstellen gemäß § 3 Abs. 3 beschäftigt werden, sind an einem Werktage derselben oder der vorhergehenden Woche ab dreizehn Uhr von der Arbeit freizustellen. Absatz 3 Satz 3 und 4 findet Anwendung.

(5) Mit dem Beschicken von Warenautomaten dürfen Arbeitnehmer außerhalb der Öffnungszeiten, die für die mit dem Warenautomaten in räumlichem Zusammenhang stehende Verkaufsstelle gelten, nicht beschäftigt werden.

(6) Weitergehende Vorschriften zum Schutz der Arbeitnehmer in anderen Gesetzen werden durch die Vorschriften der Absätze 1 bis 5 nicht berührt. Unberührt bleiben auch die Vorschriften des § 105c der Gewerbeordnung; jedoch dürfen Arbeitnehmer an den nach Absatz 3 freizuhaltenden Sonntagen nur in Notfällen nach § 105c Abs. 1 Nr. 1 beschäftigt werden.

(7) Der Bundesminister für Arbeit wird ermächtigt, zum Schutz der Arbeitnehmer in Verkaufsstellen vor übermäßiger Inanspruchnahme ihrer Arbeitskraft oder sonstiger Gefährdung ihrer Gesundheit durch Rechtsverordnung mit Zustimmung des Bundesrates zu bestimmen,

1. dass während der ausnahmsweise zugelassenen Öffnungszeiten (§§ 4 bis 16 und die hierauf gestützten Vorschriften) bestimmte Arbeitnehmer nicht oder die Arbeitnehmer nicht mit bestimmten Arbeiten beschäftigt werden dürfen,
5. dass den Arbeitnehmern für Sonn- und Feiertagsarbeit über die Vorschrift des Absatzes 3 hinaus ein Ausgleich zu gewähren ist,
6. dass die Arbeitnehmer während der Ladenschlusszeiten an Werktagen (§ 3 Abs. 1 Nr. 2 bis 4 und Abs. 2, §§ 5, 6, 8 bis 10 und 16 und die hierauf gestützten Vorschriften) nicht oder nicht mit bestimmten Arbeiten beschäftigt werden dürfen.

(8) Das Gewerbeaufsichtsamt kann in begründeten Einzelfällen Ausnahmen von den Vorschriften der Absätze 1 bis 5 bewilligen. Die Bewilligung kann jederzeit widerrufen werden.

Die Vorschriften der Absätze 1 bis 8 finden auf pharmazeutisch vorgebildete Arbeitnehmer in Apotheken keine Anwendung.

VIERTER ABSCHNITT
Bestimmungen für einzelne Gewerbezweige und für den Marktverkehr

§ 18 Friseurbetriebe

(1) Auf Betriebe des Friseurhandwerks und die in ihnen Beschäftigten finden die Vorschriften dieses Gesetzes mit der Maßgabe Anwendung, dass dem Feilhalten von Waren das Anbieten von Dienstleistungen gleichgestellt wird.

(2) Abweichend von § 3 Abs. 1 Nr. 3 dürfen Betriebe des Friseurhandwerks sonnabends bis achtzehn Uhr geöffnet sein; sie müssen statt dessen am Montagvormittag bis dreizehn Uhr geschlossen sein.

(3) Nicht unter dieses Gesetz fällt die Ausübung des Friseurhandwerks

1. in der Wohnung und der Arbeitsstätte der Kunden,
2. auf Personenbahnhöfen und Flughäfen.

durch das zweite Änderungsgesetz vom 14. November 1960 neu eingefügt:
§ 18a Blumenverkauf auf Friedhöfen
Abweichend von § 3 Abs. 1 Nr. 3 dürfen Verkaufsstellen für Blumen und Pflanzen auf Friedhöfen sowie in einem Umkreis bis zu 300m von Friedhöfen sonnabends bis siebzehn Uhr geöffnet sein.

§ 19 Marktverkehr
(1) Während der allgemeinen Ladenschlusszeiten (§ 3) dürfen auf behördlich genehmigten Wochenmärkten Waren zum Verkauf an den letzten Verbraucher nicht feilgehalten werden; jedoch kann die nach Landesrecht zuständige Verwaltungsbehörde in den Grenzen einer gemäß §§ 10 bis 16 oder den hierauf gestützten Vorschriften zulässigen Offenhaltung der Verkaufsstellen einen geschäftlichen Verkehr auf Wochenmärkten zulassen.

(2) Am 24. Dezember dürfen nach vierzehn Uhr Waren auch im sonstigen Marktverkehr nicht feilgehalten werden.

(3) Im übrigen bleibt es bei den Vorschriften der §§ 64 bis 71 der Gewerbeordnung, insbesondere bei den auf Grund des § 65 der Gewerbeordnung festgesetzten Verkaufszeiten für Messen und Märkte.

§ 20 Sonstiges gewerbliches Feilhalten
(1) Während der allgemeinen Ladenschlusszeiten (§ 3) ist auch das gewerbliche Feilhalten von Waren zum Verkauf an jedermann außerhalb von Verkaufsstellen verboten; dies gilt nicht für Volksbelustigungen, die den Vorschriften des Titels III der Gewerbeordnung unterliegen und von der nach Landesrecht zuständigen Behörde genehmigt worden sind, sowie für das Feilhalten von Tageszeitungen an Werktagen. Dem Feilhalten steht das Zeigen von Mustern, Proben und ähnlichem gleich, wenn dazu Räume benutzt werden, die für diesen Zweck besonders bereitgestellt sind, und dabei Warenbestellungen entgegengenommen werden.

(2) Soweit für Verkaufsstellen gemäß §§ 10 bis 16 oder den hierauf gestützten Vorschriften Abweichungen von den Ladenschlusszeiten des § 3 zugelassen sind, gelten diese Abweichungen unter denselben Voraussetzungen und Bedingungen auch für das Feilhalten gemäß Absatz 1.

durch das zweite Änderungsgesetz vom 14. November 1960 neu eingefügt:
(2a) Die nach Landesrecht zuständige Verwaltungsbehörde kann abweichend von den Vorschriften der Abs. 1 und 2 Ausnahmen für das Feilhalten von leichtverderblichen Waren und Waren zum sofortigen Verzehr, Gebrauch oder Verbrauch zulassen, sofern dies zur Befriedigung örtlich auftretender Bedürfnisse notwendig ist und diese Ausnahmen im Hinblick auf den Arbeitsschutz unbedenklich sind.

(3) Die Vorschriften des § 17 Abs. 1 bis 4 gelten entsprechend.

(4) Der Bundesminister für Arbeit kann durch Rechtsverordnung mit Zustimmung des Bundesrates zum Schutze der Arbeitnehmer vor übermäßiger Inanspruchnahme ihrer Arbeitskraft oder sonstiger Gefährdung ihrer Gesundheit Vorschriften, wie in § 17 Abs. 7 genannt, erlassen.

FÜNFTER ABSCHNITT
Durchführung des Gesetzes

§ 21 Auslage des Gesetzes, Verzeichnisse

(1) Der Inhaber einer Verkaufsstelle, in der regelmäßig mindestens ein Arbeitnehmer beschäftigt wird, ist verpflichtet,

1. einen Abdruck dieses Gesetzes und der auf Grund dieses Gesetzes erlassenen Rechtsverordnungen mit Ausnahme der Vorschriften, die Verkaufsstellen anderer Art betreffen, an geeigneter Stelle in der Verkaufsstelle auszulegen oder auszuhängen,
2. ein Verzeichnis über Name, Tag, Beschäftigungsart und -dauer der an Sonn- und Feiertagen beschäftigten Arbeitnehmer und über die diesen gemäß § 17 Abs. 3 als Ersatz für die Beschäftigung an diesen Tagen gewährte Freizeit zu führen; dies gilt nicht für die pharmazeutisch vorgebildeten Arbeitnehmer in Apotheken. Die Landesregierungen können durch Rechtsverordnung eine einheitliche Form für das Verzeichnis vorschreiben.

(2) Die Verpflichtung nach Absatz 1 Nr. 2 obliegt auch den in § 20 genannten Gewerbetreibenden.

§ 22 Aufsicht und Auskunft

(1) Die Aufsicht über die Ausführung der Vorschriften dieses Gesetzes und der auf Grund dieses Gesetzes erlassenen Vorschriften üben, soweit es sich nicht um Wochenmärkte (§ 19) handelt, die nach Landesrecht für den Arbeitsschutz zuständigen Verwaltungsbehörden aus; ob und inwieweit andere Dienststellen an der Aufsicht beteiligt werden, bestimmen die obersten Landesbehörden.

(2) Auf die Befugnisse und Obliegenheiten der in Absatz 1 genannten Behörden finden die Vorschriften des § 139b der Gewerbeordnung entsprechend Anwendung.

(3) Die Inhaber von Verkaufsstellen, ihre Beauftragten (§ 26) und die in § 20 genannten Gewerbetreibenden sind verpflichtet, den Behörden, denen auf Grund des Absatzes 1 die Aufsicht obliegt, auf Verlangen,

1. die zur Erfüllung der Aufgaben dieser Behörden erforderlichen Angaben wahrheitsgemäß und vollständig zu machen,
2. das Verzeichnis gemäß § 21 Abs. 1 Nr. 2, die Unterlagen, aus denen Namen, Beschäftigungsart und -zeiten der Arbeitnehmer sowie Lohn- und Gehaltszahlungen ersichtlich sind, und alle sonstigen Unterlagen, die sich auf die nach Nummer 1 zu machenden Angaben beziehen, vorzulegen oder zur Einsicht einzureichen. Die Verzeichnisse und Unterlagen sind mindestens bis zum Ablauf eines Jahres nach der letzten Eintragung aufzubewahren.

(4) Die Auskunftspflicht nach Absatz 3 Nr. 1 obliegt auch den in Verkaufsstellen oder beim Feilhalten gemäß § 20 beschäftigten Arbeitnehmern.

§ 23 Ausnahmen im öffentlichen Interesse

(1) Die Obersten Landesbehörden können in Einzelfällen befristete Ausnahmen von den Vorschriften der §§ 3 bis 16 und 18 bis 21 dieses Gesetzes bewilligen, wenn die Ausnahmen im

öffentlichen Interesse dringend nötig werden. Die Bewilligung kann jederzeit widerrufen werden.

(2) Der Bundesminister für Arbeit kann im Einvernehmen mit dem Bundesminister für Wirtschaft durch Rechtsverordnung mit Zustimmung des Bundesrates Vorschriften über die Voraussetzungen und Bedingungen für die Bewilligung von Ausnahmen im Sinne des Absatzes 1 erlassen.

SECHSTER ABSCHNITT
Straftaten und Ordnungswidrigkeiten

§ 24 Straftaten
Wer vorsätzlich den Vorschriften des § 17 Abs. 1 bis 4, auch im Falle des § 20 Abs. 3, oder einer auf Grund des § 17 Abs. 7 oder des § 20 Abs. 4 erlassenen Rechtsverordnung, sofern sie ausdrücklich auf diese Bestimmung verweist, zuwiderhandelt und

1. dadurch eine Person, die durch ein Arbeitsverhältnis von ihm abhängt, ausbeutet oder
2. dadurch eine Gefahr für die Arbeitskraft oder Gesundheit einer solchen Person herbeiführt oder
3. diese Zuwiderhandlung wiederholt, obwohl er durch das Gewerbeaufsichtsamt schriftlich aufgefordert war, sie zu unterlassen, oder obwohl er wusste oder aus den Umständen entnehmen musste, dass der Arbeitnehmer mit der nach diesem Gesetz unzulässigen Beschäftigung nicht einverstanden war,

wird mit Gefängnis bis zu sechs Monaten und mit Geldstrafe oder einer dieser Strafen bestraft.

§ 25 Ordnungswidrigkeiten
Ordnungswidrig handelt, wer, ohne nach § 24 strafbar zu sein, vorsätzlich oder fahrlässig den Vorschriften dieses Gesetzes oder einer auf Grund dieses Gesetzes erlassenen Rechtsverordnung, sofern sie ausdrücklich auf diese Bestimmung verweist, zuwiderhandelt. Die Ordnungswidrigkeit kann mit einer Geldbuße geahndet werden.

§ 26 Organe, Vertreter und Beauftragte
(1) Die Straf- und Bußgelddrohungen der §§ 24 und 25 gelten auch dem, der als Organ oder Stellvertreter für einen anderen handelt oder zu handeln verpflichtet ist.

(2) Hat der Inhaber einer Verkaufsstelle die Erfüllung von Pflichten, die ihm dieses Gesetz oder die auf Grund dieses Gesetzes erlassenen Vorschriften auferlegen, einem Angehörigen seines Betriebes ausdrücklich übertragen und handelt dieser den in den §§ 24 und 25 genannten Vorschriften zuwider, so trifft diesen die Strafe oder Geldbuße.

(3) Begeht ein Beauftragter im Sinne des Absatzes 2 eine durch dieses Gesetz mit Strafe oder Geldbuße bedrohte Handlung, so kann gegen den Inhaber der Verkaufsstelle oder, falls der Inhaber eine juristische Person oder eine Personengesellschaft des Handelsrechts ist, gegen diese eine Geldbuße festgesetzt werden, wenn der Inhaber oder der zur gesetzlichen Vertretung Berechtigte vorsätzlich oder fahrlässig seine Pflicht zur sorgfältigen Auswahl des

Beauftragten oder seine allgemeine Aufsichtspflicht verletzt hat und der Verstoß hierauf beruht.

SIEBENTER ABSCHNITT
Schlussbestimmungen

§ 27 Vorbehalt für die Landesgesetzgebung
Unberührt bleiben die landesrechtlichen Vorschriften, durch die der Gewerbebetrieb und die Beschäftigung von Arbeitnehmern in Verkaufsstellen an anderen Festtagen als an Sonn- und Feiertagen beschränkt werden.

§ 28 Bestimmung der zuständigen Behörden
Soweit in diesem Gesetz auf die nach Landesrecht zuständigen Verwaltungsbehörden verwiesen wird, bestimmt die Landesregierung durch Verordnung, welche Behörden zuständig sind.

§ 29 Änderung des Jugendschutzgesetzes
§ 18 Abs. 4 Satz 2 des Gesetzes über die Kinderarbeit und über die Arbeitszeit der Jugendlichen (Jugendschutzgesetz) vom 13. April 1938 (RGBl. I S. 437) sowie § 20 Abs. 4 des niedersächsischen Arbeitsschutzgesetzes für Jugendliche vom 9. Dezember 1948 (Niedersächsisches Gesetz- und Verordnungsblatt S. 179) erhält folgende Fassung:

> „Zulässig ist ferner die Beschäftigung von Jugendlichen in offenen Verkaufsstellen an den Verkaufssonntagen vor Weihnachten gemäß § 13 des Gesetzes über den Ladenschluss vom 28. November 1956 (BGBL. I S. 875) während der zugelassenen Öffnungszeiten und, falls dies zur Erledigung von Vorbereitungs- und Abschlussarbeiten unerlässlich ist, während insgesamt weiterer dreißig Minuten."

§ 30 Geltung in Berlin
(1) Dieses Gesetz gilt nach Maßgabe des § 13 Abs. 1 des Dritten Überleitungsgesetzes vom 4. Januar 1952 (BGBl. I S. 1) auch im Lande Berlin. Rechtsverordnungen, die auf Grund dieses Gesetzes erlassen werden, gelten im Land Berlin nach § 14 des Dritten Überleitungsgesetzes.

(2) Die Regelung des § 8 Abs. 1 Nr. 1 gilt sinngemäß für Verkaufsstellen auf Personenbahnhöfen in Berlin.

§ 31 Inkrafttreten, Aufhebung bisher geltenden Rechts
(1) Dieses Gesetz tritt einen Monat nach seiner Verkündung in Kraft, § 13 jedoch bereits am Tage nach der Verkündung.

(2) Mit dem Zeitpunkt des Inkrafttretens des Gesetzes treten nachstehende Vorschriften außer Kraft, soweit dies nicht bereits geschehen ist:

1. §§ 22, 23 und 27 Abs. 1 Satz 2 der Arbeitszeitordnung vom 30. April 1938 (RGBl. I S. 447),
2. § 41a der Gewerbeordnung für das Deutsche Reich,
3. Artikel 3 der Verordnung über Sonntagsruhe im Handelsgewerbe und in Apotheken vom 5. Februar 1919 (RGBl. S. 176),

4. Nummern 1, 2, 4 und 5 der Ausführungsverordnung zum Gesetz über den Verkauf von Waren aus Automaten vom 14. August 1934 (RGBl. I S. 814) und die zweite Ausführungsverordnung zu dem genannten Gesetz vom 22. August 1936 (RGBl. I S. 645),

geändert durch das zweite Änderungsgesetz vom 14. November 1960:

4. die Ausführungsverordnung zum Gesetz über den Verkauf von Waren aus Automaten vom 14. August 1934 (RGBl. I S. 814) und die zweite Ausführungsverordnung zu dem genannten Gesetz vom 22. August 1936 (RGBl. I S. 645),

5. die Anordnung des Reichswirtschaftsministers zur Verhinderung von Ladenzeitverkürzungen vom 31. Mai 1939 (Ministerialblatt für Wirtschaft S. 363),
6. die Verordnung über den Ladenschluss vom 21. Dezember 1939 (RGBl. I S. 2471) in der Fassung der Verordnung zur Änderung der Verordnung über den Ladenschluss vom 9. Januar 1942 (RGBl. I S. 24) und die auf Grund dieser Verordnung erlassenen Bestimmungen,
7. das bremische Gesetz über die Ladenverkaufszeiten vom 18. Juli 1950 (Gesetz- und Verordnungsblatt der Freien Hansestadt Bremen S. 87) in der Fassung des Gesetzes vom 17. Oktober 1950 (Gesetz- und Verordnungsblatt der Freien Hansestadt Bremen S. 111),
8. das badische Landesgesetz über den Ladenschluss vom 28. März 1951 (Badisches Gesetz- und Verordnungsblatt S. 67),
9. die württemberg-hohenzollernsche Verordnung über die Öffnungszeiten offener Verkaufsstellen an Werktagen (Ladenschlussverordnung) vom 22. September 1948 (Regierungsblatt für das Land Württemberg-Hohenzollern S. 126),
10. das Berliner Gesetz über den werktäglichen Ladenschluss vom 8. November 1951 (Gesetz- und Verordnungsblatt für Berlin S. 1085).

Außerdem treten alle Vorschriften, die den Vorschriften dieses Gesetzes widersprechen, außer Kraft.

(3) Verweisungen auf Vorschriften, die nach Absatz 2 außer Kraft getreten sind, gelten als Verweisungen auf die entsprechenden Vorschriften dieses Gesetzes und der auf Grund dieses Gesetzes erlassenen Rechtsverordnungen.

Das Gesetz wurde unterzeichnet vom

Bundespräsidenten *Theodor Heuss*, dem Stellvertreter des Bundeskanzlers *Blücher* und dem Bundesminister für Arbeit *Anton Storch*.

Quellenverzeichnis

Bundesarchiv Koblenz
(zit: BA-Koblenz, Aktennummer)

B 102 / 12699-b Heft 1
Handel: vor allem Ladenschlussgesetz, Bd.: 1950-1959

B 102 / 39398
Ladenzeiten und Ladenschluss,
-Entwurf des Ladenschlussgesetzes- Bd. 1: 1951-1961

B 102 / 39399
Ladenzeiten und Ladenschluss,
-Entwurf des Ladenschlussgesetzes- Bd. 2: 1952-1954

B 102 / 39402
Ladenschlussgesetz, Bd. 1: 1953-1954

B 102 / 39405
Ladenschlussgesetz,
-Entwürfe und Begründungen- Bd. 1: 1954-1955

B 102 / 39407
Ladenschlussgesetz,
-Beratungen in den Ausschüssen des Bundestages und im Plenum-
Bd. 3: 1956-1960

B 102 / 43278
Ladenschlussgesetz,
-Stellungnahmen der Wirtschaft- Bd.: 1956-1960

B 102 / 43283
1. Änderung des Ladenschlussgesetzes,
-Vorbereitung durch die Bundesregierung- Bd.: 1956-1957

B 149 / 1068
Ladenschlussgesetz,
-Vorentwürfe, Stellungnahmen und Referentenentwurf- Bd.: 1951-1952

B 149 / 1069
Ladenschlussgesetz, -Vorbereitung- Bd.: 1952

B 149 / 1070
Ladenschlussgesetz, -Vorbereitung- Bd.: 1952-1954

B 149 / 1071
Ladenschlussgesetz, -Vorbereitung- Bd.: 1954-1956

B 149 / 10735
Verfassungsbeschwerden gegen das Ladenschlussgesetz, Stellungnahmen der Bundesregierung, Bd.: 1961-1962

B 149 / 1074
Ladenschlussgesetz, -Änderungen und Ergänzungen- Bd.: 1955-1956

B 149 / 1075
Ladenschlussgesetz, -Änderungen und Ergänzungen- Bd.: 1955- 1959

B 149 / 1076
Novelle zum Ladenschlussgesetz, -Änderungsvorschläge der Ressorts der Länder sowie der Sozialpartner- Bd.: 1956-1957

B 149 / 1077
Novelle zum Ladenschlussgesetz, -Referentenentwurf- Bd.: 1957-1960

B 149 / 1078
Novelle des Ladenschlussgesetzes, -Bekanntgabe eines neuen Wortlautes- Bd.: 1958-1960; -Initiativantrag des Landes Baden-Württemberg- Bd.: 1957-1958

Parlamentarisches Archiv des Deutschen Bundestages, Bonn (zit.: PA, Aktennummer)

I 1014 A
Materialien zu den Anträgen gemäß BT-Drucks. 603 und 1879, -Beratungen der Drucksachen, 1950-1953-

I 1014 B1
Materialien zu den Anträgen gemäß BT-Drucks. 603 und 1879, -Amtliche Arbeitsunterlagen, 1950-1953-

I 1014 B2
Materialien zu den Anträgen gemäß BT-Drucks. 603 und 1879, -Eingaben, Stellungnahmen und Änderungsvorschläge von Gewerkschaften, Verbänden, Vereinigungen und Einzelpersonen; Pressestimmen, 1950-1953-

II 314 A
Materialien zum Gesetz über den Ladenschluss vom 28.11.1956, -Anträge, Beratung in den Ausschüssen des Bundestages und im Plenum des Bundestages und -rates, 1954-1956-

II 314 B1
Sonstige Materialien zum Gesetz über den Ladenschluss vom 28.11.1956, -Amtliche Arbeitsunterlagen, Rechtsgutachten, 1954-1956-

II 314 B2
Sonstige Materialien zum Gesetz über den Ladenschluss vom 28.11.1956, -Denkschriften, Stellungnahmen, Eingaben von Gewerkschaften, Verbänden und Einzelpersonen, Buchstaben A-G-

II 314 B3
Sonstige Materialien zum Gesetz über den Ladenschluss vom 28.11.1956, -Denkschriften, Stellungnahmen, Eingaben von Gewerkschaften, Verbänden und Einzelpersonen, Buchstaben H-Z-

II 435 A
Materialien zum Gesetz zur Änderung des Gesetzes über den Ladenschluss vom 17.7.1957, -Beratungsunterlagen, 1957-

II 435 B
Sonstige Materialen zum Gesetz zur Änderung des Gesetzes über den Ladenschluss vom 17.7.1957, -Stellungnahmen und Eingaben, 1956-1957-

III 250 A
Materialien zum zweiten Gesetz zur Änderung des Gesetzes über den Ladenschluss vom 14.11.1960, -Anträge und Vorlagen, Beratungen, Stellungnahmen und Eingaben, 1957-1960-

V 367 A
Materialien zum dritten Gesetz zur Änderung des Ladenschlussgesetzes vom 23.7.1969, -Anträge, Beratungen und sonstige Materialien, 1968-1969-

XI 26 A
Materialen zum Gesetz zur Änderung des Gesetzes über den Ladenschluss vom 18.12.1987, -Anträge, Beratungen und sonstige Materialien, 1987-

RECHTSHISTORISCHE REIHE

Band 1 Studien zu den germanischen Volksrechten. Gedächtnisschrift für Wilhelm Ebel. Vorträge gehalten auf dem Fest-Symposion anläßlich des 70. Geburtstages von Wilhelm Ebel am 16. Juni 1978 in Göttingen. Götz Landwehr (Hrsg.) 1982.

Band 2 Hans Poeschel: Die Statuten der Banken, Sparkassen und Kreditgenossenschaften in Hamburg und Altona von 1710 bis 1889. 1978.

Band 3 Thomas Kolbeck: Juristenschwemmen, Untersuchungen über den juristischen Arbeitsmarkt im 19. und 20. Jahrhundert. 1978.

Band 4 Norbert Hempel: Richterleitbilder in der Weimarer Republik. 1978.

Band 5 Rolf Stratmann: Die Scheinbußen im mittelalterlichen Recht. 1978.

Band 6 Martin C. Lockert: Die niedersächsischen Stadtrechte zwischen Aller und Weser. Vorkommen und Verflechtungen. Eine Bestandsaufnahme. 1979.

Band 7 Joachim Rückert/Wolfgang Friedrich: Betriebliche Arbeiterausschüsse in Deutschland, Großbritannien und Frankreich im späten 19. und frühen 20. Jahrhundert. Eine vergleichende Studie zur Entwicklung des kollektiven Arbeitsrechts. 1979.

Band 8 Peter Bender: Die Rezeption des römischen Rechts im Urteil der deutschen Rechtswissenschaft. 1979.

Band 9 Friedrich Karl Alsdorf: Untersuchungen zur Rechtsgestalt und Teilung deutscher Ganerbenburgen. 1980.

Band 10 Dietmar Willoweit/Winfried Schich (Hrsg.): Studien zur Geschichte des sächsisch-magdeburgischen Rechts in Deutschland und Polen (Sammelband). 1980.

Band 11 Brigitte Hempel: Der Entwurf einer Polizeiordnung für das Herzogtum Sachsen-Lauenburg aus dem Jahre 1591. 1980.

Band 12 Klaus-Detlev Godau-Schüttke: Rechtsverwalter des Reiches. Staatssekretär Dr. Curt Joël. 1981.

Band 13 Rainer Polley: Anton Friedrich Justus Thibaut (AD 1772-1840) in seinen Selbstzeugnissen und Briefen. Teil 1: Abhandlung. Teil 2: Briefwechsel. Teil 3: Register zum Briefwechsel. 1982.

Band 14 Michael Wettengel: Der Streit um die Vogtei Kelkheim 1275-1276. Ein kanonischer Prozeß.1981.

Band 15 Otto Wilhelm Krause: Naturrechtler des sechzehnten Jahrhunderts. Ihre Bedeutung für die Entwicklung eines natürlichen Privatrechts. 1982.

Band 16 Helga Spindler: Von der Genossenschaft zur Betriebsgemeinschaft. Kritische Darstellung der Sozialrechtslehre Otto von Gierkes. 1982.

Band 17 Holger Otte: Gustav Radbruchs Kieler Jahre 1919 - 1926. 1982.

Band 18 Rüdiger Teuner: Die fuldische Ritterschaft 1510 - 1656. 1982.

Band 19 Gerhard Dilcher/Rudolf Hoke/Gian Savino Pene Vidari/Hans Winterberg (Hrsg.): Grundrechte im 19. Jahrhundert. 1982.

Band 20 Karl-Hans Schloßstein: Die westfälischen Fabrikengerichtsdeputationen - Vorbilder, Werdegang und Scheitern. 1982.

Band 21 Birger Schulz: Der Republikanische Richterbund (1921-1933). 1982.

Band 22 Engelbert Krause: Die gegenseitigen Unterhaltsansprüche zwischen Eltern und Kindern in der deutschen Privatrechtsgeschichte. 1982.

Band 23 Meent W. Francksen: Staatsrat und Gesetzgebung im Großherzogtum Berg (1806-1813). 1982.

Band 24 Gerd von Sonnleithner: Bearbeitung des Handelsrechts durch Ignaz von Sonnleithner in seinem "Leitfaden über das österreichische Handels- und Wechselrecht". 1982.

Band 25 Rudolf Palme: Rechts-, Wirtschafts- und Sozialgeschichte der inneralpinen Salzwerke bis zu deren Monopolisierung. 1983.

Band 26 Helen Bosshard: Pestalozzis Staats- und Rechtsverständnis und seine Stellung in der Aufklärung. 1983.

Band 27 Jens Jessen: Die Selbstzeugnisse der deutschen Juristen. Erinnerungen, Tagebücher und Briefe. Eine Bibliographie. 1983.

Band 28 Günter Martin Jensen: Das Domanium Waldeck. Die rechtliche Zuordnung eines Fürstenvermögens. 1984.

Band 29 Johann Heinrich Kumpf: Petitionsrecht und öffentliche Meinung im Entstehungsprozeß der Paulskirchenverfassung 1848/49. 1983.

Band 30 Sabine Frey: Rechtsschutz der Juden gegen Ausweisungen im 16. Jahrhundert. 1983.

Band 31 Dietrich Joswig: Die germanische Grundstücksübertragung. 1984.

Band 32 Andreas Baryli: Konzessionssystem contra Gewerbefreiheit. Zur Diskussion der österreichischen Gewerberechtsreform 1835 bis 1860. 1984.

Band 33 Gerhard Oberkofler: Studien zur Geschichte der österreichischen Rechtswissenschaft. 1984.

Band 34 Rudolf Lauda: Kaufmännische Gewohnheit und Burgrecht bei Notker dem Deutschen. Zum Verhältnis von literarischer Tradition und zeitgenössischer Realität in der frühmittelalterlichen Rhetorik. 1984.

Band 35 Jens Jensen: Die Ehescheidung des Bischofs Hans von Lübeck von Prinzessin Julia Felicitas von Württemberg-Weiltingen AD 1648-1653. Ein Beitrag zum protestantischen Ehescheidungsrecht im Zeitalter des beginnenden Absolutismus. 1984.

Band 36 Horst Schröder: Friedrich Karl von Savigny. Geschichte und Rechtsdenken beim Übergang vom Feudalismus zum Kapitalismus in Deutschland. 1984.

Band 37 Andreas Hatzung: Dogmengeschichtliche Grundlagen und Entstehung des zivilrechtlichen Notstands. 1984.

Band 38 Matthias Klasen: Das Billwerder Landrecht. Landrecht und Landgericht in den Hamburger Elbmarschen. 1985.

Band 39 Rainer Jamin: Aufbau, Tätigkeit und Verfahren der Auseinandersetzungsbehörden bei der Durchführung der preußischen Agrarreformen. 1985.

Band 40 Henry Winter: Teilschuld, Gesamtschuld und unechte Gesamtschuld. Zur Konzeption der §§ 420 ff. BGB - Ein Beitrag zur Entstehungsgeschichte des BGB. 1985.

Band 41 Hermann Eichler: Verfassungsbewegung in Amerika und Europa. 1985.

Band 42 Dagmar Bandemer: Heinrich Albert Zachariae. Rechtsdenken zwischen Restauration und Reformation. 1985.

Band 43 Eva-Christine Frentz: Das Hamburgische Admiralitätsgericht (1623-1811). Prozeß und Rechtsprechung. 1985.

Band 44 Karl Lillig: Rechtsetzung im Herzogtum Pfalz-Zweibrücken während des 18. Jahrhunderts. Ein Beitrag zur Geschichte der territorialen Rechtsbildung. 1985.

Band 45 Walter Weber: Die Entwicklung der Sparkassen zu selbständigen Anstalten des öffentlichen Rechts. Ein Beitrag zur Entwicklung des Anstaltsbegriffs im 19. Jahrhundert. 1985.

Band 68 Otmar Jung: Senatspräsident Freymuth. Richter, Sozialdemokrat und Pazifist in der Weimarer Republik. Eine politische Biographie. 1989.

Band 69 Joachim Lohner: Das landeshauptmannschaftliche Gericht in Oberösterreich zu Beginn der Neuzeit. Eine Darstellung des oberösterreichischen Prozeßrechts am obersten Territorialgericht des Landes anhand der oberösterreichischen Landtafel.1989.

Band 70 Bernd Klemann: Rudolf von Jhering und die Historische Rechtsschule. 1989.

Band 71 Adalbert Langer: Männer um die österreichische Zivilprozeßordnung 1895. Zusammenspiel / Soziales Ziel. 1990.

Band 72 Robert-Dieter Klee: Die Landessuperintendentur Lauenburg. Ursprung und Entwicklung sowie Ende der Sonderstellung des Kirchenkreises Herzogtum Lauenburg durch die nordelbische Kirchenvereinigung. 1989.

Band 73 Heinrich Herrmann: Die Gehöferschaften im Bezirk Trier. 1989.

Band 74 Wilhelm Brauneder, Franz Baltzarek (Hrsg.): Modell einer neuen Wirtschaftsordnung. Wirtschaftsverwaltung in Österreich 1914 - 1918. 1991.

Band 75 Thomas Dreyer: Die "Assecuranz- und Haverey-Ordnung" der Freien und Hansestadt Hamburg von 1731. 1990.

Band 76 Bernhard Sendler: Die Rechtssprache in den süddeutschen Stadtrechtsreformationen. 1990.

Band 77 Brigitte Lehmann: Ehevereinbarungen im 19. und 20. Jahrhundert. 1990.

Band 78 Michael Sunnus: Der NS-Rechtswahrerbund (1928-1945). Zur Geschichte der nationalsozialistischen Juristenorganisation. 1990.

Band 79 Stefan Schulz: Die historische Entwicklung des Rechts an Bienen. (§§ 961 - 964 BGB). 1990.

Band 80 Gerhard Lingelbach, Heiner Lück (Hrsg.): Deutsches Recht zwischen Sachsenspiegel und Aufklärung. Rolf Lieberwirth zum 70. Geburtstag dargebracht von Schülern, Freunden und Kollegen, herausgegeben von Gerhard Lingelbach und Heiner Lück. 1991.

Band 81 Manfred Krohn: Die deutsche Justiz im Urteil der Nationalsozialisten 1920 - 1933. 1991.

Band 82 Angelika Kühn: Privilegierung nationaler Minderheiten im Wahlrecht der Bundesrepublik Deutschland und Schleswig-Holsteins. 1991.

Band 83 Georg Brun: Leben und Werk des Rechtshistorikers Heinrich Mitteis unter besonderer Berücksichtigung seines Verhältnisses zum Nationalsozialismus. 1991.

Band 84 Wolfgang Simon: Claudius Freiherr von Schwerin. Rechtshistoriker während dreier Epochen deutscher Geschichte. 1991.

Band 85 Friedrich-Carl Wachs: Das Verordnungswerk des Reichsdemobilmachungsamtes. Stabilisierender Faktor zu Beginn der Weimarer Republik. 1991.

Band 86 Jens-Uwe Petersen: Die Vorgeschichte und die Entstehung des Mieterschutzgesetzes von 1923 nebst der Anordnung für das Verfahren vor dem Mieteinigungsamt und der Beschwerdestelle. 1991.

Band 87 Ulrike Haibach: Familienrecht in der Rechtssprache. Die historische Entwicklung zentraler Ausdrücke des geltenden Familienrechts. 1991.

Band 88 Joern Christian Nissen: Die Beratungen des Seeversicherungsausschusses der Akademie für Deutsches Recht zu einem neuen Seeversicherungsgesetz (1934-1939). Ein Beitrag zur Entwicklung der allgemeinen Lehren des Seeversicherungsrechts unter besonderer Berücksichtigung des Handelsgesetzbuchs und der Allgemeinen Deutschen Seeversicherungs-Bedingungen 1919. 1991.

Band 89 Diethard Bühler: Die Entstehung der allgemeinen Vertragsschluß-Vorschriften im Allgemeinen Deutschen Handelsgesetzbuch (ADHGB) von 1861. Ein Beitrag zur Kodifikationsgeschichte des Privatrechts im 19. Jahrhundert. 1991.

Band 90 Gerhard Oberkofler: Die Vertreter des Römischen Rechts mit deutscher Unterrichtssprache an der Karls-Universität in Prag. Vom Vormärz bis 1945. 1991.

Band 91 Ulrich Andermann: Ritterliche Gewalt und bürgerliche Selbstbehauptung. Untersuchungen zur Kriminalisierung und Bekämpfung des spätmittelalterlichen Raubrittertums am Beispiel norddeutscher Hansestädte. 1991.

Band 92 Heinz Marcus Hanke: Luftkrieg und Zivilbevölkerung. Der kriegsvölkerrechtliche Schutz der Zivilbevölkerung gegen Luftbombardements von den Anfängen bis zum Ausbruch des Zweiten Weltkrieges. 1991.

Band 93 Kirsten Kraglund: Familien- und Erbrecht. Materielles Recht und Methoden der Rechtsanwendung in der Rechtsprechung des Oberappellationsgerichts der vier Freien Städte Deutschlands zu Lübeck. 1991.

Band 94 Reinhard Lorenz: Die politische und rechtliche Stellung des Proletariats in Preußen in der Zeit zwischen den Reformen und der Revolution 1848/49. 1991.

Band 95 Eric Hilgendorf: Die Entwicklungsgeschichte der parlamentarischen Redefreiheit in Deutschland. 1991.

Band 96 Hans J. Reiter: Die Handelsgesellschaft Villeroy & Boch von der Gründung 1836 bis zum Jahr 1878. 1992.

Band 97 Martin Johannes Heller: Reform der deutschen Rechtssprache im 18. Jahrhundert. 1992.

Band 98 Michael Kotulla: Die Tragweite der Grundrechte der revidierten preußischen Verfassung vom 31.01.1850. 1992.

Band 99 Michael Siefener: Hexerei im Spiegel der Rechtstheorie. Das crimen magiae in der Literatur von 1574 bis 1608. 1992.

Band 100 Andreas Ebert-Weidenfeller: Hamburgisches Kaufmannsrecht im 17. und 18. Jahrhundert. Die Rechtsprechung des Rates und des Reichskammergerichtes. 1992.

Band 101 Enno Bommel: Die Entstehung der Verwirkungslehre in der Krise des Positivismus. 1992.

Band 102 Ralph Steppacher: Die Berücksichtigung der bäuerlichen Postulate bei der Entstehung des ZGB und der Revision des OR. Ein Beitrag zur schweizerischen Kodifikationsgeschichte (1893 - 1912). 1992.

Band 103 Martin Fleckenstein: Die Todesstrafe im Werk Carl Joseph Anton Mittermaiers (1787 - 1867). Zur Entwicklungsgeschichte eines Werkbereichs und seiner Bedeutung für Theorie- und Methodenbildung. 1992.

Band 104 Jörn Eckert: Der Kampf um die Familienfideikommisse in Deutschland. Studien zum Absterben eines Rechtsinstitutes. 1992.

Band 105 Jörg Grotkopp: Beamtentum und Staatsformwechsel. Die Auswirkungen der Staatsformwechsel von 1918, 1933 und 1945 auf das Beamtenrecht und die personelle Zusammensetzung der deutschen Beamtenschaft. 1992.

Band 106 Andreas Rohde: Die Garantiehaftung des Vermieters und ihr Verhältnis zum Unmöglichkeitsrecht in dogmengeschichtlicher und modernrechtlicher Sicht. 1992.

Band 107 Tjark Siefke Kunstreich: Gesamtvertretung. Eine historisch-systematische Darstellung. 1992.

Band 108 Jürgen Krüger: Blindheit und Königtum. Die Blindheit des Königs Georg V. von Hannover als verfassungsrechtliches Problem. 1992.

Band 109 Wolfgang Putschek: Ständische Verfassung und autoritäre Verfassungspraxis in Österreich 1933-1938 mit Dokumentenanhang. Verfassung und Verfassungswirklichkeit. Mit einem Anhang: Denkschriften von Rechtsanwalt Dr. Erich Führer 1936/37. 1993.

Band 110 Klaus Hofmann: Die Verdrängung der Juden aus öffentlichem Dienst und selbständigen Berufen in Regensburg 1933-1939. 1993.

Band 111 Franz Kilger: Die Entwicklung des Telegraphenrechts im 19. Jahrhundert mit besonderer Berücksichtigung der technischen Entwicklung. Telegraphenrecht im 19. Jahrhundert. 1993.

Band 112 Wilhelm Brauneder (Hrsg.): Heiliges Römisches Reich und moderne Staatlichkeit. 1993.

Band 113 Thomas Heinrich: Das preußische Nichtehelichenrecht: Von der Aufklärung zur Reaktion. 1993.

Band 114 Gerald Kohl: Jagd und Revolution. Das Jagdrecht in den Jahren 1848 und 1849. 1993.

Band 115 Christian Schudnagies: Der Kriegs- oder Belagerungszustand im Deutschen Reich während des Ersten Weltkrieges. Eine Studie zur Entwicklung und Handhabung des deutschen Ausnahmezustandsrechts bis 1918. 1994.

Band 116 Elisabeth Bellmann: Die Internationale Kriminalistische Vereinigung (1889-1933). 1994.

Band 117 Julia Pfannkuch: Volksrichterausbildung in Sachsen 1945-1950. 1993.

Band 118 Jörg Offen: Von der Verwaltungsgemeinschaft des BGB von 1896 zur Zugewinngemeinschaft des Gleichberechtigungsgesetzes von 1957. 1994.

Band 119 Dorothee Kohlhas-Müller: Untersuchungen zur Rechtsstellung Theoderichs des Großen. 1995.

Band 120 Monika Rose: Das Gerichtswesen des Herzogtums Pfalz-Zweibrücken im 18. Jahrhundert. Ein Beitrag zur territorialen Gerichtsbarkeit im Alten Reich. 1994.

Band 121 Jörn Eckert / Hans Hattenhauer (Hrsg.): Bibel und Recht. Rechtshistorisches Kolloquium 9. - 13. Juni 1992 an der Christian-Albrechts-Universität zu Kiel. 1994.

Band 122 Robert Martin Mizia: Der Rechtsbegriff der Autonomie und die Begründung des Privatfürstenrechts in der deutschen Rechtswissenschaft des 19. Jahrhunderts. 1995.

Band 123 Walther Graf von Plettenberg: Das Fortleben des Liber Iudiciorum in Asturien/León (8. - 13. Jh.). 1994.

Band 124 Wolfgang Schulz: Das deutsche Börsengesetz. Die Entstehungsgeschichte und wirtschaftlichen Auswirkungen des Börsengesetzes von 1896. 1994.

Band 125 Frank Hagemann: Der Untersuchungsausschuß Freiheitlicher Juristen. 1949 – 1969. 1994.

Band 126 Andreas Rethmeier: "Nürnberger Rassegesetze" und Entrechtung der Juden im Zivilrecht. 1995.

Band 127 Edith Grether: Die Poesie der Throne. Die Juristen in der Fruchtbringenden Gesellschaft. 1995.

Band 128 Anna Bartels-Ishikawa: Der Lippische Thronfolgestreit. Eine Studie zu verfassungsrechtlichen Problemen des Deutschen Kaiserreiches im Spiegel der zeitgenössischen Staats. 1995.

Band 129 Jörg Schmidt: Otto Koellreutter 1883-1972. Sein Leben, sein Werk, seine Zeit. 1995.

Band 130 Christian Hattenhauer: Wahl und Krönung Franz II. AD 1792. Das Heilige Reich krönt seinen letzten Kaiser - Das Tagebuch des Reichsquartiermeisters Hieronymus Gottfried von Müller und Anlagen. 1995.

Band 131 Jutta v. der Decken: Das Seearbeitsrecht im Hamburger Stadtrecht von 1301 bis 1603. 1995.

Band 132 Detlev Schmidt: Die Reform des Rechts der Handelsvertreter von 1953. 1995.

Band 133 Gabi Roßdeutscher: Privatautonomie im Scheidungsrecht. Scheidungsbezogene Vereinbarungen in den letzten 200 Jahren. 1995.

Band 134 Harald Kahlenberg: Leben und Werk des Rechtshistorikers Walther Merk. Ein Beispiel für das Verhältnis von Rechtsgeschichte und Nationalsozialismus. 1995.

Band 135 Michael Steitz: Adelbert Düringer am Reichsgericht (1902-1915). Seine aktienrechtlichen Entscheidungen und sein Einfluß auf das Aktienrecht in Deutschland. 1995.

Band 136 Christian Becker: Beata Justorum Translatio. Juristen in schleswig-holsteinischen Leichenpredigten. 1996.

Band 137 Christoph Seiler: Vom Allgemeinen Landrecht zum Bürgerlichen Gesetzbuch. Dargestellt am Beispiel der höchstrichterlichen Judikatur zum kaufrechtlichen Sachmängelgewährleistungsrecht. 1996.

Band 138 Bernd Mayer: Die Vertrauensmännerausschüsse auf den preußischen Steinkohlegruben an der Saar. Entstehung und Wirken. Eine rechtshistorische Untersuchung. 1996.

Band 139 Rochus Scholl: Juden und Judenrecht im Herzogtum Pfalz-Zweibrücken. Ein Beitrag zur Rechtsgeschichte eines deutschen Kleinstaates am Ende des alten Reiches. 1996.

Band 140 Meike Bursch: Judentaufe und frühneuzeitliches Strafrecht. Die Verfahren gegen Christian Treu aus Weener/Ostfriesland 1720-1728. 1996.

Band 141 Markus Hillenbrand: Fürstliche Eheverträge. Gottorfer Hausrecht 1544 - 1773. 1996.

Band 142 Ulf Häder: Das gemeinschaftliche Oberappellationsgericht thüringischer Staaten in Jena. Ein Beitrag zur Geschichte des Gerichtswesens im 19. Jahrhundert. 1996.

Band 143 Andreas Bauer: Das Gnadenbitten in der Strafrechtspflege des 15. und 16. Jahrhunderts. Dargestellt unter besonderer Berücksichtigung von Quellen der Vorarlberger Gerichtsbezirke Feldkirch und des Hinteren Bregenzerwaldes. 1996.

Band 144 Christian Wirth: Der Jurist Johann Andreas Georg Friedrich Rebmann zwischen Revolution und Restauration. 1996.

Band 145 Stefanie Müller: Die Rechtsprechung des Hanseatischen Oberlandesgerichts zum persönlichen Eherecht in Hamburgischen Gerichtsfällen von 1879 -1900. 1996.

Band 146 Jean-Nicolas Morisset: Der Frachtvertrag in der *Ordonnance de la marine* von 1681. 1996.

Band 147 Dirk Lentfer: Die Glogauer Landesprivilegien des Andreas Gryphius von 1653. 1996.

Band 148 Wencke Mull: Die Haftung für Einsturzschäden nach den §§ 836-838 BGB in der Rechtsprechung des Reichsgerichts. 1996.

Band 149 Renate Zelger: Teufelsverträge. Märchen, Sage, Schwank, Legende im Spiegel der Rechtsgeschichte. 1996.

Band 150 Guido Kraß: Das Arrestverfahren in Frankfurt am Main im Spätmittelalter. 1996.

Band 151 F. Benedict Heyn: Die Entwicklung des Eisenbahnfrachtrechts von den Anfängen bis zur Einführung des Allgemeinen Deutschen Handelsgesetzbuches (ADHGB). 1996.

Band 152 Thomas Lang: Die Staats- und Verfassungslehre Carl Salomo Zachariaes. 1996.

Band 153 Michael Hebeis: Karl Anton von Martini (1726-1800). Leben und Werk. 1996.

Band 154 Gerald Hubert: Die Diskussion um die rechtliche Natur der Bizone in den Jahren 1947-1949. 1996.

Band 155 Christof Horn: Die Rechtsprechung des Reichsgerichts in Ehescheidungssachen der Jahre 1900 bis 1905. 1996.

Band 156 Hermann Nehlsen / Georg Brun (Hrsg.): Münchener rechtshistorische Studien zum Nationalsozialismus. 1996.

Band 157 Jan Otto Clemens Kehrberg: Die Entwicklung des Elektrizitätsrechts in Deutschland. Der Weg zum Energiewirtschaftsgesetz von 1935. 1997.

Band 158 Johannes Tradt: Der Religionsprozeß gegen den Zopfschulzen (1791-1799). Ein Beitrag zur protestantischen Lehrpflicht und Lehrzucht in Brandenburg-Preußen gegen Ende des 18. Jahrhunderts. 1997.

Band 159 Dietmar Olsen: Das kaufrechtliche Sachmängelgewährleistungsrecht des Code civil in der Rechtsprechung deutscher Gerichte im 19. Jahrhundert. Ein Beitrag zur Ablösung der Partikularrechte durch das BGB. 1997.

Band 160 Ulrich Bernhardt: Die Deutsche Akademie für Staats- und Rechtswissenschaft „Walter Ulbricht" 1948-1971. 1997.

Band 161 Claudia Susan Hoppe: Die Bürgschaft im Rechtsleben Hamburgs von 1600 bis 1900. 1997.

Band 162 Franz-Rudolf Ecker: Die Entwicklung des Bergrechts im Saarbrücker Steinkohlenrevier bis zum Ende des 18. Jahrhunderts. Ein Vergleich mit dem älteren deutschen Bergrecht. 1997.

Band 163 Anne Katrin Rückert: Politik und Privatrecht in der „konservativen Revolution". 1997.

Band 164 Gisbert Laube: Der Reichskunstwart. Geschichte einer Kulturbehörde 1919-1933. 1997.

Band 165 Nicolas Lührig: Die Diskussion über die Reform der Juristenausbildung von 1945 bis 1995. 1997.

Band 166 Regula Gerber Jenni: Die Emanzipation der mehrjährigen Frauenzimmer. Frauen im bernischen Privatrecht des 19. Jahrhunderts. 1997.

Band 167 Mischa A. Färber: Das gemeinschaftliche Testament in der höchstrichterlichen Rechtsprechung zum Allgemeinen Preußischen Landrecht und zum BGB. Ein Beitrag zur Ablösung der Partikularrechte durch das BGB. 1997.

Band 168 Catherine Antoinette Gasser: Philipp Lotmar 1850-1922. Professor der Universität Bern. Sein Engagement für das Schweizerische Arbeitsrecht. 1997.

Band 169 Lars Immisch: Der sozialistische Richter in der DDR und seine Unabhängigkeit. Der Versuch eines Rechtsvergleiches zum Unabhängigkeitsbegriff in der bundesdeutschen Rechtsordnung. 1997.

Band 170 Jessica Jacobi: Besitzschutz vor dem Reichskammergericht. Die friedenssichernde Funktion der Besitzschutzklagen am Reichskammergericht im 16. Jahrhundert, dargestellt anhand von Kameralisten. 1998.

Band 171 Ewald Hügemann: Die Geschichte des öffentlichen und privaten Mietpreisrechts vom Ersten Weltkrieg bis zum Gesetz zur Regelung der Miethöhe von 1974. 1998.

Band 172 Lutz Rentzow: Die Entstehungs- und Wirkungsgeschichte der Vernewerten Landesordnung für das Königreich Böhmen von 1627. 1998.

Band 173 Sabine Stürmer: Mühlenrecht im Herzogtum Pfalz-Zweibrücken während des 18. Jahrhunderts. Ein Beitrag zum Wirtschaftsrecht eines deutschen Kleinstaates im Alten Reich. 1998.

Band 174 Mario Bogisch: *Nemo testis in re sua*. Das Problem der Zeugnisfähigkeit bei der Anwendung der deutschen Zivilprozeßordnung von 1877. 1998.

Band 175 Rainer Oßwald: Pactane sunt servanda? Freiwilligkeit, Zwang und Unverbindlichkeitserklärungen im islamischen Vertragsrecht malikitischer Schule. 1998.

Band 176 Bettina Kern: Der preußische BGB-Entwurf von 1842. 1998.

Band 177 Inken Fuhrmann: Die Diskussion über die Einführung der fakultativen Zivilehe in Deutschland und Österreich seit Mitte des 19. Jahrhunderts. 1998.

Band 178 Annette Rieck: Der Heilige Ivo von Hélory (1247-1303). Advocatus pauperum und Patron der Juristen. 1998.

Band 179 Frank Bottenberg: Die Hamburgische Strafprozeßordnung von 1869. 1998.

Band 180 Matthias Krauß: Das kursächsische Postrecht von seinen Anfängen bis zum Ende des Alten Reichs. 1998.

Band 181 Torsten Schmidt: Die Entmündigung von den Anfängen des BGB bis zu ihrer Ablösung durch das Institut der Betreuung. 1998.

Band 182 Christian Nunn: Rudolf Müller-Erzbach. 1874-1959. Von der realen Methode über die Interessenjurisprudenz zum kausalen Rechtsdenken (Leben und Werk). 1998.

Band 183 Christian Ortloff: Das staatskirchenrechtliche System Wilhelm Traugott Krugs. Glaubens- und Gewissensfreiheit – eine Forderung der Vernunft. 1998.

Band 184 Christian Hattenhauer: Schuldenregulierung nach dem Westfälischen Frieden. Der sog. § *de indaganda* und seine Umsetzung im Jüngsten Reichsabschied (AD 1648 und 1654). 1998.

Band 185 Werner Schubert: Preußen im Vormärz. Die Verhandlungen der Provinziallandtage von Brandenburg, Pommern, Posen, Sachsen und Schlesien sowie – im Anhang – von Ostpreußen, Westfalen und der Rheinprovinz (1841-1845). 1998.

Band 186 Silvia Schumacher: Das Rechtsverhältnis zwischen Eltern und Kindern in der Privatrechtsgeschichte. 1999.

Band 187 Kai Sommer: Die Strafbarkeit der Homosexualität von der Kaiserzeit bis zum Nationalsozialismus. Eine Analyse der Straftatbestände im Strafgesetzbuch und in den Reformentwürfen (1871-1945). 1998.

Band 188 Jan Erik Backhaus: Volksrichterkarrieren in der DDR. 1999.

Band 189 Ralf Ruhnau: Die Fürstlich Thurn und Taxissche Privatgerichtsbarkeit in Regensburg. Ein Kuriosum der deutschen Rechtsgeschichte. 1999.

Band 190 Antonio Grilli: Die französische Justizorganisation am linken Rheinufer 1797-1803. 1999.

Band 191 Stephanie Kammerloher-Lis: Die Entstehung des Gesetzes über die religiöse Kindererziehung vom 15. Juli 1921. 1999.

Band 192 Jan Telp: Ausmerzung und Verrat. Zur Diskussion um Strafzwecke und Verbrechensbegriffe im Dritten Reich. 1999.

Band 193 Kurt von Pannwitz: Die Entstehung der Allgemeinen Deutschen Wechselordnung. Ein Beitrag zur Geschichte der Vereinheitlichung des deutschen Zivilrechts im 19. Jahrhundert. 1999.

Band 194 Sylvia Busch: Die Entstehung der Allgemeinen Gerichtsordnung für die Preussischen Staaten von 1793/95. Ein Beitrag zur Geschichte der Kodifikationsbewegung und der Reform des Zivilprozesses in Preußen im 18. Jahrhundert. 1999.

Band 195 Dirk Bieresborn: Klage und Klageerwiderung im deutschen und englischen Zivilprozeß. Eine rechtshistorische und rechtsvergleichende Untersuchung unter besonderer Berücksichtigung der Beeinflussung durch das römisch-kanonische Verfahren. 1999.

Band 196 Andreas Thier / Guido Pfeifer / Philipp Grzimek (Hrsg.): Kontinuitäten und Zäsuren in der Europäischen Rechtsgeschichte. Europäisches Forum Junger Rechtshistorikerinnen und Rechtshistoriker München 22.-24. Juli 1998. 1999.

Band 197 Franz Smola: Die Fürstlich Liechtenstein'sche Kunstsammlung. Rechtsfragen zur Verbringung der Sammlung von Wien nach Vaduz in den Jahren 1944/45. 1999.

Band 198 Frank Martin Krauss: Das geteilte Eigentum im 19. und 20. Jahrhundert. Eine Untersuchung zum Fortbestand des Teilungsgedankens. 1999.

Band 199 Matthias Frey: Die spanische Aktiengesellschaft im 18. Jahrhundert und unter dem Código de Comercio von 1829. 1999.

Band 200 Alexandra Gilde: Die Stellung der Frau im Reichsstrafgesetzbuch von 1870/71 und in den Reformentwürfen bis 1919 im Urteil der bürgerlichen Frauenbewegung. Eine Analyse ausgewählter Straftatbestände. 1999.

Band 201 Malte Dießelhorst / Arne Duncker: Hans Kohlhase. Die Geschichte einer Fehde in Sachsen und Brandenburg zur Zeit der Reformation. 1999.

Band 202 Jörg Hillmann: Territorialrechtliche Auseinandersetzungen der Herzöge von Sachsen-Lauenburg vor dem Reichskammergericht im 16. Jahrhundert. 1999.

Band 203 Carsten Engler: Die Kommanditgesellschaft (KG) und die stille Gesellschaft im Allgemeinen Deutschen Handelsgesetzbuch (ADHGB) von 1861. 1999.

Band 204 Vesta Hoffmann-Steudner: Die Rechtsprechung des Reichsgerichts zu dem Scheidungsgrund des § 49 EheG (EheG 1938) in den Jahren 1938-1945. 1999.

Band 205 Michaela Thiele: Die Auflösung von Arbeitsverhältnissen aufgrund Anfechtung und außerordentlicher Kündigung nach der Rechtsprechung des Reichsarbeitsgerichts (1927-1945). 2000.

Band 206 Peter Landau / Hermann Nehlsen / Mathias Schmoeckel (Hrsg.): Karl von Amira zum Gedächtnis. 1999.

Band 207 Marcus Flinder: Die Entstehungsgeschichte des Zivilgesetzbuches der DDR. 1999.

Band 208 Boris Franz Leo Bromm: Die Entstehungsgeschichte des Berufs des Handelsvertreters. Unter besonderer Berücksichtigung der Sozialgesetzgebung in den Jahren von 1871-1933. 2000.

Band 209 Winfried C. J. Eberstein: Das Tierschutzrecht in Deutschland bis zum Erlaß des Reichs-Tierschutzgesetzes vom 24. November 1933. Unter Berücksichtigung der Entwicklung in England. 1999.

Band 210 Patrick Deller: Der „nach dem Vertrage" vorausgesetzte Gebrauch (§ 459 Absatz 1 Satz 1 BGB). Eine kaufrechtliche Untersuchung unter Berücksichtigung rechtshistorischer wie rechtsvergleichender Grundlagen. 2000.

Band 211 Eckard Freiherr von Bodenhausen: Haftung des Geschäftsherrn für Verrichtungsgehilfen im Straßen- und Schienenverkehr. Eine Analyse der Entscheidungen des Reichsgerichts zu § 831 BGB (1900-1945). 2000.

Band 212 Birte Gast: Der Allgemeine Teil und das Schuldrecht des Bürgerlichen Gesetzbuchs im Urteil von Raymond Saleilles (1855-1912). 2000.

Band 213 Hansjörg Michael Huber: Koloniale Selbstverwaltung in Deutsch-Südwestafrika. Entstehung, Kodifizierung und Umsetzung. 2000.

Band 214 Ulf Björner: Die Verfassungsgerichtsbarkeit im Norddeutschen Bund und Deutschen Reich (1867-1918). Eine rechtshistorische Untersuchung über Gerichtsbarkeit im Spannungsfeld von Politik und Recht innerhalb der von Bismarck geschaffenen deutschen Bundesstaaten. 2000.

Band 215 Mathias Freiherr von Rosenberg: Friedrich Carl von Savigny (1779-1861) im Urteil seiner Zeit. 2000.

Band 216 Reinhard Binder-Krieglstein: Österreichisches Adelsrecht 1868-1918/19. Von der Ausgestaltung des Adelsrechts der cisleithanischen Reichshälfte bis zum Adelsaufhebungsgesetz der Republik unter besonderer Berücksichtigung des adeligen Namensrechts. 2000.

Band 217 Claudia-Regine Nerius: Johannes Lehmann-Hohenberg (1851-1925). Eine Studie zur völkischen Rechts- und Justizkritik im Deutschen Kaiserreich. 2000.

Band 218 Ludger Meuten: Die Erbfolgeordnung des Sachsenspiegels und des Magdeburger Rechts. Ein Beitrag zur Geschichte des sächsisch-magdeburgischen Rechts. 2000.

Band 219 Christoph Alexander von Wilcken: Die Reformbestrebungen zum Genossenschaftsgesetz in der Frühzeit der Bundesrepublik. Die Beratungen der Sachverständigenkommission zur Überprüfung des Genossenschaftsrechts 1954 bis 1958 und der Referentenentwurf von 1962. 2000.

Band 220 Verein Junger RechtshistorikerInnen Zürich (Hrsg.): ¿Rechtsgeschichte(n)? ¿Histoire(s) du droit? ¿Storia/storie del diritto? ¿Legal Histori(es)? Europäisches Forum Junger Rechtshistorikerinnen und Rechtshistoriker Zürich 28.-30. Mai 1999. 2000.

Band 221 Hans Christian Schüler: Die Entstehungsgeschichte der Bundesnotarordnung vom 24. Februar 1961. 2000.

Band 222 Nils-Eberhard Schramm: Die Vereinigung demokratischer Juristen (1949-1999). 2000.

Band 223 Silke Anke Torp: Das Rechtsverhältnis zwischen den Eltern und ihren Kindern. Dienstleistungspflicht, Aussteuer und Ausstattung. Eine Analyse der Rechtsprechung des Reichsgerichts und des Reichsarbeitsgerichts zu den Vorschriften der §§ 1616 bis 1625 des Bürgerlichen Gesetzbuches in der Zeit von 1900 bis 1945. 2000.

Band 224 Martin Jürgen Maaß: Die Geschichte des Eigentumsvorbehalts, insbesondere im 18. und 19. Jahrhundert. 2000.

Band 225 Stefanie Langer: Rechtswissenschaftliche Itinerarien. Lebenswege namhafter europäischer Juristen vom 11. bis zum 18. Jahrhundert. 2000.

Band 226 Ulrich Schmitz: Der Unterhaltsanspruch des nichtehelichen Kindes gegen seinen Erzeuger. Die rechtsgeschichtliche und dogmatische Entwicklung im deutschen Recht. 2000.

Band 227 Sebastian Günther: Friedrich Carl von Savigny als Grundherr. 2000.

Band 228 Henning Ibs: Hermann J. Held (1890-1963). Ein Kieler Gelehrtenleben in den Fängen der Zeitläufe. 2000.

Band 229 Matthias Rücker: Wirtschaftswerbung unter dem Nationalsozialismus. Rechtliche Ausgestaltung der Werbung und Tätigkeit des Werberats der deutschen Wirtschaft. 2000.

Band 230 Hendrik Sandmann: Die Entwicklung von Begriff und Inhalt des Wirtschaftsrechts durch die Rechtswissenschaft in der Weimarer Republik. 2000.

Band 231 Sibylle Müller: Gibt es Menschenrechte bei Samuel Pufendorf? 2000.

Band 232 Karin Olechowski-Hrdlicka: Die gemeinsamen Angelegenheiten der Österreichisch-Ungarischen Monarchie. Vorgeschichte – Ausgleich 1867 – Staatsrechtliche Kontroversen. 2001.

Band 233 Johannes Mierau: Die juristischen Abschluß- und Diplomprüfungen in der SBZ/DDR. Ein Einblick in die Juristenausbildung im Sozialismus. 2001.

Band 234 Jörg Wolff (Hrsg.): Stillstand, Erneuerung und Kontinuität. Einsprüche zur Preußenforschung. 2001.

Band 235 Friedo Schröder: Die anwaltliche Tätigkeit während der nationalsozialistischen Herrschaft. Eine Analyse der anwaltlichen Argumentation in Zivilprozessen anhand der vorhandenen Prozeßakten der Landgerichte Frankenthal, Wiesbaden, Limburg und Frankfurt und der Handakten der *jüdischen Konsulenten* des OLG-Bezirks Frankfurt. 2001.

Band 236 Der Code pénal des Königreichs Westphalen von 1813 mit dem Code pénal von 1810 im Original und in deutscher Übersetzung. Herausgegeben und mit einer Einleitung versehen von Werner Schubert. 2001.

Band 237 Klaus Richter: Deutsches Kolonialrecht in Ostafrika 1885-1891. 2001.

Band 238 Kai von Lewinski: Deutschrechtliche Systembildung im 19. Jahrhundert. 2001.

Band 239 Alexander Herzog: Sittenwidrige Rechtsgeschäfte in der höchstrichterlichen Rechtsprechung aus den Jahren 1948-1965. 2001.

Band 240 Claudia Rönnau: Die Beratungen des Wasserrechtsausschusses der Akademie für Deutsches Recht zu einem Reichswassergesetz (1934-1941). Ein Beitrag zur Dogmatik der Begriffe *Gemeingebrauch* und *Sondergebrauch* in der Zeit des Nationalsozialismus. 2001.

Band 241 Momme Rohlack: Kriegsgesellschaften (1914-1918). Arten, Rechtsformen und Funktionen in der Kriegswirtschaft des Ersten Weltkrieges. 2001.

Band 242 Rolf Geyer: Der Gedanke des Verbraucherschutzes im Reichsrecht des Kaiserreichs und der Weimarer Republik (1871-1933). Eine Studie zur Geschichte des Verbraucherrechts in Deutschland. 2001.

Band 243 Felix Lorenz Benjamin Lehmann: Der Rote Adlerorden. Entstehung und rechtliche Grundlagen (1705-1918). 2002.

Band 244 Marc Ludwig: Der Pfändungsschutz für Lohneinkommen. Die Entstehungs- und Entwicklungsgeschichte der Vorschriften zum Schutz vor Lohnpfändung in Deutschland. 2001.

Band 245 Alexander Wachter: Dorfschule zwischen Pastor und Schulmeister. Zur Säkularisierung des niederhessischen Schulwesens im 19. Jahrhundert. 2001.

Band 246 Richard Scholz: Analyse der Entstehungsbedingungen der reichsgerichtlichen Aufwertungsrechtsprechung. Untersuchung unter besonderer Berücksichtigung der konservativen Geldpolitik der Reichsbank und der Inflationspolitik der Reichsregierung. 2001.

Band 247 Judith Laeverenz: Märchen und Recht. Eine Darstellung verschiedener Ansätze zur Erfassung des rechtlichen Gehalts der Märchen. 2001.

Band 248 Christina Schenk: Bestrebungen zur einheitlichen Regelung des Strafvollzugs in Deutschland von 1870 bis 1923. 2001.

Band 249 Nils Werner: Die Prozesse gegen die Landvolkbewegung in Schleswig-Holstein 1929/32. Ein Beitrag zur Justizkritik in der späten Weimarer Republik. 2001.

Band 250 Wolfgang Walter: Das Duell in Bayern. Ein Beitrag zur bayerischen Strafrechtsgeschichte. 2002.

Band 251 Jörn Eckert / Kjell Å. Modéer (Hrsg.): Geschichte und Perspektiven des Rechts im Ostseeraum. Erster Rechtshistorikertag im Ostseeraum 8.–12. März 2000. 2001.

Band 252 Jan Königshaus: Die Inauguration der Christian-Albrechts-Universität zu Kiel 1665. Symbolgehalt und rechtliche Bedeutung des Universitätszeremoniells. 2002.

Band 253 Andreas Görgen: Rechtssprache in der Frühen Neuzeit. Eine vergleichende Untersuchung der Fremdwortverwendung in Gesetzen des 16. und 17. Jahrhunderts. 2002.

Band 254 Ralf Schäfer: Die Rechtsstellung der Haigerlocher Juden im Fürstentum Hohenzollern-Sigmaringen von 1634-1850. Eine rechtsgeschichtliche Untersuchung. 2002.

Band 255 Regine Schmalhorst: Die Tierhalterhaftung im BGB von 1896. Die Entstehung und Änderung des § 833 BGB sowie eine Analyse der Rechtsprechung des Reichsgerichts bis 1908. 2002.

Band 256 Thomas Hense: Konrad Beyerle. Sein Wirken für Wissenschaft und Politik in Kaiserreich und Weimarer Republik. 2002.

Band 257 Christian Mahlmann: Die Strafrechtswissenschaft der DDR. Klassenkampftheorie und Verbrechenslehre. 2002.

Band 258 Henning Kahmann: Die Bankiers von Jacquier & Securius 1933–1945. Eine rechtshistorische Fallstudie zur "Arisierung" eines Berliner Bankhauses. Mit einem Geleitwort von John Kornblum. 2002.

Band 259 Volker Friedrich Drecktrah: Die Gerichtsbarkeit in den Herzogtümern Bremen und Verden und in der preußischen Landdrostei Stade von 1715 bis 1879. 2002.

Band 260 Andreas Klass: Standes- oder Leistungselite? Eine Untersuchung der Karrieren der Wetzlarer Anwälte des Reichskammergerichts (1693-1806). 2002.

Band 261 Wolfgang Eder: Das italienische Tribunale Speciale per la Difesa dello Stato und der deutsche Volksgerichtshof. Ein Vergleich zwischen zwei politischen Gerichtshöfen. 2002.

Band 262 Albrecht Cordes / Bernd Kannowski (Hrsg.): Rechtsbegriffe im Mittelalter. 2002.

Band 263 Thomas Hildebrandt: Die Brandenburgischen Provinziallandtage von 1841, 1843, und 1845 anhand ausgewählter Verhandlungsgegenstände. 2002.

Band 264 Jan Finzel: Georg Adam Struve (1619–1692) als Zivilrechtler. 2003.

Band 265 Björn Carsten Frenzel: Das Selbstverständis der Justiz nach 1945. Analyse der Rolle der Justiz unter Berücksichtigung der Reden zur *Wiedereröffnung* der Bundes- und Oberlandesgerichte. 2003.

Band 266 Nils Reichhelm: Die marxistisch-leninistische Staats- und Rechtstheorie Karl Polaks. 2003.

Band 267 Raik Schneider: Altrechtliche Personenzusammenschlüsse. Ihre Entwicklung unter besonderer Berücksichtigung des Rechts des Großherzogtums Sachsen-Weimar-Eisenach sowie der Herzogtümer Sachsen-Meiningen und Sachsen-Gotha. 2003.

Band 268 Anke Meier: Die Geschichte des deutschen Konkursrechts, insbesondere die Entstehung der Reichskonkursordnung von 1877. 2003.

Band 269 Stefan Jens Jordan: Leben und Werk des Tübinger Rechtsprofessors Wilhelm Gottlieb Tafinger 1760–1813. 2003.

Band 270 Stefanie Hubig: Die historische Entwicklung des § 23 ZPO. Zum Ursprung und Fortleben des Vermögensgerichtsstandes im deutschen Prozeßrecht des 19. Jahrhunderts. 2003.

Band 271 Michael G. Perband: Der Grundsatz der freien Beweiswürdigung im Zivilprozeß (§ 286 ZPO) in der Rechtsprechung des Reichsgerichts. 2003.

Band 272 Mathias Bouveret: Die Stellung des Staatsoberhauptes in der parlamentarischen Diskussion und Staatsrechtslehre von 1848 bis 1918. 2003.

Band 273 Barbara Széchényi: Rechtliche Grundlagen bayerischer Zensur im 19. Jahrhundert. 2003.

Band 274 Sylvia Scharfenberg: Die Entstehungsgeschichte des Beurkundungsgesetzes vom 28. August 1969. 2003.

Band 275 Urte Nesemann: Die schwedische Familiengesetzgebung von 1734 bis zu den Reformgesetzen von 1915 bis 1920 und deren Einfluss auf die Gesetzgebungsprojekte der Weimarer Republik. Unter besonderer Berücksichtigung der Rechtsstellung der Frau und des unehelichen Kindes. 2003.

Band 276 Alexandra Brück: Die Polizeiordnung Herzog Christians von Braunschweig-Lüneburg vom 6. Oktober 1618. 2003.

Band 277 Torsten Landwehr: Das Kommissionsgeschäft in Rechtswissenschaft, Gesetzgebung und Rechtspraxis vom 16. bis zum Ende des 18. Jahrhunderts. 2003.

Band 278 Tassilo Wilhelm Maria Englert: Deutsche und italienische Zivilrechtsgesetzgebung von 1933–1945. Parallelen in der Rechtsetzung und gegenseitige Beeinflussung unter besonderer Berücksichtigung des Familien- und Erbrechts. 2003.

Band 279 Tobias Prang: Der Schutz der Versicherungsnehmer bei der Auslegung von Versicherungsbedingungen durch das Reichsgericht. 2003.

Band 280 Thorsten Lieb: Privileg und Verwaltungsakt. Handlungsformen der öffentlichen Gewalt im 18. und 19. Jahrhundert. 2004.

Band 281 Michael Rühling: Das Ladenschlussgesetz vom 28. November 1956. Vorgeschichte, Entstehung des Gesetzes und weitere Entwicklung. 2004.

Kolibri 360 GmbH
Ferdinand-Jühlke-Straße 7
99095 Erfurt, Deutschland
produktsicherheit@kolibri360.de

Druck:
CPI Druckdienstleistungen GmbH
im Auftrag der
Kolibri 360 GmbH
Ferdinand-Jühlke-Str. 7
99095 Erfurt